노동의 현실과
사회윤리

The Realities of Labor and Social Ethics

노동의 현실과 사회윤리

The Realities of Labor and Social Ethics

한승진 지음

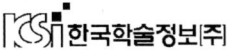한국학술정보㈜

이 책은 장남이면서도 이렇다 할 자식 된 도리를 다하지 못하는 오빠를 대신해서 늘 한결같은 마음으로 부모님께 효를 다하면서 자신의 일에 충실하게 살아가는 사랑하는 여동생 부부 김현창, 한승애에게 오빠의 사랑을 담아 줍니다.

펼치는 글

　인생살이가 뜻대로 되는 게 아닌 것 같다. 논자는 그야말로 전형적인 내향적인 사람으로 혈액형도 A형이다. 그래서 그런지 사람들과 어울리기보다는 혼자서 조용히 지내는 편이고, 공식적인 무대에 나서는 것을 꺼리기에 집에서 책을 보는 게 익숙한 사람이다. 그러기에 지금의 모습은 어울리지 않아 보인다. 자고 나니 이런 모습이구나 싶은 것처럼 내향적인 논자가 많은 사람들 앞에서 말을 해야 하는 목사요, 선생이 되었다. 그것도 심오하고, 깊이 있고, 전문적인 것들을 알고 실천한 것을 말해야 한다.

　사실 어느 해부터인가 이렇게 공식적인 말하기가 어려워졌다. 그중 제일 어려운 게 목사로서 당연히 잘해야 하고 누가 대신해 줄 수 없는 설교(說敎)이니 참으로 난감한 일이다. 너무도 고통스럽고 힘들어 피하고만 싶은 게 솔직한 심정이다. 설교해야 하는 날과 시간이 다가오면 고통스러움에 어찌할 바를 모르기도 한다. 아마도 사회공포증 같은 것인가 보다. 이런 오랜 병고가 이젠 오랜 친구인 양 여겨지기도 한다. 병고마저 오랜 세월 함께하니 '미운 정'이 드는가 보다. 하기야 주어진 병고로 인해 몸의 소중함을 알게 되고, 조금은 겸손하게 되고, 가족과 사람들의 소중함과 뭇 생명의 소중함도 알게 되었다. 그러고 보니 이게 복된 길인가 싶기도 하고, 모든 게 공부거리인가 싶다.

어느 해인가 억지로 글을 써야 하는 일이 있었다. 처음 글에 대한 지시를 받고는 겁에 질려 어찌할 바를 몰랐다. 목사라는 직위에 따른 그에 걸맞은 글을 써야만 한다는 생각에 한 줄도 쓰지 못했다. 이리저리 마감날이 다가올수록 부담만 더해 갔다. 그러다가 갑자기 '에라, 모르겠다. 잘 못 쓰면 어때…' 하는 마음이 들면서 순식간에 글을 썼다. 그 후로 자의 반, 타의 반 글을 쓰게 될 기회가 생겨났고, 이제는 글을 쓰고 책을 내곤 하는 일이 논자의 별난 취미요, 특기가 되어 버렸다.

논자에게 글쓰기란 무엇일까? 이 물음에 대한 답은 아직도 진행형이다. 앞에서도 밝혔듯 내향적인 성격과 일종의 무대공포증으로 인해 말을 잘 하지 못한다. 그 때문에 준비하고 정리한 내용도 제대로 표현하지 못하곤 한다. 이것이 못내 아쉬움으로 남았는데 글쓰기에서는 문제가 되지 않으니 참 좋다. 내향적인 성격으로 조용히 사색하고 책을 읽어둔 게 글쓰기에 긴요한 자산이 되고 있다. 그러니 논자에게 글쓰기는 소중한 삶의 기쁨이요, 활력소이다.

펜이 칼보다 무섭다는 말이 있다. 무력(武力)으로는 세상을 잠시 지배할 수 있으나 글은 오랫동안 사람들의 마음을 움직일 수 있기 때문이다. 논자는 기독교사회윤리학, 윤리교육학의 깊은 샘물에서 목마름을 해소하는 기쁨을 누렸다. 논자가 지향하는 윤리는 쉽게 말해서 자신의 도덕적인 성찰뿐만 아니라 개인과 사회를 향한 올곧은 위로와 외침을 통해 생각을 공유하려는 작업이다. 일반적으로 종교에는 두 가지 기능이 있다고 한다. 이것이 논자가 지향하는 윤리이기도 하다. 개인이나 사회나 교회가 제사장의 사명이 있어야 되고, 예언자의 사명도 있어야 한다. 제사장의 기능이 사람들을 위로하고 용서하는 사명이고, 예언자의 기능이 충고하고 때로는 고발하고 책망하는 사명이다. 논자는 이 두 가지를 잘 해나가는 윤리학을 하고 싶다. 그런데 아직은 논자의 사람됨이 차가운 지성의 언저리를 헤매는 선무당 격인지 제사장의 역할을 다하지 못하고 있다. 그저 아직은 예언자의 기능이라도 수행하고자 애를 쓰고 있다.

예언자들은 항상 고독했고 핍박과 고난과 희생이 있었다. 예언자의 사명을 위해 고민하고 많은 어려움 속에서도 노력해 오고 있다. 사람들이 유쾌한 진실만 좋아한다고 해서 불편한 진실을 외면한다면 이것은 예언자적인 윤리학이 할 자세는 아니다. 예수도 당시의 사람들과 사회를 향해 상처를 싸매 주고 사랑하고 용서하고 위로의 사역도 하였지만 어느 때는 무섭게 책망도 하고 깨닫게도 하고 불편한 진실을 용기 있게 말함으로써 많은 사람들을 회개케 하고 변화도 일으켰다.

오늘의 현실을 바라보면 참으로 답답한 마음에 하고 싶은 말들이 많다. 오늘날의 노동현실과 불공평과 불의와 신자유주의에 물든 교육과 한국 교회를 보면서 통분(痛憤)에 몸서리치곤 한다. 작은 농촌에서 아이들에게 예수살기를 가르치는 이로서 우리 사회와 한국 교회가 각성하고 개혁해야 될 것들에 대해서 불편한 진실을 드러냄으로써 자기성찰과 자기 개혁을 할 수 있도록 예언자적 사명을 가지고 윤리학도로서 책임을 다하려는 마음으로 이 책을 썼다.

이 책은 일목요연한 하나의 주제를 물고 늘어지는 학술적인 논문이 아니다. 그렇다고 흔히 말하듯 누구나 가능한 글쓰기인 수필도 아니다. 이 두 가지가 엉성하게 이리저리 엉켜 있다. 이는 논자가 수필가이면서 윤리학도이기에 그런지 모르겠다. 차가운 지성으로 치닫는 학술적인 논문도 싫고, 그렇다고 만담처럼 가볍게 읽히고 버려지는 수필도 싫다. 이 둘의 장점이 어우러지면 좋겠다는 생각을 한다. 아마도 논자가 제일 못하는 설교가 이런 글의 결정체인지 모르겠다. 그렇다고 이 책이 기독교 목사가 전하는 설교라는 건 아니다. 우리나라에서 출간되는 수많은 설교집은 논자가 말하는 '윤리수필'의 경지에 이른 것이 드물다. 사실 논자는 논문이라는 글쓰기보다는 수필이 더 좋다. 물론 여기서 말하는 수필은 중·고등학교에서 배운 개념으로 말하면 경수필(미셀러니)이 아니라 중수필(에세이)일 것이다. 박경미 교수는 이론을 수립하고 남이 아직 말하지 않은 것을 발견하여 체계를 세우겠다는 욕심을 버리고 나니 각주를 주렁주렁 달아서 남이 해놓은 것을 마치 내가 한 것처럼 알리바이나 만드는 '바보놀음'에서 벗어났다[1]고 하는데 논자는 이도 아니고 저도 아닌 꼴이 되어 버린 듯하다. 글을 쓰면서 책으로 엮어내면서 여러 상념들이 머리를 어지럽혔다. 아래의 성서구절도 떠올려 보았다.

성을 잘 내지 않는 사람이야말로 현명한 사람이다. 성급한 사람은 어리석은 사람이다. 마음이 편안하면 몸에 생기가 돌고 마음이 타면 뼛속이 썩는다.[2]

경험이 쌓일수록 말수가 적어지고 슬기를 깨칠수록 감정을 억제한다. 어리석은 사람도 잠잠하면 지혜로워 보이고 입을 다물고 있으면 슬기로워 보인다.[3]

1) 박경미, 『마몬의 시대, 생명의 논리』(서울: 녹색평론사, 2010), p.4.
2) 잠언 14장 29-30절.
3) 잠언 17장 27-28절.

'나 자신은 뭘 잘한다고 화를 내듯 하면서 비판을 가하는가?' 하는 생각과 '설익은 걸 출판을 하는 게 성급한 건 아닌가?' '좀 더 깊이를 더한 후에 출판하는 게 낫지 않을까?' '그저 조용히 살 걸 뭐 하러 책을 낸다고 호들갑인가?'라는 생각들이 들었다. 그러나 미완이나마 이도 최선을 다하는 삶의 모습이리라 생각하면서 작업을 계속해 나갔다. 다 쓰고 나니 든 생각이다. 읽고 난 뒤 그냥 접히는 책이 있는가 하면, 두고두고 펴볼 것 같은 책이 있다. 늘 책을 내면서 후자이기를 바라지만 그게 아닌 것만 같다. 이번에도 부끄러운 삶의 발자취를 더 보태고 말았다.

이 지면을 빌려 교육일념으로 아이들과 함께해 주시는 황등중학교 김의숙 교장선생님 이하 교직원들과 학생들, 같은 재단 성일고등학교 이석일 교장선생님과 교직원들, 황등기독학원 김기성 이사장님과 이사님들, 황등교회 정동운 담임목사님과 교인들, 황등교회 아동부 김연희 부장선생님과 교사들과 어린이들 모두에게도 감사의 말을 전하고 싶다.

이번에도 감사한 분들의 사랑에 힘입어 책을 내게 되었다. 어설픈 책에 기꺼이 추천사를 써 주신 대학 시절 은사님이신 손규태 교수님께 감사드린다. 교수님은 논자의 모교인 성공회대학교 신학과 기독교윤리학분야 교수님으로 논자에게 기독교윤리학을 하도록 일깨워 주셨고, 결혼 주례도 해주셨다. 늘 오랜 신장투석의 병고 속에서도 웃음과 여유를 잃지 않으시고 강의와 연구에 열정을 쏟으신다. 지금도 교수님을 통해 기독교사회윤리학적 시각의 깊이를 더해 간다. 독수리타법으로 글을 쓰느라 고생하는 선생을 안쓰럽게 여기고는 자청해서 지루한 워드작업으로 수고해 준 황등중학교 2학년 최영선과 아빠가

책내는 게 신기한지 바라보면서 워드작업을 도와준 사랑하는 딸 황등초등학교 2학년 한사랑에게도 고마움을 전한다.

서툰 사람됨으로 맘 편히 대해 주지 않는데도 늘 위로와 격려와 지적과 교정으로 함께해 주는 사랑하는 아내 이희순과 어눌한 글을 교정으로 도와준 은성교회(서울 구로동) 시절부터 오랜 친구로 이번에 대학생 엄마가 되는 포천댁, 자칭 '땅꼬마' 국경희, 늘 넉넉한 마음 씀으로 함께해 주신 서울 미아역 근처에서 호밀호두 전문점을 운영하시는 이세혁의 엄마 한지연 님, 10년을 넘게 글에 파묻혀 살면서 다른 사람의 글을 빛나게 하는 일을 기쁨으로 감당하시는 오랜 지기처럼 마음 편히 대해 주시는 대한기독교교육협회 조소연 편집기자님의 사랑에 감사드린다. 어려운 출판 여건에도 첨단 기기를 갖춘 출판 역량으로 책을 낼 수 있도록 해주신 한국학술정보(주) 채종준 대표님과 여러분의 노고에 감사드린다. 또한 이 책을 만드는 과정에서 노고를 감당해 주신 노동의 일꾼들께도 진심으로 감사드린다.

끝으로 이 책을 쓰느라 남편으로, 아빠로서 정성을 다하지 못함을 이해하고 용납해 준 아내와 아이들(한사랑, 한겨레, 한가람)에게 고마운 마음과 사랑을 담아 이 책을 내는 기쁨을 나누고 싶다.

글을 마치면서 경구 하나를 떠올려 본다. "지혜는 어리석음을 먹고 자란다."

아이들의 함박웃음꽃으로 인해 추운 겨울을 이기고 새 봄맞이를 한
익산 황등의 논길을 거닐면서
한 승 진

추천사

사랑하는 제자 한승진 선생의 책은 신자유주의 경제체제에서 살아가는 우리에게 시사하는 바가 크다. 특히 그는 학교 선생과 목사를 겸하는 사람으로 특유의 기독교사회윤리학적인 깊이와 기독교수필가로서 펼치는 글로 오늘날의 노동의 현실과 바람직한 노동윤리를 드러냈다. 그리고 교육과 교회가 이미 신자유주의 경제체제라는 공중권세 앞에 무릎을 꿇고 순응하고 있음도 잘 드러냈다. 학생들이 죽어가는 교육은 하루 빨리 개선되어야 한다. 맘몬과 결탁한 한국 교회가 종말론적 미래를 말하기는커녕 현세적 축복, 그것도 자본의 축복만을 강조해 기복신앙을 조장하는 교회도 그렇다. '꿩 잡는 게 매'라는 식으로 그저 성과만 내면 최고라고 생각하는 현실은 하루 빨리 물리쳐야 할 것들이다. 앞으로도 깊이를 더하는 사회윤리학의 연과성과들을 계속해서 펼쳐내기를 기대한다.

한승진 선생이 말한 것처럼 신자유주의 경제질서가 부추기는 무한경쟁의 소용돌이 속에서 목표를 성취한 극히 소수를 제외하고는 철저히 배제되고 소외되는 다수의 사회적 약자들을 치유하고 연대해야 할 책임이 교회와 기독인들에게 있다. 이를 개선하기 위한 자세로 세 가지를 정리하면 다음과 같다.

첫째, 기독교인들은 오늘날 교회들의 갱신으로부터 출발해야 한다. 오늘날의 한국 개신교 안에서 축복신학으로 위장된 자본주의적 맘몬신학과 그 실천은 하느님을 자신들이 마음대로 사용할 수 있는 '도깨비방망이(Deus ex machina)'로 만들고, 교회를 샤머니즘의 소굴로 만들었다. 삼박자 축복으로 대변되는 이러한 축복신학은 성서의 회상규율에 따르면 왜곡된 위치설정과 함께 탈연대성을 낳았고 사회적 공동체성을 파괴했다. 이러한 자본주의적 몰락신은 전 세계적으로 사람들을 기아로 죽게 할 뿐만 아니라 우리나라에서도 IMF라는 탈을 쓰고 나타나 수많은 생명을 앗아가고 재산을 약탈해 가고 있다. 오늘날의 왜곡된 세계 경제질서의 문제는 단순히 경제문제가 아니라 신학과 교회의 문제다. 왜냐하면 그것은 인간을 돈으로 살상하고 또 돈의 노예로 만들고 있기 때문이다. 따라서 오늘날의 자본주의의 왜곡된 세계 경제질서는 일차적으로 이 체제를 신학적으로 지원하는 세력(M. Novak 등 신보수주의자들)과 함께 이 체제를 옹호하는 교회들의 참회와 개혁 없이는 새로운 희망이 존재하지 않는다.

둘째, 교회와 기독교인들은 새로운 시대를 맞이하면서 하느님의 선교의 정신에 따라서 등장한 새로운 시민운동들(Non-Governmental Organization)과 연대해야 한다. 하느님은 교회 안에서 활동하실 뿐만 아니라 교회 밖에서 익명의 기독교인들과 함께 자기의 역사를 이끌어 가신다. 오늘날 이러한 왜곡된 자본주의 경제체제에 대항해서 투쟁하는 많은 시민운동들 그리고 노동운동들이 있다. 이들은 사실상 교회들보다 훨씬 앞장서서 정의로운 세계를 만들어 가고 있다. 19세기 중엽처럼 교회는 이들을 교회를 떠난 방탕한 군상들로 파악하고 회피할 것이 아니라 그들과 협력하여 새로운 세계 경제질서를 만들어내야 한다.

셋째, 교회는 하느님의 선교신학에 따라서 왜곡된 경제질서에 대하여 투쟁하는 타종교들과 협력해야 한다. 이전의 그리스도 일원주의에서 교회가 타종교를 저주의 대상으로 생각하던 제국주의적 신학의 시대는 끝났다. 우리는 불교, 힌두교, 회교 등 세계의 고등종교들과 힘을 합해서 새로운 세계질서를 창출해 냄으로써 보다 평화로운 세계를 만들어 내야 한다.

오늘날 정의롭고 평화롭고 자연을 보전하는 삶의 형식을 구현하는 것은 기독교인들의 삶의 계명이다. 기독교인들은 예배행사에만 치중할 것이 아니라 구체적 실천의 장으로 나가야 한다. 아모스는 우리에게 아래와 같이 말하고 있다.

> 너희의 순례절이 싫어 나는 얼굴을 돌린다. 축제 때마다 바치는 분향제 냄새가 역겹구나. 너희가 바치는 번제물과 곡식제물이 나는 조금도 달갑지 않다. 친교 제물로 바치는 살진 제물은 보기도 싫다. 거들떠보기도 싫다. 그 시끄러운 노랫소리를 집어치워라. 거문고 가락도 귀찮다. 다만 정의를 강물처럼 흐르게 하여라. 서로 위하는 마음이 개울같이 넘쳐 흐르게 하여라.[4]

손규태(성공회대학교 기독교사회윤리학 명예교수,
<베리타스> 편집고문)

---

4) 아모스 5장 21-24절

목 차

1장

들어가는 말

노동은 인간 삶의 핵심적인 요소로 중요한 의미를 지닌다. 노동은 자신의 노력을 자연에 적극적으로 적용하여 직접적인 생산을 목적으로 하는 인간 활동이며, 자연의 소재를 가능한 한 모든 생산 가치로부터 효과적인 사용 가치로 전환시키는 것이다. 그러므로 노동은 인간이 단순히 먹고살기 위해 수고해야 하는 소극적인 의미를 넘어서는, 보다 인간다운 권리와 존엄성을 보장 받는 적극적인 의미를 지닌 고귀한 것이다. 비록 노동의 힘듦은 누구나 알기에 피하고 싶지만, 이는 자신과 가정, 그리고 사회를 유지하고 발전시키는 인간의 활동이다. 인간은 노동을 통해 생계를 유지하고 자아를 실현하면서 사회에 기여한다.

　현재 우리가 살고 있는 사회는 노동, 즉 직업 활동과 시민권을 중심으로 건설되었다. 이러한 현대 문명에 있어서 노동은 물질적 생활을 보장하고 시간과 공간을 조직화하는 수단이며, 자기 자신의 존엄성과 사회적 교환의 표현 공간이 되었다. 즉, 노동은 개인의 자아정체감의 확립과 자아실현에 가장 중요한 수단이 되었다.[1] 그래서 직업과 관계된 노동 시간은 우리 인생의 다양한 순간들까지 그 의미를 부여해 주고 있다. 이처럼 노동을 중심으로 조직된 현대는 전 세계로 확대되었다. 모든 인간은 오직 노동을 통해 자기 자신을 실현하고 오직 노동을 통해 자신의 자아정체감을 확립하게 되었다. 그러나 이처럼 현대 문명을 형성하는 데 토대가 됐던 노동은 점차 중요성의 의미가 빛을 바래지고 있다. 오늘날의 현대 사회는 과거에는 상상할 수도 없었던 풍요로움과 기술의 혜택을 받고 있다. 그러나 이런 외면상의 눈부신 모습 이면에 무수히 많은 문제들을 가득 안고 있는 것이 또한 현대 사회의 모습이기도 하다. 이러한 현대 사회는 급속도로 수많은 문제들을 양산해 내고 있다. 이러한 문제의 기저(基底)에는 인간의 노동이 지니는 가치와 의미가 폄하되고 인간이 노동의 장에서 소외된다.

논자는 이러한 노동의 위기를 바라보면서 이에 대한 문제의식과 해결책을 기독교사회윤리학적인 시각에서 논의를 전개해 보려 한다. 이러한 시각에 따라 논자는 노동의 참된 의미를 인간의 자존감을 높여 주고, 사회적 연대감을 갖게 하고, 자연친화적인 방향으로 형성될 수 있는 방안을 기독교 윤리의 관점에서 찾아보려고 한다. 이러한 방안을 제대로 제시하기 위해서는 물론 매우 방대한 연구를 필요로 할 것이다. 이러한 연구는 이른바 "노동사회"[2]가 형성되어 온 역사적 과정을 규명하고 노동사회를 움직이는 논리들과 제도들을 분석하고 그 성과와 폐단을 비판적으로 지적하는 것은 말할 것도 없고, 노동사회

---

1) 정재걸, 『삶의 완성을 위한 죽음교육』(서울: 지식의 날개, 2010), p.43.

2) 노동사회라는 개념을 처음 사용한 학자는 아렌트(Hannah Arendt)이다. 그녀가 말하는 노동사회는 테일러주의에 의해 조직된 포드주의 체제이다. 흔히 노동사회는 역사적으로 세 단계를 거쳐서 발전하였다고 한다. 자유주의적 노동사회, 케인즈주의적 노동사회, 신자유주의적 노동사회가 그것이다. 각 단계의 노동사회에서 노동과 자본의 관계는 서로 다른 성격을 띠었으며, 부라보이는 이를 노동에 대한 자본의 전제적 지배, 자본과 노동의 헤게모니 체제, 노동에 대한 자본의 헤게모니적 전제로 유형화하였다. 이에 대해서는 마이클 부라보이, 『생산의 정치』(서울: 박종철 출판사, 1999), pp.19-25 참조.

이후의 노동세계를 구성하는 데 필요한 원칙들과 그 제도적 구현 방법들을 제시하는 데까지 나아가야 할 것이다. 그리고 이에 관한 연구를 기독교사회윤리적 관점에서 수행하려면 노동사회의 문제들을 인식하고 평가할 뿐만 아니라 노동사회 이후의 노동세계를 구현하는 데 필요한 윤리적 판단과 행동의 원칙들을 제시하고, 그에 따른 성서적 윤리적 근거들을 밝혀야 할 것이다.

이 책은 논자의 고려대학교 교육대학원 도덕윤리교육전공 2006년 후기 교육학 석사학위논문인 "기독교노동의 윤리적 고찰"을 기초로 하였다. 그동안 가방끈이 늘고 사색도 깊어짐에 따라 변화된 현실에 대한 인식과 깊이도 더해야 하지만 그렇지는 못했다. 이것은 차후에 논자가 수행해야 할 과제이다.

이 책은 우리의 삶에서 필요충분조건인 노동에 대한 사회윤리적인 의미를 추론해 나가는 작업에서 출발한다. 노동의 의미를 알고 가치를 안다면 노동에 임하는 자세가 조금은 더 바람직할 것이다. 또한 노동의 윤리적 의미를 드러냄으로써 우리 사회가 정당하게 노동의 기회를 제공하고 대가를 공평하게 분배해 나가도록 하는 데 기여할 수 있을 것이다. 여기에 논자가 딛고 서 있는 삶의 자리요 노동의 현장인 교육과 교회의 현실이 얼마나 천박한 자본주의와 신자유주의의 비인간화에 물든 것인지를 드러냄으로써 이를 개선하는 논의의 장(場)을 제공하고자 한다.

이 책에서 사용하는 '기독교'라는 용어는 국제학계의 관행에 따른 천주교와 정교회 그리고 개신교를 모두 포괄하는 개념으로 사용하지 않는다. 일반적으로 우리나라에서는 천주교를 가톨릭으로 말하고 개신교를 기독교로 지칭한다. 이에 따라 이 책에서 말하는 기독교라는 용어는 가톨릭을 지칭하는 경우가 아니면 개신교를 지칭해 나가는 것으로 제한하여 사용하고자 한다. 현재 우리나라 기독교계에서는 교리와 신앙의 규준(規準)이 되는 성서에 대한 용어도 성서(聖書), 성경(聖經)이 혼재되어 쓰이고 있다. 보수적인 시각에서는 일반적으로 책을 지칭하는 '서'(書)라는 의미보다는 중요한 책을 지칭하는 '경'(經)을 선호하기에 성경을 쓰지만 이 책에서는 개신교에서 유일하게 성서 번역 판권을 지닌 기관인 재단법인 대한성서공회에서 '성서'라로 쓰고 이 책이 선정한 성서번역본이 공동번역 성서이기에 직접인용인 경우를 제외하고는 성서로 통일하여 사용할 것이다.

현재 개신교계에서 사용하는 성서 번역본은 하나로 통일되어 있지 않다. 우리나라 개신교단에서 교회당과 교인세로 규모가 큰 대한예수교장로회(합동) 교단과 교회들은 대부분『개역 성경』을 사용하고, 대한예수교장로회(통합) 교단과 교회들은 대부분『개역개정판 성경』을 사용한다. 그 외의 교단들도 이 두 가지 성서번역본 중 하나로 사용하지만 대한성공회의 소속 교회당은 모두『공동번역 성서』를 사용하고 한국기독교교회협의회(KNCC) 가맹 교단과 교회들 중 일부도『공동번역 성서』를 사용하고 있다. 이 책에서는 개신교계에서 일부만이 사용하는 성서이지만『공동번역 성서』를 사용하고자 한다. 논자가 수많은 성서번역본 중에서『공동번역 성서』를 선택한 이유는 가톨릭과 개신교 성서신학자들이 공동으로 번역작업에 참여하고, 국문학자들이 감수하여 비교적 원어에 가깝게 번역되었다는 점과 우리말 어법에 적합한 번역 성서라는 점, 그리고 현재 우리나라의 모든 가톨릭 성당과 개신교 여러 교단과 교회에서 사용하는 신·구교가 함께 사용하는 유일한 번역 성서라는 의의가 있기 때문이다. 이에 따라 앞으로 전개하는 모든 성서 구절은 『공동번역 성서』로 할 것임을 밝혀둔다.

우리나라의 가톨릭과 개신교 신학자들이 성서의 공동번역을 계기로 예수 그리스도의 아버지인 야훼를 '하느님'이라고 결정한 것은 한국 고유신앙의 핵심을 이루는 하느님 신앙을 수용하자는 중요한 태도였다. 이는 또한 가톨릭의 한자로 표기하는 칭호인 '천주'를 한글화하고 개신교는 종래의 '하늘'과 연결된 하나님 개념을 회복한다는 의미이다. '하느님'으로 칭호를 통일한 이유는 합당하고 정당한 칭호의 회복임을 강조하고, 민족의 고유한 언어 표현적인 신 개념의 공통성을 계승해야 함을 밝혔다. 『공동번역 성서』의 머리말을 보면 "우리나라 역사상 처음으로 신·구교가 연합하여 우리말로 성서를 내놓게 된 것은 신구교 자체뿐 아니라 우리 민족 전체를 위하여 말로 다 표현할 수 없는 뜻 깊은 일이다."라고 이 번역작업을 평가했다. 『공동번역 성서』는 1968년 개신교와 가톨릭교회가 함께 성서번역 사업을 시작하여 3년 뒤인 1971년에 신약번역이 끝이 났고, 1977년에는 구약도 완성되어 신약과 구약을 합친 『공동번역 성서』가 출판되었다. 박준서는 『공동번역 성서』가 갖는 한국 교회사적 의의와 국어적인 가치에 대해 다음과 같이 평가했다. "신교와 구교가 함께 '공동'으로 번역했다는 점에서 한국 교회사적으로 큰 의의를 지니고, 유려한 현대어로 번역되어 이것은 유려한 현대어로 번역되어 현대감과 생동감이 넘치는 번역이다."[3]

여기서 분명히 밝혀두고자 하는 것은 논자는 노동세계의 위기에 대한 대안 제시의 다양한 입장을 간과하거나 기독교 윤리적 관점만

---

3) 박준서, "구약성서", 종교교재편찬위원회 편, 『성서와 기독교』(서울: 연세대학교 출판부, 1985), p.48.

이 절대적임을 역설하려는 것은 아니다. 논자는 노동세계의 위기 극복을 위해 다양한 입장이 있을 수 있고 이를 통한 다양한 논의들이 전개되어야 한다고 생각한다. 이 글은 이러한 여러 가지 방안 중 하나의 입장을 제시하려는 것이다. 논자가 기독교 신앙인으로 또한 기독교학교 종교교육과 교회교육을 담당하며 살아가는 입장이기에 대안적 모색의 한 측면으로서 기독교윤리적 입장으로 전개해 나가고자 하는 것임을 밝혀둔다.

논자는 이미 노동의 기독교윤리적 의미를 석사학위논문과 몇 차례의 학술지논문을 통해 제시하였다. 이들 작업들은 학위와 학술논문방식의 글쓰기로 긴요한 주제를 깊이 있게 다루기는 좋았다. 그러나 이러한 방식의 글쓰기는 자유분방한 글샘을 길어 올리기에는 한계가 있다. 이에 이 책에서는 학술적인 글쓰기로서 갖출 각 장의 구성에 따른 적절한 분량에 매이지 않고 글을 전개해 보려고 한다. 이에 대해서는 독자들의 양해를 구한다.

2장

노동의 이해와 현실

1. 노동개념의 의미 분석

노동의 일반적인 개념을 살펴보면 다음과 같다. 『새 우리말 큰 사전』에 의하면, 노동이란 "육체적 노력을 들여 일을 함, 또는 육체적 및 정신적 노력을 들여서 재(財)와 서비스를 생산하는 행위"[1]로 정의하고 있다. 이달순은 "사람이 자기 자신의 행위에 의하여 자연에 적극적으로 적응하여 그것을 자기 생활에 적합하게 하는 행위가 노동이며, 직접적 생산을 목적으로 하는 인간의 활동"[2]이라고 말한다. 그러므로 노동은 인간과 자연과의 사이의 한 과정으로 파악될 수 있다. 노동은 먼저 인간이 자연과의 관계 속에서 인간임을 드러내는 특별한 표지(標識)이며 인간 공동체 안에서 개인적 인격체를 드러내는 표지가 되는 것이다. 기독교노동의 개념으로서 한국개혁주의신행협회가 발간한 『신학사전』을 살펴보면 노동의 정의를 다음과 같이 제시한다.

---

1) 신기철·신용철, 『새 우리말 큰 사전』(서울: 삼성출판사, 1986), p.682.
2) 이달순, 『세계 백과 대사전』(서울: 교육출판공사, 1975), p.28.

정신이나 몸의 힘을 써서 일을 하는 것으로서 육체적 노동과 정신적 노동으로 나누어진다. 경제적 의미로서는 인간이 살기 위해 체력이나 정신을 써서 자연의 물재(物財)를 변환시키는 과정이다.[3]

이상의 정의들을 종합해 보면, 노동은 일상생활에 종사하는 업무 또는 생계를 세우기 위한 일이거나 자기 능력에 따라 어떤 목적을 위하여 전문적으로 종사하는 일을 말하는 것임을 알 수 있다. 노동의 정의에서 '일', '직업', '노동'이라는 세 가지 개념은 어의적으로 구별하여 사용되기도 하지만 '인간의 행위'라는 동일국면을 상이한 각도에서 평가한 유사개념에 불과하다고도 말할 수 있다. 즉, 인간이 그의 삶 가운데 추구하는 어떤 목적을 지속시키고 옹호하고 실현시키려고 하는 보편적이며 영속적인 활동을 정태적 입장에서 포괄적으로 정의한 것이 '일'이고, 생활의 방편적 입장에서 규칙적으로 분석한 것이 '직업'이며, 동태적 입장에서 구체적으로 관찰한 것이 '노동'이라고 말할 수 있다. 따라서 노동이란 육체적 혹은 정신적 수고를 의미하며 일반적으로 땅을 경작하거나 개인과 사회가 필요로 하는 것들을 공급함에 쓰이는 육체적 노력을 가리키는 것으로 볼 수 있다.

이상과 같이 노동에 대한 정의 및 개념 분석을 살펴보았다. 그러면 이제부터 성서는 이러한 노동에 대하여 어떻게 정의하고 개념을 설정해 나가는지 살펴보도록 하겠다.

먼저 성서의 어원을 중심으로 노동에 관한 단어들을 살펴보면 다음과 같다.[4] 구약성서의 기록문자인 히브리어 원문에서는 생산적인 노동이나 수고를 뜻하는 יְגִיעַ(예기아),[5] 사람에 의해 이루어졌거나

---

3) 한국개혁주의신행협회 편집부, 『신학사전』(서울: 한국개혁주의신행협회, 1978), p.137.
4) Ibid., pp.140-141 참조.

만들어진 모든 것을 뜻하는 מעשה(마아쉬),[6] 사람들이 하는 작업에 수반되는 수고나 중노동의 의미를 강조하는 עמל(아몰),[7] 히브리인들은 직업(Occupation), 또는 기술이라는 의미로 מלאכה(멜라카),[8] 그 외, 노예들이나 기술자들의 노동이라는 의미로 עבודה(아보다), 어떤 종류이건 행위(deeds)를 가리키는 말로는 פעלה(페올라) 등이 있다.[9]

신약성서의 기록문자인 고대그리스어(헬라어) Κóπος(코포스)는 구약성서 번역본인 70인역의 עמל(아몰)의 의미로서 사용되었으며, '수고'와 '육체적 노동'을 나타낸다. 그렇지만 신약에서는 이 단어가 신의 뜻을 성취하려는 의인들의 고통과 노고를 의미하는 데 우선적으로 사용되었다.[10] 어떤 종류의 '일'이나 '사업'을 나타내는 일반적 용어는 ἔργον(에르곤)이다.[11]

지금까지 살펴본 성서적 어원을 통해 성서에 나타난 노동의 개념

---

5) 그것의 억센 힘을 믿고 네 힘든 일을 그에게 맡길 수 있겠느냐?(욥기 39장 11절), 제 새끼가 아닌 듯이 쪼아대고 낳느라고 고생한 일이 허사가 되는 것쯤 염두에도 없다(욥기 39장 16절).

6) מעשה(마아쉬)는 농사짓는 일, 노예들의 노동, 하나님의 창조, 하나님을 경외하는 자들의 예배, 장인의 기술, 수공품의 생산 등을 모두 가리키는 말이다.

7) 인생은 기껏해야 칠십 년, 근력이 좋아야 팔십 년, 그나마 거의가 고생과 슬픔에 젖은 것, 날아가듯 덧없이 사라지고 맙니다(시편 90편 10절). 사람이 하늘 아래서 아무리 수고한들 무슨 보람이 있으랴(전도서 1장 3절), 보고 싶은 것을 다 보았고 누리고 싶은 즐거움을 다 누렸다. 스스로 수고해서 얻은 것을 나는 마음껏 즐겼다. 나는 이렇게 즐기는 것을 수고한 보람으로 알았다(전도서 2장 10절), 어찌하여 모태에서 나와 고생길에 들어서 이 어려운 일을 당하게 되었는가! 이렇게 수모를 받으며 생애를 끝마쳐야 하는가!(예레미야 20장 18절).

8) 대한예수교장로회총회교육부, 『기독교대백과사전』(서울: 기독교문사, 1979), p.548.

9) Ibid., p.549.

10) "그러므로 사랑하는 형제 여러분, 굳건히 서서 흔들리지 말고 언제든지 주님의 일을 열심히 하십시오. 주님을 위해서 하는 노력은 결코 헛되지 않다는 것을 명심하십시오"(고린토인들에게 보낸 첫째 편지 15장 58절), "이런 일을 우리에게 마련해 주신 분은 바로 하느님이시며 그 보증으로 우리에게 성령을 주셨습니다"(고린토인들에게 보낸 둘째 편지 5장 5절); 강창희, "신약에서의 노동", 『성서마당』(24호, 1997년 5월), p.8.

11) "성서는 이 말을 '일'이라고만 번역하고 있으며, '노동'이라는 말은 구약성서 레위기 23장 7절, 민수기 28장과 29장, 그리고 시편 104편 23절에서 안식일에 노동하지 말 것을 명령하는 곳에서만 쓰였는데 이 말은 히브리어 מלאכה(멜리카)를 번역한 것이다." Ibid., p.9.

을 살펴보면, 그 개념이 우리가 일반적으로 말하는 일상적인 노동이나 일만이 아닌 것임을 알 수 있다. "노동이라는 단어를 구약성서에서는 일, 노력, 노동, 노역, 봉사 그리고 예배를 포함하는 개념으로 사용하고 있다."[12] 이를 구체적으로 살펴보기 위해 성서에서 언급하고 있는 노동을 세 가지로 구분하면 다음과 같다. "첫째, 창조의 사역으로 오직 신만이 하는 일이다. 둘째, 인간의 노동행위로 하는 모든 일을 의미이다. 셋째, 노동이라는 말의 비유적인 용법으로서 그리스도의 사역을 의미하는 것이 있다."[13]

인간의 노동은 타락 이후에도 창조주로부터 인간에게 부여된 과업이며, 근본적으로 신의 창조에 대한 그리고 인간의 자기보존에 대한 봉사이다. 다시 말해서 노동은 인간의 모든 활동과 연관되어, 분리되거나 독립되어 있는 것이 아니다. 이에 대해 브루너는 노동의 의미가 단순히 생계유지만이 아니라 여러 가지 의미를 지니고 있음을 말하였다.

> 어떤 사람은 생존을 위해 어쩔 수 없이 노동하는 것이 아니라 자발적인 의지의 발현으로 노동하고 싶어 하는 즉, 노동하지 않고는 안심하지 못하는 사람들이 있는가 하면, 노동이 자존(self-respect)의 의무가 되는 사람들도 있다. 그리고 노동을 종교적인 의무, 즉 신의 소명으로 여기며 임하는 사람들도 있다.[14]

그러므로 노동의 의미 문제는 삶의 의미문제와 직결되는 것이기 때문에 모든 사람은 직업선택에 있어서 신중을 기해야 할 것이다. 그

---

12) 알랜 리처드슨, "성서의 노동관", 『기독교사상』(1958년 4월), p.23.
13) 알랜 리처드슨 · J. H. 올드햄, 『성서의 노동관』, 강근환 · 조만공 공역(서울: 대한기독교서회, 1981), pp.13-14 참조.
14) Emil Brunner, *Christianity and Civilization*, Vol.II (London: Nisbet Co, 1949), p.57.

렇다면 노동의 동기는 무엇인가? 인간은 왜 노동하는가? 이에 대해 브루너는 나와 신 그리고 이웃이라는 삼중적인 관계로 말하였다.

> 노동의 참된 의미는 나와 신, 그리고 이웃이라는 삼중적인 인간관계에서만 밝혀지게 된다. 그래서 노동을 통해서 이웃에게 봉사하고 이웃에게 봉사함으로써 신에게 봉사하게 되는 노동관이 정립되는 것이다. 이와 같은 삼중적인 관계에서 파악되는 노동의 의미문제는 결국에는 삶 자체의 의미라는 궁극문제로까지 나아가게 된다.[15]

현대 사회는 여러 가지 사회적인 제약 조건에 의해서 노동하게 되는 사람들이 많아졌고, 여러 가지 이기적인 동기와 쾌락충족을 위해서 노동하는 사람들도 많아졌다. 이러한 다양한 노동의 동기를 가진 사람들이 서로 얽혀 있는 사회가 바로 현대 사회이다. 이런 다양한 노동의 의미를 아우를 수 있는 이해의 틀을 형성하기 위해서는 보다 높은 차원의 초월적인 동기 부여가 필요하다고 말할 수 있다. 그런 점에서 기독교노동의 윤리적 고찰을 위한 기저(基底)로서 '성서는 노동에 대해 어떻게 말하고 있는가?', '이러한 성서적 노동관이 오늘을 사는 우리에게 어떠한 의미를 부여할 수 있는가?' 이와 같은 문제의식을 가지고 구체적으로 성서적 노동관을 살펴보는 것은 의미 있는 작업이 될 것이다.

---

15) Ibid., p.63.

2. 노동의 종말

노동시간은 19세기 산업혁명의 첫 단계에 있어서 대폭적인 생산성 향상으로 주 80시간의 노동이 60시간으로 단축된 후, 20세기에 있어서도 석유 및 전기 기술이 증기 기술을 대체함에 따라 급속한 생산성 증대가 있었고, 노동시간도 주 60시간에서 40시간으로 단축되는 감소를 보였다. 리프킨은 노동자 없는 세계의 길이 우리의 시야에 들어오고 있음을 지적하였다. 이 길이 우리를 기술 천국의 유토피아로 인도할 것인지는 아무도 모른다. 노동의 종말은 문명화에 사형 선고를 내릴 수도 있고, 새로운 사회변혁과 인간 정신의 재탄생의 신호일 수도 있다.[16] 그러나 이러한 노동의 감소는 인간에게 그에 따른 장밋빛 미래와 여유, 안락을 선사해 주는 것이 아니라, 노동의 종말을 가져왔다. 그는 실제적인 사례를 들어 지적하였다.

> 대부분의 기업 지도자들과 주류 경제학자들은 극적인 기술의 진보가 확산효과를 지녀 제품의 원가를 싸게 하고, 소비자의 수요 증대를 촉진하는 한편, 새로운 시장을 만들어냄으로써, 보다 많은 사람들이 더 나은 보수를 받는 새로운 하이테크 직업 및 산업에서 일하게 될 것이라는 주장을 계속해 왔다. 하지만 상황은 이와 정반대로 나타났다. 대부분의 기업들이 경쟁력을 높이기 위해 시설 투자는 높이는 반면, 고용은 축소했던 것이다. 이렇게 일자리를 잃은 사람들 중 1/3 정도만이 서비스 부분에서, 그것도 20%나 삭감된 임금으로 새로운 일자리를 구할 수 있었다.[17]

그는 현대 사회를 가리켜, "노동자 없는 사회"로 발돋움하고 있다

---

16) 제레미 리프킨, 『노동의 종말』, 이영호 역(서울: 민음사, 1996) 참조.

17) Ibid., p.225.

고 말했다. 이러한 기술혁명의 도래는 노동의 양극화를 가져오기도 하였다. 즉, 고도로 발달한 기술혁명에 적응한 소수의 지식정보 엘리트는 풍요로운 삶을 누리지만 기술의 진보에 따라 육체노동자들은 상당 부분 기계화, 자동화에 밀려나게 되었고 이로 인해 수많은 노동자들은 일자리를 잃게 되었다. 이는 노동을 통해 자기를 실현할 수 없게 만드는 심각한 문제를 초래한 것이다.[18)

초기 기술문명의 시대에서는 기계들이 인류를 고된 육체노동에서 해방시킴과 동시에 또한 다양한 일자리를 창출할 것이라 생각했었다. 이는 어느 정도 진실처럼 보인다. 그만큼 과거에는 생각지도 못했던 다양한 일자리들이 창출되었기 때문이다. 그러나 이러한 낙관적인 미래상은 점차 바뀌어갔다. 기술문명은 노동현장의 육체노동에서 해방시켜 보다 인간다운 삶을 누리도록 하고, 더 많은 일자리를 창출하는 것으로 실현되지 않고 오히려 기계화, 자동화에 따라 일자리를 소멸시키는 것으로 나타났고, 결국 대량실업의 사태가 줄을 잇게 되었다.

이러한 양상은 1811~1817년 영국 중·북부의 직물공업지대에서 일어났던 기계 파괴운동인 '러다이트 운동(Luddite Movement)'을 연상케 한다. 실존 인물이 아닌 가공의 인물 N. 러드의 지도하에 조직적으로 전개된 가공의 인물이었다. 이 운동은 비밀결사(秘密結社)의 형식을 취하여 가입자로 하여금 조직에 대한 충성을 선서하게 하였을 뿐만 아니라, 야간에는 얼굴에 복면을 하고 무장훈련과 파괴활동을 자행하였다. 그러나 이런 활동에도 지도자가 교묘한 통솔력을 발휘하여 비밀을 지키게 하였기 때문에 치안당국에서 그 실태를 파악하지

---

18) Ibid., pp.30–31참조.

못했고 일반인에게도 신비한 집단으로 받아들여졌다.

또한 당시는 산업혁명이 진행 중이어서 직물공업에도 기계가 보급되어 가는 한편, 나폴레옹 전쟁의 영향으로 경제 불황에 빠져 고용감소와 실업자가 증가하고 임금의 체불(滯拂) 등이 성행하는 상태였으며, 거기에다 물가는 나날이 올랐다. 이로 인해 노동자들은 실업과 생활고의 원인을 기계 탓으로 돌리며 기계 파괴운동을 일으켰다. 처음에는 이러한 운동이 노팅엄의 직물공장에서 시작하여 점차 랭커셔·체셔·요크셔 등 북부의 여러 주(州)로 확대되어 갔다. 이렇듯 기계파괴운동이 확산된 원인은 기계에 의한 상품의 대량 염가생산이 수공업적 숙련노동을 압박하여 임금을 인하하게 한 데 있었다. 운동은 산업자본가와 정부에 공포(恐怖)를 불러일으켜 무력을 수반한 가혹한 탄압이 강행되어 일단 진압되었으나, 1816년의 불황기에 재연되었다. 그러나 이때에는 정부의 탄압과 사회·경제 정세의 호전으로 크게 확대되지 않고 바로 진압되었으며, 이후로는 의회 개혁운동으로 그 방향을 전환하였다. 이 운동은 기계로 인한 실업, 즉 상대적 과잉인구 문제로 파악한 것이다. 기계의 효율성이 노동 시간의 단축과 노동 경감으로 이어지지 않고 노동자의 해고, 다시 말해 실업으로 이어지는 것이 문제였다.

리프킨은 기술 혁명에 따른 낙관론의 허상을 미국 노동자들의 실업과의 관계로 설명하였다.

먼저 기술혁명이 노동자들을 그 일자리에서 대거 축출한 곳은 농업에서였다. 농업의 기계화는 무수한 농부들을 농업으로부터 쫓아냈다. 일자리를 잃은 농업 노동자들은 제조업의 분야로 몰려들었다. 하지만, 곧 이어 제조업 분야에도 기술혁명이 찾아왔다. 그러자 노동자들은 서비스산업 분야로 이동해 갔다. 하지만, 이제는 서비스업 분야에도 기술혁명이 찾아왔고, 결국 더 이상 노동자들은 갈 곳이 없게 되었다. 더 적은 노동으로 더 많은 생산을 목표로 하는 현대사회에서 노동집약적인 산업은 더 이상 설 곳이 없게 된 것이다.[19]

그는 이러한 기술 산업사회가 가지는 중요한 특징으로 합리성과 효율성을 말하였다.

> 20세기는 가히 '효율숭배'의 시대라고 해도 과언이 아니다. 효율에 대한 맹목적인 예찬이 일반 기업체뿐만 아니라, 공공기관이나 학교, 심지어 일상생활의 가장 개인적인 부분에서까지 일반화되어 있다. 이러한 효율예찬은 현대 사회로 하여금 좀 더 합리적이고 효율적이기 위해서 모든 수단을 동원케 하며, 나아가 모든 조직을 재구성하게 한다."[20]

기계의 발전은 인간의 비인간화를 가져온다. 기계로 말미암아 노동이 종속적 지위로 전락하고, 노동과 노동자에 대한 경멸적 문화 또한 자리잡는 일련의 반노동 과정이 일어나기 때문이다. 더 심각한 문제는 노동과 놀이, 그리고 학습이 통일된 형태가 가장 바람직한 데 기계는 바로 이 통일성을 깨뜨린다는 것이다. 노동은 그 자체가 삶이요, 삶의 지출이 노동이며 또한 삶의 실현이다.[21]

이처럼 노동은 지금까지 인간의 사회를 지탱해 온 중요한 동력이요, 개념이었다. 그러나 이제 현대 사회에서 노동은 점차 그 자리를 잃어가고 있다. 실업(失業)은 이미 현대 사회에서 일반화되어 있는 현실이다. 노동이 사라진 자리에 남아 있는 사람들은 무가치한 사람으

---

19) Ibid., pp.153-154 참조.
20) Ibid., pp.78-79 참조.
21) 신영복, 『강의』, p.331.

로 취급되어 철저한 상실감 가운데 버려지고 있기도 하다. 포레스터는 고도로 발달된 현대 사회에서 노동의 가치하락을 지적하였다. "현대 사회에서 노동이 소멸된 자리에 남아있는 그들은 사회로부터 암암리에 '쓸모없는 잉여존재'로서 취급 받는다."[22] 하지만 이는 그들만의 문제가 아니다. 겨우 노동현장에 남아 있는 사람들조차도 더 인상 자신의 노동에서 의미나 가치를 찾는 것이 힘들게 되었다. 이는 자본과 기술이 비약적으로 축적되면서 육체노동은 쓸모없는 것처럼 여겨지고, 노동을 할 수 있는 능력과 의지가 있는 많은 사람들이 노동할 기회를 얻지 못하게 되면서 나타나는 모습이다.

고용 없는 성장과 "20 대 80의 사회"[23]라는 말이 회자되는 것도 이 때문일 것이다. 노동을 통해 생계를 꾸려야 할 사람들은 실업의 위협에 직면해 있다. 이에 대한 리프킨의 말이다.

> 정보기술사회는 이전의 산업사회보다 더 빨리 더 많이 인간을 노동으로부터 밀어낸다. 1993년 세계에서 가장 큰 엔지니어링 회사 중 하나인 아세아 브라운 보베리(Asea Brown Boveri) 회사의 최고 경영자인 바네비크는 한 잡지에서 다음과 같이 말했다고 한다. '만일 누군가 내게 2-3년만 기다리면 노동 수요가 급증할 것이라고 말한다면, 나는 도대체 어디에서, 어떤 직업이, 어느 도시에서, 어느 기업에서 수요가 발생하느냐고 반문한다. 나는 현재 10%의 실업률이 쉽사리 20~25%에 육박할 수 있다는 것을 확신한다.'[24]

---

22) 비비안느 포레스터, 『경제적 공포』, 김주경 역(서울: 동문선, 1997), p.28.

23) "20%의 노동력만 있으면 족한 사회, 80%의 실업자들이 끊임없는 생존경쟁에 휘말려 자신들의 삶을 질망 속에 소진하는 사회에 대한 예상이다. 예상되는 이 세계 속에서 참다운 의미의 노동의 가능성은 점점 협소해지고 그야말로 노동의 종말이라 할 수 있는 상황이 도래한다." 한스 피터 마틴·헤럴드 슈맨, 『세계화의 덫』, 강수돌 역(서울: 영림 카디널, 1997), p.26.

24) 제레미 리프킨, op. cit., p.31.

현대 사회를 일컫는 말 중의 하나가 '지식정보화사회'이다. 이 사회에서 결정적인 요소는 자본, 토지, 노동이 아니라 지식이다. 여기서 지식이란 개선, 개발, 혁신 등 경영혁명을 주도하는 전문적 지식을 말한다. 이에 대해서는 앨빈 토플러와 같은 미래학자들도 동의하는 바이다. 지식정보화사회는 단순 노동에 기초한 생산방식이 아니라 지식에 기초한 생산방식이 지배한다. 그러므로 제조공정에서 노동하는 노동자의 중심은 더 이상 육체노동을 하는 블루칼라가 아니고, 고도로 숙련된 전문지식을 갖춘 지식 노동자이다. 이 사회에서 생산 효율은 노동생산성이 아니라 지식생산성으로 표현된다. 드러커(Peter Ferdinand Drucker)는 자본주의 이후의 새로운 사회를 주도할 사회집단으로 '지식 근로자'라고 말했다.

> 자본이나 천연자원(토지) 또는 노동은 이제 더 이상 기본적인 경제자원(생산수단)이 아니다. 새로운 생산수단은 지식이며 앞으로도 또한 지식일 것이다. 부를 창조하는 중심적 활동은 생산적인 곳에 자본을 배분하는 것도 아니고 노동을 투입하는 것도 아니다. 자본과 노동은 19세기와 20세기 경제이론의 두 개의 축이었다. 가치는 이제 '생산성'과 '혁신'에 의해 창조되는데 생산성과 혁신은 지식을 작업에 적용한 결과이다. 지식사회의 주도적 사회 집단은 '지식 근로자'일 것이다. 마치 생산적인 곳에 자본을 배분할 줄 아는 지식 경영자, 즉 지식 전문가, 지식 피고용자들이 지식사회의 부역이 될 것이다.[25]

서로우(Lester C. Thurow)도 시대적 변화를 '지식의 지배'로 말하였다.

경제환경이 급변하고 있으며 거기에는 정보통신과 첨단기술 그리

---

25) 존 브록만, 『디지털 시대의 파워 엘리트』, 김원희·임세윤 역(서울: 황금가지, 1999), p.29.

고 서비스 업종 등으로 노동 인구의 이동 등 제3차 산업혁명이 일어나고 있다. 그리고 이와 같은 산업 혁명은 부의 생성과 확대에 엄청난 변화를 가져오고 있다.[26]

　이러한 지식 계급의 급부상이 지식정보사회의 특징이다. 이들은 빠른 속도로 새로운 귀족 계급으로 편성되지만, 이들의 수는 전체 노동자중 극소수에 불과하다. 오히려 나머지 대부분의 노동자는 하층 계급으로 몰락하게 된다. 이처럼 첨단 정보 기술을 근거로 하는 지식 정보사회는 소수의 지식 엘리트와 나머지 대다수의 하층 노동자로 분리시킨다. 그리고 이 소수의 지식 엘리트는 막대한 부를 획득하지만, 다수의 하층 노동자는 실직 또는 더욱 낮은 수준의 일자리를 찾기에 급급하면서 더욱 빈곤해져 간다.[27] 이에 따라 그들은 인간의 존엄성과 생활의 안정을 위협하는 돈벌이 노동으로 내몰려지고 있다. 돈벌이 노동을 하는 사람들은 행위의 주체로 인정 받기는커녕 지배와 수탈의 대상으로 전락하기 일쑤이다. 거기에 더해서 자본과 기술에 의해 조직되는 노동과정과 생산과정은 생태계의 건강성과 안정성을 해치는 방향으로 치닫고 있다.

　이러한 지식정보화사회에서 기술 관료가 지배하는 사회의 특성은 자본주의 체제와 밀접한 관련을 갖고 성장하였다. 자본주의 체제의 노동 분화를 통한 지배는 노동자에게서 생산과정을 통제할 수 있는 권리를 빼앗고 소수의 자본가에게 지배를 집중시키는 노동의 계층적인 자본주의적 생산과정을 관리하는 방식의 핵심을 이루었다. 자본가의 권력 독점은 노동자들을 생산수단과 생산물로부터 분리시키는 것

---

26) Lester C. Thurow, *Building Wealth* (New York: Harpercollins, 1996), pp.4-6 참조.
27) 제레미 리프킨, op. cit., pp.236-237 참조.

을 필수로 하였다. 생산과정에서 고도로 발전된 기술을 요구하는 후기 산업사회에서 생산과정은 소수의 전문가에 의하여 독점된다. 하버마스[28]는 이러한 후기 산업사회의 지배관계가 인간성의 상실을 가져온다고 비판하였다.[29] 이른바 후기산업사회 혹은 지식정보화사회는 첨단기술의 발전을 배경으로 일어나고 있다. 고도기술의 발전은 CAD/CAM과 로봇공학에 기초한 공장자동화를 확산시킴으로써 2차 산업의 노동력이 급격히 감소하는 결과를 낳고 있다. 또한 사무자동화가 가속됨에 따라 제조업 노동력이 크게 줄고 3차 산업의 고용수준이 급격하게 증가한다. 산업구조가 지식정보 중심의 3차 산업 위주로 재구조화된다는 것은 제조업이 중요하지 않게 되었다는 사실을 의미하는 것이 아니다. 첨단기술에 기초한 노동생산성의 향상으로 대규모의 노동력을 고용하는 것이 불필요해졌다는 것을 의미한다.[30]

---

28) 하버마스는 철학사상계열로는 비판이론가이다. '비판이론(Kritische Theorie)'은 1930년대 프랑크푸르트의 사회철학자·사회과학자·문화과학자들의 모임이 발전시킨 일련의 이론이다. 이들은 자본주의(나중에는 사회주의까지 포함) 산업사회에 대한 분석을 발전시켰다. 이들의 분석 목적은 그러한 사회가 지닌 억압적인 경향을 드러내고 그것을 극복하려는 데 있었다. 프랑크푸르트학파의 중심지는 1924~33년에는 프랑크푸르트 사회연구소였다가 나치 집권기에는 뉴욕·로스앤젤레스·버클리 등으로 옮겼으며 1949(또는 1950)년에 다시 프랑크푸르트암마인으로 돌아왔다. 1세대격인 M. 호르크하이머, T. W. 아도르노, F. 폴록 등과 2세대인 H. 마르쿠제, E. 프롬, L. 뢰벤탈의 뒤를 이어 J. 하버마스, 알프레트 슈미트, 오스카 네크트, 알프레트 벨머, 클라우스 오페 등이 활동하고 있다. 1967~72년 서독과 서구대학 등이 중심이 된 학생운동에 비판이론가들이 일정한 영향력을 행사했다. 이들은 헤겔과 마르크스에 대한 비판과 관련해서 소비에트 마르크스주의, 특히 소련과 동독의 의견과 대립되었고 서독 내에서 비판적 합리주의의 분석적 과학이론과 방법론 논쟁을 벌이기도 했다. 비판이론은 사회를 변혁하려는 실천적인 정치 목표를 지니고 사회·문화 연구를 통해 현대 사회에 관한 사회·역사 철학을 추구했다. 이들 이론을 이끈 주요소들을 다음과 같이 정리할 수 있다. ① 헤겔적 의미의 변증법적 역사관을 통해 현대를 스스로 소외된 개인들의 갈등의 역사로, 승인되지 않은 지배형태로 파악한다. ② 마르크스주의 정치경제학으로써 자본주의를 비판한다. 이를 통해 전세계적 경제위기와 전쟁, 그로 인한 첨예화한 착취와 노동계급의 계급투쟁, 문화·법·과학 등 이데올로기의 타락이 빚은 자본주의 생산양식의 자기붕괴를 분석한다. ③ 프로이트의 정신분석학의 도움을 받아들여, 부르주아 및 프롤레타리아 가족에 미치는 사회 갈등과 문화 왜곡의 부작용, 직업세계와 정치여론을 통해 아버지 우상에 대한 권위적인 교육 강제를 분석한다. 계몽과 이성의 '해방적 관심'은 이와 같은 사회관계를 거부한다. 이러한 시도는 비판이론의 소수 '비판적 지식인', 경제적으로 착취 받는 자, 정치적으로 억압 받는 자(프롤레타리아와 주변집단)들이 연대하여 억압적 사회관계와 지배적 '허위의식' 예를 들면 과학적 실증주의나 대중매체의 문화 산물들에 비판적·실천적으로 대처하는 것을 목표로 삼는다.

29) 한국국민윤리학회 편저, 『현대 사회와 직업윤리』(서울: 형설출판사, 2002), pp.73-78 참조.

30) Ibid., p.93.

지식정보화사회의 첨단을 달리고 있는 우리 사회에서 지식정보화에 따른 노동의 감소가 가장 먼저 나타나는 분야는 주로 대학 졸업자들이 취업하는 사무직 분야이다. 대졸 실업의 증가는 이러한 정보화의 필연적인 결과이다. 오늘날 대학 졸업자가 원하는 공기업, 대기업, 공무원 등의 안정적인 일자리는 수많은 경쟁을 뚫고 올라온 상위 20%만 차지할 수 있게 되었다. 정보화에 따른 사무직 노동의 감소는 물론 우리나라만의 문제는 아니다. 이웃 일본에서는 니트족, 캥거루족, 파라사이트족, 하류사회 등 나쁜 용어는 모두 젊은이를 지칭한다. 20대 한국의 '88만원 세대'는 20대 젊은이를 칭한다. 우리나라에서는 30대 초반에 인생을 땡친다는 '3초땡'이나 미래를 장담할 수 없어 연애, 결혼, 출산을 포기하는 '3포 세대'라는 신조어마저 등장했다.

우리나라에 88만원 세대[31]가 있듯이 미국에는 빈털터리 세대[32]가

31) 이 말은 우석훈·박권일, 『88만원 세대』(서울: 레디앙, 2007)에서 나온 말이다. 이 책에 비친 20대의 현실은 참혹하다. 지금 20대의 상위 5%만 안정적이고 단단한 직장을 가질 수 있고, 나머지 95%는 비정규직의 삶을 살게 되는데, 800만을 넘어선 비정규직 평균 임금 119만 원에 20대 급여의 평균 비율 74%를 곱하면 88만원(세전 소득) 정도가 된다는 것이다. 우리 주변의 대부분의 20대가 평균 88만 원 정도의 임금을 받으며 청춘의 땀방울을 흘리고 있다는 말이다. 이런 현실은 미국의 '빈털터리 세대', 유럽의 '천유로 세대', 일본의 '비참 세대'에 이르기까지 '글로벌하게' 나타나는 현실이지만 우리나라의 경우 그 정도가 매우 심각하다. 그리고 더 심각한 문제는 이런 현상이 결코 나아지리라는 보장이 없다는 점이다. 이전 세대가 이룩한 풍요로움은 1997년 'IMF 사태'라는 결정적인 사건을 시작으로 수용한 신자유주의 세계화, 노무현 정부의 '선택과 집중' 전략으로 인해 승자독식의 사회로의 길을 걷기 시작했다. 그 과정에서 20대는 20대를 볼모로 이루어지는 세대 간 착취와 세대 내 '베틀 로열'에 노출되고, 20대를 소비의 대상 혹은 소모품으로 취급하는 차가운 사회의 바닥에 내동댕이쳐졌다. 어쩌면 "이 상황에서 최적의 대응 전략은 '서울로 이사 와서 고시를 보거나 대기업에 취업한다'가 될 것"이라는 저자들의 말이 정답인 사회가 된 것이다. 저자들은 88만원 세대에게 '토플 책을 덮고 바리케이트를 치고 짱돌을 들라'고 이야기 한다. 유신 세대나 386세대가 그러하였던 것처럼 한 번도 사회적 연대의 기회를 가져보지 못한 20대에게 경쟁자로서의 관계가 아닌 사회적 연대를, 자신들이 처한 현실을 적극적으로 개선시키려는 '짱돌'을 손에 쥐라는 말이다. 더 이상 '누가 먼저 죽을 것인가'의 문제를 놓고 치열한 경쟁을 벌이는 것이 아닌 '모두가 사는 길'을 모색하자는 말이다.

32) 이 말은 타마라 드라우트, 『빈털터리 세대』, 에밀리 문 옮김(서울: 오픈 마인드, 2006)에 나온 말이다. 한 사람의 인생에 있어서 20대와 30대 시절은 무척 중요하다. 자아를 실현하며, 안정적 기반을 쌓고, 미래와 노후를 어떻게 보낼 지 결정하는 중요한 시기이기 때문이다. 그렇다면 오늘날의 젊은 세대들을 이 모든 것을 잘 해내고 있을까? 사실 현실은 그렇게 만만치 않다. 『빈털터리 세대』는 오늘날 젊은 세대들이 사회 생활을 시작하고, 집을 사고, 자녀를 키우면서 부딪치는 문제들을 놀라운 통찰력으로 이야기한다. 청년 시사전문가인 저자는 요즘의 젊은 세대들이 이 중요한 시기에 열심히 일을 해도 돈을 모으지 못하고 오히려

있다. 또 일본에는 정규직에 진입하지 못하여 파트타임 잡이나 아르바이트로 힘들게 살아가는 젊은 세대를 '하류사회'[33] 혹은 '비참(悲慘) 세대'로 부르기도 한다. 마찬가지로 유럽에서는 월 100여만 원으로 힘들게 살아가는 젊은 세대를 '1,000유로 세대'[34]라고 부른다.

정보화사회의 노동의 종말, 혹은 노동의 대폭적인 감소와 관련하여 일차적으로 인류가 대처할 수 있는 방안은 둘 중 하나이다. 그 한 가지는 소수의 일자리를 소수의 정보 엘리트들이 독점하는 것이고, 또 한 가지는 임금이 대폭 감소되는 것을 감수하더라도 그 줄어드는 노동을 골고루 나누어 가지는 것이다. 그러나 전자의 방안은 장기적

빚을 지게 되는 등 힘들게 살아가고 있다고 안타까워한다. 그녀는 이 모든 장애물들이 자연발생적으로 생겨난 것이 아니라 국가의 미래보다 부자들의 이익을 위해 행동하는 지도자들이 책임이라고 강조한다. 그리고 모든 젊은이들이 자유롭게 대학에 들어가고 집을 사고 자녀를 낳아 기를 수 있는 새로운 세상을 위한 많은 아이디어를 내놓는다.

33) 이 말은 미우라 아츠시, 『하류사회』, 이화성 옮김(서울: 씨앗을 뿌리는 사람, 2006)에서 나온 말이다. 7,80년대 일본의 고도성장이 이루어낸 거품경제. 80년대 말까지 주가와 부동산이 연일 뛰어오르며 최고치를 갱신하자 소비자들은 돈을 펑펑 써댔고, 기업들은 주식과 부동산으로 돈을 벌려고만 했다. 그러다가 1990년 새해 첫날부터 닛케이지수가 하락하기 시작했다. 곧 부동산 가격도 계속 떨어졌다. 소비자들이 움츠러들기 시작하자 상품이 팔리지 않게 되고, 경영이 어려워진 기업들은 문을 닫았다. 실업자들이 거리로 쏟아져 나왔다. 그들은 모두 한때 잘 나가는 '중류'였다. 그로부터 15년이 흘렀다. '잃어버린 10년'을 지나온 '중류'는 어떤 변화를 겪었을까. 그들은 여전히 스스로를 중류라고 생각할까? 안정된 중산층 가정에서 자란, 그들의 자녀들은 어떤 생각을 갖고 어떤 라이프스타일로 살아가고 있는가? 통계에 따르면, 소득에 따른 격차뿐만 아니라 계층의식의 양극화도 심해졌다. 중류가 사라지고 하류가 증가했다. 일본이 하류가 주류가 된 '하류사회'가 된 것이다.

34) 이 말은 안토니오 인코르바이아·알레산드로 리마싸, 『1000유로 세대』, 김효진 옮김(서울: 예담, 2006)에서 나온 말이다. 이 책은 비정규 인생들이 펼치는 유쾌한 리얼드라마식 소설이다. 2000년대를 사는 청춘남녀의 리얼한 자화상을 그린 소설로 밀라노의 높은 집세를 감당할 수 없어 동거생활을 하는 4명의 젊은이들이 좌충우돌 벌이는 사건사고부터 사회적인 담론에 이르기까지, 결코 가볍지만은 않은 이야기들을 재치 있는 유머로 풀어나간다. 주인공이자 화자인 27세의 클라우디오는 대학 졸업 후, 한 다국적기업의 핸드폰 관련 마케팅 부서에서 주니어 어카운트로 일한다. 일은 만족스럽지만, 월 급여 1,028유로의 단기 계약직이라는 위치에는 미래에 대한 어떠한 확신도 보장도 없다. 이런 클라우디오와 집세와 생활비, 그리고 걱정까지 함께 나누는 세 명의 친구들은 지갑 사정과 지출 한도를 맞추느라 열심히 계산기를 두드리며 매일 같은 전쟁을 치르면서도 더 나은 미래를 위한 꿈을 포기하지 않는데…. 작가 본인들과 친구들의 경험을 토대로 쓰인 이 소설은 막막한 현실 속에서도 웃음과 희망을 잃지 않고, 적극적으로 삶을 개척하려는 청춘들의 모습을 경쾌하게 그려낸다. 이들을 통해 안정된 일자리와 삶의 터전을 일굴 수 있었던 전 세대와는 달리 만성적인 경기침체와 불안정한 사회 속에서 설자리를 찾지 못하는 요즘 세대들의 입장을 명쾌하게 대변하고 있다. 여기서 천 유로 세대(Milleuristi)란 확실한 일자리와 안정된 수입이 없이 비정규 인생을 사는 사람들이 1,000유로, 즉 월 100만 원 조금 넘는 소득을 가지고 집세는 물론, 각종 세금과 생활비까지 부담하며 치열하게 살아가는 젊은이들을 가리키는 신조어다.

으로는 불가능하다. 인류의 역사를 살펴보면 항상 일하는 다수가 일하지 않는 소수를 먹여 살렸지, 일하는 소수가 일하지 않는 다수를 먹여 살린 경우는 없기 때문이다.

후자의 방안도 궁극적인 해결방법이 없다. 사람들이 여전히 노동을 자아실현의 수단으로 생각하는 한, 줄어드는 수입에 불만을 가질 것임에 분명하기 때문이다. 실업은 현대인에게 단순히 생계수단의 박탈만을 의미하는 것이 아니다. 이에 대해 퍼티(Philippe Petit)의 말이다.

> 실업자의 경우, 그가 굴욕감을 느끼는 까닭도 여기에 있다. 그는 지루하다. 왜냐하면 시간이 파괴적이기 때문이다. 사실 그에게 시간 감각을 부여하는 것은 직업 활동의 수행이다. 실업자이기 때문에 일자리가 없는 것은 휴가 중이거나 여가를 갖는 것과는 다르다. 실업자는 자신이 휴가 활동을 취할 권리가 있다고 여기지 않는다.[35]

임홍빈은 실업의 심각성에 대해서 지적하였다.

> 실업이 실업자 개인에게 미치는 영향은 일반인들이 막연히 추정하는 것보다 훨씬 복합적이고 심각하다. 실업은 당연히 제일 먼저 거론되는 소득의 감소라는 차원을 넘어서 노동자 개인의 영혼과 정신, 육체적 건강을 갉아먹는 실존의 위기로 작용한다.[36]

2008년 시작된 전 세계적 금융 위기는 즉각적으로 실물경제의 위축으로 이어졌고 이로 인한 청년실업의 문제가 심각성을 더해가고 있다. 오늘날의 '대학생 시기'란 낭만적이기는커녕 취업 준비로 바쁜 암울한 시기이다.

---

35) 도미니크 슈나페르, 『노동의 종말에 반하여』, 김교신 역(서울: 동문선, 2001), p.50.
36) 임홍빈, 『세계화의 철학적 담론』(서울: 문예출판사, 2002), p.125.

취업난과 생활고, 학업 스트레스 등의 고충에 시달리며 대학생들은 자살이란 극단적인 길로 내몰리고 있다. 지난 2011년 3월 29일 4학년 장모(25) 씨의 자살로 올해 들어 세 명이 목숨을 끊은 카이스트(KAIST)는 30일에 학교 차원의 긴급 대책을 강구하고 나섰다. 학생들의 스트레스 해소책으로 체육활동을 강화하고, 수업료 부담을 덜어주기 위해 납부액을 조정하는 방안을 총학생회와 협의하기로 했다. 전교생을 대상으로 한 심리검사 실시도 검토하고 있다. 대학생들은 취업문이 갈수록 좁아지는 현실에서 등록금이 1,000만 원을 넘어서고 치솟는 주거비와 생활비를 감당하지 못하게 되자 극단의 선택을 하고 있다. 경찰청 자료에 따르면, 대학(원)생 자살자는 2008년 332명, 2009년 268명에 달한다. 한 해 200~300명의 대학생이 스스로 목숨을 끊고 있는 셈이다. 취업 포털 사이트 '알바천국'의 설문조사에 따르면, 대학생 621명 가운데 373명(60%)이 "자살 충동을 느낀 적이 있다"라고 답했을 정도로 대학생 자살은 심각하다. 지난달 강릉에서 자살한 대학생은 학자금 대출 서류와 함께 자신이 마지막 희망을 걸었던 즉석복권 두 장을 유서 대신 남기고 생을 마감했다. 서울 모 대학 학생상담센터 관계자는 "토익, 학점 등 남다른 스펙37)을 쌓아놓고도 취직이 안 돼 스트레스를 호소하는 학생들이 많다"며 "대부분 등록금은 융자로 해결하고, 생활비는 아르바이트로 대는 현실에서 졸업을 하고도 융자금을 갚지 못하면 어쩌나 하는 고민을 털어놓는다"라고 전했

---

37) 취업을 준비하는 젊은이들이 '스펙을 높이다'라는 일종의 은어를 쓰는 경우가 있다. 최근 영어 '스페시피케이션'(specification)을 줄여서 '스펙'(spec)이라고 쓰고 있다. 이는 어떤 물품을 구성하는 부품과 그 각각의 기능·성능 따위 세부사항을 뜻한다. 그래서 '그 물건의 스펙이 어떻게 되느냐'고 묻는다면 크기·무게, 덧붙는 기능을 묻는 것이기도 하고, 처리 속도 따위의 성능을 묻는 것이기도 하다. 이럴 때는 사양(仕樣)과 같은 말이다. '스펙을 높이다'가 앞서 말한 은어일 경우에는 물건 아닌 사람의 자질이나 능력이라는 뜻으로 쓰인 것이다. 그래서 취업 준비생이 '스펙을 높인다'고 하면 학위·자격증을 더 따거나 또는 여러 어학 점수를 확보하는 일을 뜻한다.

다. 이 관계자는 "학생들을 위해 심리검사 테스트를 실시하고 있는데, 정신과 치료를 받아야 할만큼 중증의 스트레스 환자가 상당수에 이른다"고 말했다.[38]

오늘날의 대학생들은 부전공이나 복수전공에 필요한 학점을 채우려면 4년만에 대학 졸업하기가 쉽지 않다. 더구나 요즘에는 어학연수, 인턴, 아르바이트 등 취업에 필요한 경험과 '스펙'을 만들어야 한다. 그러자니 두 학기 휴학은 기본이다. 남학생들은 군대도 다녀와야 한다. 혹시 재수를 했거나 편입, 전과(轉科)를 한 경력이 있다면 1∼2년은 추가다. 졸업 후에 고시나 유학 준비한다고 여기저기 학원 좀 다니다 정신 차려보면, 금방 서른이다.[39] 최근 20대를 지칭하는 말로 '공한족(恐閑族)'이라는 말이 있다. 이 말은 한가한 것이 두려운 계층이라는 뜻으로 뭔가 남보다 경쟁력을 갖춰야만 할 것 같은 불안감에 휩싸인 20대 대학생을 일컫는다.

"너 취직 못하는 거, 그거 니 책임 아냐. 국가적인 문제라고." 이 말은 <내 깡패 같은 애인>[40]이라는 영화에 나오는 대사이다. 3류 깡패인 남자 주인공이 취업을 위해 이리저리 애쓰는데도 잘되지 않는 여자 주인공의 모습에 대한 말로 오늘 우리 사회의 청년실업의 현실을 잘 드러내 준다.

지난 2012년 1월 18일 대통령 직속 미래기획위원회 주최로 '난상토론, 청년실업 해법은?' 토론회에서는 청년실업의 심각성이 이들의 입

---

38) "해마다 200∼300명 자살 내몰리는 대학생", 〈포커스〉(2011년 3월 31일).

39) 김난도, 『아프니까 청춘이다』(서울: 쌤 앤 파커스, 2011), p.17.

40) 2010년 제작된 영화로 취업의 어려움을 겪는 여주인공의 이야기가 사실적으로 드러난다. 열혈 취업전선에 뛰어든 깡만 센 여자 세진은 멋진 커리어 우먼이 되겠다는, 찬란한 청운의 꿈을 안고 상경했다. 보란 듯이 멋진 회사에 취직해서 반대하던 아버지에게 자랑스러운 딸이 되고 싶었다. 그런데 번번이 면접에서 떨어지곤 한다.

에서 터져나왔다. 2030세대 100여 명이 모인 이 자리에서는 취업의 벽에 부딪친 청년들의 수난기와 고충이 쏟아졌다. 3년 전 경기도 안산에 있는 한 전문대 광고창작과를 졸업한 뒤 직장을 찾고 있는 서유란(23) 씨는 동종 업계로 먼저 진출한 선배나 동기들이 최저임금에도 한참 못 미치는 돈을 받고 일하는 걸 보고는 눈앞이 캄캄했다. 그들은 "경험 쌓는 과정이기 때문에 괜찮다"고 했지만, 서 씨는 '부당한 처우를 합리화시키는 것 같다'고 생각했다. 서 씨는 다른 분야의 직장을 찾아보는 동안 콜센터 교환원, 빵집과 카페 점원 등 여러 아르바이트를 거치다 석 달 전 국비지원을 받아 네일 아트도 배웠다. 그런데 막상 수강한 학원에 취업 알선을 요청하니, 4대 보험이 적용되지 않고 최저임금도 못 받는 업체가 대부분이었다. 서 씨는 "답답한 마음에 직접 일자리를 알아보니 시급 2,000~3,000원짜리가 대부분이어서, 지금은 국외 쪽으로 눈을 돌리고 있다"라고 말했다. 대학생 김영주 씨는 "현재 노동시장에선 실업자뿐 아니라 취업자도 행복하지 않은 것 같다"며 "정부가 단순히 일자리를 늘리는 차원이 아니라, 젊은이들이 하고 싶은 일을 충분히 할 수 있도록 다양한 직업군을 만드는 정책을 폈으면 좋겠다"라고 제안했다. 정부가 벌여놓은 일자리 사업에 참가했다가 예산이 중단돼 실직할 위기에 놓였다는 참가자의 하소연도 이어졌다. 청년실업 해소를 위해 정부의 실효성 있는 대책이 마련돼야 한다는 지적도 나왔다. 심각한 것은 새로이 직업 전선에 뛰어든 젊은이들의 취업은 더더욱 어려워지고 있다.[41]

이런 상황에 직면하여 세계 각국은 새로운 일자리 창출을 위해 막

---

41) "알바로 겨우 생활비…기술 배워도 취업 못해", 〈한겨레신문〉(2012년 1월 18일).

대한 자금을 쏟아붓고 있다. 그러나 소비 위축에 따른 기업들의 어려움으로 이러한 노력은 크게 효과를 보지 못하고 있다. 결과적으로 각 국정부에서 새로이 창출한 일자리는 기껏 과거 자원봉사자들이 담당했던 소외계층과 노인 복지를 위한 이른바 '사회적 노동'이 대부분을 차지하고 있다. 그러나 이러한 비지불 노동으로서의 사회적 노동을 지불 노동으로 전환하는 것에 대해서는 비판적인 견해도 많다. 취업에 실패한 청년 실업자들에게 "당신은 이제 노동으로부터 해방되었으니 자유다. 이제 당신이 하고 싶은 것을 마음대로 하고 살아라"라고 한다면 과연 그들이 기뻐하겠는가? 현대 사회에서 노동을 통한 자아실현은 '자아'라는 분리 독립된 개체의 자기 확인과 확대를 의미한다. 실업이란 이런 자아실현의 가장 강력한 수단을 상실했음을 의미한다. 따라서 노동의 종말과 청년실업에 대한 대책에 있어 가장 중요한 것은 노동을 통한 자아실현을 대체할 수 있는 수단을 제공해 주는 것이다.[42]

---

42) 정재걸, op. cit., p.53.

3. 노동의 현실[43]

보통의 주부들은 결혼 후 자녀들이 어릴 적에는 전업주부로 있다가 자녀가 초등학교 5학년이 되거나 중·고등학교에 다니게 되면 일자리를 찾아 나서게 된다. 30~40대의 주부라면 전문 기술을 지니고 있지 않는 경우에는 마트나 제조공장에서 일을 하게 되는데 시급 4,580원을 받고 일하게 된다. 그나마 정규직이 아닌 비정규직으로……. 제조업의 열악한 사정에 의하여 하루 8시간 근무를 하게 되면 100만원도 안 되는 급여이기에 잔업에 특근을 하여 100만원의 급여를 받는다. 그나마 50대 이후의 주부들은 식당으로 가서 설거지를 하거나 농촌에서는 비닐하우스 일을 한다.

내가 전에 다니던 모 회사에서 있었던 일이다. 대학을 나오고도 일자리가 없어 취직을 못하는 20대의 젊은이가 많다고 하는데 내가 다녔던 곳은 이른바 대기업 같은 곳에서 쓰다가 버려지는 폐고무를 모아서 재생하던 공장으로 고무의 악취와 힘든 작업에 한국인 노동자는 공장장님뿐이었다. 일자리를 찾아 기웃거렸던 사람들이 일을 해보고 1주일을 견디지 못하고 보따리를 챙긴다. 하루는 40대 가장이

---

43) 이 책을 교정하는 작업으로 수고해 준 고마운 고향 교회(서울 구로동 은성교회) 친구인 국경희가 교정을 마치면서 보내준 글이 논자의 가슴에 와 닿았다. 이 글은 논자가 중요하게 다루는 노동의 사회윤리적 접근이라는 시각보다는 개인윤리적인 자세로 보이고 국경희 개인적인 노동 경험에서 바라보는 시각으로 일반화하거나 학문적인 논거로 보기 어려운 측면이 있다. 그러나 이 글은 오늘날의 노동 현실을 이해하는 데 실제적이고 사실적인 경험담으로 전해지는 귀중한 글샘이다. 논자의 잡다하게 펼쳐놓은 어눌한 글샘보다 오늘날의 노동 문제를 이해하고 어떻게 사회윤리로서 논의해야하는지를 분명하게 진지하게 실제적으로 제시해 준다. 국경희의 글이 그럴 수 있음은 이 친구가 오랜 세월 치열하게 노동의 현장에서 살아온 실제적인 이야기를 담지(擔持)한 경험주체이기 때문이고 오늘도 이러한 노동의 현장에서 살아가는 이 땅의 노동자이기 때문이다. 그러기에 국경희의 글은 노동 문제를 다룬 학문적 성과물보다도 더 강력한 공감과 울림으로 과제로 남는다. 국경희의 글에 나오는 노동자 개인이 지녀야할 건강한 노동관, 중소기업의 어려움, 기혼 여성의 노동, 감당하기 버거운 자녀교육비, 외국인 노동자 등의 문제는 중요한 노동윤리의 과제가 될 것이다. 책의 교정으로 애써주고 글을 게재하는 것을 허락해준 친구에게 고마운 마음을 전한다.

와서 일한다고 하고는 점심시간이 지나도 숙소에서 내려오지 않아 숙소에 가보니 간다는 말도 없이 도망간 적도 있었다. 이러다보니 하는 수 없이 고용보험센터에서 외국인 노동자를 데려와야 하는데 1주일에 한 번 오전에 센터에 가서 서류 넣고 오후 2시에 만남의 시간을 갖고 겨우 공장에 데려오면 자신들의 체류기간을 연장해놓고 는 2∼4주 안에 다 이직을 한다. 결국 많은 부담을 안고 불법체류자를 고용할 수밖에 없다. 2007년에는 불법체류자 집중 단속에 걸려 12명의 외국인중 7명이 본국으로 소환되고, 결국 일할 사람을 구하지 못하다가 거래처의 연쇄부도까지 겹쳐 폐업했다. 이처럼 제조공장에서는 노동자를 구하려고 하지만 모두들 기피하여 젊은 일꾼이 없다.

지금 다니는 곳도 플라스틱 제조공장인데 사출기계를 잡을 남자 직원을 구하건만 우리나라 사람들은 들어오지 않아 외국인 노동자를 데려오는 현실이다. 아침 8시부터 오후 7시까지 근무하거나 오후 7시부터 다음날 8시까지 야간 격주 교대근무에 한 달 급여는 180만원(식비포함)이다. 이 현실 앞에서 누가 일하겠다고 제조 공장을 찾아올까?

내가 사는 경기도 포천에 있는 대부분의 공장들이 서울 근교에서 밀려난 곳이기에 냄새나고 힘든 곳이고 결국 일할 사람이 없어 외국인이 수두룩하다. 33번 버스가 의정부를 가는 버스인데 주말이면 이 버스 안이 외국인지 한국인지 구별이 안 갈 정도이다. 축산업을 하는 학부모들 집에도 소똥을 치우거나 우유를 짜거나 하는 일들은 외국인이 한다. 힘들고 어려운 일은 누구나 하지 않으려 하기 때문이지……. 나도 2008년 다시 일터를 구하는데 나이가 많다는 이유로 사무직에서 밀려나고 제조업에서는 이런 일하겠냐? 며 고개를 흔들어 이곳까지 왔는데 8시 30분∼7시 근무 1,3주 토요일 5시까지 근무에 급여 120만원이다. 그나마 이곳에서 사람을 구하지 못하여 아줌마들을 채용하다보니 아줌마 5명에 야간에 일하는 외국인 2명이다. 이곳에서 나는 경리직원이 없어 아침에는 경리 일을 겸하고 오후에는 현장에서 일한다. 바쁠 때는 아침부터 현장에서 일하기도 한다. 전에 있던 곳에서는 내가 일 처리했는데 여기서는 웬만한 건 다 세무서에 맡겨 처리하니까 사무실에서 내가 할 일도 없다. 여기 있는 언니들은 47세, 50세, 54세, 57세이다.

47세 언니는 43세에 남편 잃고 혼자 아이들을 키우다보니 식당을 다니게 되었는데 너무 힘들었다고 한다. 10시부터 오후10시까지 일하고 받은 돈이 처음 130만원이었다. 3년 일하고 오른 급여가 150만원이다. 현장 식당 식당에서 일하다보니 결국 쓰러졌고 병원신세를 지다가 어느 정도 몸이 회복되어 이곳에 왔다. 57세 된 언니가 왕 언니인데 17년 동안 서울의 전자공장에서 일하다가 이곳으로 이사 온 후 55세에 취업하여 일하고 있다. 가끔 특근이 있는 날이면 도맡아서 한다. 아이들 시집 장가보내고 일할 수 있는 것에 그저 고마워서 열심히 한다고 한다. 처음 이곳에 이사 와서 식당이라도 가 볼까하고 식당에 갔는데 가는 곳마다 나이 많다고 거절당했다나……

50세인 언니의 아들은 소위 말하는 명문 대학을 나오고 대기업 연구소에서 일했는데 잔업이 많고 힘들다고 때려치우고 뭘 더 배우겠다며 공부하는 백수다. 예전에는 너나없이 가난하여 먹고 사는 게 우선이다 보니 그저 잔업철야에 시달려도 공장이라도 들어가 일할 수 있다면 감사했는데……

우리 애는 서울의 모 대학 사범계열 한 곳, 서울 모 대학 문과계열, 경기도 모 대학 경상계열 학과에 합격했는데 졸업 후 취직을 고려하

여 경상계열을 택했다. 사실 장학금을 받는다는 것도 내가 압력을 넣은 부분이지만^ ^

작은 애는 애초부터 언니처럼 공부 잘하는 것도 아니니까 기술 익힌다고 중1 때부터 미용기술 익혀 작년 봄에 자격증 따고 메이크업 자격증 딴다는데 이게 돈이 더 들어 간다. 6개월에 350만원이고 재료비는 별도이다. 큰 애는 학원에 다닌 적 없이 EBS붙잡고 살아 학원비라고는 초등학교 때 피아노 배우는데 들어 간 돈 밖에 없는데 작은 애는 지금 미용자격증에 300만원 메이크업에 350만원에 아직 진행 중이니 1,000만원 들어가겠다 싶다.

제조업에 다니는 부모의 급여로 아이들 뒷바라지가 힘들다. ㅜㅜ

3장

노동윤리에 대한 역사적 고찰

역사적으로 볼 때, 노동의 개념은 근대에 들어와 고찰되기 시작하였지만 이미 고대에서부터 인간 사회에 있어 노동의 의미에 대한 다양한 성찰들이 있었다. 여기서는 서구 전통의 노동관을 중심으로 하고자 한다. 이를 위해 고대와 중세를 살펴보고 그것이 기독교개혁운동을 거쳐 근대자본주의 시장경제를 거쳐 신자유주의에 이름을 살펴보려고 한다. 아울러 동양 전통에서 노동을 어떻게 이해했는지를 유교 전통을 중심으로 제시해 보려고 한다.

1. 고대와 중세 시대

박창환은 고대 헬라인들이 손으로 하는 노동이나 돈을 벌기 위해 하는 모든 장사나 노동은 천한 것으로 생각하였음을 말했다. "헬라인들은 노동은 노예가 하는 것이고 기계가 하는 일이라고 생각하였다. 그래서 헬라 사회에서는 노동자와 노예라는 말의 어원이 같았다. 아리스토텔레스의 이른바 '완전한 인간'이란 노동으로 손을 더럽히지 않는 인간을 의미하였다."[1]

바클레이(William Barclay)도 헬라인의 노동관이 육체노동을 중요하게 여기지 않았음을 지적하였다. "헬라인들이 사람을 천시해서 사용하는 말 가운데 '바나우소스(βαναυσος)'라는 말이 있는데 이는 '쟁이', '꾼'과 같은 말로서 일반적인 노동자나 직공이나 장인들 그리고 손으로 일하는 모든 사람들을 통칭한다."[2]

나학진은 헬라인들이 육체적 노동을 멸시하고 정신적 노동만을 존중한 이유를 육체와 정신을 이원론적으로 생각하는 사상이 밑받침되었기 때문임을 말한다. "헬라인들은 육체는 영혼의 감옥이며 육체노동은 인간의 품위를 저하시키는 일이라고 생각하였다."[3] 이를 통해 헬라인들은 "육체노동자"를 하층 계급으로 인정하고 상류 계급인 지성인들이 철학을 연구할 시간을 갖게 하기 위하여 그들이 육체노동에 종사하는 것은 당연한 것으로 생각하였다. 즉, 자유인이 정신적 행위를 성취하도록 하기 위하여 소작농과 노예들은 육체적 노동에 종사해야 한다는 것이었다. 이 계층화된 사회 조직은 헬레니즘 사상의 특징인 이원론과 아울러 중세시대 사상에 중대한 영향을 끼친 것이다.

하크니스(Georgia Harkness)는 육체노동을 천시하는 헬라 사상이 중세시대에 와서는 봉건사회의 계급구성에 가미되어 종교적으로 공인을 받게 되었음을 지적하였다.

> 사제, 수도자, 수녀 등 종교적 직책을 맡은 사람들은 세속에서 일하는 사람들보다 더 높은 정신적 신성성(Sanctity)을 가진 것으로 보

---

1) 박창환, "성서적 노동관", 『기독교사상』(1977년 11월호), p.21.
2) 윌리엄 바클레이, 『기독교윤리평해』, 서기산 역(서울: 기독교교문사, 1973), p.63.
3) 나학진, 『기독교윤리학개설』(서울: 대한예수교장로회총회교육부, 1979), p.128.

았다. 그리고 사색에 종사하는 사람들은 행동하는 사람들보다 높은 위치에 있다고 공인되었다. 행동하는 생활 가운데 육체노동자는 더 낮은 위치에 있다고 보았다.[4]

이에 영향을 받은 중세시대 기독교는 금욕주의와 수도원주의를 발전시켜 노동에 있어서도 성(聖)과 속(俗)의 구별을 짓게 하였다. 그렇게 되어 중세 시대는 인간의 생활을 수도원생활과 세속생활로 분리시키는 이원론적 윤리체계를 형성시켰다.

그러나 이에 대한 반론도 제기된다. 고대 그리스 헤시오도스(Hesiodos)의 서사시 『노동과 나날』에는 노동의 가치가 나온다.[5] 플라톤도 생산자 계급을 언급하면서 절제를 강조하였다. 또한 로마시대 키케로(Marcus Tullius Cicero)도 『의무론』에서 생활필수품뿐만 아니라 문명의 모든 영역이 걸친 혜택이 인간의 노동에 의존한다고 말하면서 이에 대한 중요성을 강조하였다.[6] 그러나 이들의 통찰 속에는 노예의 노동은 포

---

4) 조지아 하크니스, 『기독교윤리학』, 김재준 역(서울: 대한기독교서회, 1992), p.207.

5) 그는 양떼를 돌보는 노동의 현장에서 뮤즈(시의 여신들)를 만났다고 고백한다. 노동의 현장에서 만난 뮤즈는 그에게 시인의 지팡이와 목소리를 주면서 "영생을 누리는 축복받은 신들에 대해 노래하라"고 명령했다는 것이다.

6) 키케로는 의무야말로 실생활에서 가장 광범위하게 논의되어 왔고 또 생활의 어느 한 부분도 의무를 벗어날 수 없다고 주장하며 의무를 두 가지로 분류했다. 첫째, 올바른 의무(유익하고 가치 있는 행위) 즉, 완전한 절대적 의무이며 이것은 선의 한계, 즉 최고선을 의미한다. 둘째, 합당한 의무 즉, 평범한 의무인 이것은 일상행활 전 영역에 걸쳐서 적용될 수 있는 것으로서 그 자체는 선하지도 악하지도 않기 때문에 그 결과를 놓고 따져봐야 하는 보통의 의무를 뜻한다. 키케로는 이 둘 중 완전한 절대적 의무가 그 나머지 것보다 더 우위라고 하였다. 그러나 자연적으로 주어진 본능과 질서가 무엇이고 예의범절과 언행에서 조심해야 하는 것이 무엇인지를 감지할 수 있는 이성을 함께 소유한 인간으로서는 합리적 이성으로 그것이 어떻게 행해졌는가를 설명할 수 있는 평범한 보통의 의무를 고찰할 수밖에 없다고 하며 이 책에서는 주로 보통의 의무에 대해 논한다. 구체적으로 도덕적으로 선한 것(honestum)에 대해 키케로는 네 가지에서 연유한다고 하였다. 첫째, 지식탐구(sciatica)로서 진리에 대한 통찰과 이해를 말한다. 이는 지혜와 예지가 있는데 진리의 인식은 지혜에서 나오며 인간의 본질과 가장 관계가 깊은 지혜를 추구할 때 주의할 점으로 모르는 것을 아는 체하고, 어렵고 불필요한 것을 알려고 너무 많은 노력을 들이지 않도록 주의해야 한다고 하였다. 즉, 공동체의 사회적 유대관계를 말한다. 이는 계약된 것의 신의를 말하며 정의의 일차적 기능은 공공물은 공공을 위해 그리고 사유물은 개인을 위해 사용하는 것을 말하며 인간은 다른 어떤 것도 아닌 인간을 위해 태어났기 때문에 위와 같은 논의가 가능하며 사유물의 사용도 공익에 의해 제한될 수 있다고 하였다. 셋째, 용기(fortitude) 즉, 꿋꿋한 불굴의 정신을 말하며 이는 고귀하며 굽히지 않는 정신의 위대함과 강직함을 말한다. 넷째, 인내(temperance)로 자제하는 행동에서 나오는 것을 말하며 이는 본능적인 욕구를 이성에 복종시키

함되어 있지 않으며, 당시의 주도적인 견해는 아니었다.

기독교 초기에 성 아우구스티누스(St. Augustinus)는 노동과 경제행위에 관해 명확한 입장을 밝혔다. 그는 적은 규모의 수세공(handicraft)이나 농업 및 상업의 필요성을 인정하였다. 그러나 상품을 판매할 때 '공정한 가격' 이상을 요구하거나 이자놀이를 하는 것은 비도덕적이라고 주장하였다. 또한 부를 소유하고 있는 사람은 그 재산을 하느님으로부터 위탁받은 것으로 생각하고 자신의 정당한 필요를 위해 사용한 후에는 가난한 사람들에게 나머지를 나누어 주어야 한다고 강조하였다. 그는 노동을 수도사들에게 의무적으로 부과되어야 함을 주창함으로 그 후 수도원, 특히 베네딕도 수도원을 중심으로 새로운 '노동윤리(work ethic)가 개발되기도 하였다. 성 아우구스티누스와 더불어 중세를 대표하는 학자로서 아퀴나스(Tomas Aquinas)는 왜 육체노동이 모든 사람을 위해 필요한지를 구체적으로 명확하게 제시하였다. 즉, 노동은 식량을 구하기 위해서, 게으름 없애기 위해서, 육체의 음욕을 해소하기 위해서, 그리고 가난한 사람들에게 자선을 하기 위해서 필요하다.

중세의 신비주의적 영성운동가인 에크하르트(Meister Eckhart)는 자신의 노동을 통해 이웃을 섬기는 삶이 '신비적인 하느님 소유의 자연적인 결론(corollary of the mystical possession of God)'이라고 하였다. 그러므로 그는 도움이 필요한 사람을 위해 그에 대한 사랑 때문에 하느님을 만나는 신비경험에서 물러설 수밖에 없음을 말하였다.[7] 즉, 하느님이 부여한 노동은 해도 좋고 안 해도 좋은 게 아니라 참된 기독

는 능력으로서 여기에서 관용, 절제, 온건 등의 덕성이 나온다.

7) Waldo Beach and H, Richard Niebuhr, *Christian Ethics* (New York: The Ronald Press Company, 1955) p.180.

인이라면 반드시 그래야 하는 본분이요 핵심적인 삶의 모습이라는 것이다. 이러한 관점에서 우리 기독인들의 영성 생활은 반드시 주어진 자신의 노동에 충실하고 이를 통해 이웃과 세상을 향해 봉사해야 한다.

유럽 전역에 수천 개의 수도원들이 당시에 공통으로 지키고 있는 베네딕도 수도회 규칙을 보면, 생산 활동과 일에 대해 한층 더 적극적인 태도를 취하고 있다. 수도원 생활의 이상은 하느님을 섬기는 일과 청빈이었다. 수도사들에게 있어서 노동은 하느님의 징벌이 아니며 손을 이용한 노동도 인격을 격하시키는 행위가 아니었다. 수도사들은 노동을 개인적으로 그리고 공동체의 건설과 성장 및 발전을 도모할 수 있는 기회로 보았다. 또한 그들은 공동으로 노동하기를 원했으며 모든 노동에서 자발적으로 협동하였다. 이들은 공동으로 노동하다 보니 자연히 시계에 맞추어 일을 하는 것이 생산적이라는 것을 알게 되었다. 이들이 시계에 맞추어 기도하고 노동하던 규칙이 산업화 시대에 공장에서의 규칙적인 근무습관과 연결된다는 분석도 있다. 그들에게 있어서 노동은 생계를 위한 고통스러운 짐이 아니라 사랑과 봉사의 도구로 간주되었고 따라서 수도생활의 중요한 부분으로 기능하게 되었다. 새 수도원을 건설할 때면 일부러 도시로부터 멀리 떨어진 곳에 자리를 잡았던 이유도 여기에 있다. 즉 기도를 하기 위해 조용한 장소를 물색하기 위해서이기도 하지만 또 다른 이유는 사랑에 기초한 새로운 노동관을 실천할 수 있는 한적한 장소를 원했기 때문이었다.[8]

---

8) 우리나라에서도 소수이긴 하지만 수도원운동과 같은 경우가 몇 군데 있다. 그 대표적인 두 곳을 소개하면 다음과 같다. 대천덕 신부(戴天德:미국명 리우벤아처 토리)는 노동이 곧 기도라고 했던 외국인 신부였다. 흙과 하느님을 섬기며 정직하게 살기를 원하는 사람들을 위해 1965년에 세운 예수원(강원도 태백시 하사미동)에서는 어린이를 포함한 60여명이 목장에서 일하며 텃밭을 가꾸면서 살고 있다. 대천덕 신부는 "노동

이처럼 중세시대의 신학자들과 수도원들이 노동이 필요할 뿐만 아니라 중요한 가치를 지니고 있다고 보았으나 당시 사회의 전반적인 분위기는 노동은 무거운 짐이고 여가를 위해 감당해야 할 어쩔 수 없는 것이라는 생각이 지배적이었다. 이와 같은 수도원생활은 물론 중세의 신분제도를 전제한다. 통치계급과 성직계급은 생산계급과 엄격히 구별되었고, 그들이 수행하는 정신노동은 생산계급이 수행하는 육체노동보다 우위에 있었다. 관상생활이 활동적인 생활에 대해 우위에 있다는 확신은 인간이 몸과 영의 통일체로 존재한다는 성서의 통전적인 인간학과는 거리가 있고, 오히려 플라톤주의를 연상케 한다.[9]

하는 것이 기도요, 기도가 곧 노동이다"라는 베네딕도 수도원의 가르침을 충실히 따랐다. 히브리어로 노동과 예배는 어원이 같다. 히브리어 '아바드'(abad)가 창세기 2장 5절에서는 "노동"(경작)이라고 쓰이고, 출애굽기 3장 12절에서는 "예배"(하느님을 섬기리니)라는 말로 사용되고 있다. 예수원 사람들은 노동을 하되 하느님 섬기듯 정성을 쏟고, 기도에는 노동을 하듯 힘을 들여야 한다고 믿고 있다. 1918년 중국 산동성에서 태어난 대신부는 열다섯 살 때 아버지 토리신부를 따라 한국에 처음 왔다. 평양 외국인 고등학교 과정을 마치고 미국 프린스턴 신학대학원, 하버드대 등에서 공부한 뒤 1946년 성공회 사제 서품을 받고 미국에서 12년간 목회활동을 했다. 건축 노동자와 선원 등으로 일하며 많은 경험을 한 그는 1957년 한국에 돌아와 성공회미카엘신학원(지금의 성공회대학교)을 재건립했다. 그는 예수원의 삶을 통해 사람들에게 인간의 영성과 성서적 경제관을 깨우쳐 주었다. 저서로 『산골짜기에서 온 편지』, 『개척자의 길』, 『예수원 이야기』 등이 있다. 충남 천안에 가면 한국 디아코니아 자매회가 있다. 이곳은 1977, 10여 명의 개신교 미혼 여성들이 민중신학자였던 안병무 박사(한신대 신학과 교수)와 서울 서대문 한국기독교장로교 선교교육원에서 '공동체'에 관한 세미나를 하고, 소외된 이들과 아픈 이들과 함께 할 수 있는 방법을 찾는 과정에서 시작된 것이다. 예수 정신으로 함께 일하며 공동체 삶을 이루고자 하는 열망을 품은 그들은 몇 차례 준비모임을 더 갖고 1980년 1월, 서울 영등포에서 4명의 자매가 3개월간 공동생활을 한 끝에, 진정한 공동체적 삶을 위해 한 '공간'에서 살면서, 각자의 '일과 삶'이 하나로 연결될 수 있는 길을 찾아서 '출가'를 결심했다. 1980년 5월 1일, 전남 무안군 삼향면, 여성숙 선생이 있던 한산촌 결핵 요양소의 여자병동을 숙소로 만들고, 김옥태, 김정란, 노영순, 이영숙, 한은숙 다섯 자매를 주축으로 헌신예배를 드리면서 "한국 디아코니아 자매회"가 출범하였다. 한국 디아코니아 자매들은 서로를 '언님'이라고 부른다. '언님'이란, 한자 어질 인(仁)에 해당하는 순 우리말이다. '어진', '덕이 있는', '착한'이라는 뜻을 가졌으니 '언님'은 '어진 님'이 되는 셈이다. 남녀노소 구별 없이 부를 수 있는 호칭이라는데, 어쨌거나 디아코니아 '언님'들은 그 '어진 삶'을 살려내려 애쓰고 있다.

9) 강원돈, 『인간과 노동』(서울: 민들레책방, 2005), p.169.

2. 노동관의 대전환, 기독교개혁운동

중세 시대의 노동관은 기독교개혁운동의 시대에 와서 새로운 전환을 맞이하게 되었다. 기독교개혁운동자들은 종래의 노동관에 대하여 새로운 인식의 전환을 제시하였다. 귀족 사회인 그리스나 로마와는 달리 기독교개혁운동 당시 사회에서는 노동과 경제행위가 훨씬 더 존중되었다. 노동을 대신해 줄 노예가 없었던 것도 문화적인 한 요인일 수도 있지만 더욱 중요한 사회변화는 육체노동이나 상업, 기술이 그들의 삶에 중요한 의미를 부여하고 통합되었다는 점이다. 그러나 서양 사회가 급속한 경제성장을 이룩하기 위한 정신적인 바탕을 형성하는 데 기폭제가 된 것은 기독교개혁(Reformation)이었다.[10] 이에 기독교개혁운동 시대의 노동윤리를 이해하기에 앞서 기독교개혁운동 사상에 대해 살펴보도록 하겠다.

1) 기독교개혁운동 사상

기독교개혁운동의 가장 중요한 지도자는 마르틴 루터와 장 칼뱅이다. 광범위한 정치적·경제적·사회적 영향을 미친 기독교개혁운동은 기독교의 3가지 주요 분파 중 하나인 개신교를 세우는 기초가 되었다. 16세기 기독교개혁운동자들이 출현한 중세 후기의 가톨릭 세계

---

10) 종교개혁은 16세기에 가톨릭교회의 타락 특별히 교황의 면죄부 발행 사건이 도화선이 되어 루터에게서 시작된 큰 개혁이 마침내 개신교를 탄생케 한 운동을 일반적으로 일컫는 말이다. 이는 엄밀히 말하면 잘못된 말이다. 이 말에 대한 영어는 'The Reformation'으로, 문자 그대로 '개혁'이란 말이지, 거기에 '종교'라는 말은 전혀 없다. 이 말이 동양에서는 한자어로 중국에서 썼고, 같은 한자를 쓰는 일본과 우리나라가 그것을 따라 '종교개혁'으로 쓰고 있는데, 우리로서는 그렇게 쓸 이유가 없다. 왜냐하면 서양에서는 그 당시 종교라면 그대로 기독교(넓은 뜻)를 의미했지만, 동양으로 말하면 불교, 유교, 도교 등 여러 종교가 있으므로 그 의미를 분명하게 나타내기 위해서는 '기독교개혁'이라 함이 옳다.

는 복잡했다. 여러 세기 동안 교회, 특히 교황청은 서유럽의 정치생활에 깊이 관여했다. 늘어나는 교회의 권력 및 부와 결탁하여 발생한 음모와 정치 공작은 종교 세력인 교회를 붕괴시키는 결과를 초래했다. 면죄부(또는 영적인 특권)와 성물 판매, 성직자들의 타락으로 인해 경건한 자들이 착취당하고 교회의 영적인 권위가 와해되었다.

16세기 기독교개혁운동은 이전에도 이미 선례가 있었다. 성 프란키스쿠스, 페터 발도, 얀 후스, 존 위클리프 같은 중세 교회 내의 개혁자들은 이미 1517년 이전에 수세기에 걸친 교회생활의 악습을 폭로했다. 16세기의 위대한 인문주의 학자인 로테르담의 에라스무스는 교회에 만연된 미신과 도덕적 악습을 공격하고 최고의 교사인 그리스도를 모방하라고 촉구한 자유주의 가톨릭 개혁의 주요 주창자였다. 이 개혁운동은 전통적으로 기독교개혁운동이 시작한 날로 여기는 모든 성인의 날 전야, 즉 1517년 10월 31일 마르틴 루터가 비텐베르크의 모든 성인의 교회 정문에 95개조 반박문을 붙이기 전에도 여러 해 동안 교회 내부 개혁을 위한 지속적인 관심을 표명해 왔다.

2) 루터의 기독교개혁운동

마르틴 루터는 그 자신과 과거의 개혁자들은 분명히 다르다고 주장했다. 그들은 교회생활의 타락을 공격한 반면, 자신은 모든 문제의 신학적 근원인 구원과 은총에 관한 교회의 교리를 공격했다는 것이다. 비텐베르크대학교의 주임사제이자 교수였던 그는 면죄부와 선행의 복잡한 체계에 하느님의 한없는 은총의 선물이 얽매어졌음을 개탄했고, 95개조 반박문에서 교황은 연옥에 관한 권한이 없고, 성인(聖

人)의 공덕에 관한 교리는 복음에 근거하지 않는다고 주장하면서 면죄부 체계를 공격했다. 이것이 교회의 윤리적·신학적 개혁에 대한 그의 핵심적 관심사이다. 즉 성서만이 권위가 있고(sola sciptura), 의인(義認)은 선행에 의해서가 아니라 믿음에 의해서만 가능하다(sola fide)는 것이다.

젊은 시절 루터는 독실한 가톨릭 신자로서 자신의 구원 문제를 해결하기 위해 수도원에 들어가서 하느님과 인간이 맺은 계약의 충실한 이행을 통하여 구원에 이를 수 있다고 믿고, '재판관' 하느님의 의인(義認)을 얻기에 충분한 봉사와 헌신을 하기 위해 애써 노력하였다. 그러나 엄격한 정의의 하느님 앞에서 그는 항상 부족함을 느낄 수밖에 없었다. 마침내 그는 인간 본성 자체가 타락하였으므로 도저히 자신의 선행으로는 하느님의 의(義)에 도달할 수 없다는 것을 깨달았다. 용서 받아야 할 것은 특수한 잘못이나 죄목들이 아니라 인간 전체라는 사실을 깨달았다.

그는 특수한 과오들을 참회함으로써 사죄 및 의인에 이른다고 하는 스콜라 신학을 부정하게 되었다. 이것이 이른바 "칭의에 관한 토론"이다. 참회를 할수록 지고한 무한자 하느님의 거룩함에 대한 공포로 전율할 뿐이었으며(Blitzkrieg: 번개 같은 기습전쟁), 심각한 영적 시련을 겪게 될 뿐이었다(Anfechtung). 심지어 신성모독적일 만큼 하느님을 미워하게까지 된 그의 모습에서 그가 얼마나 그 시련을 겪으며 하느님의 의를 얻으려고 치열하게 노력하였는지를 짐작할 수 있다. 그는 이때 참된 회개는 하느님과 그 의에 대한 사랑에서 시작하는 것이지 공포와 자기애로써 시작하지 않는다고 주장한 신비주의자 슈타우피츠는 그에게 새로운 돌파구를 마련해 주었다. '인간의 모든 선행보다 근본적으로 우월한 의'라는 개념을 가졌던 신비주의는 하느님이 인간에게 요구하는 의를 그가 선사하는 의라고 하였다. 시편과 로마서를 연구하면서 그는 죄인을 심판하는 무서운 하느님이 그리스도 예수 안에서 무한한 자비의 하느님으로 나타나는 것을 보았다. 그때서야 그는 비로소 '은혜로운 하느님'의 모습을 찾게 됐고 하느님의 의란 그가 은혜와 순수한 자비를 나타내어 우리의 믿음을 보고 우리를 무죄한 자로 여겨 주는 의라는 것을 깨달았다.

그는 이렇게 '믿음에 의한 의인'의 교리를 얻게 된 후, 다시 태어남을 경험하고 자유로운 해방의 기쁨을 얻게 되었다. 이렇듯 복음에 나타난 의는 죄인을 단죄하고 처벌하는 율법의 의와 달리, 인간이 이루는 능동적인 의가 아니라 하느님이 선사하시는 수동적인 의였으며, 인간은 하느님의 의를 수동적으로 선사 받는 것 외에 다른 아무 할 일이 없었다. 이것이 이른바 이신칭의(以信稱義)라고 정리된 루터의 의인론의 기초이다. 이러한 의인론이 인간의 모든 선행을 배제하는 데서 비판의 빌미를 주었다. 과연 이러한 신앙에 의한 의인은 신자들을 수동적인 존재로 만들고 모든 선행을 무력화하며, 역동성을 상실한 정적인 분위기를 조장하는 것인가? 그는 윤리의식의 마비를 바탕으로 믿음만 강조하는가?

그러나 의외로 답은 쉽게 나온다. 선한 사람이 선한 행동을 한다는 것이다. 즉, 좋은 나무가 좋은 열매를 맺음 같이, 믿음에 이어서 비로소 선행이 좇아 나온다는 것이다. 선행을 하기 위해서는 인간은 먼저 의로워져야 한다. 그리스도 자신이 신자들 안에서 일하고 있으므로, 믿음으로 의롭게 된 사람은 선행을 행한다. 이로부터 선행이 따르지 않으면 죽은 믿음이라는 결론이 나오기도 한다. 참 믿음은 적극적으로 자선을 베풀며 선을 행한다. 의와 구원의 확신은 한번 내적으로 경험되면, 내적 필연성에서 하나님에게 순종하고 선한 행동으로 이웃을 섬겨 하나님을 기쁘게 하는 삶으로 나타난다. 그리스도가 자신을 우리의 선과 구원을 위해 내어 준 것처럼, 우리도 이웃을 위하여 필요하고 유익한 사랑의 봉사를 자발적으로 행하게 된다. 선행은 믿음에서 나오고, 신앙은 선행에 의해서 그 진실성이 드러나고 강화된다. 사랑과 선행은 우리가 의로워졌음을 드러내는 것이다. 그렇게 선행은 믿음의 열매로서, 믿음이 진정으로 실체적 진리라는 것을 보증하는 표가 된다. 믿음이 선행의 내적 근거라면, 선행은 믿음의 외적 증표이다. 하나님의 은혜를 받아들인 신앙의 삶은 그 자신 안에 살지 않고, 그리스도 안에 살면서 사랑의 실천으로 이웃 안에 산다. 이와 같이 볼 때, 루터의 의인론은 윤리적 행위를 저지하는 것이 아니라 오히려 적극 활성화하고 촉구한다.

그의 이러한 깊은 깨달음과 확신은 중세의 타락한 교회와 사회를 개혁하는 원동력이 되었다. 그는 가공할 위협에도 굴하지 않고 자신이 새롭게 발견한 하느님의 의를 불타는 확신으로 천명하였다. 그가 폭력을 사용한 농민들의 전쟁에 부딪쳤을 때, 초기의 호의적 태도를 바꾸어 반(反)농민혁명 세력으로 돌아섰다는 역사적 과오[11])에도 그의

---

11) 1524년 여름 슈바르츠발트 지역에서 농민전쟁이 일어났다. 농민전쟁은 동기가 다양했다. 그들은 수렵법·산림법·십일조 등과 결부된 구체적인 중세적 자유를 요구했다. 농민들 가운데 일부는 가톨릭의 가르침에, 일부는 츠빙글리와 루터의 신학에 의존했다. 루터는 위엄을 존중하지 않았으며, 권위에 도전하여 성공한 실례를 보여 주었다. 기독교도의 자유와 만인사제직에 대한 루터의 가르침은 두 왕국에 대한 그의 미묘한 구별에 비해 명확했다. 그러므로 농민들이 루터를 제대로 이해했건 잘못 이해했건 간에 루터는 농민전쟁에 영향을 끼칠 수밖에 없었다. 1525년 5월 그는 슈바벤 농민들의 '12개조 요구'를 분석한 "평화를 위한 권면"(Ermahnung zum Frieden)을 발표했다. 그는 농민들의 정당한 불만에 동정을 나타냈고 제후들을 비판했다. 그러나 이른바 기독교도의 반역이라는 개념은 거부했다. "나의 친구들이여, 기독교도는 폭도로 무리를 지을 만큼 그 수가 많지 않다"고 했으며, 세속적인 왕국은 불평등 없이 존재할 수 없다고 주장하기도 했다. 1525년 봄 튀링겐의 농민들이 봉기를 일으켰는데, 토머스 뮌처가 지도자들 가운데 하나였다. 튀링겐의 농민들은 처음에는 승승장구하는 것처럼 보였다. 위급한 정치적 혼돈에 직면한 그

의인론을 중심으로 한 개혁적 신학사상은 오늘도 그 빛을 잃지 않고 있다. 그는 가톨릭교회와의 단절을 의도하지 않았지만, 결국 그의 개혁운동은 교황권과 곧 충돌하게 되었다. 1521년 그는 보름스 제국의 회에서 심문을 받고 결국 파문당했다. 내적인 개혁운동으로서 시작한 것이 서구 기독교의 분열을 초래하게 되었다.

독일에서 일어난 기독교개혁운동 운동은 다양하게 분화되었고, 루터와 상관없이 다른 개혁운동이 일어났다. 츠빙글리는 하느님께 봉사할 목적으로 교회와 국가를 연합하여 취리히에서 기독교 신정정치를 실행했다. 츠빙글리는 의인론(義認論: 믿음으로 의롭게 됨)의 핵심에 관해서는 루터와 같은 의견이었지만, 성찬식에 관해서는 보다 급진적인 입장을 취했다. 루터는 성찬식 때 빵과 포도주가 실제로 그리스도의 몸과 피로 변한다는 가톨릭교회의 '화체설(化體說)'[12]을 거부했다. 루터의 '공체설(共體說)'[13]에 따르면, 그리스도는 모든 곳에 편재해 있

는 "살육과 약탈을 일삼는 농민의 무리에 대항하여"(Wider die räuberischen und mörderischen Rotten der andern Bauern)라는 거칠고 독설적인 글을 썼다. 농민들이 최고의 성공을 거두고 있을 때 쓰인 이 문장은 1525년 5월 15일 프랑켄하우젠 전투에서 농민군이 붕괴하고 그 뒤를 이어 피의 복수가 진행되었을 때는 매우 다르게 해석되었다. 그는 굴복하기를 거부했고 잃어버린 평판을 만회할 것도 바라지 않았으므로 그 후나 어느 때든지 누구도 그가 통치자들에게 맹종했다고 비난할 수는 없었다. 그는 한때 기사들의 도구가 되는 것을 거부했듯이 농민들의 주장도 '수용'하지 않았다. 그러나 많은 농민들이 급진적인 이데올로기를 선호한다는 것은 인정했다. 이 급진적인 이데올로기는 곧 재세례파 운동에서 보다 평화스러운 형태로 일관성 있게 추구되었다.

12) 화체설(transubstantiation, 化體說)은 성변화(聖變化)라고도 한다. 기독교에서 성찬식 때 빵과 포도주의 외형은 변하지 않지만 그 실체가 그리스도의 살과 피로 변한다는 교리 용어이다. 12세기에 처음으로 화체설이라고 불린 이 교리는 로마 가톨릭 교회를 비롯한 몇몇 기독교 교회에서 신봉하고 있으며, 비록 빵과 포도주의 외형은 변하지 않지만 그리스도의 살과 피가 현존한다는 그리스도의 현존에 대한 문자적 진리를 수호하는 데 그 목적이 있다. 13~15세기에 스콜라 신학자들에 의해 체계를 갖춘 화체설은 트리엔트 공의회(1545~63) 문헌에 수록되었다. 신비스러운 변화에 의해 일어나는 실재임재에 대한 신앙은 스콜라적인 형식을 갖추기 이전에 이와 유사한 용어로 그것을 설명했던 교부신학자들에게서도 발견된다. 20세기 중반 몇몇 가톨릭 신학자는 이 이론에 대해 수정된 견해를 내놓았는데, 실체의 변화에서 의미의 변화를 강조했다. 이들은 화체설이라는 용어 대신 의미변화(transsignification)와 목적변화(tranquillization)라는 용어를 만들어냈다. 그러나 1965년에 교황 파울루스 6세는 그의 "신앙의 신비"(Mysterious Fidei)라는 회칙에서 화체설 교리와 그것을 표현하는 용어를 그대로 유지하도록 공포했다.

13) 공체설(consubstantiation, 公體說) 성찬식(聖餐式) 때 축성(祝聖)된 빵과 포도주에 그리스도의 살과 피가 실제로 공재(共在)한다는 성찬식 교리 용어이다. 이 용어는 그리스도의 살과 피가 빵과 포도주의 성분들과 "함께,

기 때문에 그리스도의 몸은 모든 요소에 물질적으로 존재한다. 그렇기에 루터는 성찬식이 수령자들에 의한 그리스도의 죽음에 대한 기념이고 믿음의 선포에 지나지 않는다고 주장한 츠빙글리만큼 급진적 입장을 취하지는 않았다.

츠빙글리를 중심으로 한 집단으로부터 그보다 더 급진적인 집단이 출현했다. 기독교개혁운동 좌파라고 일컬어지는 급진적인 개혁자들은 성서의 권위라는 원리는 타협 없이 받아들여져야 한다고 주장했다. 그들은 성서적 가르침에 어긋나는 것을 받아들이려 하지 않았기 때문에 유아세례 문제를 놓고 츠빙글리와 결별했고, 유아세례를 받은 성인은 재세례를 받아야 한다고 주장하여 '재세례파'[14)라는 별명이 붙었다. 스위스 재세례파는 복음서에 나타난 그리스도의 본보기를 따르고자

그 안에, 그 가운데" 성찬을 받는 사람에게 임재한다는 루터교의 '임재설'(the Real Presence) 교리를 비공식적이고도 분명하지 않게 묘사하는 데 사용되며 로마 가톨릭 교회의 '화체설'(化體說 transubstantiation)과는 근본적으로 다르다. 화체설에 따르면 축성하는 순간에 빵과 포도주가 원래의 형태는 유지하지만 그 본질은 그리스도의 살과 피로 변한다고 한다.

14) 재세례파(Anabaptist, 再洗禮派)는 16세기 기독교개혁운동의 급진파 혹은 좌파 운동에 참가했던 집단을 지칭하는 말이다. 재세례파의 가장 뚜렷한 특징은 성인세례(成人洗禮)이다. 이 운동의 1세대 개종자들은 세례를 2번 받았는데, 그 당시의 법에 따르면 재세례는 사형에 해당하는 범죄였다. 재세례파 자신들은 세례를 2번 받는다는 사실을 부인했다. 그 이유는 자신들이 받은 유아 세례를 신성모독적인 의식으로 보고 부정했기 때문이다. 그들은 죄와 믿음을 공개적으로 고백하고 성인 세례를 받는 것만이 유일하게 타당한 세례라고 보았다. 스위스의 기독교개혁운동가 울리히 츠빙글리의 견해를 따른 그들은 유아들이 선과 악에 대한 자각이 생기기 전까지는 죄로 인한 형벌을 받지 않으며 그런 자각이 생기고 난 후에야 자유의지로써 회개하고 세례를 받아들일 수 있다는 견해를 고수했다. 또 재세례파들의 신앙에 따르면 구원 받은 자들의 공동체인 교회는 국가로부터 독립해야 하며, 죄인을 처벌하는 것이 국가의 유일한 존재 이유라고 보았다. 대부분의 재세례파들은 기독교도들이 사회질서를 유지하고 정의로운 전쟁을 행하기 위해 무력을 사용하는 것에 반대했으며, 시민 선서를 하는 것도 거부했다. 이런 신앙 때문에 수천 명의 재세례파들이 죽음을 당했다. 재세례파들은 중세 교회의 개혁을 목표로 삼지 않았으며, 초대 교회의 제도와 정신을 복원하고자 하는 결연한 의지를 갖고 있었다. 그들은 자신들이 마지막 시대를 살고 있다는 분명한 확신을 갖고 있었고, 재세례파 운동의 지도자들을 하느님의 부르심을 받은 예언자와 사도로 기꺼이 인정했다. 모든 개종자들은 심판관 앞에서 자신들의 신앙을 충분하게 설명할 준비가 되어 있었고, 자신들이 받는 고난을 처음 3세기 동안 기독교 순교자들이 받았던 고난과 동일시하고는 했다. 재세례파 운동은 취리히의 젊은 지식인 집단 가운데에서 처음 생겨났는데, 이들은 츠빙글리가 행정관들에게 아부하는 듯한 태도를 보이고 교회의 전반적인 개혁을 신속하게 진행하는 데 주저하는 태도를 보이는 데 반발했다. 토머스 뮌처는 재세례파가 마지막 시대를 살고 있음을 강조한 사람들('신령한 자들'이라고도 함) 중 한 사람이었다. 그는 1525년 반란에서 튀링겐 농민을 이끈 이후에 사형 당했다.

했으므로 칼로 맹세하거나 무기를 소지하는 것을 거부했고, 교회와 국가의 엄격한 분리를 주장했으며, 훈련받은 중생(重生: 거듭남)의 삶으로 세계와 구별되는 성인(成人) 신자들의 보이는 교회를 주장했다.

3) 칼뱅의 기독교개혁운동

또 하나의 중요한 개신교[15]의 형태는 칼뱅의 이름을 딴 칼뱅주의이다. 법학을 전공하고 프랑스 변호사였던 칼뱅은 개신교(프로테스탄트)로 개종한 후, 프랑스에서 탈주했다. 그는 1536년 스위스 바젤에서『그리스도교 강요』(*Institutes of the Christian Religion*) 초판을 출판했다. 이 책은 새로운 개혁운동을 포괄적·조직적·신학적으로 다룬 최초의 논거였다. 그는 의인론에 관한 루터의 가르침에 동의했지만, 루터가 율법과 복음을 날카롭게 구별하는 데 관심을 기울였던 것과는 달리, 기독교 공동체 안에서 율법의 의보다 긍정적인 역할을 발견했다. 그는 선택된 자들의 훈련된 공동체라는 자신의 이념을 제네바에서 실험할 수 있었다. 그의 강력한 지도 아래 교회와 국가는 '하느님의 영광'을 위해 연합했다.

---

15) 개신교(改新敎, Protestantism)는 16세기의 종교 개혁으로 로마 가톨릭 교회에서 분리되어 새롭게 생겨난 교회들을 두루 일컫는 말이다. 개신교는 중세 말(16세기 초) 독일의 신학자 마르틴 루터와 스위스의 종교 개혁가 츠빙글리와 개신교의 신학적 바탕을 제공한 신학자 장 칼뱅의 종교개혁에서 비롯된다. 유럽에서는 개신교회를 복음주의 교회(독일어: Evangelischen Kirche)로 부르기도 한다. 1529년에 열린 슈파이어 제국의회에서 로마 가톨릭에 '저항'했기 때문에 붙여진 이름이다. 개신교라는 용어는 항의자라는 뜻의 '프로테스탄트'(영어: Protestant) 또는 '프로테스탄트 교회'를 우리말로 옮긴 것이다. 우리나라에서는 고칠 개(改)와 새롭게 할 신(新)을 써서 개신교(改新敎)라고 불린다. 일각에서는 '기독교'와 '개신교'가 동의어라고 생각하는 경우가 있으나, 두 용어는 유의어(類義語)로 '기독교(基督敎)'라는 표현은 개신교만을 가리키는 것이 아닌 개신교회, 성공회, 로마 가톨릭 교회, 동방 정교회, 오리엔탈 정교회, 아르메니아 사도교회 등 예수를 그리스도 즉 구세주로 믿는 모든 기독교 교회를 아우르는 말이다. 즉, '기독교인'이라는 단어는 '개신교인'과 같은 뜻이 아니라 개신교, 로마 가톨릭 교회, 성공회, 동방 정교회, 오리엔탈 정교회 등의 다양한 기독교 교회들의 신자들을 포함하는 넓은 범위의 말이다.

그는 하나님의 주도권 및 인간의 응답과 관련하여 하느님 앞에서 무조건 의롭다 인정되는 믿음의 의인이 매일의 생활에서 실천해야 할 복종의 요구와 어떻게 일치되는지에 대한 문제(의인과 성화의 관계문제)를 진지하게 인식하여 성화론을 먼저 다루었다. 믿는 자가 성령이 일으킨 믿음을 통하여 그리스도와 연합한다면, 그는 하느님에게 의롭게 받아들여지고,(義認) 동시에 윤리적으로 갱신된 삶을 산다(聖化). 그는 기독인의 삶에서 선행이 간과되고 믿음만을 강조한다고 하는 가톨릭 신학에 맞서 성화를 먼저 다룬 것이었다. 그렇다고 성화가 의인보다 더 중요하다는 것을 의미한 것은 아니었다. 두 가지는 인간이 그리스도 안에서 받아들이는 두 가지 은총으로 상호 불가분의 것이었다. 의인과 성화는 그리스도 안에서 같은 현실이고 그 안에서 통일을 이룬다. 두 가지는 구별될 수는 있으나 분리될 수 없고 상호관계 속에 존재한다.

그에게 믿음은 인간에 대한 하느님의 선하심을 확고하고 분명하게 아는 지식이다. 즉, 하느님의 선하심에 대한 확신이다. 성령은 그러한 믿음과 확신을 일으키고, 인간을 그리스도에게 인도하며 그리스도와 연합시킨다. 인간을 그리스도와 연합하게 하는 믿음은 바로 성령의 역사이다. 이와 같이 칼뱅은 의인을 그리스도와의 연합과 결혼의 관계에서 파악하고 그것을 이루는 것을 성령의 역사를 통한 믿음의 사건에서 파악한다. 이 믿음에서 생명의 주 그리스도가 인간 안에 내재하고 그의 의가 인간에게 전가된다.

그는 루터와 같이 믿음만이 죄인을 의롭다고 인정하는 복음의 의를 얻게 한다고 본다. 그리고 한 번만이 아니라 계속해서 그리스도 안에 나타난 하느님의 의와 자비에 의존해야 한다고 말한다. 왜냐하면 인간의 구원은 시작되었지만 아직 완성되지 않았으며, 불완전한 인간성은 여전히 남아 있기 때문이다('의인이자 죄인'). 그러므로 역사하는 성령의 능력으로 옛 사람을 날마다 죽이는 믿음의 선한 싸움을 계속해야 한다. 그는 성화를 이렇게 시간의 과정에서 점진적인 과정으로 생각했다.

그에게 의인과 성화는 그리스도와의 연합과 사귐을 통하여 얻는 두 가지 동등한 은혜이다. 이것은 그리스도와의 관계 속에서 수행된 하느님의 화해의 행동으로서 서로 다른 효과를 지닌 두 요소이다. 이렇게 성화는 의인과 함께 속해 있고, 의인과 같은 근원에서 나온다. 그러면서도 성화는 여전히 독자적으로 남는다. 의인이 성화에서 분리되면 '믿음만'이라고 하는 표어 아래 신앙은 나태한 정적주의로 빠진다. 그렇다면 성화의 내용은 무엇인가? 먼저 '거듭남'이다. 옛 사람에서 새 사람으로 전환이다. 이것은 그리스도 안에 근거하며, 성령의 선물인 믿음을 통한 회개를 의미한다. 진정한 회개는 하느님의 은혜를 알고 자신이 하느님의 것이라는 것을 깨달을 때 일어난다. 따라서 회개의 근원은 믿음이다. 이런 까닭에 회개는 믿음을 뒤따를 뿐 아니라 믿음의 열매이기도 하다.

회개는 그리스도와 함께 죽으며 옛 생활과 정욕을 죽이는 것과 그리스도의 부활의 힘과 성령에 의한 새 생명으로 일어나는 것을 의미한다. 이렇게 회개는 인간이 그리스도의 죽음과 부활에 동참할 때 발생한다. 옛 자아의 죽음은 인간의 본성을 부정하고 죽이는 내적인 죽음과, 몸으로 당하는 치욕과 고난을 의미하는 외적인 죽음 두 가지로 설명된다. 그런가 하면 살림은 그리스도의 부활과 영광에 참여하는 삶이다. 그의 부활에 참여함으로써 인간 안에서 새로운 삶이 시작된다. 잃어버린 하느님의 모습의 회복이라 할 만한 이러한 삶은 그러나 평생이 걸리는 삶이다. 평생 동안 회개하고 죄악과 싸워야 한다. 이러한 성화의 생활은 신자의 일상생활을 통하여 나타나야 한다. 이것은 복음서에 기록된 대로 두 가지의 제자직 규범에 의해 영위된다. 즉, 자기부정과 십자가를 지는 것이다.

> 이에 예수께서 제자들에게 이르시되 누구든지 나를 따라오려거든 자기를 부인하고 자기 십자가를 지고 나를 따를 것이니라.[16]

그는 인간 본성의 부패를 깊이 인식하고는, 악을 행할 수밖에 없는 인간을 몸 전체로서 부정하고 싸우고 극복해야 한다고 보았다. 타고난 욕망에 대한 억제를 통해서만 인간은 그리스도의 참된 제자직의 표지(標識)인 참된 단순성과 정직성에 이를 수 있다. 이러한 자기부정은 결국 인간의 자연적 성향에 대한 부정과 하느님께 대한 헌신으로 이루어진다. 왜냐하면 자기부정의 진정한 내적 검증은 자신의 모든 소유를 하느님의 뜻에 맡기고 순결한 마음과 올바른 행동으로 하느님이 주는 복을 기다리며 그의 인도를 받으려고 힘쓰고 있는 데서 확인되기 때문이다. 나아가 적극적인 자기부정은 이웃과의 관계에서 다른 사람을 자기보다 낮게 여기고 진심으로 다른 사람에게 선행을 행한다. 이 선행은 대상의 반응과 관계없이 무조건적으로 실천되어야 한다. 이러한 사랑의 실천을 통한 자기부정의 삶은 단순히 극기와 엄한 훈련을 통해서 발생되지는 않는다. 이것을 가능케 하는 것은 성령으로부터 복음의 말씀을 통하여 인간의 마음 속에 일어난 믿음이다.

---

16) 마태오의 복음서 16장 24절.

결국 믿음의 중요성이 다시 한 번 부각된다.

또한 인간의 삶이 내적으로만이 아니라 외적으로도 그리스도와 일치하기 위해서는 그의 제자로서 십자가를 져야 한다. 인간이 십자가를 질 때, 성화과정이 진전되고 그리스도의 모습을 닮아가게 된다는 확신으로 인간 자신을 강화하고 인내할 수 있다. 십자가를 짊으로써 인간은 그리스도의 제자와 친구가 된다. 십자가 없이는 영광도 없다. 그러므로 십자가를 질 때 인간은 영적인 기쁨을 느끼며 고통을 조절하게 된다.

이렇듯 그는 루터가 말한 의인론을 펼쳤지만 거기에 성화를 강조하여 강력한 윤리의 근거를 확보하였다. 성화에 기초한 그의 기독교 윤리는 개인적 윤리를 넘어 사회적 윤리로까지 발전하여, 그를 혁명가라 부를 정도로 서구사회에 커다란 영향을 끼쳤다. 그가 『기독교강요』에서 펼친 성화의 삶은 개인적 윤리를 중심으로 하지만, 그의 성화 윤리는 교회와 개인의 차원을 넘어 정치 경제적 질서에까지 적용될 수 있는 틀을 마련하였다. 그렇기에 칼뱅을 '신앙으로만', '은총으로만', '성서로만' 등의 표어로 오해하여, 그가 하느님 주권을 교회 안에서만 개인적으로 인정한 것처럼 여기는 경우가 있는데, 이는 그의 폭넓은 신학사상을 축소·왜곡하는 것이다.

4) 기독교개혁운동의 확산

기독교개혁운동은 16세기가 진행되는 동안 다른 유럽 대륙으로 확산되어 갔다. 16세기 중엽 루터주의는 북유럽을 지배했고, 동유럽은 보다 급진적인 다양한 프로테스탄티즘의 온상이 되었는데, 그 이유는 왕이 약하고, 귀족은 강했으며, 도시의 수효가 적은데다 종교 다원주의가 오랫동안 유지되었기 때문이다. 스페인과 이탈리아는 반(反)기독교개혁운동의 주요 중심지였으므로 거기서 프로테스탄티즘은 강력한 발판을 마련할 수 없었다.[17] 영국 기독교개혁운동은 종교적 원인보다는 정치적 원인 때문에 일어났다. 헨리 8세는 교황 클레멘스 7세가 자신의 이혼을 승인하지 않자 격분하여 교황의 권위를 부정하고 1534년 왕을 수장으로 하는 영국성공회를 수립했다. 헨리가 단행한 교회의 재조직은 정치적 함축이 있었음에도 영국 기독교개혁운동을 촉발했는데, 이 개혁에는 영어 전례서인 "성공회 기도서"(The Book of Common Prayer)의 준비가 포함되었다. 스코틀랜드에서는 존 녹스가 스코틀랜드와 잉글랜드의 영구적인 연합을 가능하게 한 장로교의 설립을 이끌었는데, 녹스는 제네바에서 칼뱅의 영향을 크게 받았다.

이러한 기독교개혁운동 사상을 무엇보다 근면과 이익추구를 궁극적으로 기독교인의 삶의 중심으로 만든 것은 프로테스탄트 윤리였다. 종교개역 이전의 사회는 계급사회로서 이 사회의 윤리적 형식은 명령 형태였다. 도덕적 명령법의 명령권자는 하느님이라는 초월적 절대자였다. 그러므로 '그렇게 하지 않으면 안 된다'는 필연성과 당위성을 내포하고 있었다. 이러한 명령법의 도덕률은 인간이 스스로 선택하고

---

17) 반기독교개혁운동(Counter Reformation)이란 16세기와 17세기 초 기독교의 역사에서 프로테스탄트 기독교개혁운동에 대응해 내적 갱신을 목표로 추진한 로마 가톨릭 교회 개혁운동을 말한다. 반기독교개혁운동은 대체로 프로테스탄트 개혁과 같은 시기에 일어났지만, 실제로는 마르틴 루터가 교회 문에다 95개조의 반박문을 못 박기(1517) 직전에 시작되었다고 한다. 개혁에 대한 요구는 르네상스 시대 교황들과 많은 성직자들의 세속적 생활태도 및 정치에 대한 비판에서 비롯되었다. 신앙의 개혁을 위해 수도회를 비롯한 여러 단체들이 새로 만들어졌는데, 테아티노 수도회, 카푸친 수도회, 우르술라 수녀회, 그리고 특히 예수회 등이 그러한 예이다. 독교개혁운동에서 강조한 주요내용은 로마 가톨릭 세력이 우세한 국가의 식민지에서 지속적으로 선교활동을 펴자는 것이었다. 하비에르 및 아시아의 여러 선교사들과 신대륙의 많은 선교사들의 활동으로 수백만의 사람들이 진정한 의미의 전향을 하지는 않았다 해도 세례를 받았다. 또한 과거에 로마 가톨릭 교회가 지배했던 지역들, 가령 영국과 스웨덴을 다시 가톨릭교로 개종시키려는 시도도 있었다.

결단하는 것이 아닌 노동윤리였다.[18]

5) 기독교개혁운동 시대의 노동윤리

(1) 루터의 노동윤리

루터는 기독교의 본래 정신과 자신이 목격한 성직 및 귀족계급이
나 지역 상인들의 물질적인 안락한 삶이 크게 다름을 인식하였다. 그
는 상인들은 물론 성직자들도 소박하고 근면한 농민의 삶으로 돌아
가야 하며, 이를 통해 모든 사람에게 경제적인 풍요를 제공할 수 있
다고 주장하였다. 그러나 개인은 생활을 위해 필요한 양만큼만 벌어
야지 과도한 이익을 추구해서는 안 된다. 그는 당시의 기독교 환경이
구걸행위를 미화시키는 탁발 수도사나 많은 종교적 휴일들, 일하지
않는 일부 사람들에 대한 수도원의 재정지원 등이 여러 면에서 사람
들에게 게으름을 조장한다고 보았다. 따라서 게으름은 천성이 아니기
때문에 자선은 일할 수 없는 사람에게만 행해져야 한다고 보았다.

그는 기독교개혁운동을 통하여 노동에 대한 종래의 견해를 크게
수정하는 동시에 노동전반에 대한 중요성을 강조하였다. "일반 사람
도 성직자 못지않게 그리스도 안에서 소명을 가지고 있으며 일반 사
람과 성직자는 모두 매일의 노동을 하기에 봉헌적인 희생의 면에서
볼 때 동등한 영적예배로 수락할 수 있는 것이다."[19] 이처럼 모든 사
람이 직업을 통하여 하느님 나라를 위해 일하고 있는 제사장이며, 성

---

18) 배영기, "직업윤리에 관한 교육학적 연구"(단국대 대학원 박사학위논문, 1990), pp.37-38 참조.
19) 강흔성, "노동과 안식에 대한 기독교윤리학적 고찰"(장로회신학대학교 신학대학원 석사학위논문, 1992), p.17
    에서 재인용.

직자는 하느님의 말씀에 관한 행정과 성례전을 맡은 것을 제외하고는 다른 기독교인들과 차이가 없다.[20] 또한 그는 모든 교인은 차별 없는 제사장으로서 하늘의 시민권을 바라보면서 지상의 직무를 충실히 수행해야 한다고 말했다. 높은 지위에 있는 사람이나 낮은 지위에 있는 사람이나 불평하지 말고 시민의 직무를 수행하여 시민적, 국가적 평화를 증진시켜야 한다는 것이다.[21]

그는 신약성서 고린토인들에게 보낸 첫째 편지 7장 20절[22]을 근거로 하여 신의 부름(召命)[23]은 최선을 다하여 세속의 일을 수행해 나가는 것으로 보았다.[24] 그러므로 그는 수도원에 있는 수도자뿐만 아니라 자신들의 노동을 수행하는 속인들까지도 영·육 이원론의 노동관에서 해방시켰다. 모건은 이러한 루터의 직업소명관을 십계명과 관련해서 연구했다. 모건은 모든 사람은 자기의 위치와 직책에 의해서 기독교인의 지상적인 과업 또는 노동을 하게 되는데, 이는 하느님의 명령과 사랑과 뜻에 일치되어야 하고 만약 그렇지 않으면 '수도원의 맹세'는 악의 맹세요, 허위의 맹세일 뿐이라고 하였다.[25]

그가 말한 소명의 개념은 다음과 같다. "'Beruf'나 'Vocatio'라는 말

---

20) 후 T. 커, 『루터신학개요』, 김영한 역(서울: 한국장로교출판사, 1991), p.193.

21) Ibid., pp.171-173 참조.

22) 그러므로 각 사람은 부르심을 받았을 때의 상태를 그대로 유지하십시오(고린토인들에게 보낸 첫째 편지 7장 20절).

23) 소명 즉 "부름"이라는 헬라어 크레시스(κλῆσις)는 "부르다"는 καλεω(to call)에 어원을 두고 있다. 교회를 의미하는 에클레시아(ἐκκλησια)도 ἐκ(out of:-에서부터)와 κλησια(called, 부름을 받은 자)의 합성어로서 속된 세상으로부터 부름을 받은 사람들의 집단임을 뜻한다. 소명으로서의 노동, 즉 천직 혹은 직업(Beruf:Calling)이란 말은 기독교개혁운동에 의해 만들어진 것으로 이는 일상적 의미를 넘어서는 윤리적인 의미를 갖는다. 김철영, 『믿음과 삶의 윤리학』(서울: 장로회신학대학교 출판부, 1994), p.370.

24) 그는 소명론에 대하여 언급할 때 이 구절을 근거로 성서적 정신을 드러냈다. 배영기, op. cit., p.39.

25) Campbell Morgan, *Handbook for Bible Teachers and Preachers* (New York: Baker Book House, 1970), p.55.

은 세속적인 직업과 종교적인 '거룩한 소명'을 동시에 뜻하는 것으로 세속적인 직업이나 노동에 종사하는 것 자체가 하느님으로부터 주어진 의무와 사명을 완수하는 것이라고 하는 사상을 포함하고 있다."[26] 이러한 노동과 직업에 대한 그의 사상은 중세적인 노동관과 직업관을 일소해버렸다. "루터의 Beruf, 직업 곧 하나님의 숙명이라는 '천직론'은 사람의 일상생업에 종교적 위신을 부여함과 동시에 직업에 귀천이 없다는 민주주의 사상에 근원적인 감화를 제공한 것이었다."[27] 그에게 직업적 소명은 지상적인 이웃관계와 천상적인 노동개념을 함께 가지고 있다. 그는 자기 자신을 위하여 노동하는 것이 아니라 다른 사람을 위하여 자기 능력에 최선을 다하는 자세이다.[28]

그의 이와 같은 직업관은 기독교개혁운동의 중심적인 사상인 동시에 모든 사회적 차별을 타파하는 원리가 되었고 기독교개혁운동의 정신적 분위기를 조성하였으며 신학적인 입장을 설명해 주는 중요한 관점이 되기도 하였다. 그의 이러한 노동관 속에는 노동에 따르는 성실한 의무이행은 하느님에게 영광 돌리는 것이며, 동료에게 봉사하는 것이라고 하는 새로운 기독교 윤리관을 내포하고 있다.[29]

그의 노동관은 오늘날의 노동문제를 해결하기에는 시대적 한계를 지닌다. 그가 소명과 직업의 불가분리성을 주장한 것은 노동과 인간의 주체성을 분리시키는 자본주의적 노동세계를 극복하는 데 여전히 어느 정도의 공헌을 하지만, 대량실업으로 인해 무수한 사람들이 직

---

26) 한국국민윤리학회 편, 『사상과 윤리』(서울: 형설출판사, 1992), pp.248-249 참조.
27) 조지아 하크니스, op. cit., p.208.
28) 맹용길, 『기독교윤리학입문』(서울: 대한기독교출판사, 1976), p.134.
29) 이에 관련된 성서구절을 제시하면 다음과 같다. "무슨 일이나 사람을 섬긴다는 생각으로 하지 말고 주님을 섬기듯이 정성껏 하십시오"(골로새인들에게 보낸 편지 3장 23절).

업을 잃고 있는 상황에서 직업소명론은 설득력을 갖기 어렵다. 그의 말대로라면 직업을 갖지 못한 사람들은 하느님의 소명을 받지 못한 것이 되고 만다. 또한 대량실업을 일으킨 사회구조적인 문제들을 인식하기 어렵게 된다. 이렇게 볼 때 그의 직업소명론은 시대적인 요구에 맞게 재해석해야 한다.[30]

(2) 칼뱅의 기독교개혁운동 사상

루터의 소명론이 세속적 질서개념으로 구체화되었던 데 반해 칼뱅에게 있어서는 자본주의적 청교도의 노동윤리로 더욱 발전하는 양상을 보인다. 이에 대해 맥클리랜드는 인간의 성취동기와 경제발전 사이의 관계에 있어서 종교의 신념체계는 매우 중요한 비중을 차지한다고 말했다.[31] 이러한 예를 칼뱅과 베버의 개신교 종교관에서 찾아볼 수 있다.

칼뱅은 노동과 기독교인의 생활을 매우 긴밀하게 연결시켜, 폭넓은 논의를 전개하였다. 그의 노동관을 살펴보면 다음과 같다. "우리에게 주어진 노동은 하나님께서 맡겨 주신 것이며 신탁을 조건으로 주어진 노동이기 때문에 장차 심판 날에 하나님께 결산보고를 드리는 마음의 자세를 가지고 노동에 임해야 하는 것이다."[32] 그는 하느님이 부여한 청지기의 사명의식에 따른 노동관으로 현세를 바로 알고 바로 선용할 때 그것은 오히려 축복이 됨을 지적하였다. 그러므로

---

30) 강원돈. op. cit., p.172.

31) 맥클리랜드는 성취동기가 높은 사람과 낮은 사람을 분류하여 그 특성을 파악하였으며 개인적인 성취의 동기가 국가의 경제발전과 관련지어 분석하였다. 국민의 성취동기가 높을 때 한 국가의 경제발전이 일어난다고 파악하였다. 이러한 성취동기에 종교적 신념이 중요함을 일깨워 주었다. David C. McClelland, *The Achievement Motive* (New York: Appleton Century Crofts, 1970), pp.80-81 참조.

32) 신복윤. "칼빈의 윤리관", 『신학지남』(제 36권, 1969년), p.51.

기독교인은 현세 속에서 침잠되어 버리는 향락주의나 금욕주의를 다 함께 배척해야 한다. 그가 말한 노동에 대한 소명의식은 인간이 행동하는 바른 활동의 기초가 되며 시작이 된다.

> 인간은 누구나 자기의 하는 일을 통해 하나님의 부르심에 부르심을 입고 있으며 그 부르심에 따라 직업을 가져야 할 것을 확신하고 인간이 가지고 있는 직업에서 하나님이 불러 주셨다는 확신은 그로 하여금 그의 생애를 불안정 속에서 방황하지 않게 하시는 하나님의 축복이다.[33]

이 소명의식은 하느님의 주권에 대한 신앙적 태도이며 자기 가능성의 개발을 촉진시키는 계기가 된다. 그리고 이 소명의식을 가진 사람은 노동에서 오는 여러 가지 고생과 환난을 겪어도 하느님이 그런 짐을 지워주었다는 신념 때문에 능히 이겨낼 수 있게 한다.[34] 그는 노동을 하느님과 관련시켜 이해하였다. "인간이 기여할 수 있는 노동과 노동력이 바로 하나님이 그의 피조물의 생활을 위해 마련한 일이라고 한다. 그것은 하나님의 일이다. 인간은 일하도록 창조되었다."[35] 그러므로 인간은 비록 그가 생계를 유지하기 위해 돈을 벌 필요가 없을지라도 최선을 다해 노동해야 한다. 이러한 그의 노동관은 윤리적 의미를 지닌다. "칼뱅의 노동관은 청교도의 노동윤리를 잉태시켜 자본주의 정신을 창시하게 되었으며, 이는 다시 베버의 사회, 경제, 문

---

33) 김의환, "칼빈의 사회관", 『신학지남』(제38권, 1971년), p.77.

34) 이에 관련된 성서구절을 제시하면 다음과 같다. "여러분이 겪은 시련은 모두 인간이 능히 감당해 낼 수 있는 시련들이었습니다. 하나님은 신의가 있는 분이십니다. 하나님께서는 여러분에게 힘에 겨운 시련을 겪게 하지는 않으십니다. 시련을 주시더라도 그것을 극복하고 벗어날 수 있는 길을 마련해 주실 것입니다"(고린토인들에게 보낸 첫째 편지 10장 13절).

35) 김의환, op. cit., p.81.

화, 직업적 정신의 이론적 근거를 제공하는 계기가 되었다."[36)

그의 노동관은 루터의 노동관과 마찬가지로 직업과 소명을 연결시키기는 하였지만 루터와는 다르게 노동윤리를 전개해 나갔다. 즉, 그는 하느님의 예정(선택)이라는 틀에서 인간의 삶을 형성하는 데 초점을 두고 노동과 직업에 대한 윤리를 설정하였다. 그는 하느님이 예정한 직업을 순종하는 마음으로 수행하는 것이 인간의 도리라고 하였다. 그러므로 인간이 하는 모든 일은 하느님의 영광을 위한 것이다. 그리고 인간이 수행한 노동의 성과는 오직 하느님의 축복에 달려 있다. 이에 따라 구원의 확신을 갖지 못하는 신자들은 직업적 성공을 통해 하느님의 축복을 경험하고 하느님이 그들과 함께한다는 확신을 갖고자 했다. 직업적 성공은 부의 축적으로 표현되기 마련이다. 이제 기독교인들은 근면하게 노동을 수행하고 검소한 생활로 노동의 성과를 저축하는 극도의 금욕을 실천해야만 한다.

여기서 문제는 기업가적 근면과 검약이 자본주의 사회에서 노동력을 팔아 임금을 수령하는 노동자 계급에게 전후문맥의 고려 없이 일종의 직업상의 덕목으로 부과된다는 데 있다. 아무리 성실하게 노력하고 검소하게 살아도 부를 축적할 수 없는 노동자 계급은 하느님의 축복으로부터 배제된 것인가? 만일 그렇다면 자본주의 사회에서 나타나는 분배구조의 문제를 덮어버리고 노동자들의 게으름과 무능과 무절제한 생활에 따른 낭비를 비난하는데 이는 타당하지 않다.[37)

---

36) 한국국민윤리학회 편. op. cit., p.252.
37) 강원돈. op. cit., pp.172-175 참조.

(3) 종합적 이해

지금까지 루터와 칼뱅의 기독교개혁운동에 따른 노동관을 살펴보았다. 이 두 사람의 입장과 교리에는 차이가 있다. 이는 각각 독일과 스위스라는 현실이 다르고, 사회 발전의 과정의 차이이다. 즉, 루터의 기독교개혁운동은 독일에서 근대적 변화를 주도하고 있던 독립자영농의 입장을 반영하고 있는 것이고, 칼뱅의 기독교개혁운동은 프랑스나 스위스 등의 상공업에 종사하는 중산층 계층인 이른바 부르주아 시민계층에 영향을 두고 있다.

이 두 사람으로 대표되는 기독교개혁운동의 노동관이 지니는 의의는 노동이 긍정적 차원에서 성서적 의미를 띠게 되었다는 것이다. 중세 기독교에서는 유일한 기독교인의 소명, 또는 적어도 최상의 소명은 사제 또는 수도사의 직분이라고 믿어졌으며 다른 직분에 있어서 부름의 여부는 문제제기조차 하지 않았다. 그러나 기독교개혁운동과 함께 소명에는 특권의식이 배제되어 누구나 각자의 직업을 통하여 부름을 받았고 또 영적인 일이 아니라 해도 노동은 하느님에 대한 예배가 될 수 있다는 생각이 등장하기 시작하였다. 쬘레(Dorothee Sölle)는 이러한 기독교개혁운동의 노동윤리관이 어떤 종류의 노동이든 신성한 것이라는 노동관을 가져다 주었다고 말했다.

> 기독교개혁운동에서 노동은 예배로 해석되었으며 부지런한 노동자는 하느님의 충실한 종으로 간주되었다. 직업은 소명으로 되었고 동시에 자존심의 근거로 되었다. 인간들은 그들의 직업노동에서 새로운 자기 동일성을 찾았다. 노동의 종류나 목적을 고려하지 않고 부지런히, 열심히 노동하는 것이 덕 그 자체로 되었다. 기독교개혁운동의 종교성은 고된 현실을 참을 수 있게 했다. 틀에 박힌 무의미한 노동이 '소명'이라 불리었으며, 착취적인 노동 상황이 '하느님

이 당신을 세운 자리'라는 명예로운 칭호를 얻었다.[38]

쵤레가 말한 소명은 인간을 구원에 들어오도록 하기 위하여 인간을 초청하는 하느님의 은총에 의한 사명을 말한 것이다. 그러므로 인간은 하느님의 소명에 순종하며 살아야 한다. 영국의 기독교개혁운동자 틴들(William Tyndale)도 노동의 소명은 노동의 귀천이 없음을 강조하였다. "하나님을 기쁘게 함에 있어서는 노동의 귀천이 없다. 즉, 접시를 닦든, 구두 수선공이든 설교를 하든지 무엇을 하든지 하나님을 기쁘게 하는 것이다."[39] 이와 같이 기독교개혁운동 시대는 노동에 대한 긍정적 측면은 노동에 대한 적극적인 동기와 함께 당위를 강조하였다.

기독교개혁운동자들은 노동을 하느님의 명령으로서 마땅히 준행해야 하는 의무로서 제시하고 있다. 하크니스는 이러한 기독교개혁운동 시대의 노동관에 대하여 소명으로서 마땅히 수행해야 할 인간의 직무로 보았다. "인간에게 주어진 모든 노동에 따른 직업이 신의 불러 쓰심인 줄 알아야 하며, 될 수 있는 대로, 봉사의 정신으로 해야 한다."[40] 이것은 예수가 말한 "하느님을 사랑하고 네 이웃을 사랑하라"[41]는 계명을 경제생활에서 표현하는 것을 의미한다.

기독교개혁운동자들은 성서를 중심으로 기독교노동의 윤리관을 정립해 나갔다. 이는 기독교개혁운동자들의 주된 구호 중 하나가 "오직 성서로만!"[42]이라는 것으로 알 수 있다. 기독교개혁운동이라는 위

---

38) 도로테 쵤레, 『사랑과 노동』, 박재순 옮김(천안: 한국신학연구소, 1993), p.111.
39) 구스타브 뱅그렌, 『크리스천의 소명』, 맹용길 역(서울: 컨콜디아사, 1991), p.38.
40) 조지아 하크니스, op. cit., p.207.
41) 마태오의 복음서 22장 36-40절 참조.

대한 역사를 이룰 수 있었던 원동력과 그 성공의 비결은 다름 아닌 성서의 재발견과 그것을 통한 복음의 회복이었다.[43]

기독교역사에서 루터의 직업소명론은 "노동의 의미"에 대한 물음에 주의를 환기시켰고, 직업활동이 세상의 형성에서 갖는 의의를 깊이 인식하게 하였다. 그의 직업소명론을 하느님 나라의 실현과 연결시켜서 노동윤리를 확립한 부르주아 신학자들은 직업의 존귀성과 직업 생활의 기쁨을 느끼게 하였다. 그러나 오늘날의 노동현실과 직업현실은 소명으로서의 직업이해를 가지고 대처하기는 힘들게 되었다. 노동과 인간 주체를 분리하고 노동에 대한 자본의 지배를 확립한 자본주의 사회는 컨베이어 벨트에 매달려 노동공정을 단순 반복적으로 수행하는 노동자들의 소명을 말하기 어렵게 만들었다. 자본주의 사회의 노동과정과 분배구조의 불평등과 부당함을 인식하는 사람들은 근면과 절약을 강조하는 부르주아적 직업윤리의 덕목을 가리켜 위로부터의 계급투쟁을 감추는 이데올로기라고 비판하고 있다. 대량실업에 직면하였거나 비정규직 노동에 종사하며 가난에 시달리는 사람들에게 노동소명론은 차별과 배제의 논리로 받아들여질 수도 있다.

이러한 기독교개혁운동 시대의 노동관은 오늘날의 경제윤리의 기본적인 틀과 노동관에 영향을 주었다. 기독교개혁운동자들의 경제윤리와 그에 따른 노동관이 서구 기독교 국가들의 자본주의 경제의 윤리적 근거를 제공하는 정초(定礎)가 되었다. 이에 대해 베버(Max Weber)의 말이다. "기독교개혁운동으로 말미암은 직업에 대한 소명의식은 자본

---

42) 기독교개혁운동자들의 주된 구호는 네 가지 '오직'으로 말할 수 있다. "오직 예수 그리스도만", "오직 믿음으로만", "오직 은혜로만", 그리고 "오직 성서로만"이었다. 이수영, "네 가지 '오직'", 『말씀과 교회』(제26권, 2000년), p.23.

43) Ibid., p.24.

주의가 요구하는 것과 일치하는 것으로, 자본주의가 직면한 전통주의의 극복을 수월하게 해 주었다."[44] 그러므로 현대자본주의의 뿌리를 찾고, 이를 통해 바람직한 노동관의 정립을 위한 단초를 찾아나가는 작업으로서 기독교개혁운동자들의 노동관을 살펴보는 것은 매우 의미 있는 작업이다. 그러나 여기에는 제한적으로 살펴볼 필요가 있다. 볼프(Miroslav Volf)는 대량실업이 일상화된 오늘의 노동세계에서는 전통적인 직업소명론으로 문제를 해결할 수 없다고 보고, 각 사람이 나름의 재능과 소질을 발휘하여 서로 협동하는 공동체 원리에 따라 사회를 재건해야 한다고 말했다.[45]

---

44) 막스 베버, 『프로테스탄티즘의 윤리와 자본주의 정신』, 박성수 역(서울: 문예출판사, 1994), p.31.
45) 강원돈, op. cit., pp.177-178 참조.

4장

자본주의 정신과 노동

자본주의 사회는 한마디로 상품 사회이다. 상품 사회는 그 사회의 사회적 관계가 상품과 상품의 교환으로 구성되어 있는 사회이다. 당연히 인간관계가 상품 교환이라는 틀에 담기는 것이다. 즉, 인간은 교환가치로 표현되고, 인간관계는 상품 교환의 형식으로 존재할 수밖에 없게 되는 제도이다. 일회적 화폐 관계가 전면화되고 있는 인간관계는 사실상 인간관계가 황폐화된 상태이며, 인간관계가 소멸된 상태이다. 서로 보지 못하고, 만나지 못하고, 알지 못하기 때문이다. 모든 사람이 타자화되어 있는 상태이다. 관계의 지속성이 없이 일시적 군집과 같은 무관심과 무배려와 냉담함의 도시문화 역시 자본주의가 만든 것이다.

　인간관계가 비인간화되는 정도에 있어서 자본주의 사회는 노예제 사회와 비교할 수 없을 정도로 냉혹하다.[1] 모든 사람이 '팔기 위해서' 진력하고 있는 사회이다. 모든 것을 파는 사회이며 팔리지 않는 것은 무가치하고, 폐기되고 오로지 팔리는 것만 몰두하는 사회이다. 상품

---

1) 신영복, 『강의』(서울: 돌베개, 2006), pp.240-241 참조.

가치와 자본 논리가 지배하는 사회이다.[2] 결국 자본주의가 이룩한 부의 근원은 상품가치의 증대에 있다. 이 상품에는 그것을 유용하게 필요로 하는 사용가치와 그것이 다른 상품과 일정한 비율로 교환될 수 있는 교환가치가 있다. 이 교환가치는 그 상품을 생산하는 데 소요되는 사회적 평균 필요 노동시간에 의해 결정된다. 즉 자본주의 사회에서는 인간의 노동력도 상품으로 취급된다. 단지 다른 상품은 일단 사용하면 소멸되지만 노동력은 일정한 휴식시간이 주어지면 재생산이 가능하다는 점에서만 다를 뿐이다.[3]

이러한 자본주의는 재화의 사적 소유권을 사회 구성원의 양도 불가능한 기본권으로 인정하는 사회 구성체이다. 또 다른 견해, 생산 수단을 가진 자본가 및 기업가 계급이 그 이익 추구를 위해 생산활동을 하도록 보장하는 사회 경제 체제이다. 재화의 사적 소유권에 대한 인정은 곧바로 재화의 매매, 양도, 소비 및 이윤의 처분 등에 대한 결정을 개인에게 일임하는 것이기 때문에 자본주의는 사적 소유권을 기반으로 한 경제 체제이기도 하다. 자본주의 경제 체제에서는 상품 또는 용역의 가격, 투자, 분배 등이 모두 시장 경제를 통해 이루어진다.

고대에 이미 일부 자본주의적 특징을 보이는 조직이 존재하였으며 중세 말에는 상업 자본이 발달하기도 하였으나, 현대 자본주의 경제 체제의 제도들은 대부분 16세기에서부터 19세기까지 영국에서 발달한 것들이다. 서양에서는 봉건 제도의 종식과 함께 자본주의가 지배적인 사회 구성체로 자리잡았다. 20세기에 이르러 전 세계적인 산업화가 일어났고 자본주의가 세계 전체에서 지배적인 경제 체제로 자

---

2) Ibid., 175.
3) 한국국민윤리학회 편저, 『현대 사회와 직업윤리』, p.121.

리잡았다. 자본주의는 세계 각지의 정치, 경제, 문화, 사회적 상황에 따라 다양한 방식으로 수정되고 발전해 왔으며, 사회주의와 혼합 경제를 이루기도 하였다. 20세기에 걸쳐 자본주의는 마르크스주의와 같은 공산주의 국가 경제 체제와 대립하였다.

경제학(economics)은 생산과 분배, 그리고 재화나 용역의 소비와 같은 경제 현상을 연구하는 사회 과학이다. 경제학은 복잡한 경제 활동에서 특정한 규칙성을 발견하여 경제 현상의 원인과 결과를 탐구하고 예측하는 것을 목표로 한다. 이를 위해 경제학자들은 세계의 경제 상태, 개개인과 기업이 노동, 소비, 투자, 고용, 가격 등을 어떻게 결정하는지를 연구한다. 또한 경기의 침체와 호황, 개인이나 국가 간에 나타나는 부의 불균형과 같은 것들도 경제학의 주요 관심 분야이다.

경제학은 자원 등 경제적 가치가 있는 대상이 희소하고 이를 선택할 때에는 기회비용이 발생한다는 것을 기본적인 전제로 한다. 경우에 따라서는 공기와 같은 것마저 공짜가 아니다. 개인, 기업, 국가와 같은 경제 주체들은 시장에 참여하여 재화와 용역의 수요와 공급을 창출하고, 이 과정에서 최대한 이익이 되는 방향으로 행동하려 한다. 따라서 경제활동은 각 경제 주체가 가장 합리적인 선택을 하려는 경향성을 보이게 되고 이 때문에 일정한 규칙이 성립하게 된다. 경제학은 이러한 경제활동의 규칙을 찾고 이를 바탕으로 미래의 경제를 예측한다. 경제학은 현재의 상황을 분석하여 그 원인과 결과를 규명하는 실증경제학과 가치 판단에 따라 경제 활동을 평가하는 규범경제학으로 나뉠 수 있다. 또한, 경제학은 시장에 참여한 경제 주체의 활동을 연구대상으로 하는 미시경제학과 국가 단위 규모의 경제 활동과 정책을 연구 대상으로 하는 거시경제학으로 구분되기도 한다.

경제학의 학파에는 고전학파, 케인즈주의, 제도학파, 통화주의 등이 있다. 비주류 경제학으로는 대표적으로 마르크스 경제학, 행동경제학, 신경경제학 등이 있다. 이 글에서는 오늘날의 신자유주의 경제 체제의 노동이해를 위해 그 흐름을 살펴보도록 하겠다.

1. 고전경제학과 케인즈 경제학

고전경제학(classical economics)은 경제사상사에서 최초의 근대 경제 이론으로 지목하는 경제학의 한 부류이다. 고전경제학을 정립한 주요 학자로는 애덤 스미스, 데이비드 리카르도, 토머스 멜더스, 존 스튜어트 밀 등이 있다. 이들 외에도 윌리엄 퍼티, 요한 하인리히 폰 튀넨, 그리고 카를 마르크스 등도 고전경제학자로 다루어지기도 한다. 일반적으로 1776년 출간된 애덤 스미스의 국부론이 고전경제학의 시발점으로 여겨진다. 고전경제학은 19세기 중반까지 경제 이론에 큰 영향력을 발휘하였으며, 1870년 시작된 영국의 신고전경제학 발현의 근원 역할을 하기도 하였다. 고전경제학은 자본주의에 대한 개념을 정립시킨 경제사상으로 평가되고 있다. 데이비드 흄과 같은 초기 사상가들과 더불어 애덤 스미스를 비롯한 고전경제학자들의 생산, 분배, 교환 등에 대한 이론은 오늘날까지도 자본주의 경제의 기반이 되고 있다.

스미스는 1776년 출간한 『국부론』을 통해 중상주의를 비판하면서 "자유방임 체제"를 옹호하였다. 이로 인해 스미스는 고전경제학의 아버지로 불린다. 그는 인간은 태어나면서부터 자신의 처지를 개선하려는 욕망을 가지고 있으며, 이기적 본능이 인간 행동의 원동력으로서 가장 지속적이고 강력한 힘을 발휘한다고 여겼다. 그리고 개인의 이기적 행위가 종국적으로는 공공복지에 기여하게 된다는 것이 스미스 경제학의 근간이다.

그는 '보이지 않는 손'이라는 비유를 통해 시장의 자율적 기능이 사적 합리성 추구를 공적 합리성의 증대로 이어 준다고 생각했다. 이러한 견해는 자연법사상에 입각한 자연적 질서관을 표명한 것으로, 그의 경제학은 이러한 '보이지 않는 손'을 일상 경험적으로 파악하려다가 경제행위를 과학으로서 체계화하게 되었다. 어떤 사회라도 그 사회 내에서는 그 국민경제에 필요한 물자의 종류와 수량의 결정, 생산방법의 결정, 생산물의 분배의 결정 등의 가장 기본적인 경제문제를 해결해야 한다. 사회주의 사회에서는 중앙계획기관의 계획과 명령을 이용하여 위와 같은 경제문제를 해결하지만 전체적인 계획과 통제를 하는 기관이 없고, 일체의 생산과 소비활동이 개인의 자유에 맡겨져 있는 자본주의 사회에서는 이런 문제를 해결하는 것은 바로 그가 말하는 보이지 않는 손이 해결해 준다고 보는 것이다. 이런 맥락에서 18세기 당시 영국이 따르던 중상주의(重商主義)를 철저히 비판하면서 자유방임 경제정책을 펼쳤다.

한편, 데이비드 리카르도는 1817년『정치경제학 및 세무 개론』을 출간하여 비교 우위의 개념을 통해 무역의 이점을 설명하고 자유 무역을 지지하였다. 고전경제학은 세이의 법칙을 근거로 공급 중심의 경제정책을 주장하였다. 고전경제학은 자유주의적 신념에 따라 정부의 시장 관여를 최소한으로 제한하는 자유방임을 주장하였다. 이러한 주장은 정부의 역할을 야간 방범 정도로 제한하는 이른바 '야경국가'[4]로 제한하였다.

케인즈 경제학(Keynesian economics)은 20세기 영국의 경제학자 존 메이너드 케인즈의 사상에 기초한 경제학 이론이다. 케인즈 경제학은 공공 부문과 민간 부문이 함께 중요한 역할을 하는 혼합경제를 장려한다. 이는 시장과 민간 부문이 국가의 간섭이 없는 상태에서 가장 잘 작동한다고 주장하는 방임주의적 자유주의와는 상당한 차이가 있으며, 실제로 케인즈 경제학은 여러 경제학자들이 방임주의의 실패로 인한 것으로 여기는 문제점들을 해결하기 위해 개발되었다. 케인즈의 이론은 거시경제적 흐름이 각 개인들의 미시적 행동을 압도할 수 있다고 말한다. 경제적 과정을 잠재 생산의 지속적인 성장으로 보는 18세기 후반 이후 고전 경제학자들의 관점과는 달리 케인즈는 특히 불황기에 경제를 이끌어 가는 요소로서 상품에 대한 총수요를 강조했다. 이런 관점에서 그는 1930년대의 높은 실업률과 디플레이션에 대해 거시적인 규모에서 대처하기 위해 정부가 정책적으로 소비를 유도해야 한다고 논했다. 불황 시기에 정부가 지출을 늘리면 보다 많은 돈이 유동되므로 시민들의 소비와 투자가 유도되어 경제가 정상 상태를 회복한다는 것이 케인즈의 주장이다. 이는 공급 측면 경제학에 반대되는 의미로서 소비 측면 경제학이다.

---

4) 야경국가(Nachtwachterstaat)는 17세기 중엽에서 19세기 중엽에 걸친 자본주의 국가의 국가관을 말한다. 국가는 외적의 침입을 막고 국내 치안을 확보하며 개인의 사유재산을 지키는 최소한의 임무만을 행하며, 나머지는 자유방임에 맡길 것을 주장하는 국가관을 말한다. 이 용어는 독일의 사회주의자 F. 라살이 그의 저서 『노동자 강령』에서 당시의 영국 부르주아지의 국가관을 비판하는 뜻으로 쓴 말이다.

2. 마르크스 경제학

마르크스는 자본주의에 대한 대표적인 비판가이다. 그는 1848년 『공산당선언』을 엥겔스와 공저로 발표한 이래 자본주의의 문제점을 비판하였으며 영국으로 망명한 후 고전경제학의 연구에 몰두하여 이를 비판한 『자본론』을 집필하였다. 그는 『자본론』에서 자본주의란 생산 과정에서 사적 생산관계를 기반으로 하여 생산물을 소유하고 통제하는 생산양식으로 정의하였다.

그의 역사적 유물론은 역사상에 존재하는 생산양식은 자체 모순에 의해 붕괴를 거듭해 왔으며 자본주의 역시 이러한 역사적 생산양식 중의 하나라고 주장하였다. 그는 이러한 정의(定義)에 따라 자본주의 체제에서 존재하는 계급이 생산수단의 소유를 기준으로 부르주아(유산계급)와 프롤레타리아(무산계급)로 양분된다고 보았다. 그는 고전경제학이 주장하는 자유가 재산권의 자유만을 의미할 뿐, 노동자에게는 일하지 않으면 굶주릴 자유에 불과하다고 혹평하였으며, 멜더스의 『인구론』이 말하는 잉여 인구란 자본주의의 유지를 위해 필수적인 잉여 노동(값싼 노동력을 확보하기 위한 산업예비군)일 뿐이라 비판하였다. 그의 경제학이 고전경제학을 비판한 것을 흔히 "시장의 보이지 않는 손은 정부의 보이는 주먹에 의해 유지된다"라는 말로 요약된다. 그의 경제학은 화폐, 가치, 독점, 생산관계, 자본주의 단계론 등이 주요 논점이며 알튀세르 등의 학자가 널리 알려져 있다.

인간성의 본질에 관한 고전 마르크스주의의 견해는 인간이 타락으로 인해 죄된 존재에 있다는 기독교적 관점에 기본적인 유사성을 나타낸다.[5] 마르크스의 저서들에서 드러나는 인간은 구체적[6]이고 실제적이며 현실적으로 노동하는 살아 있는 인간[7]이다. 그는 인간의 본질을 생산과정 속에서 발견한다. 그가 보는 인간이란 어떤 기준의 혹은 가능한 제도를 위한 불변적이거나 필연적인 정박점이 아니라 일정한 사회형태 및 역사의 특정 시대들과의 밀접한 관련이 있다.[8] 그는 인간을 정태적이 아니라 동태적, 적극적인 점에서 그리고 개체적이 아니라 사회적인 측면에서 이해했다. 인간은 감각적이고 동물적 본능을 가진 유한한 존재이지만 자각과 의식, 즉 유적 능력을 지닌 유적 존재이기에 인간은 유적 생활(species life)을 하는 존재이다. 그가 말하는 유적 생활이란 생명을 창조하는 생산적 삶이요, 자유롭고 의식적인 인간행위이다. 이것이 바로 노동이라고 본다. 이러한 노동이 노동자 자신의 개인적 삶을 유지하기 위한 수단으로 전락하게 된 것을 소외라고 본다.[9]

그에 의하면, 인간은 창조적 실천(creative praxis)에 의해서 자신을 정의 내릴 수 있다. 인간은 생산하는 존재라는 점에서 동물과 다르다. 자유롭고 창조적인 실천, 유적 삶이란 함께 더불어 사는 삶이요, 자신과 이웃과 세계를 함께 변화시키는 삶이다. 그러나 이러한 유적 삶이 생명을 창조하는 삶, 함께 더불어 사는 삶이 되지 못하고 인간을 인

---

5) 폴 틸리히, "그리스도교와 맑시즘의 인간관", 『신학사상』(제19집, 1977), p.835.

6) '구체적(concrete)'이란 말은 모든 구성요소가 엉겨 붙어서 전체를 이룬다는 뜻을 가지고 있어서, 그 전체로부터 떨어져 나간다는 뜻으로 추상(abstract)과 대조된다. 마르크스에게 있어 참 인간은 바로 실재하는 구체적 인간이다. 여기서 구체적인 이유는 여러 가지 특수 인자들의 종합이요 다양한 요소의 통일이기 때문이다.

7) 마르크스는 인간이 노동을 말하는 것으로도 이미 인간자신을 직접적으로 다루는 것이라고 보았다.

8) C. W. 밀즈, 『마르크스주의자들』, 김홍명 역(서울: 한길사, 1982), p.43.

9) 사회학과 철학의 중요 주제인 소외에 대한 연구로는 다음의 책을 참고하기 바람. R. 터커·A. 샤프 외, 『현대소외론』, 조희연 옮김(서울: 들풀마당, 1983); 이 책은 소외에 대한 사회학적 접근법과 철학적 접근법이 모두 소개되고 있다. 소외 개념에 대한 이해의 방법과 관련하여 개인적이고 심리적인 현상으로 이해할 것인지의 논의가 주목할 만하다. 그리고 마르크스의 사상 내에서 소외론이 어떤 위치를 차지하고 있는지도 잘 정리되어 있다.

간으로부터 단절시키는 이기적인 삶으로 변하게 된 것이다. 그의 소외개념은 이러한 전제 위에 있다. 그는 유적 삶이 이기적인 삶으로 변화한 것, 노동이 소외된 것을 죄라고 보았다. 소외개념의 이해는 현대적 죄악 이해의 핵심이다.[10]

인간은 자연에 대한 힘을 증대시키면서 종(種)으로서의 차원[11]을 발전시켰지만, 그 자신의 존재는 소외되고, 느낄 수 없게 됨으로써 자신의 사회적 실존에 대해서는 무력하게 되었다. 그는 궁극적인 목표는 인간적인 사회에 있다.[12] 이 사회는 노동의 분화에 의해 인간이 소외되지 않고, 인간의 노동[13]이 자본으로부터 해방되고 인간이 그 자신의 발전과 소신을 위해 자신의 능력대로 사는 사회이다. 이런 사회가 실현될 때 이상적 인간상은 보장 받는다. 이와 같이 그에게 있어서 이상적인 인간이란 자신의 능력이나 가치를 억압하는 상황들과 투쟁하는 인간이다. 즉 소외되지 않는 진정한 인간이 되기 위해 변혁을 추구하는 인간이다.

그에 따르면 원래 노동은 인간이 자신의 본질을 표현하는 행위로 즐거움의 원천이며, 삶의 보람과 행복을 느끼게 되어 있다. 그러나 이것은 인간이 자발적이고 주체적으로 노동을 할 때 가능하다. 하지만 시장 경제 아래에서 노동자는 생계를 유지하기 위해서 강제된 단순 반복 노동을 하기 때문에 인간적 유대감 대신에 경쟁심과 적대감을

---

10) Ibid., pp.41-42 참조.

11) 인간은 생태계의 부분인 생물학적 존재로서 생태계로부터 유래했지만 그럼에도 노동을 매개로 하여 생태계를 극복하고 생태계에 대립한다. 이런 대립은 인간이 생태계로부터의 분리가 아니라 인간의 목적을 위해 생태계를 이용되는 것이다.

12) 마르크스가 말하는 "인간적"이라는 개념은 자본주의 사회의 개인주의가 극복되어 "사회적" 존재로서의 인간의 본질이 회복된 사회적 인간을 뜻하기에 "인간적"은 곧 "사회적"이다.

13) 마르크스에 있어서 노동은 인간의 실제적인 활동이고 자유로운 의식적인 활동이며 인간의 보편적 본성을 발전시키기 위한 수단이다.

갖게 된다. 이러한 현상이 소외이다. 시장 경제 아래서 소외를 느끼는 노동자는 욕망이 왜곡되어 화폐에 대한 강한 추구가 생겨난다. 인간은 자신이 만든 시장, 상품, 화폐에 오히려 지배되는 현상이 나타나게 되며 이것을 물신성이라 한다. 물신성은 시장 경제 사회에서 인간이 겪는 소외를 극적으로 표현해 주는 개념이다.

현대 산업사회에서의 특히 과학기술혁명이 고도화된 사회가 부여한 인간의 모습은 비인간화, 소외이다. 과학기술혁명의 시대에 많은 부분의 노동을 기계와 컴퓨터와 자동화에 넘겨 주고 노동은 본래의 의미를 상실한 채 소외된 노동으로 전락하게 되었다. 소외현상은 오늘날에 제기된 문제는 아니다. 이것은 인간 사회의 발전과 더불어 지속되어 온 현상이다. 그런데 현대에서의 이 소외가 더욱 대두된 이유는 그 심각성이 인간성 상실과 깊이 관련되어 있기 때문이다. 현대의 산업사회는 궁극적으로 인간의 존엄성을 추구하는 방편적 사회의 성격을 띠어야 함에도 오히려 인간의 가치를 붕괴시켜 인간소외 현상을 낳아놓게 된 데에 심각한 문제가 있다.

소외는 하나의 심리적 상태이며 무력감, 무의미성, 무규범성, 자기소외, 사회적 고립 등의 감정이라는 소외의 사회학적 의미가 가장 널리 사용된다. 호튼(P. B. Horton)은 소외의 개념 속에 아노미보다 더욱 포괄적인 의미가 내포되어 있음을 지적하고 개인의 불완전한 결합, 무력감, 무규범성, 사회적 격리의 복합개념 또는 사회로부터의 거의 완전한 분열상태로 진술하고 있다.[14]

노동은 인간의 직접적인 생존수단인 동시에 본래적으로는 인격성,

---

14) 장진호, 『현대 사회와 인간교육』(서울: 범영사, 1983), p.42.

인간적 본질의 독자적 실존을 확증하는 활동이다. 인간은 자신의 생존을 위해 노동할 뿐만 아니라 더욱 고차원적인 욕구인 자기실현을 위하여 노동한다.

노동은 자신을 발전시키고 남에게 봉사하는 것이다. 그러나 현대 산업사회에서 노동은 실제적으로 고통이지 기쁜 소식으로 여겨지지 않는다. 왜냐하면 노동이 인간 사회의 발전과 생태계의 우주적 순환을 파괴하고 있을 뿐만 아니라 노동이 인간의 자아실현보다는 단순히 생계의 목적으로 전락되어 버렸기 때문이다. 이는 노동이 자본과 생산수단을 독점하고 있는 소수의 사람들의 이윤추구의 욕망에 얽매여 실제로 생산에 참여하는 이들의 입장과는 상관없이 진행되는 까닭이다.[15]

노동자들의 비정치화와 다른 노동자들이나 인류가족으로부터의 분리는 노동을 통해 야기된 소외의 형태들이다. 자본주의의 야만성은 노동자들로부터 노동의 존엄성을 빼앗는 데 있다.[16] 노동은 필요와 생산물 사이의 매개이다. 우리의 욕구들이 다양하고 고르지 않고 서로 다르므로 노동은 무엇보다도 사용할 수 있는 생산물을 목표로 한다. 그에 의하면 생산품과 사유재산에 기반을 둔 상품 자본주의하에서는 노동자는 임금을 위해 자신의 노동력을 제공하며 상품을 생산한다. 그러나 노동자가 생산한 상품들이 오히려 그들의 삶에 빈곤을 증대시키며, 노동자를 지배하는 전도된 현상이 나타난다는 것이다.

노동자가 그의 생산물에 있어서 소외된다는 것은 그의 노동이 그

---

15) 천주교 사회문제연구소, 『노동의 복음』(서울: 일과놀이, 1991), p.5
16) Ibid., pp.102-103 참조.

의 밖에 그로부터 독립해서 소원하게 존재하고 그에게 하나의 자립적인 힘이 되고 그가 대상에게 준 생명이 그에게 적대적으로 맞선다는 것이다.[17]

이러한 소외의 원인은 노동자가 대상에 자신의 생명력을 투입하나, 그 생명은 노동자 자신이 아닌 노동 생산물에 속하게 됨으로써, 아니, 보다 정확하게 말하면 자본가의 점유물이 되는 데 있다. 결국 생산수단에 대한 사적 소유가 존재함으로써 노동자들은 자신이 생산한 대상에서 소외된다.

노동은 확실히 부자에게는 경이적인 것을 만들어내지만 노동자들에게는 가난을 만들어내게 된다. 노동은 궁전을 만들지만, 노동자에게는 오두막집을 만들어 낸다. 노동은 아름다움을 생산하지만 노동자에게는 추한 모습을 생산한다. 노동은 기계를 통해 노동을 대체하지만 일부를 야만적인 노동판으로 내몰고 또 다른 노동자는 기계로 대체된다. 노동자는 부자를 위해서 지성을 낳으나 노동자에게는 저능과 백치를 낳는다. 이처럼 마르크스의 말대로 자본주의 체제에서는 축적된 자본이 자본가의 수중에 집중되는 반면 노동자는 빈곤해지고 실업이 증대하여 노동자의 구매력은 감소된다. 즉, 부익부빈익빈(富益富貧益貧) 현상이 심화된다.[18]

신영복은 마르크스 이론의 가장 큰 공헌을 자본주의 체제를 과도적인 것으로 규정하는 역사적 관점이라고 하였다. 자본주의 체제란 이전의 다른 모든 체제와 마찬가지로 역사적으로 존재하다가 사라질 과도적인 체제라는 사실을 이론적으로 규명한 것이다.[19]

---

17) 칼 마르크스, 『경제철학소고』, 김태경 역(서울: 이론과 실천, 1985), p.35.
18) 한국국민윤리학회 편저, 『현대 사회와 직업윤리』, p.122.

3. 베버의 프로테스탄트 윤리의 이해

베버는 1904년에서 1905년 사이에 집필된 『개신교 윤리와 자본주의 정신』을 통해 자본주의가 전통적인 경제 활동의 양상을 어떻게 변화시켰는지에 대해 기술하고 있다. 그는 길드에 속한 장인과 도제의 관계나 장원의 영주와 농노의 관계와 같은 노동 체제를 근간으로 하는 자본주의 이전의 경제체제에 비해, 자본주의가 보다 능률적이고 높은 생산성을 이룰 수 있는 근거로 시장과 교환을 들었다. 그는 생산보다는 시장과 교환이 자본주의의 본질적 요소라고 주장하였다. 이 책에서 그는 전통적인 경제 체제에 대항하여 자본주의적인 교환이 이루어지고 근대 자본주의로 발전할 수 있었던 원인으로 합리성을 추구하는 "정신"을 들었다. 이러한 정신이 사회 전반에 점차 확산되어 법률, 임노동의 자유 등이 확산되고 공공의 영역과 사생활이 명확히 구분되게 되었다. 따라서 그는 마르크스와 달리 자본주의의 형성이 생산 수단의 변화가 아닌 정치적 문화적인 영역에서 새로운 '정신'으로 무장한 기업가의 등장이 주된 원인이라고 주장한다. 그는 이러한 정신이 개신교, 특히 칼뱅주의와 깊은 연관이 있다고 보았다.

그에게 자본주의는 인간의 역사상 가장 발달한 경제 체제였으며 이러한 이유로 사회주의에 대해 반대하였다. 또한 그는 관료제, 주식회사와 같은 현대 사회의 특징이 자본주의의 발전에 의해 갖추어졌다고 평가하였다. 그가 '자본주의 정신'이라고 한 것은 근대적인 합리적 자본주의를 강력히 지지하는 일련의 삶의 태도와 삶의 윤리를 일

---

19) 신영복, 『강의』, p.318.

컫는다. 자본주의 정신은 이익 추구의 노동을 살기 위하여 마지못해 하는 수단으로 여기지 않고 그 자체가 윤리적으로 의미 있는 일이며 따라서, 윤리적으로 부과된 행위로 본다. 그가 말한 자본주의 정신은 다음의 세 가지 특성으로 구성된다.

첫째, 노동은 재산축적이나 생활비를 위한 수단에 불과한 것이 아니라 그 자체로 가치 있는 것이며 인간의 소명이란 신념이다. 이 정신을 지닌 사람은 재산 축적에 몰두하면서도 그 행동이 욕구 충족과는 별 상관없다. 단지 그 행동이 사람의 의무이며 생의 목표라고 믿는다. 이 정신의 가장 중요하고 기본적인 특성은 일(직업)에 대한 의무감이다.

둘째, 경제적 판단과 근거에 있어서 전통적인 기준이나 관습을 떠나서 합리적인 근거에 따른다. 이것은 이윤을 합리적으로 체계적으로 추구하는 태도와 정신을 말한다. 경제적 과정의 객관적인 기준은 '부기학적'으로 나타나며, 그것은 합리화라고 할 수 있을 것이다. 이 정신은 정직, 근면, 절약, 시간 엄수 등을 중요한 덕목으로 간주한다. 그것은 이 덕목들이 재산 축적에 용이하기 때문이다. 돈을 버는 것은 그 자체로서 윤리적 의무가 된다.

셋째, 자본주의 정신은 이성에 따른 방법으로 조직화된 생활이 장기적 안목의 경제적 성공뿐만 아니라 일관성 있는 적절한 생활태도로 간주된다. 이 정신은 생의 기쁨이나 행복의 추구를 피한다. 사치로 재산을 소모하지 않으며, 일종의 금욕적인 생활태도를 견지한다.

그는 이러한 자본주의 정신의 기원을 칼뱅이즘에서 발전된 종교윤리 속에서 찾고 있다. 근대 자본주의 정신 및 더 나아가 근대 문화의 공통적인 특징인 합리적인 생활방식은 소명의식과 기독교적 금욕주의적 정신으로부터 일어났다.[20] 그의 추론에 의하면, 칼뱅의 예정론에 따라 자기가 구원 받았는지 아닌지를 몰라 애타하는 사람들에게 그들의 생활이 어떻게 하느님께 영광 돌리는 생활을 하느냐에 따라서 구원의 확신을 가질 수 있다. 그래서 이런 확신을 갖기 위하여 열심히 일을 하였고 따라서 부가 축적되게 되었다. 이러한 모습은 개신교 특히 칼뱅주의(Calvinism)가 지배적인 나라에서 자본주의가 발달하였다는 역사적 사실과 일치한다는 것이다.

이러한 그의 '확정된 직업에 금욕적으로 충실한가?' 하는 것에 대한 강조는 근대의 전문화된 노동 분업을 윤리적으로 정당화 시켜 주는 역할을 했다. 즉, 근대 자본주의 정신뿐만 아니라 근대문화 전체의 정신을 이루는 근본적인 요소의 하나는 직업(소명) 관념을 기초로 한 합리적인 행동인바, 그것은 기독교의 금욕주의 정신에서 탄생하였다. 근대 자본주의는 모험 자본주의와는 달리 도덕과는 무관한 개인적인 이득 추구에 기초하고 있는 것이 아니라 의무로서의 일에 대한 엄격한 책임에 기초를 둔 것이다.

신영복은 이러한 베버의 사상에 대해 엄밀한 의미에서 기독교윤리를 개진한 것이기보다는 자본 논리를 합리화하는 맥락에 충실한 것으로 평가했다. 베버는 동양 사상의 저변에 흐르는 관계론에 대한 개념이 없었다.[21]

---

20) 김철영, op. cit., pp.357-358 참조.
21) 신영복, 『강의』, pp.35-36 참조.

4. 동양의 노동과 경제사상

베버는 개신교의 종교적 배경이 없는 동양의 전통사회에서는 적극적인 의미에서 노동윤리가 없거나 노동의식이 미약할 수밖에 없다고 보았다. 더구나 그는 동양사상이 비합리적이므로 자본주의의 발전을 저해한다고 보았다. 이러한 견해는 베버만이 아니다. 일반적으로 동양전통은 육체노동과 경제행위에 대해 부정적으로 본 것으로 이해한다. 실제로 서구 자본주의의 태동과 발전에 비해 그렇게 보이는 측면이 있다. 그러나 최근 동양 전통과 우리나라의 전통사상이 오늘날의 경제발전이라는 측면에서 볼 때, 긍정적이지 못한 하나의 제거대상으로서 악습이거나 넘어서야만 인습이기만 한 것이 아니냐? 라는 비판적 논의들이 제기되었다.

1) 유교의 노동과 경제윤리

공자·맹자·순자 등으로 이어지는 유교의 가르침에서 노동과 경제사상을 체계적으로 정리해내기는 어렵다. 흔히들 이들의 사상에서 긍정적이지 않고 부정적으로 본 것으로 이해한다. 그러나 이들은 노동을 윤리체계에서 중심 주제로 다루지 않았을 뿐이지 현실윤리체계로서 노동을 긍정적으로 바라본 내용들이 많다. 유교에서 노동을 경시한 것으로 오인하는 것은 유교의 본류가 아닌 유교의 한 부류인 성리학(주자학)이 우리나라 조선조의 정치이념으로 확립된 것으로 보는 것이 타당하다. 이에 이들의 노동윤리관을 간략하게나마 제시해 보는 것은 의미 있는 일일 것이다.

(1) 공자의 노동과 경제윤리

공자의 노동관은 그의 어록집인 『논어』(論語)에서 알 수 있다. 이중 몇 가지만 제시하면 다음과 같다.

> 아무 일도 하지 않고 빈둥거리며 식객 노릇이나 하는 귀족들보다는 차라리 장기나 바둑을 두는 사람이 더 낫다. 부귀(富貴)는 사람들이 누구나 탐내는 것이지만 올바른 방식으로 얻은 것이 아니면 누리지 말고, 빈천(貧賤)은 누구나 싫어하는 것이지만 마땅히 그렇게 되었다면 감수해야 한다. 의롭지 못한 부귀는 그 어떤 가치도 없을 뿐만 아니라 오히려 부끄러운 것이다. 사회 전체가 질서정연한데 가난하고 미천한 것은 수치스러운 것이다. 깨끗한 부자의 길이라면 마부의 일도 좋다. 정치보다 경제적 안정이 더 기본이다. 노동은 자발적인 방식으로 이루어져야 하고, 노동에 의한 재화가 수긍할 수 있게 분배되어야 한다. 노동하는 사이에 적절한 휴식이 보장되어야 한다.[22]

이와 같이 공자는 정당한 방법으로 노동에 임하는 것을 중시하였으며 현실적인 윤리로서 경제의 중요성과 분배정의를 강조하였다. 이러한 공자의 정당한 방법에 따른 노동과 분배정의의 사회윤리적 요소가 경제활동을 위축시키는 것이 아니다.

(2) 맹자의 노동과 경제윤리

다음은 『맹자』에 나오는 구절들을 정리해 본 것이다.

> 만약 백성이 일정한 생활근거가 없으면, 그로 인해 일정한 마음도 없게 된다. 나라를 다스리는 근본은 이(利)가 아니라 인(仁)과 의(義)이다. 닭이 올 무렵부터 일어나 꾸준히 선을 추구하는 사람은 성인

---

22) 한국국민윤리학회 편저, 『현대 사회와 직업윤리』, pp.138-139 참조.

과 같이 되고, 닭이 울 무렵부터 일어나 꾸준히 이익을 추구하는 사람은 도적의 무리가 될 수밖에 없다. 대인이 해야 할 일이 있고 소인이 해야 할 일이 있다. 한 사람이 모든 장인들의 기술을 지니고 반드시 자기가 만들어 쓴다면 온 천하의 사람들을 지치게 만들게 된다. 정당한 방법에 의헌 것이 아니면 한 그릇의 밥도 남에게 받아서는 안 된다.[23]

이처럼 맹자는 앞서 살펴본 공자와 같이 노동과 경제에 있어 이익보다는 도덕이 우선함을 강조하였다. 맹자에게서 눈에 띄는 점은 경제에 대한 사회윤리적인 시각이다. 국가가 국민경제를 윤택하게 해야하는 경제정의를 강조하고, 대인과 소인의 해야 할 일을 제시함으로써 오늘날의 대기업과 제1세계가 중소기업인 제3세계의 영역을 침범하는 것이 옳지 않음을 드러내 주고 있다.

(3) 순자의 노동과 경제윤리

순자의 노동과 경제윤리관은 『순자』(荀子)에서 찾아 볼 수 있다. 이를 정리하면 다음과 같다.

배고프면 먹고 싶고, 추우면 따뜻하게 입고 싶고, 고단하면 쉬고 싶은 것이 인간의 본성이다. 인간에게 본성적으로 존재하는 물질적 욕구를 없앨 수 없고, 없애려고 하거나 줄이려고 하는 것은 바람직하지 않다. 인간의 욕망은 끝이 없는 것이어서 아무리 뛰어난 사람이라도 다 채울 수 없다. 또한 인간이 욕망을 채우려고 할 때 순수하게 원하는 것만 오는 것이 아니라 싫어하는 것도 끼어 오고, 싫어하는 것을 버리려 할 때 좋은 것도 끼어가기 때문에 인간의 욕망을 그대로 따른다는 것은 바람직하지 않다. 물질적 욕망을 무조건 추구하게 되면 불안과 위험이 따르며 공포에 몰릴 것이다. 그러면 고기를 먹어도 맛을 모르고, 귀로 음악을 들어도 소리를 모르며,

---

23) Ibid., pp.139-140 참조.

눈으로 화려한 물체를 봐도 그 빛을 모를 것이며, 따뜻한 옷을 입고 푹신한 자리에 앉아도 편한 줄 모를 것이니 만물의 아름다움을 다 누려도 즐거움을 모르게 된다. 농사를 부지런히 하고 절약하는 생활을 하면 하늘이 가난하게 할 수 없고, 농사를 게을리 하고 사치스런 생활을 하면 하늘도 부자가 되게 할 수 없다. 각 분야에 유능한 사람을 가려 그 분야를 이끌어 가도록 해야만 창고에 재물이 가득 쌓이고 모든 것이 정비되어 씀씀이가 넉넉하게 된다. 큰 능력도 없으면서 큰일을 맡는 것은 마치 힘은 약하면서 무거운 돌을 드는 것과 같아서 부러질 도리밖에 없다.[24]

순자는 이른바 성악설(性惡說)을 주장한 것처럼 공자나 맹자와는 조금 달라 보이는 윤리관을 펼쳤다. 순자는 성악설에 기초하여 악한 성질과 윤리도덕은 물과 불처럼 서로 용납되지 않으며, 성악은 사람의 욕만의 확대가 사회의 정상적 질서를 파괴하고, 재산권과 정권의 안정을 파괴하는 것으로 표현한다. 이러한 악한 성질은 성인·군자가 만든 예와 법을 통해 개조함으로써 요·순과 같은 성인이 될 수 있다고 생각하였다. 그는 "신분에 맞추어 합리적으로 분배하면 사람들이 바라는 것을 모두 만족시킬 수 있고, 사람들이 추구하는 것을 모두 공급해 줄 수 있다. 공급할 수만 있다면 물자가 딸려 욕망이 충족되지 않는 일이 있을 수 없고, 만족시킬 수 있다면 욕망이 무궁하다고 하여 물질이 결핍되는 일이 있을 수 없다. 이 두 가지는 서로 보완하며 성장한다. 이것이 예가 만들어진 이유다"라고 하여 예치를 강조하였다. 이러한 예치는 '구분'을 함으로써 가능한 것인데, 사람의 높낮이 즉, 신분의 구분뿐 아니라 물질의 구분까지도 포함하는 것이다. 순자는 법을 중시하였지만 사람이라는 요소와 비교할 때 인적 요소가

---

24) Ibid., p.141.

훨씬 중요하다고 보았다. "법은 다스림의 실마리며, 군자는 법의 근원이다."라고 하여 예와 법은 성인·군자가 만들어낸 것으로 근본적으로 사람이 예·법보다 중요하다고 보았다. 결국 순자는 인치(人治)를 가장 중요시 하였다.[25]

이처럼 순자는 인간의 본성이 악하다고 주장한 사람으로 알려져 있다. 그러나 성악설을 이렇게 규정짓는 것은 매우 피상적이고 도식적이다. 성(性)은 선악 이전의 개념이다. 선과 악은 사회적 개념이다. 따라서 성과 악을 조합하는 개념 구성은 모순이다. 천과 천명을 부정한 순자의 사상 체계에서 본성이라는 개념은 처음부터 없었다. 그러므로 성악설은 인성론이 아니라 사회학적 개념이다. 그가 예론(禮論), 제도론(制度論)을 전개하기 위한 근거로 구성된 개념이다.[26] 윌슨(Edward Osborne Wilson)[27]은 『인간본성에 관하여』에서 인간의 본성은 선악 판단의 대상이 아니라 DNA의 운동 그 자체라고 보았다.

순자의 인간관이 인간 본성을 악한 것으로 규정짓는 것이 아니라 지나친 본성에 따름을 주의할 것을 일깨워 주고 있다. 실제로 그의

---

25) 유택화, 『중국정치사상사 – 선진편(上)』, 장현근 옮김(서울: 동과서, 2008), pp.272–425 참조.

26) 신영복, 『강의』, pp.412–413 참조.

27) 윌슨은 개미에 관해서는 세계 최고의 권위자로 평가 받고 있다. 또한 인간을 포함하여 모든 동물의 사회적 행동에 대한 유전적 기초를 연구하는 사회생물학을 최초로 주장했다. 그는 동물사회가 기초하고 있는 기본적인 생물학적 원리들이 인간사회에도 적용된다는 것을 피력하고 있는데, 이것은 몇몇 과학자들과 이러한 생각이 정치적인 자극을 유발할 것이라고 간주한 사람들을 고무시켰다. 실제로 그는 인간 행동 중에서 10% 정도만이 유전적으로 결정되고 나머지는 환경에 의해 결정된다고 보는 입장을 고수했다. 그는 1979년 퓰리처상을 수상한 『인간 본성에 대하여』(On Human Nature(1978))에서 인간의 공격성, 성적 특질, 윤리관 등과 사회생물학 사이의 관련성에 대해 조사·연구했다. 그의 가장 주목할 만한 이론 중의 하나는 이타주의조차도 유전적인 면이 기초가 되어 자연선택 과정을 통해 진화해 왔을 것이라는 것이다. 전통적으로 자연선택은 한 개체의 생식 기회를 증가시키는 육체적·행동적 특징들만을 증가시키는 것으로 생각되어 왔다. 따라서 한 생물이 직계가족들을 구하기 위해 자신을 희생할 때와 같은 이타적 행위는 자연선택과 양립할 수 없는 것으로 보인다. 그러나 윌슨은 많은 이타적 행위들이 밀접하게 관련된 개체, 즉 희생되는 생물과 많은 유전자를 공유하는 개체들에 대해서 일어난다는 점에서 자연선택과 일치한다고 함으로써 자신의 입장을 계속 고수했다. 윌슨은 진화의 전략이 개체보존이 아닌 유전자 보존에 있음을 주목했던 것이다.

성악설은 전국시대의 사회적 혼란의 원인을 분석하고 처방하는 논리의 일환이었다. 그의 이론 체계는 교육이라는 후천적 훈련과 예(禮)라는 사회적 제도에 의하여 악한 성(性)을 교정함으로써 사회의 혼란을 방지해야 한다는 논리였다.[28] 이런 점은 서양의 고전경제학의 시조라고 말할 수 있는 스미스와는 다른 측면이다. 스미스는 '보이지 않는 손'이라는 개념으로 인간의 이기적인 욕망추구가 자연스럽게 조절된다는 시장 낙관론을 펼쳤다. 그런 점에서 개인과 사회적 절제와 조절을 간과하면서 오히려 개인의 이기적 욕망 추구를 인정하고, 국가가 간섭하는 것을 강력하게 경계하였다. 즉 그는 인간의 이기적인 욕망 추구를 경제발전의 필요악으로 본 것이다.

순자는 인간의 욕망과 이익추구의 본성을 인정함으로서 경제활동의 촉진을 인정한다. 이런 점은 스미스와 유사하지만 그렇다고 무조건적인 욕망만을 추구하면 결국 쾌락을 훨씬 적게 누리게 된다는 것을 제시하면서 욕망의 절제와 합리적인 추구를 강조하였다. 즉, 스미스가 무시하고 외면한 개인윤리적 차원의 도덕적 절제와 사회 윤리적 측면에서 인간의 지나친 욕망 추구가 제한되어야 함을 강조한 것이다. 또한 그는 일과 지위, 즉 노동을 구분하여 능력본위로 지위와 역량이 주어져야 사회정의가 실현된다고 하여 오늘날도 이어지는 세습과 족벌경영과 같은 방식을 비판한다.

---

28) 신영복, 『강의』. p.417.

2) 우리나라의 전통문화

(1) 사회윤리담지체로서 향약

향약은 '일향(一鄕)의 약속'(約束)을 줄인 말로 중국 남송의 주희가 정리한 향약 또는 그를 바탕으로 향촌사회의 사정에 따라 내용을 바꾼 것을 가리킨다. 향약은 사족 중심의 자치규범이기도 하며 유교가 치관에 기초를 둔 4강목을 통해 구체적인 행위규범을 설정하여 공동체적으로 강제 규제하는 향촌통제조직이기도 했다. 이러한 향약은 소농경영을 기초로 하는 봉건경제구조가 유지되고 상하의 신분제적 질서가 지켜지는 사회를 이루고, 그러한 사회의 구성원으로 유교적 가치관에 입각한 인간을 형성하는 데 목적이 있었다. 즉, 향약은 백성을 교화하고 풍속을 아름답게 가꾸어 가자는 데 그 목표를 두고 있는 것이다. 이를 전통적인 용어로서는 '화민성속(化民成俗)'이라고 하는데 '화민(化民)'이란 덕으로써 백성들을 교화한다는 것을 의미하고 '성속(成俗)'이란 예풍(禮風)이 바로 선 생활풍토를 조성해 간다는 것을 의미한다.

일찍이 『여씨춘추』(呂氏春秋)를 저술한 여불위(呂不韋)는 말하기를 백성을 기르는 정치지도자들은 반드시 법치(法治)에 앞서서 덕치(德治)를 먼저 생각하라 했다. 왜냐하면 정치라는 것은 인정(仁政)과 선정(善政)이 조화롭게 결합된 상태로 나타나야 하기 때문이다. 인정(仁政)은 덕치(德治)의 결과로 나타나는 것이고 선정(善政)은 법치의 결과로 나타나는 것이다. 왜냐하면 인정(仁政)은 백성들의 마음을 다스리는 사랑을 그 근본으로 하고, 선정(善政)은 사회의 악(惡)을 다스려 선(善)을 현양(顯揚)하는 것을 그 근본으로 하기 때문이다.

향약은 향민(鄕民)들과의 공개된 약속을 의미하는 것이다. 그 약속의 지향목표는 이미 언급한 바와 같이 화민성속(化民成俗)이다. 그 목표 가치를 구현해 가기 위하여 향약에서는 거의 통례적으로 4대 강령을 제시하고 있다. 첫째는 좋은 일을 서로 권장하자는 덕업강권(德業相勸)이요, 둘째는 허물을 서로 고쳐가자는 과실상규(過失相規)요, 셋째는 아름다운 풍속을 서로 교류하자는 예속상교(禮俗相交)요, 넷째는 어려운 이웃을 서로 돕자는 환난상휼(患難相恤)이다. 위의 4가지 실천 강령의 내용을 자세히 살펴본다면, 첫째의 강령은 주민 자치형태의 덕치(德治)정신을 시사하고 있다. 둘째의 강령은 주민 자치형태의 선치(善治)정신을 표방하고 있다. 셋째의 강령은 주민 자치형태의 교화(敎化)정신을 의미하고 있다. 넷째의 강령은 주민 자치형태의 자비(慈悲)정신을 표현하고 있다. 이와 같은 시각에서 보았을 때 향약은 지역사회 주민에게 있어서 멀리할 수 없는 필수 불가결의 생활건설 요체라는 점에서 중시되어왔다.

여씨향약이 주자(朱子)에 의하여 증보되고 그것이 다시 우리나라로 유입되면서부터 사회적인 관심도는 더욱 고조되어 갔다. 조선왕조 제11대 중종왕(中宗王) 12년 3월(1517년)에 당시 경상도의 관찰사였던 김안국(金安國)이 왕에게 상소하여 여씨향약(呂氏鄕約)을 반포해서 전국적으로 백성들로 하여금 학습하도록 할 것을 제창했다. 당시 김안국에 의한 상소내용의 요지는 다음과 같았다. 첫째는 사회풍속을 순화해야 한다. 둘째는 향촌의 주민들을 가르쳐서 양민으로 길러야 한다. 셋째는 백성들 간에 소송사건의 만연화(蔓延化) 현상을 줄여가야 한다. 넷째는 서로가 서로를 속이는 상호불신의 벽을 없애야 한다. 다섯째는 교활한 관리들의 농권폐해(弄權弊害)를 근절해야 한다. 여섯째는

사례(四禮: 冠婚喪祭)를 잘 지켜서 미풍양속을 진작해야 한다. 일곱째
는 효친경장(孝親敬長)하는 생활풍토를 함양해야 한다. 이러한 요지의
내용을 담은 상소를 올렸지만 그것이 관령(官令)으로 시행되지 않자
김안국은 끝내 관직을 사직하고 물러났다. 그 후 그간의 소식을 전해
들은 함양(咸陽) 땅의 은유(隱儒)인 김인범(金仁範)이 평민의 자격으로
왕에게 상소를 올렸다. 즉, 여씨향약(呂氏鄕約)을 널리 반포하여 백성
들로 하여금 화민성속(化民成俗)을 이룩해 갈 수 있도록 해야 한다는
것을 강조했다. 그의 상소는 우여곡절 끝에 받아들여져 여씨향약을
각도(各道)의 감사(監司)로 하여금 반포·시행하도록 하는 안이 발효
되기에 이르렀다.

이처럼 향약은 구성원들의 도덕심을 높이고 협동노동으로 복지를
이룩해나가는 촌락 단위의 생활공동체였다. 그러므로 향약은 재난이
나 경조사에 공동으로 대처하고 지역사회발전을 동모하는 연대의식
을 통해 애향심을 길러 주었다.

(2) 협동노동으로서 두레정신

두레의 용례는 『삼국사기』(三國史記) 권1에 나오는 가배로부터 시
작된다. "왕은 이미 6부를 정한 후에 이를 2패로 나누어 왕녀 2명으로
각각 부내 여자들을 거느리도록 하여 붕당을 만들어 가지고, 7월부터
날마다 대부의 뜰에 모여서 길쌈을 하는데 밤늦게야 일을 파했다"라
는 기록은 공동적마(共同績麻)가 '길쌈두레'의 기원임을 보여 준다. 신
라시대 향가 가운데 <도솔가>에 나오는 '두레놀애'·'도리놀애'에서
'두리'·'도리'를 두레의 어원으로 보는 견해도 있다. 또한 두레작업
과 관련해서 '두르다'는 말에서 왔다고도 하며 논밭을 '윤번'으로 공

동 경작한다는 데서 그 어원을 찾기도 한다. 두레는 순수한 사전적인 의미로는 공동작업조직을 뜻하며, 그 밖에 풍물이나 물 퍼붓는 도구를 말하기도 한다. 두레는 한국 사회에서 전통적인 단체 개념을 의미하는 계·보(寶)·도(徒)·접(接)·사(社)·회(會)·모갯지·회치·대일이 등과 같은 맥락을 지닌다.

두레의 용례는 공동노동이라는 의미에서 각 지역에 따라 그 명칭이 다양하다. 한반도 북부지방에서는 '황두'라고 하여 청천강 건답직파(乾畓直播) 지역에만 존재하는 독특한 명칭이 있고, 제주도에서는 공동노동을 '수눌음'이라 부르기도 했다. 역사적으로는 신라시대 불교에서 비롯되어 향촌공동체 조직이 된 '향도(香徒·鄕徒)'가 조선시대를 거치면서 '황두'로 잔존하거나 '두레'라는 전혀 다른 조직을 만들어나간 것으로 보여진다. 따라서 두레는 이앙법의 확산과 더불어 삼남지방을 중심으로 한 수도작 농업 지역의 공동노동을 의미하는 통칭어임을 알 수 있다. 그 밖에 두레의 용례는 지역에 따라서 두레·돌개·둘개·돌개김·향두·향두품어리·동네논매기·공굴·공굴이·황두·농사(農社)·농계·농상계(農桑契)·농청(農廳)·계청(契廳)·목청(牧廳) 등이라 불렸고, 조직의 규모에 따라서 동두레(대두레)·두레, 일감에 따라 농사두레(초벌·두벌·세벌 김매기두레, 풀베기두레, 모심기두레), 길쌈두레(모시두레·삼두레·두레 길쌈·삼둘계) 등으로 나누어졌다.

조선 후기 이앙법이 전개되면서 보편적인 농민생활 풍습으로 정착되었으며 농민문화의 풍물을 발전시키는 데 결정적인 역할을 했다. 또한 두레싸움·두레밥·두레기·두레놀이 같은 농민생활의 바탕이 되기도 했다. 두레는 소농경영(小農經營)의 어려움을 극복하기 위해 조직되었으므로 공동노동으로서의 진취성과 농민들의 자주적 성격이 매우 강한 긍정적인 조직이었으며, 두레의 상부상조 전통은 아름다운 미풍양속으로 자리잡았다. 두레가 본격적으로 전개된 것은 조선 후기로 수도작 농업이 전국적으로 보급됨과 동시에 이루어졌다. 즉 두레는 수도작 농업에서 행해지는 이앙법의 전개와 더불어 강화되었고, 모내기를 하는 이앙법은 노동력 수요의 정점기에 공동노동을 필요로 하기 때문에 두레조직의 체계화를 촉진시켰다.

조선 후기에 두레가 농업 생산활동의 중심으로 자리잡은 민중들의 역사적 성장을 의미하며, 또한 농민문화의 성장을 의미하기도 한다. 그러나 지배계급은 두레를 이해하지 못하는 경우가 많았고, 두레의 변혁적 힘을 두려워하기도 했다. 1738년(영조 14) 전라도 부안에서는 두레의 농기와 농악기가 민중들의 반란에 군용물로 이용될 수 있다고 해서 몰수해 버린 일도 있었다. 그럼에도 두레는 전국적으로 확산되어 갔으며 대한제국 말기에 이르러서는 한반도 북부지역의 일부를 제외한 수도작 농업 지역 전체에 두레의 공동노동방식이 확산되었다.

두레조직이 체계화된 것은 절기별이나 노동주기와 깊은 관련을 갖는다. 여름철에 해야 하는 김매기와 모내기는 일시에 집약된 노동력을 필요로 한다. 이러한 집약성은 필연적으로 효율적인 노동관리체계, 능률적인 농사방식, 다양한 농민문화의 조직화를 요구하게 된다. 김매기는 농민들에게는 가장 힘이 드는 일이고 호미를 사용해 섬세한 작업을 해야만 한다. 그래서 대개 초벌·두벌·세벌의 3번에 걸친 김매기를 해야 하고, 세벌 김매기가 거의 끝나는 칠월칠석경에 이르러서야 한 해 농사의 힘겨운 고비를 겨우 넘기게 된다. 두레의 최대 행사라 할 수 있는 '호미씻이'가 바로 7월 15일을 전후해서 행해졌다는 사실은 두레의 대규모 공동노동이 김매기에 전격적으로 투입되고 있었음을 시사해준다.

이러한 두레는 일제강점기에 대대적으로 분화하게 된다. 물론 조선 시대 말엽에도 고지노동 등의 품팔이노동과 임노동적 공동노동이 확산되면서 두레의 분화가 촉진되었으나 보다 완전한 의미에서의 분화는 일제강점기인 1920~30년대에 이루어졌다고 볼 수 있다. 일제의 토지조사사업에 의한 토지사유제의 확립은 농민들을 열악한 수준의 소작농으로 몰아갔고 자영층에 기초를 두고 있던 두레의 소멸을 촉진했다. 그리고 마을 단위의 정책적인 통폐합으로 인해 마을의 공동계금(共同契金)이 소멸되는 등 두레의 물질적 기반이 없어지게 되었다. 또한 농업진흥위원회 등의 관제조직과 근로보국대의 약화 등은 두레의 분화를 촉진했다. 그런 가운데 당시의 낮은 생산단계는 여전히 집단적 공동노동을 요구하여 두레가 예전의 모습과는 다소 달라진 형태로 실시되는 곳도 있었다. 이처럼 어렵게 잔존해 오던 두레는 일제 강점기 말부터 8·15해방에 이르기까지 거의 분화가 진행되면서 1950년대 말을 끝으로 사라지게 되었다.

두레노동은 주로 김매기에 집중되었다. 두레노동은 조직화과정과 논에서의 작업과정으로 나누어 살펴볼 수 있다. 두레조직은 보통 모내기를 끝내고 나서 두레꾼들이 모여서 만들었다. 이를 '두레 짠다'고 하는데, 먼저 두레의 역원을 뽑고 일의 순서를 결정했다. 두레의 조직화과정의 성격은 다음과 같다.

▶ 조직가입의 의무화: 마을단위로 농사를 짓고 있는 성인남자는 의무적으로 가입하고, 가입할 때는 '진서'라는 일정한 성년식의

절차를 거쳐야 한다.

▶ 자연마을 단위 조직: 각 자연마을 단위로 구성됨으로써 철저하게 마을 내 인적결합의 조직이었다.

▶ 노동 및 문화조직체계: 생산 활동을 효과적으로 수행하기 위해서 2가지로 나뉘어 조직되었다. 먼저 두레공동노동 때는 소임(영좌·공원·소임·총각대방·식화주)을 정하고, 두레풍장 때는 상쇠·징수·고수·무동·법고·화중·거지 등이 등장했다. 이러한 조직체계는 지역에 따라 다양하다.

▶ 자주성과 평등성: 수평적인 농민들로 이루어지는 조직이기 때문에 두레노동회의는 매우 민주적인 농민회의의 전형이었다. 농사 전에 호미 모둠이라는 회의가 열리고, 일이 끝난 뒤에는 결산하면서 하루를 노는 백중절 또는 호미씻이 등의 행사를 크게 벌였다.

▶ 엄격한 규율: 일관된 노동과정을 위하여 농민들 스스로 위계를 잡고 강력한 규율과 벌칙을 통하여 공동노동의 단결성을 확보했다.

▶ 상부상조의 전통: 마을의 노약자나 과부 등 노동력이 없는 집에 대해서는 경지를 무상으로 지어 주는 역할도 담당했으며, 두레 풍물패는 마을의 기금을 확보하여 마을 대소사에 자금을 마련해 주는 기능도 했다.

▶ 전투력을 가진 조직: 두레에는 마을의 청·장년들이 전원 가입되어 있기 때문에 향촌노동조직 가운데 가장 전투력이 있는 조직이었다.

두레작업은 대개 아침 일찍 마을의 집회장소인 정자나무 밑이나 동청(洞廳)에 모여 풍물을 치면서 출발했다. 두레기를 앞세운 두레패들은 논으로 향하면서 힘찬 길군악을 쳤다. 그리고 논에 도착하면 두레기를 평평한 곳에 꽂아두고 논에 들어가 장풍장을 치면서 작업을 해나갔다. 두레의 어른인 영좌·좌상 등이 일의 순서와 작업을 감독했으며 소리꾼이 주도하여 선소리를 메기면서 두레 일의 신명을 돋우었다.

두레 일은 호미로 하나씩 흙덩이를 엎어나가거나 손으로 '훔친다'고 하여 풀을 뜯어나가는 방식으로 작업했다. 김매기 호미는 손잡이 부분을 짚으로 감아 빠지지 않게 했다. 호미 날이 닳아지면 마을 대장간에 가서 '날달임한다'고 하여 수리하여 썼다. 두레 일은 일렬로 서서 시작했고 대개 원을 그리면서 이동했다. 일단 하나의 논을 마치면 '몬들소이'를 부르며 '쌈을 싼다'고 하여 둥글게 원을 그리면서 작업을 마무리지었다. 그리고 '두렁타기'라고 하여 다음 논으로 그대로 이동하거나, 다시 악기를 챙겨들고 풍물을 치면서 이동하기도 했다. 그렇게 해서 하루 작업이 완전히 끝나면 길군악을 치면서 마을로 돌아와 한바탕 놀다가 각자 집으로 돌아가곤 했다.

두레로 논일을 할 때, 공동으로 먹는 식사를 '두레밥'이라고 하며, 이는 두레의 독특한 생활문화를 나타낸다. 두레꾼들은 일터로 날라온 오전참-점심-오후참을 먹었으며, 사이사이에 또 다른 참을 먹기도 했다. 흔히 두레밥에는 술이 뒤따랐고 평소에 먹는 밥보다 훨씬 좋은 음식으로 장만하기 때문에 두레밥을 먹는 것은 즐거운 일일 수밖에 없었고 두레밥을 먹으면서 공동체적인 유대감을 나눔으로써 두레꾼들 사이에 단결력을 다지기도 했다. 두레밥은 동네 아낙들이 서로 돌아가면서 밥 짓기 품앗이로 마련했다. 이러한 두레밥 풍습은 조선 후기에 그려진 다양한 경직도(耕織圖)에 자주 나타나며 민요에도 잘 반영되어 있는데, 특히 현재 전하는 김매기 노래에는 두레밥을 기다리는 일꾼들의 심정이 잘 나타나 있다.

두레풍물이란 두레풍물패가 행하는 굿인 풍물굿[農樂]을 말한다. 두레풍물은 풍물과 호미씻이를 중심으로 볼 때 명칭이 다양하다. 풍물을 두레·굿·지신밟기·풍년무·농신무·풍년놀이·액불(厄佛)·농제계·농년기(農年祈)·들밟기·글입·걸립·금고(金鼓)·농공제(農功祭)·농악·농악놀이·농악회·농부놀이·풍물굿 등으로 부르고, 호미씻이는 농사장원·농부놀이·초연·꼼비기·나다리·두레장원·장원례·장원놀이·풋굿·푸구·음주례·호미씨침·길꼬냉이·파접·공동놀이·마을대동놀이·마을굿·들돌이 등이라 불렀다. 그러나 엄밀한 의미에서의 두레굿은 두레풍장굿을 지칭하며, 가락 자체가 기존의 풍물굿 가락과는 다소 다르고 보다 간단한 악기로 노동의 장단을 맞추어 연주하기 때문에 일을 하는 데 도움을 준다.

김매기를 할 때 악기를 잡은 이가 선두에 서서 소리를 잡으면 일꾼들은 소리를 받으면서 일을 해나갔다. 두레패들은 김매기를 마치고 장원질소리를 하면서 마을을 돌고 농기를 세워놓고 굿을 벌인다. 두레굿은 김매기를 마치고 바로 하는 것이지만 놀이가 점차 커지자 김매기를 마치고 날을 잡아 벌이게 되었다. 대개 그 시기는 칠월 백중이나 칠석 즈음이 된다. "어정 칠월, 건들 팔월"이란 말이 있듯이 한 해 농사가 일단 마무리되는 여름철의 휴한기에 두레굿을 벌여 놀았던 것으로 보인다. 두레굿은 농신제·농기절받기·풍장놀이·농사순방이 있지만 지역에 따라서는 농사풀이가 따르기도 한다.

두레기는 두레풍물패의 상징인 농기로서 용당기·요덕기·덕석기·용술기·서낭기·대기·농상기라고도 부른다. 명칭이 다양한 만큼이나 기 모양도 다양하다. 보통 '농자천하지대본(農者天下之大本)'이라는 글을 썼으나 '신농유업(神農遺業)'과 같은 글도 썼다. 두레기에는 용(龍)이 그려진 경우가 많았는데, 이는 수신·용신을 기원하여 물을 가장 중요하게 여기는 논농사의 풍요를 기원하는 의미였다. 두레기는 대단히 커서 마을에서 제일 힘이 센 장정들만이 들 수 있었다. 두레농사를 짓는 일터에는 일반적으로 두레기를 꽂아두었으며 일을 하다 멀리 이동할 시에는 반드시 기를 올려놓고 일을 했다. 일을 다 마친 다음 돌아올 때도 기를 앞세우고 길군악을 치면서 마을로 돌아왔다.

두레기는 대개 큰 대나무 장대에 매달며, 꼭대기에는 꿩장목이라 해서 꿩털로 만든 깃봉을 꽂고 그 밑에 총을치(칡을 벗겨서 하얗게 된 것을 머리 풀듯 풀어 헤친 것)를 달고, 장대에 3개의 버리줄을 달아서 말뚝으로 고정하여 세워두었다. 두레기를 사용하지 않을 때는 기폭은 비를 맞지 않게 떼어두고 장대는 큰 집의 처마에 걸쳐서 보관했다. 두레기의 생김새는 2가지인데 좌우로 긴 것과 상하로 긴 것이 있었으며, 좌우로 긴 것은 오늘날의 농기들이 대개 상하로 긴 것과 비교된다. 기폭 끝에는 긴 천을 대어 바람에 나부끼도록 해서 운치를 더해 주었고, 기폭의 가쟁이에는 '제네발'이라고 천을 대었다. 두레기는 매우 존엄한 것이어서 말 탄 양반도 두레기 앞을 지날 때는 누구나 내려야 했으며, 마을 간에 두레기를 뺏으려고 두레싸움이 크게 벌어지기도 하였다. 그만큼 두레기는 농민들의 자긍심의 상징이었다.

두레싸움은 농기싸움이라고도 하며 두레기를 매개로 두레공동노동 조직 간에 일어나는 싸움이다. 마을의 자긍심을 나타내는 두레기의 꿩장목을 빼앗아 싸움의 승부를 냈는데, 싸움이 격렬해지면 기뿐 아니라 악기도 부수고 사람이 심하게 다치는 경우도 있었다. 두레싸움은 들로 일하러 나갈 때 먼발치라도 이웃 농기를 마주보면 풍물로 종고를 울려 인사를 해야 하는데 이것이 제대로 이루어지지 않을 경우 시비가 붙어 싸움으로 발전했다. 다른 두레패가 북으로 신호를 보내면 이를 받아 신호를 교환하는데 조금이라도 무시하고 지나치면 자기 두레에 대한 모독으로 여겨 싸움이 벌어졌던 것이다. 지역에 따라 다소 다르기도 하지만 형두레·아우두레 혹은 선생두레·제자두레가 정해져 있어 서열을 따진다. 형두레는 주로 오래된 두레로서 인구비례가 많은 마을의 강한 두레가 되었고, 근년에 생긴 작은 두레는 아우두레로서 예의를 갖추어야 했다. 이는 자연마을 단위의 배타성을 강하게 드러내 주는 일이기도 하고 자기 조직의 긍지를 강하게 드러낸 결과이기도 하다. 두레싸움은 농민들의 전투성을 보존시켜 주고, 싸움을 통해서 친숙하게 되는 계기가 되기도 했다. 동생두레의 악기가 낡게 되면 형두레에서 악기를 새 것과 바꿔 주기도 했다. 두레싸움은 현재 남아 있는 전라북도 익산 금마의 '기세배'같이 여러 두레패들이 서열을 갖추어 인사드리는 관행과도 연관되어 있다.

이처럼 두레는 주로 농촌에서 힘든 모심기와 김매기를 공동으로 작업하기 위해 조직된 단체로 힘든 작업을 공동으로 하면서 농악과 농요로 노동의 어려움을 극복해 나갔다.

(3) 상호 나눔의 노동으로서 품앗이

일을 하는 '품'과 교환한다는 '앗이'가 결합된 말이다. 한국의 공동

노동관행 중 역사적으로 가장 오래되었다. 품앗이는 베푸는 쪽과 그
것을 보답하는 쪽의 양 당사자를 항상 포함하게 된다. 품에 대해 보
답하는 것을 전제로 하지만 반드시 갚지 않아도 되는 경우도 많다.
두레보다 규모가 작고 단순한 임의의 작업에서 수시로 이루어질 수
있으며, 사사로운 일에 쓰임이 많았다. 일부일처제 가족이 사회의 경
제적 단위로 전환된 계급사회 초기에 발생했다고 볼 수 있다. 품앗이
자체가 사적 소유에 기초한 일부일처제 가족을 단위로 하여 그 가족
의 부족한 노동력을 해결하기 위해 다른 가족들의 노동력을 빌려 쓰
고 물어 주는 형태이기 때문이다. 가래질하기, 모내기, 물대기, 김매
기, 추수, 풀베기, 지붕의 이엉 엮기, 퇴비 만들기, 길쌈하기 등에 집
중적으로 쓰인다. 그러나 최근에는 이 또한 임금노동관계의 발달로
쇠퇴하고 임금노동으로 전환되고 있는 추세이다. 관혼상제 때 서로
돕는 미풍에서 그 잔재를 찾을 수 있다.

(4) 상부상조의 협동단체로서 계(契)

옛날부터 전해 오는 상부상조의 민간 협동 단체이다. 그 기원은 삼
한까지 거슬러 올라가나, 이 명칭으로는 고려 후기에 사교를 목적으
로 처음 성립되었다. 조선 시대에 들어와서 다양해졌는데, 친목과 공
제(共濟)를 목적으로 한 종계(宗契), 혼상계(婚喪契)와 경제적 곤란을 타
개하기 위한 호포계(戶布契), 농구계(農具契) 등이 있다. 오늘날에도 목
돈을 만들기 위한 조직의 형태로 지속되고 있다. '계'라는 명칭을 사
용하지 않는 다른 많은 조직들도 실제로는 계의 변형으로 간주할 수
있다. 우리나라 사람들은 무슨 일이 있으면 어떤 조직을 만들어 이를
성취하고자 하며 특별한 일이 없더라도 어떤 동류적 기반에 근거해

무리 짓기를 즐긴다. 이것은 계의 전통에서 유래한 것이다. 계가 언제 발생했는가는 분명하지 않으나 생활공동체로서의 계는 고대 원시공동체사회 이래 존속해 왔다.

3) 동양과 우리나라의 노동과 경제윤리의 종합적 이해

동양에서 전통사상으로서의 유교는 오늘날의 노동과 경제발전에 저해가 되는 것만은 아닌 측면들이 있다. 논자는 이러한 긍정적인 측면의 논의들을 오늘날의 노동이해를 위한 전통과의 연결점을 살려나가는 측면과 노동의 사회윤리적 의미에 대한 논의를 깊고 넓고 풍성하게 하기 위해서도 이러한 논의들을 중요하다고 본다. 오늘날의 노동이해와 경제발전의 추동인자를 살펴보는 논의에서 주목을 끄는 것은 현대 자본주의 사회에서 효의 체계와 유교적 사유방식이 긍정적인 경제관의 발현에 영향을 미친다는 점이다.[29] 우리 전통들의 공통점은 협동과 연대성이다. 오늘날로 말하면 농업협동조합이나 수산업협동조합이나 신용협동조합과 같은 기능을 담당하고 일종의 사회보험이라고 할 수 있다. 협동노동은 부락민 상호 간의 단결심을 높이고 공공사업 등 사회간접 자본을 구축하고 힘든 작업의 생산성을 높이는 데 유익하였다.

---

29) 이에 대해서는 졸저, 『고령화 사회의 현실과 효윤리』(파주: 한국학술정보, 2011), pp.116-125 참조.

5. 신자유주의의 물결

신자유주의(Neoliberalism)라는 말은 1970년대 말과 1980년대 초에 자본주의적인 세계적 자원의 경제 불황에 빠진 영국과 미국에서 출현한 단어이다. 이는 자본주의 역사에서 완전히 새로운 형태가 아니라, 오히려 초기의 자유방임적 자본주의로 되돌아가려는 경향을 일컫는다. 손규태는 신자유주의가 주장하는 것을 세 가지로 정리하여 제시하였다. 첫째, 국가에 의한 기업의 규제를 철폐하는 것이다. 둘째, 금융자본의 세계화이다. 셋째, 국가가 운영하는 공기업을 민영화하는 것이다.[30] 그런데 신자유주의를 확고한 이념체계로 이해하는 이도 있다. 그 대표적인 사람이 후쿠야마(Francis Fukuyama)이다.

그는 "역사에 더 이상의 진화는 없다. 역사는 종말을 고했다"며 도발적인 선언을 하였다.[31] 역사에서 진정으로 중요한 문제는 모두 해결되었기 때문에 역사의 근거를 이루는 여러 원리나 제도는 앞으로 더 이상의 진보나 발전이 없을 것이라는 설명이다. 그에게 역사의 종말을 초래한 이데올로기는 자유민주주의와 자유시장경제이다. 자유민주주의는 '인류의 이데올로기 진화의 종점'이나 '인류 최후의 정부형태'라는 것이다. 그의 이러한 결론은 인류의 '보편역사'에 대한 믿음으로부터 연유한다. 스스로도 칸트나 헤겔을 참고했음을 고백하고 있다. 역사에 대한 목적론적 해석으로 볼 수 있는 이러한 견해들은 아우구스티누스의 『신국론』에 기원을 두고 이후 칸트, 헤겔, 마르크스, 토인비 등에 의해 계승되어 왔음은 잘 알려져 있다.

---

30) 손규태, 『세계화 시대 기독교의 두 얼굴』(서울: 한울아카데미, 2007), pp.36-38참조.
31) 프랜시스 후쿠야마, 『역사의 종말』, 이상훈 옮김(서울: 한마음사, 1992) 참조.

그는 역사에 대한 경제적 해석을 극복하기 위해서는 헤겔과 그의 '인정받기 위한 투쟁'에 기초한 비유물론적 역사관으로 돌아가야 한다고 주창한다. 자기보존의 본능, 즉 동물적 본능을 극복하면서 더 고차원적이고 추상적인 원리나 목표를 추구해 가는 존재는 인간밖에 없다. 인간은 누구나 자기 자신이나 자기 민족, 그리고 사물의 가치 또는 원칙에 대해 인정 받기를 원하고 있다. 자기 자신에게 일정한 가치를 부여하고 그와 같은 가치를 인정 받고 싶어하는 인간의 속성, 다른 말로 하면 '자존심'이라고 부를 수 있는 속성이 있다. 이 속성은 인간이 태어나면서 갖게 되는 '정의에 대한 감각'과 같은 것이다. 존엄성을 가진 인간으로서 인정 받고 싶다는 욕망은 역사의 출발점에 선 인간으로 하여금 세력 확장을 위해 생명을 건 피비린내 나는 싸움을 하게 만들었다. 이러한 결투의 결과로 인간 사회는 자신의 생명조차 아랑곳하지 않는 주군계급과 죽음에 대한 본능적 공포에 굴복한 노예계급으로 분할되었다. 그러나 역사과정에서 주군과 노예 어느 쪽도 욕망을 충족시키지 못했다. 노예는 물론 어떤 측면에서는 인간으로 인정 받지도 못했다. 주군과 노예 사이에 본래부터 가지고 있는 이 '모순'은 마침내 프랑스 혁명과 미국의 독립혁명에 의해 극복되었다. 이러한 민주주의 혁명의 결과 노예는 해방되어 스스로의 주인이 되고, 인민주권이나 법치와 같은 원칙이 확립되어 주군과 노예의 구별이 일소되게 되었다. 주군과 노예라는 본질적으로 불평등한 인정의 형태는 보편적이며 상호적인 인정으로 대체되었다는 것이다. 헤겔은 미국의 독립이나 프랑스 혁명에 의해 역사는 결국 종말을 맞이했다고 주장했다. 인정받기를 위한 투쟁의 역사가 투쟁의 원동력이었던 욕망이 충족됨으로써 해소되었기 때문이다.

그는 자유주의로 인해 다른 나라 이상으로 위대한 나라로서 인정받고 싶다는 비이성적 욕망은 다른 나라와 대등한 나라로 인정받고 싶다는 이성적 욕망으로 대체됐다고 말한다. 자유민주주의의 국가들로 구성된 세계는 모든 나라가 각각의 정통성을 인정하기 때문에 전쟁을 일으킬 계기는 훨씬 적어질 수밖에 없다는 것이다. 결국 자유민주주의 체제에 의해 지배와 복종의 관계가 보편적이고 평등한 인정의 상태로 바꾸어짐으로써 인정에 얽힌 문제가 완전히 해결됐다는 것이다.

그는 '자유롭고 불평등한 세상'을 해결책으로 제시하고 있다. 그는 인간의 욕망을 대등욕망과 우월욕망으로 나누고 있다. 사회주의가 대등욕망을 충족시키기 위한 체제라면 자본주의는 우월욕망을 인정하는 체제이다. 자본주의는 경쟁상대에게 이기고 싶다는 기업 노력에서의 규율이 있는 고상한 우월욕망을 단지 허용하고 있을 뿐 아니라 그것을 적극적으로 찾고 있다는 것이다.

이처럼 그는 냉전시대의 종말과 함께 이념 전개로서의 역사가 자유민주주의 승리로 끝났다고 보았다. 두 차례의 세계대전, 히틀러와 스탈린의 대학살, 전체주의이데올로기를 거쳐온 세계사는 자유민주주의에 도달했다는 것이다. 그가 끝났다고 본 역사는 사건이나 사실로서의 역사가 아니라 진보로서의 역사를 말한다. 그는 인간의 역사가 진보를 향해 일관된 방향을 갖는다는 이른바 헤겔의 보편사관의 입장을 취하는 점에서 마르크스와 함께 헤겔의 후손이다. 그러나 공산주의사회를 역사의 마지막으로 예고한 마르크스와 달리 자유주의 이념을 역사의 최후로 주장하였다. 그의 역사관을 지탱해주는 기둥은 이성을 중시하는 서양철학의 인간학과 기술의 진보와 생산의 효율화로 이 두 가지가 전 세계를 자본주의 시장경제체제로 몰아간다고 풀이했다. 또 인간의 본성은 욕망과 이성, 튀모스[32]로 이루어져 있어 자연인으로서의 욕망, 경제인으로서의 이성, 명예와 자존심을 위해 목숨을 던지는 튀모스로 인해 인류는 자유민주주의체제로 나갈 수밖에 없다고 분석했다.

이렇듯 후쿠야마가 말하는 '종말'은 일반적인 어감과는 반대로 최고 단계를 의미하는 것이다. 즉, 궁극적인 귀착점이다. 자본주의가 최후의 체제라는 것이다. 역사의 방황이 끝나는 지점이다. 뿐만 아니라 인간을 이기적 존재로 규정하여 자본주의 체제는 인간 본성에 부합하는 가장 자연스러운 체제로 규정하고 있다. 이것이 바로 신자유주의이다.[33]

1) 신자유주의의 등장

스미스를 비롯한 고전경제학자들은 자유시장이 '보이지 않는 손'으로 개인들이 각자 사익을 추구하는 가운데 사회 전체의 이익도 증진케 하며, 사회의 생산성을 높이고, 자원도 효율적으로 배분하는 기막힌 만능 장치라는 굳건한 신념을 지니고 있었다.[34] 고전경제학자들은 국가권력이 할 일이라고는 국방과 치안을 책임지는 것일 뿐, 그 외의 일들은 시장에 맡겨두면 저절로 최적의 결과를 산출하게 된다는 '최소 국가', '자유방임적 시장경제' 원칙을 세웠다. 그러나 그 이

---

32) 그리스어 튀모스(thumos)는 사람이나 동물 속에 깃든 어떤 요소를 지칭하는 말로, 예컨대 위협을 받을 때에 맞서 싸우도록 하는 강렬한 감정의 상태나 그것이 자리하는 곳을 말한다.

33) 신영복, 『강의』, p.319.

34) 강성영, 『생명·문화·윤리』(오산: 한신대학교 출판부, 2006), p.220.

후의 자본주의 전개 과정에서 비약적인 경제 성장에도 고전경제학자들이 확신했던 낙관적인 신념과는 달리 주기적인 불황과 공황으로 말미암은 자원의 막대한 낭비, 극심한 빈부 격차에 따른 각종 사회 문제, 사회주의 운동의 도전과 같은 자본주의 체제를 심각하게 위협하는 부정적인 현상들이 나타났다. 이에 따라 자본주의 국가들은 노동자 계급의 불만을 덜어 주고 노동자들을 자본주의 체제 내에 묶어 두고자 갖가지 구빈 대책이나 사회보장 제도와 같은 이른바 수정자본주의 정책을 채택해 왔다.

다시 상황은 반전되어 사회주의권 국가들의 붕괴로 인해 사회주의의 위협이 확연하게 사라진 오늘날 자본주의 국가들은 '시장의 회복'과 '작고 효율적인 정부'를 통해 국가 경쟁력을 높인다는 명목으로 사회적 약자를 위한 수정 자본주의적 정책들을 하나씩 폐기하고 있는 추세이다. 이는 최적의 경쟁에서 평등한 기회를 제공하는 것이 최선일 뿐으로, 이른바 '가난은 나라님도 못 막는다'라는 옛 말을 되뇌며 사회보장정책을 폐기하고 우선 성장을 위한 경제체제를 구축해야 한다는 논리가 힘을 얻고 있다. 이것이 수정 자본주의에서 다시 원래의 자유방임적 자본주의로 되돌아가려는 최근의 신자유주의의 명분이다.

2) 신자유주의의 내용이해

신자유주의는 분배와 관련해서 시장을 통한 분배를 인정할 뿐, 그 어떤 다른 정의의 원칙에 따른 분배나 이를 위한 국가의 개입에 대해서도 반대한다. 정의로운 사회는 사회 구성원 모두가 인간다운 삶을 최선으로 실현할 수 있는 사회이다. 즉, 기본 생존권은 물론이고 다양한 인간적인 욕구를 적극적으로 충족함으로써 자아실현의 기회를 보장 받는 삶이다. 그렇기 때문에 자아실현을 위한 물질적 기초를 확보하는 문제, 즉 경제적 가치의 분배 문제는 정의 사회 구현의 핵심을 이룬다. 신자유주의는 초기 자유방임주의의 전통을 따라 자율적 등가교환체제인 시장을 통한 분배를 주장한다. 신자유주의자들은 국가의 인위적 시장 개입은 자유시장의 질서를 교란하고 궁극적으로 부유한 개인들의 자유와 재산권을 침해한다는 이유로 반대한다. 또한 관료제의 부패와 무능, 낭비를 들어 국가가 복지정책을 펴는 것에 반대한다.

신자유주의 이론가인 노직(R. Nozick)은 복지정책의 수행을 위해 부유층에 대해 중과세를 부과하는 것은 엄밀히 말해 국가에 의한 일종의 강제노동이라고 비난하였다. 그리고 프리드먼(M. Friedman) 같은 신자유주의 경제학자는 소득 불평등을 모든 사람들로 하여금 열심히 노력하게 촉구하는 동기로 그리고 경제성장을 위해서 치러야 할 대가로 정당화하기도 하였다. 신자유주의의 자유지상주의, 시장만능주의는 금융의 세계화, 시장개방, 무한경쟁, 노동의 유연화를 통해 초국적 자본을 탄생시켜 오늘날 국가 간, 계층 간 불평등을 더욱 심화시켰고 사회적 안전망을 훼손하고 복지를 후퇴시켜 사회적 양극화와 절대 빈곤의 문제를 노정시켰다. 평등주의적 자유주의, 수정자유주의가 제안하는 국가의 소득 재분배 정책은 광범위한 사회 복지, 보장 정책이다. 대표적인 수정 자유주의의 이론가인 롤스(J. Rawls)는 『정의론』에서 사회적 약자들을 위해 역차별적인 분배정책을 취함으로써 "최소 수혜자 최대 이익의 원칙"이라는 실질적인 기회의 평등을 이룩할 것을 주장하였다.

3) 신자유주의의 물결과 힘

오늘날 사회주의권국가들의 붕괴 이후 전 지구적으로 자본주의 체제가 승리를 구가하고 있다. 이른바 세계화라는 이름으로 많은 나라들이 자유무역과 개방정책을 지향하지만 결국에는 다국적 기업의 지배권 강화로 귀착되기 마련이다. 세계화란 경제, 정치, 사회, 문화 등이 하나의 전지구적 구조로 통합되는 과정으로, 커뮤니케이션의 발달, 세계 경제의 발전 등 긍정적인 측면도 있으나 빈곤과 실업, 사회적 분열과 해체 등 부정적 측면도 있다. 지구화의 가장 큰 특징은 시장, 생산과 무역, 금융의 국적초월화이다. 이러한 신자유주의적 지구화는 빈곤의 세계화, 빈곤의 여성화, 가난으로부터 배제를 가져오게 된다.

신자유주의의 물결은 이미 십여 년 전부터 전 세계적으로 국가의 장벽을 허물며 세계화를 가속하고 있다. 1990년대 들어 사회주의권이 해체되면서 미국과 서구 제국을 중심으로 하여 그 어떤 견제도 받지 않는 완벽한 자본주의, 즉 신자유주의 체제가 구축되기 시작하였는데, 우리 사회도 금융 위기를 계기로 직격탄을 맞았다.

우리 사회는 이른바 IMF 관리 체제를 거치는 과정에서 각 부분에서 구조 조정이라는 이름 아래 이전에는 상상조차 해본 적이 없는 커다란 변화를 겪었다. 그 결과 나타난 현상 가운데 가장 우리 삶에 직접적인 영향을 미친 것이 바로 실업과 비정규직이 당연하게 받아들여지게 된 일이다. 그동안 당연하게 여기던 입사 후 퇴직이 보장되는 안정적 직장으로서 평생직장이라는 개념은 사라졌다. 수많은 사람들이 '노동 시장의 유연성'이라는 명분과 실리의 급물살에 삶의 안정적인 기반인 직장으로부터 내몰렸다.[35] 이들 낙오자들은 노동 시장에서 이전보다 열악한 직장을 찾거나 일용 잡직으로 고용되고, 마침내는 거리를 떠도는 노숙자 신세가 되어야 했다. 그렇다고 직장에 남게 된 사람들은 마음 편히 지낼 수 있는 것도 아니었다. 한 번 시작된 구조조정은 끝이 아니기에 언제든지 재현될 수 있는 것이고, 능력과 성과에 따라 임금과 대우도 차등 지급되면서 기존의 인간적인 정과 배려는 기대하기 어렵게 되었다. 이제는 직장의 의미가 따뜻한 동료관계로 제2의 가정이 아니라, 치열한 경쟁으로 그야말로 약육강식(弱肉强食), 적자생존(適者生存)의 룰에 따른 동물의 왕국이 되어 버렸다. 직장에서 바라는 인간관은 오직 산술적인 이윤창출을 위한 혼신의 힘을 다하며 무한경쟁에서 살아남으려는 생존경쟁을 당연시 하는 형태로 바뀌었다. 인간은 언제든지 대체가능하고, 이용하기 쉬운 형태로 위치 변경이 가능한 장기판의 졸(卒)로 전락하였다.

이에 따라 우리 사회는 직장에서 언제든지 해고될 수 있다는 공포가 마음 깊이 뿌리를 내렸다. 상시적인 해고의 두려움 때문에 우리 사회는 일중독에 빠져들었다. 이에 대한 경험적 연구로 김영선의 연구는 주목을 끈다. 2009년 기준 연간 노동시간은 2,316시간에 달하며 다른 OECD국가와 비교해서 우리나라는 최소 500시간 이상, 1,000시간 이상까지 더 일한다. 2,000시간 이상에 달하는 국가는 우리나라밖에 없다. 하루 8시간 노동을 기준으로 하면, 1년에 무려 2달 이상을

---

35) 신자유주의자들은 노동시장의 유연성이 장기적으로는 고용창출을 통해 노동자에게 도움이 된다고 말한다. 그러나 불안한 고용구조와 정리해고에 따른 고용불안은 노동자에게 도움이 되지 않는다. 이러한 고용불안을 최소화하기 위한 고용조정제도의 정비가 필요하다. 왜냐하면 정리해고 등이 사용자의 자의로 빈번히 사용되면 고용불안감이 확산되어 해고를 통한 인건비 감소의 이익보다도 노동의욕의 저하나 노사대립을 통한 손실이 더 커지는 경우도 생긴다. 조휘각 외 2인, 『삶과 직업윤리』(서울: 양서원, 2006), pp.217-218 참조.

더 일하는 것으로 계산된다.[36) 이처럼 우리 사회의 장시간 노동문화는 모순의 과잉 결정 그 자체이다. 만연한 야근 문화, 상시적 구조조정, 고용 불안, 지속되는 저임금 구조, 7시-11시 출퇴근 문화, 물량주의 태도, 소득 극대화 전략, 경쟁적 기업 문화, 일상화된 생산력주의, '잘 살아보세'라는 열망, 상사와 동료의 눈치 등이 서로 뒤엉켜 있는 모순덩어리이다. 우리사회의 사회변동 속에서 장시간 노동 문화는 당연시되는 하나의 자연적 질서처럼 굳어버렸다. 지난한 과정 끝에 제도화된 주 40시간제 이후에도 장시간 노동 문화가 해체될 기미는 보이지 않는다.[37)

지구화시대에 가난한 사람들에 대해 신조어가 생겼다. '워킹 푸어(working poor)'라는 말이다. 이 말은 낮은 임금으로 오랜 시간 동안 열심히 일을 함에도 생계유지조차 제대로 하기 힘든 저소득 노동자층을 말한다. 이들은 불황기에 실직 등의 문제가 발생하면 곧바로 빈곤층으로 전락할 수 있는 계층으로, 최근 전 세계 경기침체로 인해 워킹 푸어 문제가 세계적인 화두가 되고 있다. 미국의 경우 저소득층 상당수가 일을 하면서도 빈곤에서 벗어나지 못하고 있는 것으로 조사됐으며, 유럽에서는 평균 임금의 60% 이하를 받는 저소득 노동자를 지칭한다. 중국의 경우 이들을 가리켜 '바쁘게 일하는데 빈곤한 사람'이라는 뜻의 '궁망족(窮忙族)'이라는 신조어까지 생겨났다.[38) 우리나라의 현실은 OECD 국가 중 노인의 빈곤화가 1위로 노인의 자살률도 1위이다. 그리고 비정규직의 70%가 여성이라는 사실이 빈곤의

36) 김영선, 『잃어버린 10일』(서울: 이학사, 2011), p.21.

37) Ibid., p.17.

38) 가도쿠라 다카시, 『워킹 푸어』, 이동화 옮김(서울: 상상예찬, 2008), p.15.

여성화라는 세계적 경향과 맞물린 것이다. 이른바 '88만원 세대'라 불리는 20대에게 전면적인 문화 개방하는 경제조직이 다단계판매와 조직폭력단이라는 분석은 청년의 미래가 얼마나 어두운가를 단적으로 보여준다.[39]

다른 한편에서는 적대적 기업합병이 일반화가 되고, 벤처 기업 창업과 주식 투자 열풍이 불어 순식간에 엄청난 부를 쌓은 사람들이 속속 생겨나고 있다. 이렇듯 사회의 혼란스러운 변화가 지향하는 목표는 부문을 막론하고 조직의 효율성과 투명성을 높이는 것으로서, 이는 무한경쟁의 참혹한 세계 경제질서에서 벗어날 수 없는 생존 전략으로 채택되었다. 이처럼 우리 경제는 급속도로 본격적인 신자유주의의 체제로 개편되었다. 이러한 경제적 신자유주의 체제는 우리 사회 전반에 걸쳐 교육계는 물론이고 종교계마저 휩쓸었다.

신자유주의는 자유시장의 원리에 대한 낙관적인 믿음과 국가의 역할 축소에 대한 강한 요구를 담고, 무한경쟁을 강조하는 분위기를 타고 우리 삶의 구석구석을 규정하고 있다. 신자유주의는 자본이동의 자유를 옹호하며 동시에 재정과 금융의 투명성을 강조하고 있다. 이는 결국 전 세계 모든 나라들에게 미국의 정치, 경제적 시스템을 그대로 빼닮아야 한다고 강요하고 있는 것과 마찬가지다. 신자유주의에 따르면 세계화는 곧 미국화다. 신자유주의는 또 국제통화기금의 기본정신이자 주요무기이기도 하다. 그러나 모든 나라가 자유와 번영을 누리기 위해 걸어야 할 유일한 길이라는 미국식 신자유주의는 많은 문제점을 내포하고 있다. 이처럼 경제의 지구화라는 이름으로 신자유

---

39) 우석훈·박권일, op. cit., pp.129-134 참조.

주의를 급속히 확산시키는 기구는 IMF(국제 통화 기금: 國際通貨基金, International Monetary Fund, IMF)이다. IMF는 외채위기에 빠진 나라들의 경제구조를 조정한다는 명목으로 신자유주의를 강요하고, 이 나라들의 경제를 수출지향구조로 재편하는 역할을 한다. 또한 경제구조를 세계 무역구조에 적응시키는 방향으로 이끈다.[40]

이러한 IMF는 1944년 7월 22일, 미국 뉴햄프셔 주의 브레턴우즈에서 국제 연합 금융·재정 회의의 브래튼 우즈 협정에 의해 전후 부흥책의 일환으로서 국제부흥개발은행(IBRD)과 함께 창설되었다. 1944년 12월 27일, 첫 29개 참가국의 동의서와 함께 국제통화기금은 공식적으로 인정되었다. 1947년 3월 1일, IMF 협정이 발효해 실제의 업무를 개시하였고 국제 연합과 협정을 맺어 전문기관이 되었다. 법정상 목표는 1944년 당시 때와 같다. 회원국의 요청이 있을 때는 기술 및 금융 지원을 직접 제공한다. 본부는 미국 워싱턴 D.C.에 있다. 국제 통화 협력과 환율안정, 환율조정; 경제성장과 낮은 실업률을 조성; 즉각적인 제정보충을 통해 국가들의 지불적응을 쉽게 해주기 위해 조성되었다. IMF가 창설된 이후, 설립취지는 바뀌지 않았으나 감독과 재정지원, 기술지원의 처리방식은 발전하는 참가국의 요구에 맞게 시정, 발전하게 되었다. 총 185개국으로 구성된 이 조직은 국제통화협력을 육성하고 재정상황을 안정시키며, 국제무역을 촉진시키고 높은 취업률과 견실한 경제성장을 진행하며 빈부격차를 줄이기 위해 노력하고 있다. 하지만, 조선민주주의인민공화국과 쿠바, 안도라, 모나코, 리히텐슈타인, 투발루, 나우루는 IMF에서 배제되었다. 이처럼 IMF는

---

40) 미셸 초스도프스키, 『빈곤의 세계화』, 이대훈 옮김(서울: 당대, 1998), 제 1부 제1장 – 제3장 참조.

미국 중심의 경제구조로 개편하는 신자유주의의 핵심기구이다.

4) 신자유주의의 문제와 극복방안

신자유주의는 우리가 원하든 원하지 않던 이미 우리 삶의 구석구석을 규정하고 있는 강력한 힘이며, 미래의 삶에 대해서도 주어진 조건이자 토대로서 작용할 것이다. 그렇기 때문에 지나온 역사를 성찰하고 새로운 삶의 원리를 모색하기 위해서는 신자유주의의 역사적 유래와 의미를 깊고 넓게 이해하고 비판적으로 바라봐야 한다. 신자유주의의 장점으로는 자본의 활동을 극대화하여 부의 창출에 유리하다. 시장의 적자생존의 원리에 따라 자신의 능력을 최대한 발휘하게 하여 '효율성'을 높일 수 있다. '욕망하는 존재'로서 인간의 성취욕을 자극하여 일의 성과를 높일 수 있다. 그러나 신자유주의가 주장하는 전 지구적 자본주의와 세계화 논리는 한 마디로 거대 축적 자본의 사활적 공세 그 이상도 이하도 아니다. 이는 자본주의 전개 과정이 역사적으로 보여 주고 있는 자본 축적 과정의 전형적 형태이다. 본질적으로 대립 면을 상실한 일방적 질주이다.[41] 이러한 신자유주의 경제 체제의 문제의 심각성을 정리하면 다음과 같다.

첫째, 빈부격차의 심화이다. 세계 인구의 1%의 연간수입이 세계 인구 반이 넘는 57% 인구의 연간수입과 맞먹는다. 또한 '샴페인 글라스의 경제'라는 말에서 볼 수 있듯이 세계 인구의 20%가 세계의 대부분인 80%를 차지하고 있고 그 다음 20%가 11%, 그리고 세계인구의 대

---

41) 신영복, 『강의』, p.33.

부분은 60%가 고작 6%의 부를 나누어 가지고 있다. 부익부빈익빈 현상은 갈수록 심화되고 있다.[42]

둘째, 사회의 양극화이다. 소수의 자본가들은 금융자본의 자기증식에 따라 풍족한 삶을 누리지만 대부분의 사람들은 기본적인 생존권의 위협에 직면하게 된다. 기업은 이윤 극대화를 위해 노동시장의 유연성을 강요한다. 이에 따라 구조조정이 일반화되고, 성과에 따른 평가, 비정규직, 임시직 고용을 당연시되면서 고용불안에 시달리게 된다.

둘째, 무자본가 혹은 저자본가의 배제이다. 시장의 논리는 철저한 자본의 논리이다. 시장의 모든 것에는 값이 매겨지며 자본이 없는 자는 절대로 시장에 들어올 수 없다. 그러므로 자본이 절대적으로 부족한 아프리카는 세계 경제구조에서 배제되고 있다. 세계 인구의 80%가 이른바 제3세계에 살고 있는데, 이들은 무한경쟁에서 완전히 권역 밖으로 밀려나 있다.

셋째, 생태계의 침식이다. 신자유주의는 무한한 경제성장으로 인간의 문제는 해결된다고 믿기 때문에 경제성장 앞에서 모든 것을 희생시킨다. 민주주의적 가치도, 공동체의 가치도, 의미 있는 삶의 가치도 다 희생된다. 여기서 가장 처참하게 짓밟히는 것이 생태계이다. 생태계의 위기는 이제 인간에게 커다란 재앙으로 다가오고 있다.

넷째, 무한욕망, 무한성장, 무한경쟁이다. 신자유주의 체제에 들어서면 인간의 삶은 경제 중심적 위치에 서게 된다. 이로써 경제는 지금 개인의 삶뿐만 아니라 세계의 정치, 사회, 문화, 가치관, 심지어 종

---

42) 이러한 구조적 격차에 대해 갈퉁(Johan Galtung)은 '구조적 폭력'으로 도식화하여 설명해냈다. 그의 구조적 폭력의 개념에 따르면 제1세계는 착취, 가르기, 침투라는 직·간접적인 방식을 통해서 제3세계를 폭력적으로 지배한다. 19세기 제국주의 이래 선진공업국들과 제3세계 사이에는 이러한 구조적 폭력이 체제화되었다. 손규태, op. cit., p.55.

교생활까지도 절대적 영향을 끼치는 삶의 기준이 된다. 한 마디로 경제적 가치, 엄격한 의미에서 '자본의 가치' 이외에 다른 가치는 존재하지 않게 된다. 이런 시대는 그야말로 '돈'이 최고이다. 심지어 돈이 인간의 가치를 규정하기도 한다. 이처럼 인간의 가치관을 심각하게 왜곡한다. 정신적 세계보다는 물질적 가치를 우선시하는 금전 만능주의의 악령이 사람들을 지배함으로써 그것을 얻기 위한 온갖 경쟁과 부조리, 범죄, 인간 파괴가 점점 심각해진다.[43]

다섯째, 카지노 경제이다. 지금 하루에 외환시장에 돌아다니는 약 1.5조억 달러의 돈 중에서 98%가 돈 놓고 돈 먹는 투기를 위한 목적이고, 2%만이 생산경제, 서비스 경제 등에 쓰이고 있다. 이에 따라 수많은 사람들이 땀을 흘리면서 노동하는 것보다는 주식투자나 투기성 재테크에 몰두하고 카지노와 같은 것들에 빠져들고 있다. 기업도 생산과 판매를 통한 경제활동이 아닌 인수합병을 통한 부의 창출을 획책한다.

여섯째, 국가의 무력화이다. 신자유주의는 국민국가의 약화와 자본의 세계화를 중시한다. 이에 따라 오늘날 전 세계의 모든 국가가 가진 경제력보다 몇몇 다국적 기업이 가지고 있는 경제력이 2%나 많다고 한다. 이제는 정치가 경제를 주도하는 것이 아니라 경제가 정치를 주도하는 세상이다.

일곱째, 노동에 대한 공격을 강화한다. 자본주의 수익의 극대화를 위해 이에 저항하는 노동자들의 단결과 저항은 노동시장의 유연화로 인해 급격히 약화되고, 초국적 자본을 위시한 자본은 노동자들을 보

---

43) 손규태, op. cit., p.42.

호하는 이제까지의 제도를 해체하고 있다.

신자유주의는 과거 사회복지 체제의 비능률, 비효율을 비판하면서 일과 연금을 연계시켜 일하지 않는 자는 먹고살기 힘들도록 하는 "생산적 복지"로의 전환을 주장하였으나 실업 문제의 본질은 일을 하고 싶어도 일자리를 구할 수 없는 현실에 있으므로 생산적 복지 못지않게 "인간적 복지"가 필요하다.

신자유주의가 위험한 것은 시장의 자생적 합리성에 맡기면 모든 것이 제대로 해결된다는 시장만능주의를 조장하기 때문이다. 시장경제의 옹호자인 새뮤얼슨이나 프리드먼에 따르면, 시장경제는 계획, 의도된 것이 아니라 마치 생명체처럼 단순히 진화했고 성장하고 변화를 겪는 것이다. 이와 같이 시장은 오직 전적으로 자기 이해만 염려하는 수많은 사람들의 행위의 비의도적 결과이고 경제성장을 통해 경제적 정치적 자유라는 기적을 낳으며 번영과 자유의 필요조건을 이룬다. 하이에크는 스스로 생성, 변화, 발전해 온 시장경제를 보다 나은 체제 건설이라는 이름으로 극복하려는 시도는 시장경제의 신비를 받아들이지 않는 치명적 자만이라고 단정했다. 결국 이들의 믿음에 따르면 시장경제 앞에 겸손히 헌신해야만 한다.[44]

이처럼 시장만능주의에서는 시장법칙이 곧 신이고, 신에 대한 적대적 행위는 용납되지 않는다. 이것은 교만이요 신성모독이다. 이와 같은 죄를 범하는 자들에게 시장은 보복한다. 고문과 노예생활과 죽음이 그 죄에 대한 대가이다. 시장만능주의는 시장의 덕을 지키는 사람들에게는 반드시 시장이 보응한다고 가르친다. 그것이 시장의 기적

---

44) 강성영, op. cit., pp.221-222 참조.

이다. 시장의 기적은 상품의 풍부한 공급과 소비로 표현된다. 그것이 시장이 베푸는 축복이다. 이러한 경제적 메시야주의는 자본의 지배를 강화시키고 마침내 자본에 대한 인간의 노예화를 실현시킨다.[45]

손규태는 우리나라 현실에서는 더 위험하게 작용할 수 있음을 지적하였다. 첫째, 신자유주의가 지향하는 것은 순수 자본주의적 시장경제이다. 그런데 우리나라는 아직 이러한 순수한 자본주의적 시장경제를 추진할 수 있는 주체 세력들이 없다. 우리나라에 재벌과 기업은 전근대적 방식으로 부자세습, 족벌 경영, 선단 경영 등을 일삼으면서 사회적 책임을 회피하고 있다. 둘째, 우리나라의 재벌들은 순수 자본주의적 시장경제원리에 의해서 성장하고 경영하는 것이 아니라 오랜 동안의 정경유착을 통해서 성장했기 때문에 자본주의 원리에 의한 공정한 경쟁 원리를 갖추지 못하였다. 그 대표적인 예가 대우그룹이다. 재계 5위였고 전국경제인연합회(전경련)를 이끌던 대우는 정경유착의 고리가 끊어지자 하루아침에 공중분해 되고 말았다. 셋째, 우리나라의 재벌들은 기술이나 자본의 측면에서 외국 기업에 과도하게 의존하고 있어 세계화 시대에서 경쟁력이 떨어진다. 실제로 1997년 IMF 체제에서 재벌들은 과도하게 외국 자본을 끌어들여 기업을 확장하고 문어발식 경영을 일삼다가 외국 자본과 외국 기업의 공격 앞에 자기 방어 능력을 갖추지 못하고 말았다. 이로 인해 경영권 수호조차 위협을 받고 있고, 적대적 인수합병의 기업사냥꾼들의 자본에 놀아나기도 하였다. 넷째, 우리나라의 재벌과 기업들은 노동자들을 진정한 파트너로 인정하지 않고 있다. 노동자들이 정당한 임금을 요구하여

---

45) 강원돈, 『지구화 시대의 사회윤리』(서울: 한울아카데미, 2005), pp.49-50 참조.

파업을 할 때는 정경유착의 방법에 따른 정치적 권력을 통해서 노동자들을 탄압하고 문제를 해결해 왔다.[46]

신영복은 우리나라 경제구조의 취약성을 우리 경제의 실상이 세계 경제구조의 중하위권에 편입되어 있는데도 과거 군사정권 시절의 거품과 허위의식을 청산하지 못하고 주체적 결정권을 갖지 못하는 자립적 토대가 허약한 종속성이 문제라고 보았다.[47] 김수행은 신자유주의의 문제를 분석하면서 분명한 해결책을 제시하였다. 정부가 실업자를 구제하려고 재정지출 확대 정책을 취하려 하면 금융자본이 반대하고, 금융자본이 선호하는 긴축·내핍정책을 실시하면 실업은 더욱 증가하고 대중의 투쟁은 격화한다. 선진국 정부와 자본가 계급은 딜레마에 빠져 있다. 2007년 8월 시작된 지금의 세계 대공황은 자본의 세계화에 걸맞은 민족국가 사이의 협력체계 부족으로 말미암아 세계 자본주의 자체를 붕괴의 길로 몰아가고 있다. 빈부격차, 실업자, 무역·환율 갈등, 무력충돌 등을 없앨 수 있는 대안체제가 등장하지 않는다면 인류는 과학기술의 거대한 발전이 약속하는 장밋빛 미래 앞에서 좌절하고 말 것이다. 국제적 재앙과 가계 파산 및 대중의 폭동을 피하면서 세계대공황으로부터 탈출하는 가장 좋은 방법은 실업자에게 적절한 일자리를 제공하는 것이다. 1인당 국민소득이 2만 달러(약 2,000만 원)인 우리나라는 모든 국민이 넉넉하게 잘살 수 있는 재원은 있는 셈이다. 왜냐하면 지난해에 사용한 공장·기계·원료를 보충하고 난 뒤 모든 국민에게 1년에 2,000만 원을 나누어줄 수 있다. 4인 가족이 1년에 8,000만 원을 쓴다면 모든 가정에서 돈 때문에 걱

---

46) 손규태, op. cit., pp.40-41 참조.
47) 신영복, 『강의』, p.124.

정하고 자살하는 사건은 완전히 사라질 것이다.[48]

신자유주의가 안고 있는 문제를 해결하기 위해서는 국제 금융질서
의 유지를 위한 국제 공조 및 국가의 합리적인 재정정책, 복지정책이
필요하지만 그것의 실질적인 구현을 위해서는 무엇보다도 시민 사회
의 자각과 의식적인 노력이 필요하다. 분배정의와 인간다운 삶의 실
현을 위해서는 초국적 자본의 논리를 민주적으로 제어하여 건강한
삶의 체제와 질서를 구축할 수 있는 사회적 연대와 합의를 창출해야
한다. 현대인은 개개인으로서는 거대한 물결을 거스를 수 없는 물방
울과 같은 존재에 지나지 않더라도 강건한 사회적 연대를 이룰 경우
문제해결을 위한 거대한 일보를 내디딜 수 있다.

강원돈은 노동과 자본의 권력균형을 제시했다. 그는 경제 민주주
의를 실현하기 위해서는 형식적 민주주의의 틀에서 노동의 단결권을
확보해 자본의 권력에 마주서는 일이 최우선적 과제라고 보았다. 이
렇게 노동의 권력이 민주주의적 법치국가의 틀에서 강화될 때 비로
소 경제 민주주의가 전통적으로 추구해 왔던 과제들을 달성할 수 있
는 기회도 넓어진다. 여기엔 국민경제의 거시 계획과 그 달성 수단의
확보, 기업의 민주적 지배구조 확립, 일터의 민주화와 인간화가 포함
된다.[49]

---

48) 김수행, "[특별기고] 세계대공황 속의 한국 경제", 〈한겨레신문〉(2011년 9월 18일).
49) 강원돈, 『지구화 시대의 사회윤리』, pp.59-60 참조.

5장

신자유주의와 교육

교육(敎育)의 한자어 표기는 『맹자』(孟子)의 '得天下英才而敎育之(천하의 영재를 모아 교육하다)'란 글에서 비롯되었다고 한다. 여기서 '敎'는 매를 가지고 아이를 길들인다는 뜻이고, '育'은 갓 태어난 아이를 살찌게 한다는 뜻으로 기른다는 의미가 된다. 교육을 영어로 'education'라고 한다. 이 말은 라틴어로 'educatio'에서 유래한 것으로 빼낸다는 의미와 끌어올린다는 의미를 가지고 있어 내부적 능력을 개발시키고 미숙한 상태를 성숙한 상태로 만든다는 의미를 포함하고 있다. 이렇듯 교육에 대한 용어에서 알 수 있듯이 교육은 기성세대가 다음 세대를 위해 제대로 수행할 과제이다. 그런데 최근 여러 가지 교육계의 사건들로 인해 오늘날의 교육에 심각한 문제가 있음이 드러났다. 학교 내 폭력과 집단따돌림과 학업에 대한 부담과 집단 괴롭힘으로 학생들의 자살이 속출하고 있다.

　우리가 "교육" 하면 떠올리는 말로 군사부일체(君師父一體)[1]라고 하

---

1) 어떤 이는 이 말이 실제로는 우리말이 아니고 일제강점기에 일본이 심어 준 말이라고 한다. 일본은 내선일체(內鮮一體), 식민사관(植民史觀) 등 일본이 주입하는 교육을 담당하는 교사를 높이기 위해 강조한 것이라는 말이다. 이 말이 사실인지는 명확치 않다. 그러나 우리 전통에서 스승을 존귀히 여긴 것은 부정할 수 없는 사실이다. 이것은 동양 전통에서 큰스승을 일컬을 때 성씨 다음에 이름을 부르지 않고 자(子)를 붙여서

여 스승은 아버지와 동격이었다. 또한 맹자가 말한 군자삼락[2])에서도 교사의 가치를 중시하였다. 그런데 오늘날 우리의 교육현장은 학생과 학부모가 교사를 폭행하는 경우도 번번이 일어나고 있다.

나라는 선진국이 되고 교육열은 세계 최고라는데, 학교교육은 막장에 이른 느낌이다. 교사가 학생들의 인성교육은커녕 생활지도를 할 수 없는 지경에 이르렀다. 꾸중하는 교사를 폭행하는 학생들의 이야기가 자주 뉴스거리가 되더니 드디어 야단치는 교사에게 학생이 흉기를 들고 대드는 일이 있었다고 한다. 오늘의 학교교육은 교사들의 교권을 짓밟고 어린 학생들의 씨알맹이, 영혼을 망가뜨리고 있다.

학교문제는 심각한데 문제 해결의 실마리가 잡히지 않는다. 교육당국이나 전문가들의 대안은 문제의 핵심을 찌르지 못하고 겉도는 경우가 많다. 학교문제의 핵심은 학교, 학부모, 사회가 모두 입시경쟁에 매달리는 데 있다. 고등학교 졸업 학생의 80%가 대학입학을 하지만 졸업하면 취직은 되지 않아 실업자로 내몰리고 결혼도 못하고 있다. 대학에 들어간다고 해도 전국 고등학교 졸업생의 10%도 서울에 있는 대학교에 입학하기 어렵다고 한다. 그런데 일류대학교, 서울에 있는 대학교에 들어가기 위해 목숨을 걸고 경쟁하게 하는 것은 다수의 학생들을 낙오자로 만드는 비교육적인 처사이고 엄청난 낭비다.

우리나라 부모들의 높은 교육열은 우리 사회의 매우 중요한 관심사이다. 이러한 교육열의 대표적인 예는 매스컴을 통한 조기유학과

부른 것으로도 알 수 있다. 가르치는 이를 존중하고 귀하게 여긴 것은 히브리인들이 '랍비'(교사)를 존귀히 여긴 것이나 고대 그리스에서 지식인 교수자를 높이 평가한 것으로도 알 수 있다.

2) 『맹자』(孟子) 「진심편」(盡心篇)에 나오는 말이다: 첫째, 즐거움은 양친이 다 살아 계시고 형제가 무고한 것이다(父母具存 兄弟無故). 둘째, 즐거움은 우러러 하늘에 부끄러움이 없고 아래로는 사람에게 부끄럽지 않은 것이다(仰不愧於天 俯不作於人). 셋째, 즐거움은 천하의 영재를 얻어서 교육하는 것이다.

기러기, 펭귄 아빠의 등장, 외국 유명대학의 입학 등이다. 자녀에 대한 부모의 기대는 동서고금을 막론하고라도 중요한 관심사이지만, 특히 우리나라의 경우 높은 교육열과 부모들이 엄청난 교육비를 지출하는 것은 일상적인 일이 되었으며 가계비 지출 중에서도 교육비가 차지하는 비중이 점점 늘어나고 있는 것이 현실이다. 이러한 교육열은 우리의 실생활에서도 많은 문제점들을 초래하고 있는데, 재수생 문제, 입시중심 교육, 과열과외, 치맛바람 등이 이러한 지나친 교육열과 관련이 있다는 것이다. 즉, 국민들의 높은 교육열로 인해 전인적 성장의 저해, 학교 교육의 비정상화, 국민들 간의 위화감 조성, 가정경제의 파탄이 부각되면서 높은 교육열은 문제되고 있다. 우리나라에서는 교육과정들이 현실과 맞지 않은 요소들로 인해 인생에서 중요한 시기를 정작 입시를 위한 것으로만 질주할 수밖에 없는 사정과 그것에 휘둘리는 부모들의 입장과 과한 역할들을 보면 참으로 안타깝다.

과거 우리나라가 단기간에 급속한 성장을 이룩할 수 있었던 원동력 중의 하나가 바로 이러한 뜨거운 교육열이었다. 자식들을 대학교에 보내기 위해 시골의 논밭을 팔아서 학비를 보내 주신 부모님들이 계셨고, 지나칠 정도의 교육열기로 '치맛바람'이 학교교육의 문제로 등장하기도 하였다. 이처럼 교육은 국가 전체적으로 보아 인적자원의 형성을 통한 발전의 원동력이라는 중요한 문제이기도 한 동시에, 개인적인 차원에서도 또한 중요한 문제이다.

흔히들 교육은 '백년지대계'(百年之大計)라고 한다. 이 말은 교육의 계획은 100년을 바라보고 세워야 한다는 의미이다. 우리 교육이 당장의 먹을 것을 위해 일희일비하며 깊이 있게 교육문제를 고민하면서 개선책을 찾지 못한다면 우리는 100년을 교육의 폐해로 인해 고통 받을 수 있다. 오늘 학교 문제의 근본적인 해결은 경쟁교육에서 인성과 정신 교육으로 전환하는데 있다. 그런데 사회 자체가 물질적 성장과 경쟁에 매달리다 보니 입시 경쟁 교육에서 벗어날 수가 없다. 인성과 정신 교육을 위한 사회의 합의가 이루어지지 않으면 학교교육의 문제는 해결될 수 없다. 경제성장과 경쟁사회의 신화에 빠졌기 때문에 교육문제에 대한 사회의 합의를 이끌어내기 어렵다. 그러나 이대로 학교를 입시지옥으로 만드는 교육은 안 된다는 것을 자각하고 큰 틀에서 사회의 합의를 이루어가야 한다.

논자는 오늘날의 교육문제는 신자유주의적 세계관에 물든 것에서 기인한다고 본다. 이에 따라 학벌 위주의 줄서기와 졸업장을 앞세운 인간 서열화가 당연시되었다. 이에 대한 반성을 통해 참된 인간교육으로 너와 내가 함께 어우러지는 아름다운 세상을 만들어 내야 한다.

1. 동양고전이 말하는 참교육, 공자의 삶과 노동

공자가 말한 것을 모아 엮은 것으로 알려진 『論語』(논어)의 첫 구절은 이렇게 시작한다. "學而時習之, 不亦說乎? 有朋自遠方來, 不亦樂乎? 人不知而不慍, 不亦君子乎?"[3] 공자가 말한 이 말은 오늘 이 시대를 살아가면서 참다운 교육목표가 제대로 된 인간상을 구현하는 것이라고 볼 때, 깊이 음미해 볼 만한 말로 공자의 말이 울리는 깊이를 느낄 수 있다.

---

3) 이것은 공자의 말이다. "배우고 때에 맞춰 그 배운 것을 몸에 익히니 기쁘지 않으랴. 먼 곳에서 뜻을 같이 하는 벗들이 찾아오니 그 또한 즐겁지 않으랴. 다른 사람이 자기를 알아 주지 않아도 서운한 생각이 들지 않으니 그야말로 군자답지 아니겠는가." 『논어』(論語).

잘 알려진 것처럼 그는 대혼란기인 춘추시대 사상가로 당시 세계의 변혁을 위해 각 나라를 돌아다니며 설득했지만 결국 실패하고 자신의 고국으로 돌아왔다. 그는 유교(儒敎)의 시조(始祖)이자 인류문명과 사상에 가장 큰 영향력을 끼친 사람이다. 대사상가로서 공자를 간략하게라도 이해할 필요가 있을 것 같아, 그의 생애를 요약해서 제시하고자 한다.

그의 이름은 구(丘)요, 자(字)는 중니(仲尼)이다. 공자(孔子)의 '자(子)'는 존칭이다. 즉, 공자의 본명은 공구, 자는 중니인데 존칭으로 부를 때 공자라고 한다. 공구라는 이름은 출생 때 지어진 이름이고, 자라는 것은 남자가 성인이 되었을 때 붙이는 이름이다. 공자라고 할 때는 우리의 큰 스승이라는 의미에서 존칭으로 붙인 것이다. 노자(老子), 장자(莊子), 순자(荀子), 맹자(孟子) 등 이름 끝에 자(子)가 들어가는 것은 모두 존칭의 의미이다.

그의 선대(先代)는 송(宋)나라 사람이다. 노나라 창평향 추읍에서 B.C. 551년(노 양공 22년) 자가 숙량이고 이름은 흘인 아버지(보통 숙량흘(叔梁紇)이라고 불림)와 어머니 안징재(顔徵在) 사이에서 태어났다. 그는 노나라 양왕 22년(B.C. 551) 경술년 11월 경자일에 공자를 노나라 창평향 추읍에서 출생하였다. 3살 때 아버지를 여의고 또 24세에 어머니마저 여의고 고아가 되었다. 그러나 남다른 향학열을 불태워 이미 15세쯤에는 뜻을 세웠다. 노나라의 대부 맹희자(孟僖子)가 아들에게 17살인 공자를 스승으로 삼으라고 유언할 정도로 공자의 학식이나 인품은 놀라웠다.

그는 19세 때(B.C. 533년) 견관 씨의 딸과 혼인하여 다음해 아들 이(鯉)를 낳았다. 그는 송나라 현인의 가문의 후손에 지나지 않아 가난하고 신분도 낮았다. 그래서 결혼한 해에 노나라 귀족인 계씨의 위리(委吏: 창고관리 직원)와 직리(職吏: 목장 관리) 등 낮은 직위의 일을 수행하였다. 그가 그 일들을 하자 일 처리가 공평하고 가축들이 번성했다고 한다. 그래서 승진하여 사공(司空: 공사 감독관)이 되었다. 그러다가 그는 여러 나라에 유세하려고 관리를 사직한 뒤, 제(齊), 송(宋), 위(衛), 진(陳), 채(蔡) 나라를 돌아다녔으나 받아 주는 나라가 없고 곤궁에 빠지기만 하자 고국에 되돌아왔다. 그는 남궁경숙이라는 사람이 노나라 임금에게 청해 임금의 후원으로 남궁경숙과 주나라 수도인 낙읍에 가서 문물을 견학하게 되었다. 『史記』(사기)에는 이때 그가 노자를 만나기도 했다고 적혀 있다. 아무튼 그는 낙읍 방문을 마치고 다시 노나라에 돌아왔다. 그의 명망이 높아져 사방에서 제자들이 모여들었다. 30세 때 제나라 임금인 경공(景公)이 안자(晏子: 제나라의 현명한 대부)와 노나라에 왔다가 그의 명성을 듣고 그를 만나 정치를 물어본 일도 있다.

그는 이미 30대 청년시절에 제자들을 가르치기 시작하였다. 이 무렵 노나라의 실권을 장악한 이는 삼환(三桓氏: 노나라 16대 왕인 환공의 후손으로 노나라 정권을 장악하던 세도가)씨였다. 이들은 국토를 채읍으로 삼고 군대와 가신을 길렀다. 이에 위협을 느낀 노나라 임금인 소공은 삼환 씨의 하나인 계평자를 제거하기 위해 군사를 동원하였다. 그러나 삼환 씨의 단결된 무력에 패하여 그는 제나라로 도주하였다. 이것이 '삼환의 난'이라는 사건이다. 그도 패배한 임금의 뒤를 좇아 제나라에 갔다(B.C. 517년, 공자 35세 때). 제나라에 간 그는 경공을 만나 또 정치를 논하고 경공의 탄복을 받아 임용이 검토되었으나 유가(儒家)의 예의가 번거롭고 현실에 맞지 않는다는 제나라 재상

안자(晏子)의 반대로 무산되었다. 그는 그때 악장을 만나 순임금의 소(음악의 이름)를 듣고 큰 감명을 받기도 했다. 그는 이 음악으로 인해 석 달 동안 고기 맛을 잊었다고 한다(「술이편」(述而篇)).

그가 제나라에서의 임용 실패에 실망하고 2년만에 다시 노나라로 귀국한 뒤에는 시(詩), 서(書), 예(禮), 악(樂) 등을 연구하며 제자들을 교육하는 데 힘을 쏟았다. 그때도 노나라의 정치가 어지럽기는 마찬가지였다. 임금인 정공은 아무런 실권이 없었고 계 씨는 계 씨대로 가신들의 발호로 골머리를 앓고 있었다. 즉, 배신(陪臣: 제후의 대부) 양호(陽虎=또는 양화)가 공산불뉴(公山不狃)와 손잡고 반란을 일으킨 것이다. 이들의 반란은 계환자의 계략으로 간신히 수습되었다.

그는 양호가 세력을 잃고 물러난 뒤인 51세 때(B.C. 501년) 중도(中都) 땅의 재(宰: 지방 장관)가 되었다. 중도 고을은 그가 다스린 지 1년만에 치안과 질서가 바로잡혀 다른 고을의 모범이 되었다고 한다. 다음 해 노나라 정공과 제나라 경공이 협곡에서 회맹하였다. 그는 경공이 무력으로 정공을 위협함을 보고 경공의 야비한 처사를 꾸짖었다. 이에 제나라는 사과하는 뜻에서 이전에 빼앗았던 세 고을을 노나라에게 되돌려 주었다고 한다. 이런 공로로 그는 다음 해(B.C. 499년, 53세 때) 사공(건설부 장관)이 되었고 55세 때인 B.C. 497년에 대사구(大司寇: 사법장관)에 임명되었다.

그는 곧 삼환 씨의 세력 근거지인 세 도성을 허물기로 하였다. 이는 바로 삼환 씨의 세력을 꺾어 노나라 공실(제후인 임금 가문)의 권위와 실권을 회복시키고자 한 조처였다. 이 일은 맹손 씨 가신의 저항에 부딪혀 실패하고 만다. 그러나 B.C. 496년(56세 때) 정승의 일까지 겸직하게 된 그는 관리의 기강을 바로잡기 위해, 난신(亂臣)인 대부 소정묘(少正卯)를 잡아 사형에 처했다. 이렇게 되자 이웃 제나라에서는 노나라의 국력이 강대해질 것으로 여겨 두려워하게 된다. 그들은 대부 여서의 책략에 따라 노래와 춤에 능한 미녀 80명과 말 120필을 노에 보냈다. 정공과 계환자는 이 선물을 받고 좋아하여 사흘이나 조회를 열지 않았다고 한다.

그는 이처럼 임금인 정공(定公)과 계환자 등이 정신을 차리지 못하고 음락(淫樂)에 빠져버리자 이들과는 큰일을 함께할 수 없다고 판단하고 벼슬을 버렸다. 이듬해인 B.C. 496년 그는 제자인 자로, 자공, 안회 등과 함께 천하 유력(游歷)의 길에 올랐다. 이것이 유명한 '주유천하'이다. 그러나 제(齊), 송(宋), 위(衛), 진(陳), 채(蔡), 조(曹) 나라 등에 대한 이 유력에서도 역시 각국의 제후들이 서로 공벌하기에만 급급하여 그의 이상 정치를 이해하지 못하거나 시기를 받는 뜻을 펼 만한 기회를 만나지 못했다. 그는 여행 중 여러 차례 고난과 박해를 당해야 했다. 송나라에서는 생명의 위협을 겪었고, 또한 광(匡)에서는 양호로 오인되어 닷새 동안 잡혀 있기도 했다. 또한 진・채에서는 7일간이나 양식이 떨어져 고생하였다. 이렇게 그는 13년 동안이나 자기의 도덕정치를 채택할 임금을 찾았으나 끝내 만날 수 없었다. 당시의 제후들은 그의 주장을 현실과 동떨어진 이상으로만 생각했다. 그것은 이들이 무력에 의한 영토 확장과 권모술수에 의한 권력 유지에만 급급했기 때문이다. 그는 간난신고(艱難辛苦: 극심한 고생)만을 하다가 B.C. 484년에 귀국하고 말았다. 고국에 돌아온 그는『시』・『서』・『역』・『예』・『악』・『춘추』를 재편찬하여 이를 정식 교재로 채택하였다. 그의 이와 같은 조처는 후진들이 전통문화를 계승하고 새로운 문화를 창출하는 데 큰 도움을 주게 된다. 그러나 교육에 전념하는 그에게 슬픈 일이 연이어 일어났다. 그의 외아들 이가 50세를 일기로 세상을 떠난 것이다(B.C. 483년, 공자 69세). 이가 죽은 다음해인 B.C. 482년에는 그가 가장 아끼던 제자 안연이 또 죽었다. 이때 그는 "아! 하늘이 나를 망쳤구나! 하늘이 나를 망쳤구나!" 하고 탄식하며 절망에 잠기기도 했다. 그의 제자로 공문십철의 한 사람인 자로가 죽은 것도 그 얼마 후의 일이다. 그는 자로가 잡혀 죽은 지 6개월 후인 B.C. 479년 74세로 별세했다.

그는 자신의 일생을 되돌아보고 스스로 이렇게 말했는데 이것은 그의 내면적 일생이기도 했다. "나는 15세에 학문에 뜻을 두었고, 30살에 뜻을 세웠고, 40살에 현혹되지 않았고, 50살에 천명을 알았고, 60살에 진리를 이해했으며, 70살에 이르러 마음이 닿는 대로 좇아도 법도를 넘어서지 않았다(吾十五有而志于學 三十而立 四十而不惑 五十而知天命, 六十而耳順, 七十而從心所欲, 不踰矩)."

그가 주유천하하면서 이루고자 했던 바는 자기의 이상 정치인 인(仁)을 기본 덕목으로 하는 도덕 정치, 즉 덕치주의를 실현하려 했던 것이다. 덕치는 임금이 자기의 인격을 수양하고 극기하는 자세로 정치에 임해서 형벌에 의하지 않고 백성들의 본성에 따라서 자연스럽게 펼치는 인정(仁政)을 말한다. 그러나 당시의 중국 천하는 이미 춘추시대 후반기로 전국시대(B.C. 403~221)의 진입기에 다다랐다. 부국강병책에 의해 천하의 패자가 되어 힘을 통한 권세를 확보하려는 것을 목표로 한 제후국들은 서로 공벌에만 관심을 기울일 뿐 그의 덕치주의 따위에는 관심이 없었다. 그래서 13여년만에 귀국하고 말았다. 이러한 공자의 일생과 그의 노동관과 교육관은 신자유주의로 치닫고 있는 오늘날 그 의미를 되새겨보고 재음미할 것들이 많다.

신자유주의 교육을 논하면서 공자의 말을 인용한 이유는 지금 이 땅에서 이뤄지는 교육에 대한 고민 때문이다. 공자는 삶의 가장 큰 기쁨 중에 하나로 배움의 즐거움에 대해 이야기하였다. 뭔가 새로운 사실을 알고, 또 이전에 몸으로 하지 못하던 것을 배워서 자신의 힘으로 새롭게 해낼 수 있을 때 느끼는 기쁨과 감격은 참으로 크다.

2. 즐겁지 않은 교육, 덫에 빠진 아이들

현대 사회의 특징으로 불리는 지식정보화사회는 평생학습사회로 지칭된다. 그러기에 현대인은 끊임없이 배움을 통해 살아가야 한다. 이 평생 학습에서 배움이란 강제적 규율이 아닌 자발적 동기에 따른 자기실현을 위해 자기변혁을 위해 그 자체로 큰 즐거움이어야 한다. 그러므로 우리의 다음 세대들이 이 사회에서 제 몫을 해내며 자신의 삶을 꾸리고 잘 살아가기 위해 뭔가를 배울 때 아주 즐겁고 신나게 배울 수 있어야 한다. 그러나 불행하게도 우리의 교육현실은 그렇지 않을 뿐만 아니라 정반대이다. 오늘의 교육현실은 어느 중학교 2학년 학생이 지은 시(詩) 한 편에서 잘 드러난다. 제목부터가 참담하다.

덫

나는 만화도 게임도 하지 말아야 하는 사람이고
나는 항상 조용히 수업을 들어야 하는 학생이고
나는 교복을 줄이지 않고 단정히 입어야 하는 모범생이고
나는 얌전히, 요조숙녀처럼 행동해야 하는 1학기 부회장이고
나는 성적에 대한 걱정도 남들의 비교도 없어야 하는 1등이고
나는 다른 집 장남보다 훨씬 뛰어나야 하는 장녀이고

나는 항상 동생들에게 '모범'이라는 것을 보여야 하는 첫째이고
나는 어떤 상황에서도 동생에게 양보할 줄 알아야 하는 언니이다.

나는 언제쯤 이런 덫으로부터 풀려서
나답게, 내가 하고 싶은 대로 할 수 있을까?

이 학생은 부모의 입장에서 볼 때, 학교 부회장이고 성적도 전교 최상이고, 동생들에게도 잘하고, 늘 얌전하고 요조숙녀 같은 행실을 보이는 참으로 효녀이다. 그러나 이 학생은 이 모든 것을 덫으로 느끼고 있고, 이 덫에서 풀려나서 자신이 하고 싶은 대로 하기를 꿈꾸고 있다. 자신이 원하지 않는 교육의 강요는 아무리 그럴싸해 보여도 궁극적으로 행복에 이를 수 없음을 우리는 잘 알고 있다. 그런데도 우리는 우리의 자녀들에게 설득 반, 강요 반으로 자녀가 원하지 않는 교육을 시키고 있다. 왜 그렇게 될까? 그것은 배움의 첫째 목적, 배움을 통해 삶을 꾸려나가야 하는데 자녀가 하고 싶은 대로 두었다가는 부모가 보기에 고생하는 삶을 살게 될 뿐만 아니라 가난에 허덕일 수도 있겠다는 판단이 들기 때문이다. 그렇다면 왜 우리는 이런 판단을 하게 된 것일까? 그 이유는 우리 사회가 아주 극단적인 학력사회로서 계급갈등의 많은 부분이 교육에 전가되어 있기 때문이다.

대학 서열화와 학벌을 통해 한 세대에서 다음 세대로 부와 가난이 대물림된다. 가난한 부모는 자식에게 가난을 대물림하고 싶지 않아서, 부유한 부모는 자식에게 부와 신분을 대물림하기 위해서 좋은 대학 보내는 데 열을 낸다. 바로 이 과정에서 학생들은 말할 수 없는 고통을 겪고, 초·중·고등학교 교육뿐만 아니라 대학교육마저도 만신창이가 된다.

우리 아이들이 학교에서 가르쳐 준 대로 성공이라는 목적지를 향해, 온갖 매뉴얼로 무장한 지름길이 적힌 지도를 들고 찾아갔는데 알고 보니 '인정 없는 세상'에 속은 것일 뿐이더라는 소름끼치는 상상을 하면서 시 한 구절이 떠올랐다.

이제 너는 차를 몰고 달려가는구나.
철따라 달라지는 가로수를 보지 못하고
길가의 과일 장수나 생선 장수를 보지 못하고
아픈 애기를 업고 뛰어가는 여인을 보지 못하고
교통순경과 신호등을 살피면서
앞만 보고 달려가는구나.

-김광규, '젊은 손수 운전사' 중에서

얼마 전 우리 교육계에 충격을 주는 사건이 벌어졌다. 이 사건이 바로 고려대학교 경영학과 김예슬이 사회적 저항으로 던진 대학 자퇴를 선언한 대자보였다. 고려대학교 경영학과라고 하면 바로 현직 이명박 대통령의 직계 후배가 되는 자리요, 우리나라에서 응집력을 자랑하는 고려대학교 출신이 되는 위치이다. 논자의 같은 일선 중등 교육기관의 선생들과 아이들에게는 선망의 대상인데 이를 내던진 것이다.[4] 매직펜으로 써 놓은 고려대학교 대자보의 전문은 다음과 같다.

오늘 나는 대학을 그만둔다, 아니 거부한다

오늘 나는 대학을 그만둔다. G세대로 '빛나거나' 88만 원 세대로

---

4) 이 글은 졸저, 『참교육 참사랑의 학교』(파주: 이담북스, 2010), pp.163-167을 정리한 것이다.

'빛내거나', 그 양극화의 틈새에서 불안한 줄타기를 하는 20대, 그 저 무언가 잘못된 것 같지만 어쩔 수 없다는 불안과 좌절감에 앞만 보고 달려야 하는 20대, 그 20대의 한가운데에서 다른 길은 이것밖에 없다는 마지막 남은 믿음으로 이제 나의 이야기를 시작하겠다. 이것은 나의 이야기이지만 나만의 이야기는 아닐 것이다. 나는 25년 동안 경주마처럼 길고 긴 트랙을 질주해 왔다. 우수한 경주마로, 함께 트랙을 질주하는 무수한 친구들을 제치고 넘어뜨린 것을 기뻐하면서 나를 앞질러 달려가는 친구들 때문에 불안해하면서 그렇게 소위 '명문대 입학'이라는 첫 관문을 통과했다. 그런데 이상하다. 더 거세게 나를 채찍질해 봐도 다리 힘이 빠지고 심장이 뛰지 않는다. 지금 나는 멈춰 서서 이 경주 트랙을 바라보고 있다. 저 끝에는 무엇이 있을까? '취업'이라는 두 번째 관문을 통과시켜 줄 자격증 꾸러미가 보인다. 너의 자격증 앞에 나의 자격증이 우월하고 또 다른 너의 자격증 앞에 나의 자격증이 무력하고, 그리하여 새로운 자격증을 향한 경쟁 질주가 다시 시작될 것이다. 이제야 나는 알아차렸다. 내가 달리고 있는 곳이 끝이 없는 트랙임을. 앞서 간다 해도 영원히 초원으로는 도달할 수 없는 트랙임을.

이제 나의 적들의 이야기를 시작하겠다. 이 또한 나의 적이지만 나만의 적은 아닐 것이다. 이름만 남은 '자격증 장사 브로커'가 된 대학, 그것이 이 시대 대학의 진실임을 마주하고 있다. 대학은 글로벌 자본과 대기업에 가장 효율적으로 '부품'을 공급하는 하청업체가 되어 내 이마에 바코드를 새긴다. 국가는 다시 대학의 하청업체가 되어, 의무교육이라는 이름으로 12년간 규격화된 인간제품을 만들어 올려 보낸다. 기업은 더 비싼 가격표를 가진 자만이 피라미드 위쪽에 접근할 수 있도록 온갖 새로운 자격증을 요구한다. 이 변화 빠른 시대에 10년을 채 써먹을 수 없어 낡아 버려지는 우리들은 또 대학원에, 유학에, 전문 과정에 돌입한다. 고비용 저수익의 악순환은 영영 끝나지 않는다. '세계를 무대로 너의 능력만큼 자유하리라'는 세계화, 민주화, 개인화의 넘치는 자유의 시대는 곧 자격증의 시대가 되어버렸다.

졸업장도 없는 인생이 무엇을 할 수 있는가? 자격증도 없는 인생이 무엇을 할 수 있는가? 학습된 두려움과 불안은 다시 우리를 그 앞에 무릎 꿇린다. 생각할 틈도, 돌아볼 틈도 주지 않겠다는 듯이 또 다른 거짓 희망이 날아든다. "교육이 문제다", "대학이 문제다"라고 말하는 생각 있는 이들조차 우리에게 이렇게 말한다. "성공해서 세상을 바꾸는 '룰러'(ruler. 워드프로세서 등에서 문자 등의 위치를 알 수 있게 표시 화면 주위에 놓인 사람을 말한다)가 되어라", "네가 하고 싶은 것을 해. 나는 너를 응원한다", "너희의 권리를 주장해. 짱돌이라도 들고 나서!" 그리고 칼날처럼 덧붙여지는 한 줄, "그래도 대학은 나와야지." 그 결과가 무엇인지는 모두가 알고 있으면서도 큰 배움도 큰 물음도 없는 '대학(大學)' 없는 대학에서, 나는 누구인지, 왜 사는지, 무엇이 진리인지 물을 수 없었다. 우정도 낭만도 사제 간의 믿음도 찾을 수 없었다. 가장 순수한 시절 불의에 대한 저항도 꿈꿀 수 없었다. 아니, 이런 건 잊은 지 오래여도 좋다. 그런데 이 모두를 포기하고 바쳐 돌아온 결과는 정말 무엇이었는가.

우리들 20대는 끝없는 투자 대비 수익이 나오지 않는 '적자세대'가 되어 부모 앞에 죄송하다. 젊은 놈이 제 손으로 자기 밥을 벌지 못해 무력하다. 스무 살이 되어서도 내가 뭘 하고 싶은지 모르고 꿈을 찾는 게 꿈이어서 억울하다. 이대로 언제까지 쫓아가야 하는지 불안하기만 한 우리 젊음이 서글프다. 나는 대학과 기업과 국가, 그리고 대학에서 답을 찾으라는 그들의 큰 탓을 묻는다. 깊은 분노로. 그러나 동시에 그들의 유지자가 되었던 내 작은 탓을 묻는다. 깊은 슬픔으로. '공부만 잘하면' 모든 것을 용서 받고, 경쟁에서 이기는 능력만을 키우며 나를 값비싼 상품으로 가공해 온 내가 체제를 떠받치고 있었음을 고백할 수밖에 없다. 이 시대에 가장 위악한 것 중에 하나가 졸업장 인생인 나, 나 자신임을 고백할 수밖에 없다. 그리하여 오늘 나는 대학을 그만둔다. 아니, 거부한다. 더 많이 쌓기만 하다가 내 삶이 한 번 다 꽃피지도 못하고 시들어 버리기 전에 쓸모 있는 상품으로 '간택'되지 않고 쓸모없는 인간의 길을 '선택'하기 위해 이제 나에게는 이것들을 가질 자유보다는 이것들로부터의 자유가 더 필요하다. 자유의 대가로 나는 길을 잃을 것이고 도전에 부딪힐 것이고 상처받을 것이다. 그러나 그것만이 삶이기에, 삶의 목적인 삶 그 자체를 지금 바로 살기 위해 나는 탈주하고 저항하련다. 생각한 대로 말하고, 말한 대로 행동하고, 행동한 대로 살아내겠다는 용기를 내련다. 학비 마련을 위해 고된 노동을 하고 계신 부모님이 눈앞을 가린다. '죄송합니다, 이때를 잃어버리면 평생 나를 찾지 못하고 살 것만 같습니다.'

많은 말들을 눈물로 삼키며 봄이 오는 하늘을 향해 깊고 크게 숨을 쉰다. 이제 대학과 자본의 이 거대한 탑에서 내 몫의 돌멩이 하나가 빠진다. 탑은 끄떡없을 것이다. 그러나 작지만 균열은 시작되었다. 동시에 대학을 버리고 진정한 大學生의 첫발을 내딛는 한 인간이 태어난다. 이제 내가 거부한 것들과의 다음 싸움을 앞에 두고 나는 말한다. "그래, 누가 더 강한지는 두고 볼 일이다."

2010년 3월 10일 김예슬
고려대학교 경영학과를 자퇴하며

지금도 이른바 명문대학에 더 많은 아이들을 들여보내는 것으로 학교교육을 충실히 한 것으로 여기는 세상에 김예슬은 그야말로 자신의 온몸으로 저항하는 폭탄을 던진 것이다. 그저 열심히 공부하면 인생 성공이라고 가르치는 학교교육이 과연 옳은 것일까? 아마 김예슬도 초등학교부터 고등학교에 이르기까지 한눈팔지 않고 열심히 공부했을 것이다. 그 결과 빛나는 명문대 학생이 되고, 장밋빛 미래를 꿈꿨을 것이다. 그러던 어느 날 자신이 배워 온 것이 참교육이 아닐지도 모른다는 의심이 머리를 짓눌렀을 것이다. 그리고 스스로 깨우쳐 가면서 학교에서 배우는 것이 아닌 온몸으로 세상을 배우고, 현실을 익히면서 참된 삶의 의미를 생각해 보았을 것이다. 그리고 내린 결론이 바로 이것이다.

이 사건이 그저 어느 치기 어린 대학생 하나의 해프닝일까? 그렇다면 참 다행이지만 김예슬의 대자보를 꼼꼼히 읽어보면 오늘 우리 사회의 비인간적인 현실과 교육의 현주소가 적나라하게 드러났다. 논자가 보기에 이와 같은 형태이든 아니든 제2, 제3의 김예슬이 나올 것이다. 아니, 나와야 한다. 그저 순응하는 것도 비정상이다. 김예슬은 치열하게 자신의 온 몸을 던져 오늘 우리 교육의 치부를 드러냈다.

지난 2011년 월급 75만원을 받고 일하던 서울 H대학교의 청소부 아줌마들이 10년을 넘게 일하고 300원짜리 점심을 먹으면서 일하다가 노조를 결성하자 대행회사는 이들을 해고하였다. 그러자 이들은 농성을 시작했고, 학교는 자신들과는 관계가 없는 일이라고 모른 체 했다. 그런데 도서관에서 공부하던 학생들이 시끄럽다고 농성을 중지 해달라고 요구를 하고 나섰다. 그것도 한두 사람이 개인적으로 그런 것이 아니라, 총학생회를 대표해서 총학생회장이 이를 요구했다. 한 창 공부에 전념하고 싶다는 열망을 이해하지만 이건 아닌데…… 하는 생각이 들었다. 공부는 왜 하며, 산다는 것의 의미가 무엇일까? 사람 됨의 도리가 무엇인가? 더구나 대학생이라면 이 사회의 지도자가 될 사람들이고 지도자라면 당연히 사회적 약자를 생각하는 것이 일차적 인 책임이다. 그것도 멀고 먼 다른 나라의 사회적 약자가 아니라 열 악한 환경에서 박봉의 급여에도 자신들을 위해 자신들을 위해 궂은 일을 하는 약자들인 청소부 아줌마들의 농성에 동참하는 것이 마땅 한 일인데, 그렇게 하지는 못할망정 시끄럽다고 중지해달라고 했다는 신문 기사를 접하면서 우리나라의 수많은 대학의 존립여부를 생각해 보았다. 이 대학의 이야기가 일파만파 퍼지자 이 대학의 총획생회장 과 대학졸업자와 재학생들은 청소부 아주머니들의 상황을 몰랐다며 깊이 사과하고 동참하기도 하였다.

이렇게 자기 주변의 사회적 약자의 현실을 몰이해하고 무책임하게 주장하는 대학생들은 H 대학의 학생들만은 아니다. 우리나라의 H 대 학과는 다른 모습을 보여준 미국의 H 대학인 2001년 4월에 있었던 하바드대학교의 사례를 되새겨보고자 한다. 이 대학 학생 50명이 가 방에 먹을 것을 장만하고 총장실로 쳐들어갔다. 더 많은 스펙을 위해 서가 아니라, 더 많은 장학금을 위해서가 아니라, 등록금 동결을 위해 서가 아니었다. 이들은 자기들의 일이 아니라 이 대학의 청소부와 식당 종업원들에게 적절한 생활임금이 지급될 때까지 사무실을 점거할 것이라고 선언했다. 학교 전체는 충격을 받았고, 총장실 앞에서 매일 시위가 벌어졌고, 식당 종업원들은 창문을 통해 음식을 넣어주고 수십 명의 학생 동조자들은 교정에서 텐트를 치고 야영에 들어갔다. 이 시위는 3주 동안 계속되었고, 거액의 퇴직금을 보장받은 하버드 대학교 고위관리직과 청소부들간의 격차를 다룬 기사들이 언론의 조명을 받게 되었다. 이렇게 되자 하바드 대학교 관계자들은 당황하게 되었고, 결국은 이들에게 적정한 임금을 지급하기로 동의를 했다. 우리 나라 사람들이 선망의 대상으로 손꼽는 하버드 대학의 진짜 모습은 이런 것이다. 이런 모습을 본받아야하는데 이런 모습에는 관심조차 없는 것만 같다. 우리 나라에는 대학다운 대학은 존재하지 않는 것만 같다. 그저 기술학교, 취업 준비학교, 스펙쌓기 종합선물세트는 존재할지는 몰라도 지성을 찾는 아카데미로서, 더불어 함께 살아가는 인정과 동정과 감정이 풍부한 대학은 더 이상 존재하지 않는 것만 같았다.

오늘날의 대학생들과 자라나는 다음 세대들이 되새겨볼 사람이 있다. 일상에서의 실천, 공동체에 희망을 불어넣어 주는 서로 격려하고 도와주던 여러 사람들이 있고, 지금도 있지만, 아름다운 청년 전태일의 삶에서 희망을 엿보았으면 한다. 그는 자신도 열악한 노동의 현장에서 살아가는 처지이면서도 배고픈 어린 여공들을 돕는다고 아낌없이 자신의 버스비로 풀빵을 사서 어린 여공들에게 나눠주고, 지나친 노동 조건으로 고통 받는 어린 여공들의 처우 개선을 건의하다가 사장에게 쫓겨나기도 하고 자신처럼 그렇게 한 이들들 도왔다. 이러다 보니 늘 버스비가 없어서 집까지 두세 시간을 걸어 다니던 사람……겨울 외투를 입혀 공장에 보내면 헐벗은 이에게 건네주고 발발 떨며

집에 오던 사람…… 초등학교도 나오지 못했으면서도 밤새 한자투성이 근로기준법을 펼치고 낑낑대느라 대학생 친구가 있었으면 좋겠다던 사람…… 이러한 전태일은 끝내 사회적 약자들의 고통에 귀 기울지 않는 세상을 향해 온 몸을 불살라 고난의 현장을 증언해냈다. 이러한 전태일의 분신(焚身)으로 자신이 몸담고 있는 공동체를 보호하고 유지하기에만 급급해 있던 많은 사람들을 번쩍 깨어나게 했다. 이로 말미암아 신학자, 목회자, 대학교수들과 학자 등 지식인들이 정신을 똑바로 차리며 깨어나게 되었고, 많은 대학생들이 삶의 방향을 바꾸었다.[5]

오늘 우리의 교육은 분명 문제가 많다. 이러한 이유는 마치 동물의 왕국을 연상시키는 경쟁 위주의 교육이 빚어낸 당연한 결과일 것이다. 오늘 우리의 가치가 무한경쟁, 약육강식, 일등만 인정하는 사회라는 구호는 너무도 비인간적이다. 이러한 우리의 교육이 얼마나 신자유주의에 입각한 비인간적인 것인지를 극명하게 드러난 보도를 접했다. 지난 2005년 7월 18일, 대한상공회의소 주최로 제주 신라호텔에서 열린 제30회 최고경영자대학 강연에서 당시 서울대학교 총장인

---

5) 조영래,『전태일 평전』(서울: 사단법인 전태일기념사업회, 2009); 이 책은 우리나라의 대표적인 인권변호사인 조영래가 수배생활 중 집필한 책으로 저자의 이름은 군사독재 시절 내내 비밀에 부쳐졌다가, 1991년 1차 개정판에 이르러 비로소 밝혀졌다. 평화시장에서 일하던, 재단사라는 이름의 청년노동자, 전태일…… 1948년 9월 28일 대구에서 태어나 1970년 11월 13일 서울 평화시장 앞 길거리에서 스물둘의 젊음으로 몸을 불살랐다. 그를 사람들은 지독한 가난과 핍박 속에서도 좌절하거나 타락하지 아니한 '인간승리'의 기념비적 인물이라 부른다. 노동자, 농민 등 민중으로 하여금 진정한 의미의 자긍심과 주체의식을 갖게 하여 인간해방운동의 발전에 크게 기여한 전태일…… 이 책은 이러한 전태일의 삶과 사상을 시대 흐름에 맞춰 새롭게 개정해 펴낸 신판『전태일 평전』이다. 이번 신판은 젊은 세대의 눈높이에 맞춰 쉽게 읽을 수 있도록 형식과 내용을 바꾸었으며, 원본과 저자의 뜻을 정확하게 전달하려고 노력하였다. 본문은 전태일의 어린 시절부터 평화시장의 노동자로 일하면서 자신과 동료들이 겪고 있었던 고난의 삶과 고통스러운 노동 현실에 분노하다가 투쟁의 길로 들어서는 과정을 감동적으로 그려낸다. 노동법에는 노동자의 권리가 보장되어 있으나 법이 지켜지지 않는 현실 앞에서 분신자살로 우리 사회에 경종을 울린 그가 삶과 투쟁의 과정에서 생긴 고민, 방황, 헌신적 인간애 등을 함께 담아내 인간 전태일의 모습까지 느낄 수 있도록 하였다. 대학생들과 청소년들이 읽어보기를 바란다.

정운찬의 말이다.

> 좋은 원자재를 이용해 물건을 만들어야 좋은 제품이 나오지, 원자
> 재가 좋지 않으면 물건 만드는 기술이 뛰어나도 좋은 물건을 만들
> 기 어렵다. …… 교육의 목적은 한편으로는 가르치는 데 있지만 다
> 른 한편으로는 솎아내는 데에도 있다. …… 국가발전을 위해 고교
> 평준화 제도를 제고해야 한다.[6]

정운찬은 우리나라 경제학계를 대표하는 학자로서 서울대 총장을
역임하고 국무총리가 되고 대통령 후보로도 거론되는 인물이다. 현직
서울대의 총장이 한 이 말, 특히 "교육의 목적은 한편으로는 가르치
는 데 있지만 다른 한편으로는 솎아내는 데에도 있다"라는 말은 정운
찬 개인의 발언이라기보다 이른바 우리 사회를 이끌어가는 고급관료
나 기업, 대학 행정책임자들이 일반적으로 가지고 있는 생각을 대변
하는 말이다. 오늘날처럼 고도로 발달된 자본주의 사회에서는 잘 나
가는 기업 하나가 온 나라를 먹여 살린다고 생각하고, 그래서 대다수
의 사람들도 세계적인 경쟁의 시대에 대학이 유능한 인재를 양성함
으로써 국가경쟁력, 기업경쟁력, 개인경쟁력을 높이는 데 기여해야
한다고 생각하고 있다. 우리 사회에서 경쟁력 확보는 전 국민의 좌우
명이 된 것 같고, 우리 사회의 실질적 민주화와 사회적 약자를 대변
한다는 사람들도 '약자들의 이익을 위해' 경쟁력을 강화해야 한다고
생각한다. 국가경쟁력은 곧 기업경쟁력이고, 이러다보니 대학이 기업
경쟁력 강화를 위해 복무하게 된다. 그래서 대학은 전통적인 인문교
육이나, 결과의 도출이 오래 걸리는 기초학문을 포기하고, 기업이 원

---

6) 박경미, op. cit., p.308.

하는 대로 당장 써먹을 수 있는 실용적인 교육을 해야 하고, 학생 개인으로서는 유능한 취업준비생이 되어, 잘 나가는 직장에 취직하여 높은 월급을 받는 전문 직장인이 되는 것만이 자아실현의 길로 생각하게 된다.

이렇게 극단적인 경쟁을 통해 인재를 솎아내는 교육정책은 소수의 사람들만이 살아남게 하고, 그 살아남은 영웅이 온 나라를 먹여 살린다고 해도, 소수에 들지 않는 대다수는 주체적 삶을 살지 못하는 노예 신세로 전락하게 한다. 노예는 자기 삶의 주인이 아니다. 그러니 좋고 싫음, 옳고 그름 같은 것에 대해 생각해서도 안 되고, 도덕이나 가치를 운운하는 것도 노예의 몫은 아니며, 그저 시키는 일이나 하고, 눈앞에 먹을 것만 있으면 된다. 노예가 된다는 것은 인격을 박탈당하는 것이고, 사람을 물질의 노예로 만든다. 또한 인격적으로 대우를 받아보지 못한 사람, 즉 노예근성이 몸에 밴 사람은 다른 사람을 대할 때도 노예로 대하며, 주권이 없기에 불평불만과 비겁함을 생활양식으로 갖게 된다. 그래서 불평은 하지만 저항은 없고, '예'와 '아니오'를 분명히 말하지 못하고, 한다는 말은 "어쩔 수 없잖아요. 현실이 그런걸!" 정도일 뿐이다. 이렇게 대다수의 사람이 노예로 살아야 하니 여기에 어떤 삶의 기쁨이 있을 수 있겠는가?

소수만 영웅을 만들고 대다수를 노예로 삼게 하는 오늘날의 표어, "한 명이 수만 명을 먹여 살린다."는 것은 삼성의 기업 이념이 국가나 사회의 교육이념이 될 수는 없다. 왜냐하면 여기에는 사람다운 공동체가 형성될 수 없기 때문이다.

3. 참된 사람, 참교육으로

우리나라에서 극성 엄마들을 일컫는 말로 '헬리콥터 맘(helicopter mom)'이라는 말이 있다. 이 말은 우리나라 교육에 있어 엄마들의 뜨거운 교육열의 단면을 가장 잘 나타내주는 치맛바람에서 파생된 것이다. 헬리콥터맘은 착륙 전의 헬리콥터가 뿜어내는 바람이 거세듯 거센 치맛바람을 일으키며 자녀 주위에서 맴도는 어머니를 빗댄 용어다. 어릴 때부터 학습 매니저가 된 헬리콥터맘은 대학교에 들어간 장성한 자녀들의 일거수일투족까지도 참견하는 경우가 많다.

이러한 극성 엄마는 우리나라만이 아니다. 미국에도 극성 엄마들이 있다. 자녀들을 일류 대학에 보내기 위해 성적이 좋은 것은 기본이고, 음악, 미술, 스포츠, 사회봉사활동 등 특출한 재능을 아이에게 만들어 주기 위해 이들은 연예인 로드 매니저처럼 스케줄 관리에서 차를 이용한 장소 이동에 전력을 쏟는다. 학교가 끝나면 이들은 학교 앞으로 달려가 아이들을 데리고 다시 음악 개인레슨과 스포츠활동, 클럽활동, 자원봉사 등을 위한 장소로 이동한다. 그래서인지 이들 극성 엄마들을 부르는 이름도 다양하다. 아이들의 축구활동을 적극적으로 지원한다고 해서 사커 맘(soccer mom), 미니밴으로 하루 종일 아이들을 데리고 이곳저곳 과외 활동에 데려다 준다고 해서 미니밴 맘(minivan mom), 아이들 안전에 신경 쓴다고 해서 시큐리티 맘(security mom)이라고도 한다. 캐나다에서는 축구보다는 아이스하키가 더 인기 있는 스포츠라서 하키 맘(hockey mom)이라고도 부른다.

이들 극성 엄마들은 대부분 미국 중산층으로 어느 정도 경제적 여유를 가지고 있으며, 대학 교육을 받았고, 도시에 사는 백인 여성으로 구성되어 있다고 한다. 90년대 미국 대통령 선거에서 민주당 후보였던 클린턴 후보의 교육 정책에 찬성한다고 해서, soccer mom은 민주당을 지지하는 주부들이라는 정치적인 용어로 사용되고 있다. 같은 개념으로 중상류층 미국 백인 남성으로 공화당을 지지하는 보수성향의 세력을 'NASCAR dad'라고 하는데, NASCAR는 'National Association for Stock Car Auto Racing'으로 스포츠카 경주대회를 말한다. 휴일에 주로 스포츠카 경주대회를 시청하거나, 프로레슬링이나 미식축구 경기를 즐겨보는 성향을 가졌기 때문에 붙여진 이름이다.

미국에서는 극성 엄마들의 활약이 뛰어난 곳일수록 부동산 가격이 오른다고 한다. 우선 부모의 적극적인 참여로 안전한 교육 환경이 조성되어 있으며, 학교에서 제공하는 우수한 교육만으로도 좋은 대학에 진출할 수 있는 학업 수준을 거둘 수 있다고 한다. 이에 따라 극성 엄마들은 성적을 위한 과외활동보다는 명문 대학에서 요구하는 기타 활동 등을 위해 방과 후에 아이들을 데리고 동분서주한다는 것이다.

극성엄마들은 자녀의 모든 삶을 통제하고 강요한다. 이것이 옳다고 믿기에 더 열심히 자녀를 옭아맨다. 언젠가 어느 개그우먼이 전해 준 이야기가 지금도 기억난다. 어느 여학생의 실화라고 한다. 이 여학생은 극성 엄마가 하라는 대로 열심히 했다. 엄마가 원하는 대로 학교와 학원을 열심히 다녔다. 자신이 하고 싶은 건 단 하나도 허락해 주지 않는 엄마에게 애원해 봐야 소용없었다. 엄마는 공부 이외의 것은 철저하게 차단하고 외면했다. 중학교 졸업 즈음, 이 학생이 엄마에게 하나의 제안을 하였다. 엄마가 원하는 대로 특수목적고에 들어가서 열심히 공부할 테니 졸업하면 내가 하고 싶은 거 딱 하나만 해도 되냐는 것이었다. 이 말에 엄마는 좋다고 열심히 공부하고 졸업만 한다면 그렇게 해도 된다고 하였다. 여학생은 엄마가 하라는 대로 열심히 한 결과 특목고에 합격하고 3년간 열심히 공부하여 이른바 명문대에 합격하였다. 드디어 명문대생이 된다는 기쁨에 엄마는 어쩔 줄을 몰랐다. 이때 여학생은 엄마에게 물었다. 이제 내가 하고 싶은 거해도 되냐고. 이에 엄마는 당연하다고 허락하였다. 그날 이 여학생이 한 엄마의 허락을 받고 꼭 하고 싶은 것 하나는 바로 자살이었다고 한다.

이러한 극성 엄마 교육의 이야기를 보면서 맹자의 어머니를 떠올려본다. 이것이 유명한 '맹모삼천지교(孟母三遷之敎)'라는 말이다. 이 말의 내용은 다음과 같다. 맹자 어머니가 맹자를 낳고 공동묘지 옆으로 이사를 갔는데, 장의사 흉내를 내서 '이래서는 안 되겠다' 싶어 시장 옆으로 갔는데 장사하는 사람 흉내를 내서 '이것도 안 되겠다' 싶은 생각에 이사 간 곳이 서당 옆이었다. 서당 옆으로 갔더니 드디어 공부하는 사람이 되었다. 이렇게 해서 맹자 어머니는 이사를 잘해서 지혜로운 어머니상으로 일컬어지고 있다. 이 이야기는 아이들이 공부를 잘해서 성공하려면 주변환경이 중요하고 이를 부모가 책임적인 자세로 잘 해야 한다는 것을 일깨워 준다. 이 말은 만약 맹자의 어머니의 교육법을 따른다면 수단과 방법을 가리지 않고 부모는 자녀의 생각과 감정에 상관없이 부모가 일방적으로 결정해야 한다.

그런데 이 이야기를 한 번 깊고 넓게 생각해 보면 오늘의 교육이 지닌 문제점과 지혜로운 해결점도 생각해 볼 수 있다. 우리가 당연시 여기듯 '과연 맹자 어머니는 지혜로운 어머니인가?'에서부터 생각해 볼 수 있다. 만약 지혜로운 어머니라면 처음부터 공동묘지 옆에 가면 안 되었다. 그리고 지혜로운 어머니라면 시장 옆으로도 안 가야 했다. 맹자의 어머니는 지혜로운 어머니가 아니라 생각 없이 임기응변으로 살아가다가 행운이 주어진 어머니인지도 모른다. 그런데 이렇게 이해하고 나면 어쩐지 이렇게 유명한 이야기가 오늘날까지 전해져 내려오는 것에 대한 의문이 생긴다. 아마도 다른 깊은 의미가 담겨 있을 것만 같다. 이렇게 보면 이 이야기를 새롭게 이해하는 인식의 지평이 넓어진다.

맹자 어머니는 일부러 자기 아이를 공동묘지 옆으로 데리고 가서 살았다. 거기서 몇 년 살면서 아이에게 죽음을 가르쳤다. 죽음을 배우지 않고는 뭘 배워도 의미가 없다는 생각에서이다.[7] 그 다음에 맹자 어머니는 아이를 데리고 일부러 시장 옆으로 갔다. 인간의 생존 현장을 모르고는 배우는 것이 다 헛된 논리로 끝난다는 생각에서였다. 그래서 죽음을 알게 하고, 생존 현장을 알게 하고, 그 다음에 학교에 가서 무엇을 왜 배워야 하는지 알게 한 것이다. 그러니 지혜로운 어머니인 것이다.

교육자라면 한 번 쯤은 되새겨 보았을 법한 영화 <죽은 시인의 사회>에 나오는 키팅 선생의 많은 명대사 중 하나이다. 그는 아이들에게 인생을 살아가는 데 선택의 중요성, 획일성의 위험을 가르쳐 주기 위해 자기 자신의 모습대로 걸어보라고 한다. 인생을 걸어보라는 어

---

7) 최근 죽음교육에 대한 논의들이 주목을 끈다. 인도의 대서사시 『마하바라타』에 보면, 세상에서 가장 이상한 일에 대한 이야기가 나온다. 사람들은 주변의 사람들이 죽어가는 것을 보면서도 자신이 죽을 것을 생각지 않는다. 어리석게도 우리는 다른 사람의 죽음은 당연하게 여기면서도 자신의 죽음을 생각지 않거나 아직 먼 이야기로 착각하며 살아간다. 이러한 죽음은 피할 수 없는 인간의 숙명이다. 이를 애써 피하려고 하지 말고 준비하도록 가르쳐야 한다. 우리가 언젠가 죽는다는 사실은 우리 삶의 매 순간을 귀중하게 한다. 오늘은 다시 돌아오지 않고, 우리는 오늘의 이 장소에 다시 모이지 못할 것이다. 오늘 여기 서울에서의 교류와 협력이 똑같이 반복되지는 않을 것이다. 이러한 것을 깨닫게 될 때 우리는 매 순간을 최대화하고, 의미를 부여하고, 이 세상에서의 시간들을 가치 있게 여기게 되는 것이다. 죽음을 공부하는 것은 필연적인 일에 대한 준비이면서 또한 어떻게 해야 우리가 육체적으로 또 정신적으로 깊이 있고, 의미 있고, 충만한 삶을 살 수 있는지에 관한 연구이다. 죽음준비교육은 또한 우리로 하여금 어떻게 살아야 하는지를 생각하게 하는 삶의 교육이기도 하다. 그래서 죽음준비 교육은 매우 중요한 것이다. 죽음교육은 바르게 잘 살게 하는 교육과도 같다. 이런 점에서 죽음은 어릴 때부터 노년기에 이르는 평생교육으로 진행할 중요한 교육적 주제이다. 이에 대해서는 졸저, 『함께 읽는 기독교윤리』(파주: 한국학술정보, 2012) 참조.

려운 말 대신 진짜 걷는 모습으로 안내해준다. 다른 사람의 인정을
받는 것도 중요하지만 자신의 신념의 독특함을 믿어야 한다. 다른 사
람이 이상하다고 보든, 나쁘다고 생각하든……

로버트 프로스트는 숲 속의 두 갈래 길에서 난 작은 길을 택했고
그게 자신을 다른 사람과는 다르게 만들었다고 말했다. 우리의 아이
들이 그 나름대로의 길을 걷도록 해야 한다.

나무

도종환

퍼붓는 빗발을 끝까지 다 맞고 난 나무들은 아름답다
밤새 제 눈물로 제 몸을 씻고
해 뜨는 쪽으로 조용히 고개를 드는 사람처럼
슬픔 속에 고요하다.
바람과 눈보라를 안고 서 있는 나무들은 아름답다.
고통으로 제 살에 다가오는 것들을
아름답게 바꿀 줄 아는 지혜를 지녔다.
잔가지만큼 넓게 넓게 뿌리를 내린 나무들은 아름답다.
허욕과 먼지 많은 세상을 간결히 지키고 서 있어 더욱 빛난다.
무성한 이파리와 어여쁜 꽃을 가졌던
겨울 나무는 아름답다.
모든 것을 버리고 나도
결코 가난하지 않은 자세를 그는 안다.
그런 나무들이 모여 이룬 숲은 아름답다.
오랜 세월 인간들이
그런 세상을 만들지 못해 더욱 아름답다.

사람은 누구나 독특한 능력을 지닌 나무이다. 각자가 지닌 재능은
크거나 작다고 판단할 수 없다. 왜냐하면 그 모든 재능은 그 나름의

가치가 있기 때문이다. 걸음걸이도 방향도 스스로 선택하고 결정하도록 해야 한다. 당당해도 좋지만 때로는 우스워도 서툴고 더디게 가도 좋다. 오랜 세월 익숙해진 교육, 인간상에 그저 못 본 척, 못 들은 척하면서 세상에 자신을 맞추는 것은 자신을 죽이는 자살과 같다. 누구나 가는 길은 쉽고 익숙하다. 그러나 내게 맞는 길을, 옳은 길을 스스로 선택하고 결정해 나가야 한다.

> "좁은 문으로 들어가거라. 멸망에 이르는 문은 크고 또 그 길이 넓어서 그리로 가는 사람이 많지만 생명에 이르는 문은 좁고 또 그 길이 험해서 그리로 찾아드는 사람이 적다."[8]

다음은 프로 바둑기사 이창호의 이야기이다. 그는 바둑천재로 불리며, 10대 중반부터 정상권에 진입하기 시작했다. 9세 때 조훈현의 제자로 바둑계에 입문, 1986년에 입단했다. 1989년 KBS바둑왕전에서 우승을 차지해 세계 최연소 타이틀 보유자가 되었다. 1991년 국내 14개 프로 타이틀 가운데 7개를 석권, 스승 조훈현을 앞섰다. 1995년에는 15개 중 14개를 석권, 프로 바둑기사로서는 세계 최다관왕에 올랐다. 특히 이때 상금 랭킹 면에서 최고인 기성위와 전통과 권위 면에서 최고인 국수위를 조훈현으로부터 쟁취함으로써 정상의 자리를 확고히 했다. 1994년 7단에 오른 데 이어 1996년 한국기원의 결정으로 9단으로 특별 승단하여 최단 기간 내 9단에 오르는 기록을 세웠다. 이런 그를 각 대학에서 특례입학으로 모셔가기 경쟁이 벌어졌다. 명문대학의 조건은 4년간 등록금 전액 면제와 원하는 모든 학과에 입학

---

8) 마태오의 복음서 7장 13-14절.

이 가능하고, 학교에 나오지 않아도 졸업시켜 줄 테니 이름만 걸어두라는 것이었다. 그런데 이창호는 이를 단호히 거절했다. 그 이유는 자신에게는 바둑이 중요할 뿐, 대학은 중요하지 않다는 것이었다. 자신이 두는 바둑은 정직한데 공부도 안 하고 대학졸업장을 얻을 이유가 없다는 것이었다.

공공연하게 알려진 사실로 연예인과 스포츠 스타들이 특례입학으로 대학에 들어가서 공부하지 않고 졸업한다. 이는 악어와 악어새처럼 대학이나 이를 원하는 스타가 서로 맞물리기에 가능하다. 이를 우리 사회는 묵인한다. 이런 점에서 이창호의 결단은 신선한 충격을 준다. 논자가 좋아하는 가수인 마야의 경우도 있다. 그녀는 금곡고등학교 재학시절 상위권의 성적이었다. 당연히 부모와 담임선생은 그녀에게 서울의 명문대학 진학을 권유하였다. 그러나 그녀는 자신의 꿈은 가수가 되는 것으로 명문대학 진학은 중요하지 않다고 보고는 자신의 꿈과 관련된 대학으로 2년제인 서울예술대학 연극과에 진학하였다고 한다. 다른 사람들이나 사회가 말하는 명문대가 아니라 자신이 선택하고 자신에게 맞는 대학이 명문대이다.

「종수곽탁타전」이라는 유명한 이야기가 있다.[9] 곽탁타의 본 이름이 무언지 알지 못한다. 곱사병을 앓아 허리를 굽히고 걸어 다녔기 때문에 그 모습이 낙타와 비슷한 데가 있어서 마을 사람들이 '탁타'

---

9) 「종수곽탁타전」(種樹郭駝傳)의 원문이다. 郭橐駝不知何始名 病僂隆然伏行 有類橐駝者 故鄕人號曰駝 駝聞之 曰甚善 名我固當 因捨其名 亦自謂橐駝云 其鄕曰 豊樂 鄕在長安西 駝業種樹 凡長安豪家富人爲觀游及賣果者 皆爭迎取養視 駝所種樹 或遷徙無不活且碩茂 蚤實而蕃 他植木者 雖窺伺傚慕 莫能如也 有問之 對曰 橐駝非能使木壽且孶也 以能順木之天 以致其性焉爾 凡植木之性 其本欲舒 其培欲平 其土欲故 其築欲密 旣然已勿動勿慮 去不復顧 其蒔也若子 其置也若棄 則其天者全 而其性得矣故吾不害其長而已 非有能碩而茂之也 不抑耗其實而已 非有能蚤而蕃之也 他植木者不然 根拳而土易 其培之也 若不過焉 則不及焉 苟有能反是者 則又愛之太恩 憂之太勤 旦視而暮撫 已去而復顧 而甚者爪其膚以驗其生枯 搖其本以觀其疏密 而木之性日以離矣 雖曰愛之 其實害之 雖曰憂之 其實讐之 故不我若也 吾又何能爲哉

라 불렀다. 탁타가 그 별명을 듣고 "매우 좋은 이름이다. 내게 꼭 맞는 이름"이라고 하면서 자기 이름을 버리고 자기도 탁타라 하였다. 그의 고향은 풍악으로 장안 서쪽에 있었다. 탁타의 직업은 나무 심는 일이었다. 무릇 장안의 모든 권력자와 부자들이 관상수(觀賞樹)를 돌보게 하거나, 또는 과수원을 경영하는 사람들이 과수(果樹)를 돌보게 하려고 다투어 그를 불러 나무를 보살피게 하였다. 탁타가 심은 나무는 옮겨 심더라도 죽는 법이 없을 뿐만 아니라 잘 자라고 열매도 일찍 맺고 많이 열었다. 다른 식목자들이 탁타의 나무 심는 법을 엿보고 그대로 흉내내어도 탁타와 같지 않았다. 사람들이 까닭을 묻자 그가 말했다.

"나는 나무를 너무 오래 살게 하거나 열매가 많이 열게 할 능력이 없다. 나무의 천성을 따라서 그 본성이 잘 발휘되게 할 뿐이다. 무릇 나무의 본성이란 그 뿌리는 펴지기를 원하며, 평평하게 흙을 북돋아 주기를 원하며 원래의 흙을 원하며, 단단하게 다져 주기를 원하는 것이다. 일단 그렇게 심고 난 후에는 움직이지도 말고 염려하지도 말일이다. 가고 난 다음 다시 돌아보지 않아야 한다. 심기는 자식처럼 하고 두기는 버린 듯이 해야 한다. 그렇게 해야 나무의 천성이 온전하게 되고 그 본성을 얻게 되는 것이다. 그러므로 나는 그 성장을 방해하지 않을 뿐이며 감히 자라게 하거나 무성하게 할 수가 없다. 그 결실을 방해하지 않을 뿐이며 감히 일찍 열매 맺고 많이 열리게 할 수가 없다."

다른 식목자는 그렇지 않다. 뿌리는 접히게 하고 흙은 바꾼다. 흙 북돋우기도 지나치거나 모자라게 한다. 비록 이렇게 하지 않는다고 하더라도 그 사랑이 지나치고 그 근심이 너무 심하여 아침에 와서 보고는 저녁에 와서 또 만지는가 하면 갔다가는 다시 돌아와서 살핀다. 심한 사람은 손톱으로 껍질을 잘라보고 살았는지 죽었는지 조사하는 가 하면 뿌리를 흔들어 보고 잘 다져졌는지 아닌지 알아본다. 이렇게 하는 사이에 나무는 차츰 본성을 잃게 되는 것이다. 비록 사랑해서 하는 일이지만 그것은 나무를 원수로 대하는 것이다. 나는 그렇지 않을 뿐이다. 달리 내가 무엇을 할 수 있겠는가? 흔히 교육을 나무 심는 일로 비유한다. 곽탁타가 말한 것처럼 지나친 애정과 관심은 오히려 독이 될 수 있다. 타고난 천성이 잘 발휘되도록 기다려 주는 것도 중요하다.

우리의 교육은 '어떻게 하면 좋은 환경에서 자라나서 잘난 사람이 되게 할까?' 하는 생각에 골몰하는데 이건 바른 교육이 아니다. 우리가 묻고 또 물어야 할 것은 '왜 교육해야 하고, 왜 교육을 받아야 하는가?' 이다. '왜'가 참 중요하다. '왜, 공부해야 되는가?' 이에 대한 정답은 '참된 사람이 되기 위해서'이다. 언젠가 총신대학교에 가보니 돌판에 교훈이 새겨져 있었다.

신자가 되라, 학자가 되라 성자가 되라, 전도자가 되라, 목회자가 되라

총신대학교는 우리나라에서 가장 규모가 큰 교단의 중심 신학 교육기관으로 목회자 양성기관이다. 아마 목회자 양성기관이라 이런 교훈 아래 교육할 것이다. 그런데 문득 이 글귀를 보면서 든 생각이다. 다 좋은데 그전에 먼저 더 중요한 것은 인간이 되어야 할 것이다.

어떤 사람이 겪은 일이라고 한다. 어느 날 차를 몰고 가다가 갑자

기 뒤에서 벤츠 한 대가 이 사람의 차를 들이받았다. 순간 이 사람은 '아차! 죽는구나!' 하는 생각을 할 정도로 충격이 컸다. 차는 그야말로 찌그러질 대로 찌그러진 상황이었다. 그런데 뒤에서 정장 차림의 젊은 남자가 태연하게 내리더니 제일 먼저 한 일은 자신의 비싼 차의 상황을 살피는 것이었다. 그리고는 곧 자신의 변호사를 보낼 테니 보상을 협의하라고 하고는 그냥 떠나버렸다. 사람은 보이지 않고 돈만 보는 자세, 매사에 돈으로, 힘으로 살아가는 몰인정한 모습의 한 단면일 것이다. 오늘 우리의 모습이 이와 같다. 사람을 보기보다는 자기의 소유, 기계의 가치를 더 소중히 여긴다.

사람은

박가영

어떤 사·람·이·되·고·싶·니·

봄날 아침 새들의 노래에 가만히 귀 기울일 수 있는
사·람·이·요·
쑥부쟁이 속살거림에 한참동안이나 발걸음을 떼지 못하고 마음을 빼앗기는
사·람·이·요·
비가 내리는 날이면 그 비가 방울방울 떨어지는지 주룩주룩 떨어지는지 고민하는
사·람·이·요·
가을빛 벼들의 삶 이야기에 가슴을 넓히고 머리를 들어 하늘을 한눈에 담을 수 있는
사·람·이·요·

그런 이가 될 수 있도록
내가 노래가 되고, 속살거림이 되고, 비가 되고,

인생 이야기가 되고, 하늘이 되어 줄게

네가 그런 이로 살아가게 되는 날
나를 떠올리며 복숭아빛 시 한 줄 써 줄 수 있겠니

우리가 잘 아는 우화의 대가 이솝은 그리스의 노예로 척추장애인(난쟁이)이었다는 설에 이티오피아의 흑인이었다는 설까지 있다. 혹은 그가 실제로 존재했는지도 확실하지 않다고 한다. 이 이야기는 우화가 아닌 그의 삶에서 나온 이야기이다. 이솝우화로 이솝이 어렸을 때 일어난 일이다. 원래 이솝은 노예였는데 하루는 주인이 "이솝아 지금 목욕탕에 가서 사람이 많은지 알아보고 오렴." 하고 심부름을 시켰다. 목욕탕으로 간 이솝은 그 입구에 박힌 조그마한 암석에 많은 사람이 걸려 넘어지거나 다치는 것을 보았다. 그런데도 사람들은 "도대체 누구야 여기에 돌을 박은 사람이?"

하고 화만 낼 뿐 귀찮게 여겨 아무도 치우지 않았다. 그래서 이솝은 누군가 돌을 치우지 않을까 하고 계속 보고 있었다.

그때 한 청년이 목욕탕으로 들어가다가 그 돌에 걸려 넘어질 뻔하였다. 그러자 그는 "아니, 웬 돌이 여기 박혀 있담?" 하고는 단숨에 그 돌을 뽑아서는 사람이 다니지 않는 구석에 치우는 것이었다. 그제야 이솝은 환하게 웃으며 목욕탕에는 들어가 보지 않고 바로 주인에게 달려가 이렇게 말했다.

"주인님, 목욕탕엔 사람이 한 명밖에 없습니다."

이솝이 말한 그 한 사람은 물론 사람다운 사람, 즉 돌을 뽑아낸 청년이다. 다른 사람들은 이솝의 눈에는 사람처럼 보이지 않았던 것이다.

이 짤막한 이야기에서도 우리는 사람의 도리와 양식이라는 것을 뼈저리게 배우게 된다. 우리가 사는 세상은 혼자 사는 곳이 아니라 많은 사람들이 함께 살기에 더불어 살아야 하는 덕목을 몸에 익혀야 한다. 이솝이 살았던 시대는 2천 5백여 년 전이다. 우리 생활을 아름답게 하고, 가치 있게 하는 동양의 고전들도 1천 년, 혹은 2천 년 전에 쓰인 것들이 대부분인데도 그때에 비하여 오늘의 일이 더 혼탁한 것은 무슨 까닭일까?

우리는 이른바 명문대학에 가서 공부하고 졸업하면 성공할 확률이 높다고 굳게 믿는다. 이건 현실적으로 부정할 수 없는 사실이다. 이른바 서울대학교가 제일 좋은 학교이고 서울대학교를 나오면 사회적으로 안정적으로 성공할 수 있는 확률이 높은 것도 사실이다. 서울대학교 출신들이 사회적으로 성공할 확률은 참 큰데 우리가 여러 가지 면에서 생각해 본다면, 우리나라 대기업과 성공한 벤처기업들 중에서 서울대학교 출신들이 창업한 기업이 몇 개나 되는가? 거의 없다. 꼭 맞는 말은 아니지만 개척정신, 도전정신, 모험정신, 이런 데서는 서울대 출신의 성공 확률이 얼마 안 된다고 볼 수 있다.

우리나라가 아무리 학벌사회라고 해도 성공하는 데는 출신 대학보다 더 중요한 요인이 훨씬 더 많다. 미국의 경우도 우리와 다르지 않다. 명문대에서 MBA(경영학석사학위)를 받은 인재는 좋은 일자리와 높은 보수를 보장 받는 것 같지만 그 후광효과는 잠시, 1년 정도일 뿐이며, 그 이후에는 학벌에 관계없이 회사에서 성과를 내는 사람이 승진하고 대우 받는다는 것이다. 오히려 큰 기대를 받고 채용된 MBA출신들이 그에 부응하는 모습을 보여 주지 못할 때는 더 빨리 침몰하게 된다.[10) 두산그룹 박용만 회장의 말이다.

스펙은 과거의 행적을 통해 미래의 성과를 가늠해 보는 지표 구실을 합니다. 미래의 역량을 쌓기 위해 과거 어떤 노력을 기울였는가를 객관적으로 보여 줄 뿐 스펙이 미래의 성과를 담보하는 건 아닙니다. 물론 스펙을 위한 스펙은 예외고요. 이런 스펙은 말하자면 화장발 같은 거예요. 같은 값이면 다홍치마라고 다른 조건이 같다면야 기업으로서는 스펙이 더 좋은 사람을 쓰겠죠. 그러나 회사의 문턱을 넘는 순간 스펙의 격차는 거의 무의미해집니다.[11]

1948년 우리나라가 정부 수립을 한 뒤 과도기 때 윤보선 대통령, 최규하 대통령을 제외하면 현재 대통령까지 서울대학교 출신은 6·25전쟁 와중에 서울대학교 철학과를 졸업한 김영삼 대통령 한 사람이다. 서울대학교를 나왔다고 해서 사회를 이끌 최고, 최적, 최상의 리더십을 갖춘 것은 아니다. '서울대학교 출신이라고 해서 그 삶이 가장 행복한가?' 하는 것도 명확치 않다. 사실, 정확히 말하면 우리나라에서 가장 머리가 좋고 공부를 잘하는 사람이 가는 학교라는 질문에는 서울대학교가 정답이지만 우리나라에서 제일 좋은 대학이 서울대는 아니다. 제일 좋은 대학의 기준이 공부 잘하는 것, 우수한 성적이 아니라 도덕성, 행복감으로 본다면 답은 다양할 수 있다. 제일 좋은 대학은 사람됨을 길러 주고 참된 행복감을 길러 주는 곳이다. 그러므로 자녀에게 맞는 대학이 점수와 지역에 상관없이 제일 좋은 대학이다.

오늘날 교육 강국의 모델로 일컬어지는 곳이 핀란드이다. 핀란드는 실제로 우리나라 교육 과정에서 말하면 중학교를 졸업할 때까지 시험을 치지 않고 성적표도 없다. 정말 자유로운 분위기 속에서 모두가 평등한 상황에서 교육을 배운다. 하지만 그런다고 아이들이 원하

10) "잭 웰치 부부의 성공 어드바이스, 'MBA학위는 성공의 보증수표인가'", 〈중앙SUNDAY〉(2009년 8월 16일).
11) "경영구루와의 대화, 박용만 두산 회장", 〈중앙SUNDAY〉(2010년 10월 3일).

는 대로만 해주거나 방관하지 않는다. 이 나라에서는 유치원에 입학하면서부터 예능, 체능은 말할 것도 없고 언어, 도덕, 윤리, 자연 환경까지 다 가르친다. 그리고 선생이 한 명씩 면밀하게 분석하고 관찰한다. 그래서 이 아이는 무엇을 잘하고 이 아이의 적성은 무엇이고 어떤 분야에 강점이 있는지를 자세하게 기록한다. 초등학교에 들어가면 그대로 이 정보가 넘어간다. 그러면 초등학교 선생은 유치원에서 받은 정보를 바탕으로 한 명씩 체크한다. 그리고 중3 과정이 끝나면 고등학교로 진학한다. 놀라운 것은 핀란드의 고등학교 진학률은 55%밖에 되지 않는다. 나머지는 전문계학교나 적성에 맞는 대로 선생들이 배치한다. 도대체 교육 천국인 핀란드에서 고등학교 진학률이 떨어지는 이유는 무엇일까?

이 나라의 교육 목적은 사회 구성원으로서 책임 있게 살기 위해 필요한 지성과 인성을 배양하는 것이다. 자기주도적인 사회인으로 살아가는 데 굳이 학교 과정을 거치지 않아도 되는 사람은 안 거치게 한다. 다 대학을 가야 한다고 생각하지 않는다. 고등학교에 진학하면 우리나라는 3년으로 고정돼 있지만 이 나라는 2~4년으로 개인마다 다르다. 선생이 다 결정해 준다. 그리고 대학에 들어가는 데 평균 진학률이 50%이다. 대학에 들어가면 대학생 때부터 정부가 생활비를 지급한다. 등록금이 없는 것은 말할 것도 없다. 독일이나 영국으로 유학 가면 이 학생들에게도 생활비를 송금한다. 그야말로 교육 천국이다.

그런데 중요한 것은 이런 사회가 저절로 된 것이 아니다. 핀란드는 국민 대부분이 기독교인이었던 개신교 국가이다. 핀란드는 자식들에게 사람됨을 가르치는 참된 교육환경은 기성세대가 무조건 만들어주고 그 환경을 만들기 위해 필요한 돈은 얼마가 되던 기성세대가 부담해야 한다는 결단을 실행한 것이다. 그래서 소득이 많은 사람은 최고 80%까지 세금을 낸다. 그런데 우리는 자기 자식만 잘 되기를 바라는 마음에 기러기 가족이라는 사회문제마저 당연시되고 있다.

　오늘날 우리 교육의 현실이 이렇다면 지금 이 시점에서 우리는 "이건, 아니다"라고 말할 수 있어야 한다.

감자

김지원

봄이 이슥하도록
고집스럽게 저장하고 있는
저 어두컴컴한 헛간 한구석
죽어도,
사랑 없이는
한 톨도 내어 줄 수 없다며
웅크리고 앉아
시퍼렇게 눈 뜨는
감자의 어린 싹

수탉

최종진

세상이 잠에 취한
고요한 새벽녘에
낮 동안 터지도록
주워 삼킨 껍데기를
가능한 높은 곳에서
산 너머로 토했다

4. 죽음으로 내몰리는 현실, 우리교육의 자화상

지난해에는 이른바 과학천재들로 불리는 한국과학기술원(KAIST) 학생들이 한 해에 4명이나 자살했고,[12] 학교의 교수도 자살한 사건이 벌어졌다.[13] 4달 동안에 카이스트 학생 4명과 교수 1명이 자살을 했다. 전교 수석 실력 정도 학생만이 들어간다는 KAIST는 최근 국제 경쟁력 강화를 위해 성적 저조 학생들에게 징벌(懲罰)적 수업료 부과를 시행해 왔었다. 수업료 내는 일이야 일반 학교에서는 당연한 일이지만 평소 최고 엘리트라고 자부했던 KAIST학생들에게는 최대의 굴욕이라 여겨 벌써 올 들어 네 명이나 자살하면서 우리나라 교육은 다시 한 번 도마 위에 올라가 있는 상황이다. "우리는 행복하지 않다" "총장님, 살려 주세요" 등 하소연하는 글에서 우리는 다만 그들의 정신적 고통이 얼마나 큰지를 가늠해 볼 뿐이다. 이젠 한술 더 떠서 교수까지 자살하는 사태가 일어났다. 얼마나 스트레스를 받았으면 이런 수재들이 이런 극단적인 선택을 했겠는가? 성적이 평균 이하로 나오면 등록금을 내게 만들고, 학교수업을 모두 영어로 하니, 아무리 수재들이라도 엄청난 스트레스를 받았을 것이다. 이 학생들은 중고등학교 때 줄곧 1등을 했기 때문에, 자존심이 완전히 무너졌을 것이다. 교수들도 이른바 '테뉴어 제도 개혁'이라는 철저한 실적 위주의 시스템과 100% 영어 강의로 인한 교수들의 과도한 경쟁과 스트레스가 이 같은 비참한 결과를 초래했다.

그럼에도 우리 사회는 더욱더 경쟁을 촉구하고 있다. <동아일보>

---

12) "KAIST 학생 또 자살… 올해 4번째", 〈인천 뉴시스〉(2011년 4월 08일).
13) "카이스트교수 자살 '서남표개혁 희생' 주장 속 휴교… '폭풍전야'", 〈뉴스엔〉(2011년 4월 11일).

에는 "KAIST 경쟁자는 지금도 뛰고 있다"는 제목으로 개교 150주년을 맞는 MIT에 가보니, 평소에도 학습량이 소방호수로 물 쏟아 붓듯 엄청난데, 중간고사에는 지옥주간이라고 말할 정도로 24시간 잠을 잘 수 없을 정도로 혼신의 힘을 다하며 이 모든 한계상황을 견디어 내고 있는데, 세계 24위인 KAIST는 이 일로 멈출 수 없다는 논조였다.[14] 자살과 타살은 무한경쟁 사회에서 삶에 대한 절대 긍정의 힘을 잃고 삶에 대한 불안과 두려움, 자기 자신이나 주변 사람들의 기대에 못 미칠 때 오는 강한 부정적 힘의 작용이다. 즉, 무한경쟁에서 오는 자존감 상실이다. 학급에서 1등한 학생도 행복하지 않다. 전교 1등이 아니면 그렇다. 전교 일등을 해도 만족하지 않는다. 전국 1등이 아니기 때문이다. 전 국민의 인기를 얻고 있는 연예인도 행복하지 않다. 언제 인기가 떨어질지 몰라 불안하기 때문이다. 다른 사람보다 나은 사람이 되라고 경쟁을 부추기는 부모와 사회의 메시지는 개개인을 초라하고 불안하게 만든다. 언제부터인가 우리나라 자살률이 세계 최고에 도달했다. 하루 평균 34명이 자살로 목숨을 잃고 있다.[15]

2011년 12월 또래들의 괴롭힘을 견디다 못해 스스로 목숨을 끊은 대구의 중학생 유골이 안치된 추모관에는 사건이 발생한 지 20여 일이 지났지만, 추모객들의 발길과 위로의 글이 끊이지 않고 있다. 21012년 1월 9일 대구 팔공산 도림사 추모관에 따르면, 자살한 권모(14) 군을 기리기 위해 대구는 물론 서울, 대전, 부산 등 전국 곳곳에서 추모객들의 발길이 이어지고 있다. 추모객은 조문을 마친 뒤 유골

---

14) "KAIST 경쟁자는 지금도 뛰고 있다" 〈동아일보〉(2011년 4월 18일).

15) 김판임은 자살을 막기 위해서는 자기존중, 타인 존중의 생명존중의 교육을 해야 함을 강조하였다. 김판임, "자살 없는 사회, 타살 없는 세상을 향하여", 『GOOD CHURCH REPORT』(2010년 9월호), pp.4-5 참조.

안치실 한쪽에 마련된 '하늘에 쓰는 편지'란 게시판에 권군의 명복을 빌고, 유족을 위로하는 글을 남기며 안타까운 죽음을 애도하고 있다.[16] 이 학생이 쓴 유서가 인터넷에 공개되면서 많은 이들이 안타까워했다. 그 내용은 다음과 같다.

> 제가 그동안 말을 못했지만, 매일 라면이 없어지고, 먹을 게 없어지고, 갖가지가 없어진 이유가 있어요. 제 친구들이라고 했는데 ○○○하고 ○○○이라는 애들이 매일 우리 집에 와서 절 괴롭혔어요. 매일 라면을 먹거나 가져가고 쌀국수나, 용가리, 만두, 스프, 과자, 커피, 견과류, 치즈 같은 걸 매일 먹거나 가져갔어요.
> 3월 중순에 ○○○라는 애가 같이 게임을 키우자고 했는데 협박을 하더라고요. 그래서 제가 그때부터 매일 컴퓨터를 많이 하게 된 거예요. 그리고 그 게임에 쓴다고 제 통장의 돈까지 가져갔고, 매일 돈을 달라고 했어요. 그래서 제 등수는 떨어지고, 2학기 때쯤 제가 일하면서 돈을 벌었어요. (그 친구들이) 계속 돈을 달라고 해서 엄마한테 매일 돈을 달라고 했어요. 날이 갈수록 더 심해지고 담배도 피우게 하고 오만 심부름과 숙제를 시키고, 빵까지 써줬어요. 게다가 매일 우리 집에 와서 때리고 나중에는 ○○○이라는 애하고 같이 저를 괴롭혔어요.
> 키우라는 양은 더 늘고, 때리는 양도 늘고, 수업시간에는 공부하지 말고, 시험문제 다 찍고, 돈 벌라 하고, 물로 고문하고, 모욕을 하고, 단소로 때리고, 우리가족을 욕하고, 공부 못하도록 문제집을 다 가져가고, 학교에서도 몰래 때리고, 온갖 심부름과 숙제를 시키는 등 그런 짓을 했어요.
> 12월에 들어서 자살하자고 몇 번이나 결심을 했는데 그때마다 엄마, 아빠가 생각나서 저를 막았어요. 그런데 날이 갈수록 심해지자 저도 정말 미치겠어요. 또 밀레 옷을 사라고 해서 자기가 가져가고, 매일 나는 그 녀석들 때문에 엄마한테 돈 달라하고, 화내고, 매일 게임하고, 공부 안하고, 말도 안 듣고 뭘 사달라는 등 계속 불효만 했어요.
> 전 너무 무서웠고 한편으로는 엄마에게 너무 죄송했어요. 하지

---

16) "자살한 대구 중학생 추모관, 발길 이어져", 〈매일경제신문〉(2012년 1월 9일).

만 내가 사는 유일한 이유는 우리 가족이었기에 쉽게 죽지는 못했어요. 시간이 지날수록 제 몸은 성치 않아서 매일 피곤했고, 상처도 잘 낫지 않고, 병도 잘 낫지 않았어요. 또 요즘 들어 엄마한테 전화해서 언제 오냐는 전화를 했을 거예요. 그 녀석들이 저한테 시켜서 엄마가 언제 오냐고 물은 다음 오시기 전에 나갔어요.

저, 진짜 죄송해요. 물론 이 방법이 가장 불효이기도 하지만 제가 이대로 계속 살아 있으면 오히려 살면서 더 불효를 끼칠 것 같아요. 남한테 말하려고 했지만 협박을 했어요. 자세한 이야기는 내일쯤에 ○○○이나 ○○○이란 애들이 자세하게 설명해 줄 거예요.

오늘은 12월 19일, 그 녀석들은 저에게 라디오를 들게 해서 무릎을 꿇리고 벌을 세웠어요. 그리고 5시 20분쯤 그 녀석들은 저를 피아노 의자에 엎드려놓고 손을 봉쇄한 다음 무차별적으로 저를 구타했어요. 또 제 몸에 칼등을 새기려고 했을 때 실패하자 제 오른쪽 팔에 불을 붙이려고 했어요. 그리고 할머니 칠순잔치 사진을 보고 우리 가족들을 욕했어요. 저는 참아보려 했는데 그럴 수가 없었어요. 걔들이 나가고 난 뒤, 저는 제 자신이 비통했어요. 사실 알고보면 매일 화내시지만 마음씨 착한 우리 아빠, 나에게 베푸는 건 아낌도 없는 우리 엄마, 나에게 잘 대해주는 우리 형을 둔 저는 정말 운이 좋은 거예요.

제가 일찍 철들지만 않았어도 저는 아마 여기 없었을 거예요. 매일 장난기 심하게 하고 철이 안 든 척했지만, 속으로는 무엇보다 우리 가족을 사랑했어요. 아마 제가하는 일은 엄청 큰 불효인지도 몰라요. 집에 먹을 게 없어졌거나 게임을 너무 많이 한다고 혼내실 때, 부모님을 원망하기보단 그 녀석들에게 당하고 살며 효도도 한번도 안한 제가 너무 얄밉고 원망스러웠어요. 제 이야기는 다 끝이 났네요. 그리고 마지막 부탁인데, 그 녀석들은 저희 집 도어키 번호를 알고 있어요. 우리 집 도어키 번호 좀 바꿔주세요. 저는 먼저 가서 100년이든 1000년이든 저희 가족을 기다릴게요.

12월 19일 전 엄마한테 무지하게 혼났어요. 저로서는 억울했지만 엄마를 원망하지는 않았어요. 그리고 그 녀석들은 그날 짜증난다며 제 영어자습서를 찢고 3학년 때 수업하지 말라고 ○○○은 한문, ○○○는 수학책을 가져갔어요. 그리고 그날 제 라디오 선을 뽑아 제 목에 묶고 끌고 다니면서 떨어진 부스러기를 주워 먹으라 하였고, 5시 20분쯤부터는 아까 한 이야기와 똑같아요.

저는 정말 엄마한테 죄송해서 자살도 하지 않았어요. 어제(12월 19일) 혼날 때의 엄마의 모습은 절 혼내고 계셨지만 속으로는 저를 걱정하시더라고요. 저는 그냥 부모님한테나 선생님, 경찰 등에게 도움을 구하려 했지만, 걔들의 보복이 너무 두려웠어요. 대부분의 학교 친구들은 저에게 잘 대해줬어요. 예를 들면 ○○○, ○○○, ○○○, ○○○, ○○○, ○○○, ○○○, ○○○, ○○○, ○○○, ○○○, ○○○, ○○○, ○○○, ○○○, ○○○ 등 솔직히 거의 모두가 저에게 잘해줬다고 해도 과언은 아니에요. 저는 매일매일 가족들 몰래 제 몸의 수많은 멍들을 보면서 한탄했어요.

항상 저를 아껴주시고 가끔 저에게 용돈도 주시는 아빠, 고맙습니다. 매일 제가 불효를 했지만 웃으면서 넘어가 주시고, 저를 너무나 잘 생각해 주시는 엄마, 사랑합니다. 항상 그 녀석들이 먹을 걸 다 먹어도 나를 용서해 주고, 나에게 잘해 주던 우리 형, 고마워. 그리고 항상 나에게 잘 대해 주던 내 친구들, 고마워. 또 학교에서 잘하는 게 없던 저를 잘 격려해 주시는 선생님들, 감사합니다.

저희 집 도어키 번호를 바꿔 주세요. 걔들이 알고 있어서 또 문 열고 저희 집에 들어올지도 몰라요. 모두들 안녕히 계세요.

아빠, 매일 공부 안 하고 화만 내는 제가 걱정되셨죠? 죄송해요. 엄마, 친구 데려온답시고 먹을 걸 먹게 해준 제가 바보스러웠죠? 죄송해요. 형, 매일 내가 얄밉게 굴고 짜증나게 했지? 미안해. 하지만, 내가 그런 이유는 제가 그러고 싶어서 그런 게 아니란 걸 앞에서 밝혔으니 전 이제 여한이 없어요. 저는 원래 제가 진실을 말해서 우리 가족들과 행복하게 사는 게 꿈이었지만 제가 진실을 말해서 억울함과 우리 가족 간의 오해와 다툼이 없어진 대신, 제 인생, 아니, 제 모든 것들을 포기했네요. 더 이상 가족들을 못 본다는 생각에 슬프지만 저는 오히려 그간의 오해가 다 풀려서 후련하기도 해요. 우리 가족들, 제가 이제 앞으로 없어도 제 걱정 없이 앞으로 잘 살아가기를 빌게요.

저의 가족들이 행복하다면 저도 분명 행복할 거예요. 걱정하거나 슬퍼하지 마세요. 언젠가 우리는 한 곳에서 다시 만날 거예요. 아마도 저는 좋은 곳은 못갈 거 같지만 우리가족들은 꼭 좋은 곳을 갔으면 좋겠네요.

매일 남몰래 울고 제가 한 짓도 아닌데 억울하게 꾸중을 듣고 매일 맞던 시절을 끝내는 대신 가족들을 볼 수가 없다는 생각에 벌써부터 눈물이 앞을 가리네요. 그리고 제가 없다고 해서 슬퍼하시거나 저처럼 죽지 마세요. 저의 가족들이 슬프다면 저도 분명히 슬플 거예요. 부디 제가 없어도 행복하길 빌게요.

-우리 가족을 너무나 사랑하는 막내 ○○○ 올림-

P.S. 부모님께 한 번도 진지하게 사랑한다는 말 못 전했지만 지금 전할게요.

이 사건을 계기로 최근 경찰청은 '학교폭력과의 전쟁'을 선포하고 나섰다. 경찰청은 집단폭행·금품갈취 등 상습적인 교내외 폭력에 대해서는 구속수사를 확대하기로 했으며 1만 2,000여 명의 형사들을 학교폭력 우범지대에 투입하기로 했다. 경찰청 관계자는 "지금까지 학교폭력 문제는 대부분 여성·청소년 문제를 담당하는 생활안전과가 주로 맡았는데, 이보다 10배 가까이 규모가 큰 형사·수사 쪽을 투입하기로 한 것은 학교폭력을 성인 강력범죄에 준하는 수준으로 강경하게 대응하겠다는 취지"라고 설명했다.[17] 이에 대해 '소 잃고 외양간 고치는 격'이라고들 한다. 이렇게 해서 학교폭력, 집단따돌림이 해결될 수만 있다면 얼마나 좋을까? 최근 학교폭력으로 인한 학생들의 자살이 급증하는 등 학교폭력의 폐해는 반드시 한국사회가 해결해야 할 과제다. 그러나 이 문제는 경찰이 학교라는 배움의 공간에 투입 상주하는 방식으로 해결될 문제가 아니다. 과도한 입시경쟁과 학생들의 스트레스, 서열 중심의 우리 사회 문화, 폭력에 둔감한 반인권적 인식 등 학교폭력의 원인은 복잡하고 다난하다. 이런 문제를 공권력이라는 또 다른 강제적 방식으로 해결할 수 있다는 발상은 교육의 대상인 학생을 범죄자 취급하는 행위다.

---

17) 경찰이 학교 폭력과의 전쟁을 선포하고 이를 위해 만 2천 명에 이르는 외근 형사 인력을 동원하기로 했다. 경찰청 수사국은 집단 폭행이나 금품 갈취 등 상습적인 학교 폭력 행위에 대해서는 구속 수사를 확대하고 단속 활동도 강화한다는 내용의 공문을 16개 지방청에 하달했다. "경찰, '학교 폭력과의 전쟁' 선포", 〈TV조선〉(2012년 1월 1일).

안타깝게도 많은 사람들이 이 사건에 대해 원인분석이나 문제점들을 이야기하지만 정작 자기 책임이라고 나서는 사람은 눈에 띄지 않는다. 오늘 우리의 현실은 청소년과 문제가 붙어다니고, 학교와 공포가 붙어다닌다. 오죽하면 청소년들을 가리켜 걸어다니는 폭탄이니 건들지 말라고들 할까 하는 생각도 든다. 왜 학교가 이렇게 무섭고 불필요한 곳이 되었을까? 방학을 없애달라는 학부모의 전화는 청소년이 사랑스러운 자식이 아니라 아주 귀찮은 애물단지가 되어버린 현실처럼 느껴지기도 한다. 자신의 정체감을 찾아가야 할 학생들이 왜 이리 천덕꾸러기가 되어버렸을까? 가슴 아픈 일이다. 더욱이 희망찬 미래를 꿈꾸며 살아갈 학생들이 자신의 목숨을 끊어야 비로소 희망을 찾는다고 느낀다면 이건 통곡할 현실이다. 어느 조사에 의하면, 많은 학생들이 게임의 항목을 얻을 수 있다면 친구들이나 동생들을 가해하는 것도 이해할 수 있다고 말하는 현실이다.

최근 청소년들의 게임중독이 심각하다. 한국교원단체총연합회는 전국 초·중·고등학교 교원 303명으로 대상으로 실시한 '청소년 인터넷게임 관련 교원 설문조사' 결과를 31일 발표했다. 조사 결과 학생들이 휴대폰 게임에 빠지거나 집에서 밤늦게 게임을 해 수업에 지장을 받거나 학생과 갈등을 일으킨 적이 있냐는 질문에 79.87%(242명)가 '있다'고 응답했다. 대부분(94.39%)의 교사들은 평소 학생들의 게임 문화에 대해 '부모나 사회의 통제가 필요할 정도로 심각한 지경에 이르렀다'고 생각하고 있으며 '스스로 통제해 큰 문제가 없다'는 답변은 5.61%에 그쳤다. 현재 국회 계류 중인 16세 미만 청소년들이 자정부터 다음날 6시까지 인터넷 게임 이용을 제한하는 청소년보호법 개정안, 일명 셧다운제에 대해서는 93.73%의 교사가 찬성한다고 답했다. 학생들을 대상으로 한 사이버윤리교육에 대해서는 92.08%의 교사가 '부족하다'는 견해를 보였으며 '충분하다'고 답한 교사는 6.93%에 불과했다. 게임중독으로 인한 상담이나 치료재활 서비스가 필요하거나 실제로 치료 받고 있는 경우가 있느냐는 질문에는 절반이 넘는 56.11%의 교사가 '있다'고 응답했다. 이러한 설문조사를 바탕으로 한국교총은 셧다운제 적용 연령에 대해서 '16세 미만'이 아닌 고등학생을 포함한 '19세 미만'으로 연령을 상향 적용할 것을 제안했다. 또 셧다운제를 컴퓨터 게임에 한정하지 말고 휴대폰(스마트폰)도 규제대상에 포함해야 한다고 주장했다.[18]

청소년들의 게임중독은 단순한 학습장애의 문제에 그치지 않는다. 인터넷게임에 빠진 청소년들의 뇌는 마약과 술에 중독된 사람의 뇌와 유사한 기능 장애를 겪는 것으로 나타났다. 영국의 일간지 <인디펜던트>는 인터넷에 중독된 청소년들의 뇌 상태가 코카인과 대마초, 술 중독자들과 비슷한 변화를 보인다고 보도했다. 전문가들이 자기공명장치(MRI)를 통해 뇌를 관찰한 결과 사회와 단절될 정도로 장시간 인터넷을 하는 청소년들의 뇌는 비정상 상태였다고 이 신문은 전했다. 대략 인터넷 사용 청소년의 5~10% 정도가 중독된 것으로 볼 수 있으며, 그들 중 대부분은 게임에 빠진 경우였다. <인디펜던트>에 따르면 중국 연구자들이 '상하이 정신건강센터'의 의뢰를 받아 인터넷 중독 장애를 진단 받은 17세 청소년의 뇌를 검진했더니 백색질 섬유소에 손상을 입은 것으로 나타났다. 백색질은 뇌의 신경세포가 몰려 있는 곳으로 감정표현, 주의력, 결단력, 인지기능 조절과 밀접한

---

18) "교사 10명 중 8명 '학생 게임중독 때문에 수업지장'", 〈서울 뉴시스〉(2011년 03월 31일).

관계가 있다. 백색질 장애는 술과 코카인 중독자들에게도 흔히 관찰되는 질환이라고 연구진은 설명했다. 이들은 뇌의 변화가 반드시 인터넷 중독의 원인이 되거나 그에 따른 결과라고 단정할 수는 없지만 뇌에 미세하나마 변화를 보이는 청소년들은 중독자가 되기 쉽다고 주장했다.[19]

이러한 게임중독은 부모와의 대화 시간을 줄어들게 한다. 만 12~18세 청소년들의 인터넷게임 이용률이 최근 3년 새 20%가량 상승한 것으로 나타났다. 반면 부모와 하루 중 대화시간이 1시간도 채 안 되는 청소년이 반수를 넘어서며, 청소년 3명 중 1명은 부모님과 자신의 고민에 관한 대화를 거의 나누지 않는 것으로 조사됐다. 19일 여성가족부가 발표한 '2011 청소년 종합실태조사'에 따르면 지난해 만 12~18세 청소년 인터넷게임 이용률은 79.8%로 2008년보다 19.3%포인트 상승했다. 반면 이메일, 커뮤니티, 메신저, 블로그, 미니홈피 등 인터넷 이용률은 지난해 86.4%로 2008년보다 9.4%포인트 하락했다. 이 같은 인터넷게임 이용률이 늘어난 데에는 청소년들의 스마트폰 사용이 늘면서 스마트폰을 통한 게임 이용률이 늘어난 데 따른 것으로 분석된다. 청소년의 인터넷게임 이용시간은 주중 평균 56분, 주말 1시간 25분이었고, 휴대전화 이용시간은 주중 1시간, 주말 1시간 5분이었다. 이에 반해 부모와 대화, 특히 아버지와의 대화시간은 턱없이 적었다. 하루 평균 1시간 이상 자녀와 대화하는 비율은 어머니 45.2%, 아버지 23.9%로 어머니가 아버지의 2배나 높았다. '30분 미만'인 아버지는 42.1%, 어머니는 22.4%였다. 또한 '(대화를) 전혀 하지 않는다'는 아버지 6.8%, 어머니 2.5%로 나타났다. 또 부모와 자신의 고민에 관한 대

---

19) "인터넷 게임 중독, 마약·알코올과 비슷… 뇌신경에 심각한 손상", 〈국민일보〉(2012년 1월 12일).

화를 나누는 비율은 '매일 한다'가 8.0%에 그친 반면 '거의 하지 않는다'가 34.4%로 가장 높게 나타나 가족 간 소통 부재를 드러냈다.[20]

　우리나라 청소년 2명 중 1명은 아버지와 하루 평균 30분 미만 대화를 나누는 것으로 나타났다. 또 5명 중 4명은 인터넷 게임 경험이 있는 것으로 조사됐다. 여성가족부는 통계청에 의뢰해 지난해 6∼12월 2,200가구의 주 양육자 1명(남성 314명, 여성 1,886명)과 청소년(만 9∼24세) 3,492명을 대상으로 벌인 '2011 청소년종합실태조사' 결과를 19일 발표했다. 조사에서 아버지와의 하루 평균 대화시간을 묻는 질문에 청소년 응답자의 42.1%는 30분 미만, 6.8%는 전혀 하지 않는다고 답했다. 또 청소년들의 24.9%는 어머니와의 하루 평균 대화도 30분 미만이라고 응답했다. 전체 청소년의 인터넷 게임 이용률은 79.2%로 나타났다. 이 가운데 만 12∼18세의 이용률도 79.8%나 됐는데 이는 3년 전인 2008년 대비 19.3% 포인트나 급증한 수치다. 미디어·인터넷 이용률은 TV 시청(97.7%), 이동전화 사용(92.4%), 인터넷 사용(84.2%), 독서(79.6%) 순이었다. 청소년들은 인터넷을 할 때 '연령을 숨기고 활동'(16.8%) '개인 비방이나 악성댓글 달기'(16.5%), '출처 표기 없이 타인의 자료 임의 등재'(12.9%), '자신의 성(남성·여성)을 숨기고 활동'(10.4%) 등의 경험이 있다고 답했다. 주 양육자의 69%는 청소년 자녀의 인터넷 사용시간을 제한했다.[21]

　또한 청소년 게임의 심각한 문제는 게임의 세계에서는 치열한 경쟁과 폭력과 파괴가 당연시되고 강자만이 살아남는다는 메시지가 담겨 있는 데 있다. 이에 따라 청소년들은 생명을 하찮게 여기고 약자

---

20) "인터넷 게임에 푹빠진 청소년", 〈세계일보〉(2012년 1월 19일).
21) "'존재감 없는 아빠'… 청소년 2명 중 1명 하루 대화 30분도 안 해", 〈국민일보〉(2012년 1월 20일).

를 괴롭히는 것을 당연하게 여길 우려가 있다. 이처럼 가상현실과 실제현실의 차이를 무력화시키는 IT기술은 존재의 가벼움을 선호하는 세대를 만들어 냈다. 이들에게 이념논쟁과 같은 거대담론은 전쟁세대의 유산일 뿐이다. 전쟁놀이를 전자오락으로 즐기는 세대들에게 사상논쟁은 컴퓨터 용량과 테크닉의 문제보다 흥미를 끌지 못한다.[22] 자기 이익을 위해서라면 수단과 방법을 가리지 않고 다른 사람에게 피해를 주는 것도 서슴지 않는 현실이다. 물질적인 가치관은 이미 학생들을 물질의 노예로 전락시켰다. 이처럼 도덕불감성은 자신의 정신적인 스트레스의 탈출구로 약한 친구나 동생들을 괴롭히는 것을 넘어서서, 자신의 만족을 위한 노예로 삼아버리는 만행도 서슴지 않는다. 이들에게는 이것이 영웅적이며 자신의 이익을 극대화하는 수단일 뿐이다.

학교에서는 감추고 싶은 비밀인 양 작성하는 서류에 집단따돌림이 없다. 그러니 가해학생도, 피해학생도 없다. 그런데 부정할 수 없는 사실은 분명 학교에서 집단따돌림으로 괴로워하는 피해학생은 있다. 분명한 사실은 집단따돌림을 견디다 못해 자살하는 학생이 많아지고 있다. 안타깝게도 이와 관련된 비보가 전해지면 이에 대한 문제를 지적하는 사람은 많지만, 뚜렷한 해결책은 나오지 않고 있다. 이것은 학생들의 도덕성을 함양하는 교육으로는 안 된다. 우리의 학교가 교육의 참된 기능을 상실하고 왜곡되어 있음을 직시하고, 이를 개선해 나가는 사회 전체의 노력이 필요하다. 학업내용을 국가가 장악하여 일괄적으로 끌어가려는 욕심, 학교를 서열화하여 인간존엄을 훼손하는

---

22) 천병석, "그리스도인, 세상의 소금과 빛 – 조직신학적 접근", 『그리스도인, 세상의 소금과 빛』, pp.137–138 참조.

현실, 자유로운 발상이나 개성을 묵살하고 정답만을 주입하는 오늘의 교육은 살림이 아닌 죽음일 뿐이다.

사람들은 오늘도 행운(幸運)의 네잎클로버를 찾는다. 나폴레옹이 전투 중 평소 찾기 힘든 네잎클로버를 발견하고 그 잎을 주우러 허리를 숙일 때 총알이 빗나가 살아난 일이 있은 후 네잎클로버는 행운의 상징이 되었다. 하지만 네잎클로버보다 더 좋은 것은 행복(幸福)이라는 꽃말을 가진 세잎클로버이다. 우리가 90년 산다고 가정하고 1년 365일을 대충 계산해도 30만 번이나 넘는 일상의 행복은 외면한 채, 평생 어쩌다 한 번 만나는 행운을 위해 언제나 전투적 삶을 살아가는 어리석은 사람에게 이번 KAIST의 연이은 자살소식은 많은 교훈을 주고 있다. KAIST 학생이 올 들어 네 번째 자살한 그날 한 서울대학교 졸업생이 취업에 실패했다고 숙박업소에서 자살했다는 뉴스가 나왔다.[23]

KAIST 학생들이 "우리는 행복하지 않다"고 하소연하는 것처럼 현대인들은 성공과 행운을 위해 목숨을 걸지만, 설령 그 모든 것을 성취했다 해도 행복을 누리지 못하고 있다. 늘 남과 비교하느라 나에게 주신 것에 감사하지 못하고, 없는 것만 생각하고 스스로 불행을 자초하면서 마음 속의 파랑새를 그리며 행운을 기대하고 있다.

성공한 사람들과 행복한 사람들의 공통점은 분명한 자아상을 갖고 있다는 점이다. 자아상이란 자신에 대한 자기인식이다. 스스로 자신

---

23) 취업에 실패한 서울대학교 졸업생이 이를 비관, 자살한 사건이 뒤늦게 알려졌다. 2011년 4월 15일 경북 상주경찰서에 따르면 서울대 졸업생 A씨(여)가 지난 1일 오후 3시께 상주의 한 숙박업소에서 목을 매 숨진 채로 발견됐다. 경찰은 전날 오후 방에 들어간 A씨가 퇴실시간이 지났음에도 나오지 않는 것을 이상하게 여긴 숙박업소 주인의 신고를 받고 출동해 시신을 발견했다. 조사 결과 A씨는 지난달 31일 경기도의 한 버스터미널에서 연고가 없는 상주로 온 것으로 나타났다. 경찰은 타살 혐의가 없고 A씨가 부모와 동생에게 A4 용지 2장 분량의 유서를 남겼다고 밝혔다. 2005년 서울대에 입학한 A씨는 동아리 회장을 맡을 정도로 활달한 성격이었으나 지난해 2월 대학을 졸업한 후 취업에 실패하며 우울증을 겪은 것으로 알려졌다. A씨는 유서에 "부모님 기대에 미치지 못해 죄송하다. 이런 내 모습에 적응이 안 된다"라고 써 놓은 것으로 전해졌다. "서울대 졸업생 취업 실패 비관 자살". 〈연합뉴스〉(2011년 4월 15일).

을 어떻게 생각하느냐가 왜 중요한가? 인생은 자기 생각대로 만들어지기 때문이다. 그러므로 자신을 바르게 아는 것처럼 중요한 일도 없다. 흔히 주제 파악한다는 것이 쉽지 않듯이 자신을 바르게 아는 사람이 드물다. 심각한 것은 자신에 대한 기준을 세상의 기준에서 찾고 있다는 점이다. 세상의 기준으로 본다면 소수 외에는 전부 다 하위등급에 속하기에 스스로 좌절할 수밖에 없다. 우리는 욕구(慾求)가 채워질 때 만족감을 느낀다. 스스로 원하는 것이 무엇인지 알고 그것을 실현시키기 위해 능동적인 삶 자체가 행복이다. 축구선수 베컴이 나보다 연봉이 몇 백 배 된다고 그가 더 행복하다고 말할 수 있겠는가? 아니다. 만약 베컴이 행복하다면 자신이 하고 싶은 일을 이루었기 때문에 행복한 것이지 연봉과 상관이 있는 것이 아니다.

5. 여럿이 함께, 살림의 교육

논자는 대구 중학생 자살사건을 접하면서 다시금 기독교학교로서 우리학교의 사명을 되새겨보았다. 아래의 내용은 논자가 <크리스챤신문>에서 인터뷰한 내용이다.

> 기독교교육에 조심스런 접근을 피력한 교육자도 있었다. 한승진 교목(황등중학교)은 "진짜 기독교교육이어야 한다"고 재차 강조했다. 왜냐면 이미 인화학교와 같은 기독교 학교에서 경악할 만한 인권유린 사태가 있었기 때문이다. 무조건 '기독교학교가 대안이 된다'는 접근은 지탄의 대상이 될 수 있다고 했다. 한 목사는 "심리학자들의 말에 의하면 '자살하기 전 사람들의 행동을 살펴보면 누군가에게는 꼭 자신의 고민이나 속마음을 털어놓는다'라고 한다. 이

번에 자살한 학생이나 그 이전에 피해를 입고 삶을 포기한 수많은 학생들도 그랬을 것이다. 안타까운 것은 그 몸부림을 알아차리지 못했거나 그냥 넘겨 버린 현실이다"라고 토로했다. 또한 "상처를 보듬어줄 여유 없이 살아가고 있는 것은 기독교 학교든 일반학교든 모두 갖고 있는 문제인 것 같다. 이번 사건을 계기로 모두가 자기 학생들을 되돌아 봤으면 한다"면서 자기반성도 내비쳤다.

이번 대구 중학생자살사건을 계기로 경찰은 학교폭력의 경종을 울리기 위해 이례적으로 가해학생 둘을 구속했다. 또한 교육청은 전국 학교에 CCTV를 달겠다고 했다. 하지만 이런 대책에 대해 교육 목회자들은 "미봉책일 뿐이다"면서, "특히 CCTV설치는 언뜻 그럴싸해 보이지만 그냥 빠르고 간단하게 교육문제를 덮을 요량으로 내놓은 자구책일 뿐이다"고 일갈했다. 목회자들이 강조한 것은 '생활공동체의 삶을 실천하는 것'이라고 했다.

한 목사는 "선생님들 스스로 학생들 곁에 다가가서 고민과 아픔을 품어주는 자세가 필요하다. 예수님은 제자들과 함께 살며 삶에서 그 모범을 보여 주셨다. 그런 태도야말로 기독교 교육이 세상교육에 던져 줄 수 있는 대안이다"고 말했다.[24]

지난 2012년 1월에 실린 두 편의 글샘이 가슴에 와 닿았다.[25]

학생이 희망이다

학생들의 밝은 웃음소리는 대한민국의 내일을 밝힐 희망입니다.
학생들의 어깨 위에 있어야 할 것은 무거운 가방과 책임이 아닙니다.
학생들의 머릿속에 있어야 할 것은 성적표와 시간표가 아닙니다.
그들의 어깨 위엔 더 밝게 떠오를 내일의 태양이 빛나야 하고
그들의 머릿속엔 새로운 탐험과 모험의 꿈이 가득해야 합니다.
우리 주변에 학생들의 웃음이 끊이지 않는 한
우리의 내일은 점점 더 밝아질 것입니다.
그들의 웃음소리는 세상을 희망으로 바꾸겠다는 약속입니다.

---

24) "대구중학생 자살 사건을 계기로 돌아보는 교육현실", 〈크리스챤신문〉(2012년 1월 8일).
25) 〈한국교직원신문〉(2011년 12월 26일).

교실이 희망입니다.

대한민국의 모든 교실은 꿈을 키우는 인큐베이터입니다.
세계적인 음악가의 탄생을 위해
삐거덕거리는 교실에는 풍금 하나가 있었습니다.
올림픽 체조 금메달리스트의 탄생을 위해
운동장 구석에는 낡은 철봉 하나가 있었습니다.
그들이 처음 건반에 손을 얹고 철봉을 감아쥐던 곳
지금도 대한민국의 모든 교실에서, 운동장에서
대한민국을 빛나게 할 내일의 꿈이 자라나고 있습니다.

위와 같은 내용을 우리 학교가 실현해 나가기를 기대해 본다. 아래의 글은 논자가 써 본 것으로 기독교학교로서 방향을 되새기고자 매주 방송예배와 월례예배와 학교신문에 첫 면에 게재하는 우리 학교의 사명이다.

우리 학교의 사명

일등만을 인정하는 교육
환경을 죽이고 물질을 숭상하는 교육
기계와 기술이 인간을 대신하는 교육
그런 메마른 교육으로는
새로운 세상을 열어갈 수 없습니다.
지금 우리에게 필요한 것은
한 사람의 지도자가 아니라
더불어 살 줄 아는 열 명의 사람입니다.

기독교학교로 유명한 거창고등학교 홈페이지에도 참된 교육을 되새기게 하는 내용이 있다. 이것이 바로 '직업십계명'이다. 이 글을 쓴 이는 교장선생인데도 낡은 고무신을 신고 다니시는 것으로 유명한, 겸손한 자세로 성서에 입각한 교육을 실천하는 전성은 선생의 글이다.

직업선택의 십계

- 월급이 적은 쪽을 택하라.
- 내가 원하는 곳이 아니라 나를 필요로 하는 곳을 택하라.
- 승진의 기회가 거의 없는 곳을 택하라.
- 모든 것이 갖추어진 곳을 피하고 처음부터 시작해야 하는 황무지를 택하라.
- 앞을 다투어 모여드는 곳은 절대 가지 마라. 아무도 가지 않는 곳으로 가라.
- 장래성이 전혀 없다고 생각되는 곳으로 가라.
- 사회적 존경 같은 건 바라볼 수 없는 곳으로 가라.
- 한가운데가 아니라 가장자리로 가라.
- 부모나 아내나 약혼자가 결사반대를 하는 곳이면 틀림없다. 의심치 말고 가라.
- 왕관이 아니라 단두대가 기다리고 있는 곳으로 가라.

심리학자들이 인간의 심리상태를 점검하는 방법 중 하나로 측정대상자가 일정한 시간의 연설이나 대화, 또는 일정한 문장에서 '나'라는 단어를 얼마나 쓰는가를 조사하는 방법이 있다. '나'라는 단어를 자주 쓰는 사람일수록 그 사람의 심리상태는 건전하지 못하다는 결과가 나왔다. 1940년 미국의 한 언어학자의 조사에 따르면, 히틀러는 '나'라는 단어를 53단어에 한 번씩 썼고, 무솔리니는 83단어에 한 번씩 썼다고 한다. 반면 영국의 체임벌린(Joseph Chamberlain) 같은 정치가는 294단어에 한 번 사용했을 뿐이라고 한다.

미국에서 아주 유명한 고등학교 중 한 곳으로 '필립스 아카데미(Phillips Academy)'라는 곳이 있다. 이 학교는 미국 매사추세츠 주 앤도버에 있는 대학입학 준비과정의 남녀공학 사립학교(9~12학년)로

1778년 당시 매사추세츠 주 부지사인 새뮤얼 필립스가 소년들을 위한 기숙학교로 설립한 학교로서 미국 최초의 법인학교였다. 1973년에는 인접해 있는 여학교인 애벗 아카데미와 합병했는데 1829년 설립된 애벗 아카데미는 뉴잉글랜드 지방 최초의 법인 여학교였다. 버지니아의 워싱턴가(家)와 리가(家) 및 매사추세츠의 로웰가(家) 등 명망 있는 가문의 자제들이 다녔다. 이 학교는 미국 동부의 명문대학인 하버드, 에일, 프린스턴 등에 진학률이 타의 추종을 불허할 정도로 높다. 이 학교 출신들은 대통령, 주지사, 국회의장, 국회의원, 대법관, 대학교수들이 많다. 사람들은 이런 학교에 자녀를 보내고 싶어 하고 다니고 싶어 하고 이런 학교 출신들을 부러워한다. 그런데 잊지 말아야 할 사실은 이 학교 출신들이 보여 주는 '노블리스 오블리제'를 실천하는 정신이다. 바로 이 학교의 건학이념이 우리교육에 시사하는 바가 크다. 이 학교는 기독교 정신에 따라 다음의 성서구절에 기초한 건학이념을 정하였다.

> 그러니 너희의 아버지께서 자비로우신 것같이 너희도 자비로운 사람이 되어라.[26]

학생들이 매일 보고 습관적으로 되뇌는 건학이념은 "Not For Self"이다. 우리말로 하면, "이기심을 버려라, 나 자신을 위해서가 아닌"이다. 이 학교는 열심히 공부하고 자신의 특기와 적성을 계발함을 강조한다. 그러나 이를 왜 하는지를 분명히 가르친다. 바로 이웃과 사회와 국가와 인류를 위해 힘쓰라는 것이다. 심리학의 연구에 의하면, 행복

---

26) 루가의 복음서 6장 36절.

한 사람들의 삶은 자신만이 아닌 다른 사람의 형편을 돌아보고 선행을 베푼 기억과 보람과 나눔의 기쁨이 있는 경우가 많다고 한다. 나 자신만이 아닌 너와 내가 함께 어우러지는 세상이 아름다운 세상이다. 일반적으로 기독교학교들의 건학이념이 '경천애인(敬天愛人)'이다. 이는 "하느님을 섬기고, 이웃을 사랑하라"는 뜻인데 이를 쉽게 이해하면 "마음은 하느님께, 손길은 이웃에게"라고 말할 수 있다.

> 나는 여러분도 이렇게 수고하여 약한 사람들을 도와주고 또 '주는 것이 받는 것보다 더 행복하다' 하신 주 예수의 말씀을 명심하도록 언제나 본을 보여왔습니다.[27]

논자가 초등학교 다닐 때 배운 동요이다.

동무들아

윤석중

동무들아 오너라 서로들 손잡고
노래하며 춤추며 놀아보자
낮에는 해 동무 밤에는 달 동무
우리들은 즐거운 노래동무

동무들아 오너라 서로들 손잡고
노래하며 춤추며 놀아보자
비 오면 비 동무 눈 오면 눈 동무
우리들은 즐거운 어깨동무

박완서의 수필집 『꼴찌에게 보내는 갈채』에 보면 이런 이야기가

---

27) 사도행전 20장 35절.

나온다. 어느 날 그녀가 버스를 타고 가다가 마라톤 하는 행렬을 만나게 되었다. 그녀는 앞쪽에서 달리는 사람들을 보고 싶은 마음에 서둘러서 내려서는 큰길로 달려갔다. 그런데 이미 앞에서 달리는 사람들은 지나간 뒤였다. 하는 수 없이 길가에 있는 라디오 가게 스피커를 통해서 벌써 앞 쪽에서 달리는 사람들이 결승선에 들어서고 있음을 알리는 아나운서의 목소리와 군중의 환성을 들었다. 이 소리를 듣고 실망한 그녀의 눈에 마라토너 한 사람이 푸른색 유니폼을 입고 달려오는 것이 보였다. 그 마라토너에게는 크게 환영하는 소리는커녕, 아무도 관심조차 보이지 않았다. 그런데 이 마라토너가 가까이 왔을 때, 그녀는 색다른 감동을 느끼게 되었다.

> 나는 그런 표정을 생전 처음 보는 것처럼 느꼈다. 여태껏 그렇게 정직하게 고통스러운 얼굴을, 그렇게 정직하게 고독한 얼굴을 본 적이 없다. 가슴이 뭉클하더니 심하게 두근거렸다. 그는 20등, 30등을 초월해서 위대해 보였다. 지금 모든 환호와 영광은 우승자에게 있고 그는 환호 없이 달릴 수 있기에 위대해 보였다. 나는 그를 위해 뭔가 하지 않으면 안 된다고 생각했다. 왜냐하면 내가 좀 전에 그의 20등, 30등을 우습고 불쌍하다고 생각했던 것처럼 그도 자기의 20등, 30등을 우습고 불쌍하다고 생각하면서 '에라 모르겠다' 하고 그 자리에 주저앉아 버리면 어쩌나? 그래서 내가 그걸 보게 되면 어쩌나 싶어서였다.[28]

그래서 그녀는 사람이 다니는 길에서 차가 다니는 길로 뛰어내리며 그 마라토너를 향해 열렬한 박수를 보내며 환성을 질렀다. 그녀는 간절한 마음을 담아 갈채를 보냈다. '그는 지금 그가 괴롭고 고독하지만 위대하다는 것을 알아야 했다.' 그녀가 혼자 크게 박수치고 환

---

28) 박완서, 『꼴찌에게 보내는 갈채』(서울: 한양출판, 1998), pp.134-135.

영하니까 다른 사람들도 함께 해주었다. 파란색 옷을 입은 그 마라토너 뒤에도 또 그 뒤에도 마라토너들은 이어져 있었다. 그녀는 꼴찌 마라토너까지 그렇게 열렬하게 응원하는 박수를 보냈다. 그 박수와 응원은 일등, 이등, 삼등을 하는 사람들에게 보냈던 박수와 환호성만큼이나 신나는 것이었고, 더 깊이 감동스러운 것이었고, 전혀 새로운 기쁨을 전해 준 것이었다.

아름다운 세상

박학기

문득 외롭다 느낄 땐 하늘을 봐요
같은 태양 아래 있어요 우린 하나예요
마주치는 눈빛으로 만들어가요
나지막이 함께 불러요 사랑의 노래를

작은 가슴 가슴마다 고운 사랑 모아
우리 함께 만들어봐요 아름다운 세상

혼자선 이룰 수 없죠 세상 무엇도
마주 잡은 두 손으로 사랑을 키워요
함께 있기에 아름다운 안개꽃처럼
서로를 곱게 감싸줘요 모두 여기 모여

작은 가슴 가슴마다 고운 사랑 모아
우리 함께 만들어봐요 아름다운 세상

작은 가슴 가슴마다 고운 사랑 모아
우리 함께 만들어봐요 아름다운 세상

작은 가슴 가슴마다 고운 사랑 모아
우리 함께 만들어봐요 아름다운 세상

샤랄라랄라랄라라 샤랄라라랄라
샤랄라라랄라 샤랄랄라 샤랄라라랄라라

샤랄랄라랄랄라라 샤랄라라랄라
샤랄라랄랄라샤랄라라 샤랄랄라라라

작은 가슴 가슴마다 고운 사랑 모아
우리 함께 만들어봐요 아름다운 세상

샤랄라라라랄라라 샤랄라라랄라
샤랄라라 샤라랄라라 샤랄라라랄라
샤랄라라랄랄라라

　우리가 지향할 방향은 『노자도덕경』의 한 구절 '상선약수(上善若
水)'가 일깨워 주는 바와 같이 혼자만 높아지는 것이 아니라 낮아짐으
로 연대하며, 관용과 열림과 나눔의 사회를 이루어 가야 한다. 이것이
오늘을 사는 우리에게 요청되는 동양고전의 지혜이다. 물은 낮은 곳
으로 흘러서 바다가 된다. 세상에서 가장 낮은 물이 바다이다. 낮기
때문에 바다는 모든 물을 다 받아들인다. 그래서 이름이 바다이다. 세
상의 모든 물을 다 받아들일 수 있는 것은 가장 낮은 곳에 있기 때문
이다. 큰 강이든 작은 실개천이든 가리지 않고 다 받아들임으로써 그
큼을 이룩한다. 이처럼 물은 낮은 곳으로 흘러가면서 함께한다(連帶).
각자의 존재성을 키우려는 존재론적 의지 대신에 보다 약하고 뒤쳐
진 부분과 연대해 나가는 하방 연대 방식이 역량의 진정한 결집 방법
이다.[29]

　다른 사람을 죽이고 나만 살면 된다는 교육이 아니라, 조금 더디더

29) 신영복, 『강의』, pp.289-290 참조.

라도 더불어 함께하는 삶을 가르치고, 보여 주는 교육이 바로 동양고
전에서 배울 지혜일 것이다. 우리의 교육현장에서 못다 핀 꽃 한 송
이와 같은 아이들의 자살과 같은 비통한 소식이 그치고 훈훈한 정이
오가는 소식들이 가득해지기를 소망한다. 우리에게 전해지는 소식들
이 이런 이야기가 가득해지기를 바란다.

> 서울 숙명여자고등학교에 진학한 문화진 양(16세)은 척추 안의
> 신경이 약해 하반신에 힘을 줄 수 없는 '척추근위축증'을 앓고 있
> 다. 휠체어 없이는 거동하기 어려운 화진 양을 위해 학교 측에서는
> 올 2월부터 시설 개·보수를 서둘렀다. 원래 3, 4층에 있던 1학년
> 교실을 일단 모두 1층으로 옮겼고, 1층으로 들어서는 모든 계단을
> 깎아 휠체어로 오를 수 있게 만들었다. 1층 화장실에 있던 장애인
> 용 변기도 깨끗하게 단장했다. 또한 학교 측은 초등학교 3학년 때
> 부터 친구로 지내며 화진 양의 도우미를 자청했던 이상아 양(16세)
> 이 숙명여자고등학교에 진학하자 두 학생을 같은 반에 배정했다.
> 상아 양은 "같이 논다는 생각으로 함께 있기 때문에 특별히 도와준
> 다고 의식한 적은 없고 화진이는 저보다 공부를 잘해 모르는 것도
> 잘 가르쳐 줘요"라며 미소 지었다. 장애 학우와 더불어 사는 환경
> 속에서 우리의 아이들은 장애인에 대한 편견을 떨쳐 버리고, 더불
> 어 사는 지혜를 깨쳐 나갈 것이다. 단 한 사람의 장애 학생을 위해
> 학교 측이 보여 준 사랑과 정성은 진정한 학교교육이 나아갈 길을
> 보여 준 것이다. 이 일로 이 학교 학생들은 무엇이 참되고, 어떻게
> 살아야 하는지를 그저 지식전달이 아닌 실제로 눈으로 보고 듣고 느
> 끼는 것으로 배우고 익혀 나갈 것이다. 그리고 이 학생들이 어른이
> 될 때, 학교가 보여 준 모습은 가정과 사회로 이어져 나갈 것이다.[30]

언젠가 <런던신문>에서 "런던으로 가는 가장 짧은 길은?" 이라는
질문으로 가장 좋은 답을 상금을 걸고 공모한 적이 있다. 이 공모전
에서 1등을 한 대답은 이것이었다. "런던으로 가는 가장 짧은 길은 좋

---

30) 〈동아일보〉(2003년 3월 8일).

은 동료에 있다." 모든 여행자들은 이 말이 사실인지의 여부를 잘 알고 있다. 좋은 동반자는 아무리 먼 곳이라 해도 짧게 해준다. 함께 여행하기만 하면 시간은 쏜살같이 지나가고 길고 먼 길도 쉬 지나쳐 어느덧 목적지에 이른다. 신영복의 "네 손 내 손"이라는 글이다.[31]

> 네 손이 따뜻하면 내 손이 차고, 내 손이 따뜻하면 네 손이 차다. 우리 서로 손 맞잡을 때, 손잡는다는 것은 서로의 체온으로 나누는 것입니다. 물이 높은 곳에서 낮은 곳으로 흐르듯 체온도 따뜻한 손에서 찬 손으로 옮아갑니다.

서로가 서로를 존중하고 인정할 때 함께 길을 갈 수 있다.[32]

> 차이를 존중하고 다양성을 포용하는 공존의 철학이 화(和)입니다. 반대로 모든 것을 자기 중심으로 동화하려는 패권의 논리가 동(同)입니다. 화이부동(和而不同)은 공존과 평화의 원리입니다.

인간은 혼자 말하기보다는 둘이 말하는 데 더 큰 기쁨을 느끼고 혼자 춤추기보다는 둘이 춤추는 데 더 큰 기쁨을 느낀다.

> 붓글씨를 쓸 때 한 획의 실수는 그 다음 획으로 감싸고 한 자(字)의 실수는 그 다음자 또는 그 다음다음 자로 보완합니다. 마찬가지로 한 행(行)의 결함은 그 다음 행의 배려로 고쳐갑니다. 이렇게 하여 얻은 한 폭의 서예작품은 실수와 사과와 결함과 보상으로 점철되어 있습니다. 서로 의지하고 양보하며 감싸주는 다사로운 인정이 무르녹아 있습니다.[33]

---

31) 신영복, 『처음처럼』(서울: 랜덤하우스, 2007), p.151.

32) Ibid., p.162.

33) 신영복, 『처음처럼』, p.163.

공자가 『논어』(論語)에서 강조한 인(仁)은 기본적으로 인(人)+인(人), 즉 이인(二人)이다. 즉 인간관계이다. 인간을 인간(人間), 즉 인(人)과 인(人)의 관계로 이해한 것이다. 인간이 맺고 있는 관계 속에서 인간을 바라본다.[34] 『맹자』(孟子)에 나오는 '여민동락(與民同樂)'이라는 말이 있다. 진정한 즐거움은 여럿이 함께 즐거워하는 것이다.[35] 이런 즐거움을 아는 인간이 바로 공자가 『논어』 첫 구절에서 말한 군자의 세 가지 즐거움(君子三樂)을 아는 군자(君子)의 정신(道)이다. 신영복은 집이 좋은 것보다 이웃이 좋은 것이 훨씬 더 큰 복이라고 하였다. 산다는 것은 곧 사람을 만나는 일이고 보면 인간관계의 만남과 소통의 응답이 중요하다.[36] 미소는 받는 사람의 마음을 풍족하게 하고 주는 사람의 마음도 건강하게 한다. 그러나 다른 사람에게 주지 않으면 아무런 쓸모가 없다. 이를 위해 우리는 서로의 이름을 불러 주고 웃어주고 몸으로 부대끼는 함께함을 나누어야 한다.

꽃

김춘수

내가 그의 이름을 불러주기 전에는
그는 다만
하나의 몸짓에 지나지 않았다.

내가 그의 이름을 불러주었을 때
그는 나에게로 와서
꽃이 되었다.

---

34) 신영복, 『강의』, p.41.

35) Ibid., pp.219–220 참조.

36) Ibid., p.105.

내가 그의 이름을 불러 준 것처럼
나의 이 빛깔과 향기에 알맞은
누가 나의 이름을 불러다오.
그에게로 가서 나도
그의 꽃이 되고 싶다.

우리들은 모두
무엇이 되고 싶다.
나는 너에게 너는 나에게
잊혀지지 않는 하나의 눈짓이 되고 싶다.

　　신영복은 우리 사회의 가장 절망적인 것이 바로 인간관계의 황폐
화라고 보았다. 사회라는 것은 그 뼈대가 인간관계이다. 이 인간관계
의 지속적 질서가 바로 사회의 본질이다. 지속성이 있어야 만남이 있
고, 만남이 일회적이지 않고 지속적일 때 부끄러움이라는 문화가 정
착된다. 지속적 관계가 전제될 때 비로소 서로 양보하게 되고 스스로
삼가게 된다.[37]
　　이런 점에서 동양고전의 중요한 지혜서로 손꼽히는『삼국지』(三國
志)에서 조조와 유비의 지도력은 대조를 이룬다. 조조는 철저히 자기
가 주도하는 지도력이다. 그는 자신의 천재적인 지략과 경험을 확신
하였다. 또한 목표중심의 지도력으로 목표를 위해서라면 그 어떤 희
생도 감내해야 한다고 여겼다. 여기엔 자신의 아래 사람은 물론 개인
의 도덕적 양심도 사회의 공공선도 무시되었다. 그는 자신에게 은혜
를 베푼 사람도 냉혹하게 살해하였다. 이에 반해 유비는 자신을 낮춤
으로써 제갈량이나 관우, 장비, 조운과 같은 여러 장수들과 함께하였
다. 그는 황족 출신으로서 자신의 자위와 나이가 많음에도 제갈량을

---

37) Ibid., p.242.

맞이하기 위해서 삼고초려(三顧草廬)[38]를 감내하였고, 늘 제갈량을 존귀히 대하였으며, 죽음을 맞이하면서는 아들이 아닌 제갈량에게 왕위를 물려 주려고 하였다. 이에 제갈량은 감동하여 평생을 유비에게 충성하였다. 또한 유비는 자신의 수하인 조운이 자신의 아들을 지키기 위해 목숨을 건 싸움에서 돌아왔을 때는 자신의 아들을 내던졌다. 그 이유는 아들 때문에 조운이 위험했다는 말로 아들보다도 조운이 더 중요하다는 뜻이었다.[39] 이처럼 유비는 자신의 이름(玄德)처럼 자기와 함께하는 이들을 존중하고 저마다의 능력을 잘 발휘하도록 눈에 띄지 않게(玄) 일하는(德) 스타일이었다.[40] 이런 사람은 말없이 실천하고, 자랑하지 않으며, 개입하지 않으며 유유자적(悠悠自適)하면서 실천한다.[41]

최근 이런 지도력을 일컬어 서번트 리더십(*Servant Leadership*)이라고 한다.[42] 서번트 리더십은 최근에 등장한 개념은 아니다. 이 개념은

---

38) 삼고초려(三顧草廬)는 후한 말, 삼국 시대에 촉한의 유비가 융중에 기거하던 제갈량을 얻기 위해 몸소 제갈량의 초가집으로 세 번이나 찾아갔던 일화를 일컫는다. 삼고지례. 초려삼고(草廬三顧)라고도 한다. 제갈량의 유명한 출사표에도 이 이야기가 나온다: "선제(유비)께서 신(제갈량)을 비천하다 여기지 않으시고 스스로 몸을 낮추시어 세 번(삼고초려)이나 초옥 안으로 신을 찾으시고 당세의 일을 물으시니 이로 말미암아 신이 감격하여 마침내 선제를 위해 몸을 아끼지 않으리라 결심하고 응하였습니다"(先帝不以臣卑鄙, 猥自枉屈, 三顧臣於草廬之中, 諮臣以當世之事).

39) 조운은 『삼국지정사』에는 "유비는 조운과 같은 침대에서 잠을 잤다."라고 되어 있고, 『삼국지연의』에서는 의형제를 맺은 관우나 장비와 동등한 대우를 받은 것으로 묘사된다. 조운은 201년 여남(汝南)에서 패배한 유비를 따라 신야(新野)로 가게 되었다. 207년 형주에서는 유표(劉表)가 죽어 후계 문제로 내분이 일어나고 그에 편승해 조조가 침공을 시작했다. 유비가 피난길에 당양현 장판에서 조조군의 습격을 받고 도주할 때, 조운은 단기(單騎)로 적군 한가운데로 달려 들어가 미처 도망가지 못한 유선(劉禪)과 감부인(甘婦人)을 구출하는 대활약을 펼쳐 아문장군(牙門將軍)으로 승진한다(장판 전투). 이 전투 중에 "조운이 아군을 배신하고 조조에게 항복했다."고 보고하는 자가 있었으나 유비는 "조운은 결코 그럴 위인이 아니다."라고 말했다. 조운이 조조 휘하의 장수 하후은을 죽여 청강검(靑釭劍)을 손에 넣은 후 유선을 가슴에 품고 적군 한가운데에서 분전. 그것을 본 조조가 조운을 어떻게든 생포하라고 지시한 덕분에 위기에서 벗어나는 것이 용이했다. 아무튼 조운은 유선을 구출하여 유비에게로 갔다. 이때 유비는 살아서 돌아온 아들보다 조운을 걱정하였다. 그리고는 조운을 위험에 빠뜨린 아들 유선을 내던지기도 하였다.

40) 신영복, 『강의』, p.276.

41) Ibid., p.277.

42) 제임스 C. 헌터, 『서번트 리더십』(2권), 김광수 옮김(서울: 시대의창, 2002) 참조.

1977년 AT&T에서 경영관련교육과 연구를 담당했던 로버트 그린리프 (Robert K. Greenleaf)가 저술한 Servant Leadership에서 처음으로 제시되었는데, 그동안 경영학계의 별다른 주목을 받지 못하다가 1996년 4월 미국의 경영관련 서적 전문출판사인 Jossey-Bass사가 *On Becoming a Servant-Leader*를 출간한 것을 계기로 많은 경영학자들이 새롭게 관심을 갖게 되었다. 그린리프에 따르면 서번트 리더십은 '타인을 위한 봉사에 초점을 두며, 종업원, 고객, 및 커뮤니티를 우선으로 여기고 그들의 욕구를 만족시키기 위해 헌신하는 리더십'이다.

그는 서번트 리더십의 기본 아이디어를 헤르만 헤세(Herman Hesse)의 작품인 『동방으로의 여행』(*Journey to the East*)으로부터 얻었다. 이 소설은 여러 사람이 여행을 하는데 그들의 허드렛일을 하는 레오(Leo)라는 인물에 초점을 맞추고 있다. 레오는 특이한 존재였다. 여행 중에 모든 허드렛일을 맡아서 하던 레오가 사라지기 전까지 모든 일은 잘 되어갔지만, 그가 사라지자 일행은 혼돈에 빠지고 흩어져서 결국 여행은 중단되었다. 그들은 충직한 심부름꾼이었던 레오 없이는 여행을 계속할 수 없었다. 사람들은 레오가 없어진 뒤에야 그가 없으면 아무것도 할 수 없다는 사실을 깨달았다. 일행 중 한 사람은 몇 년을 찾아 헤맨 끝에 레오를 만나서 여행을 후원한 교단으로 함께 가게 되었다. 거기서 그는 그저 심부름꾼으로만 알았던 레오가 그 교단의 책임자인 동시에 정신적 지도자이며 훌륭한 리더라는 것을 알게 되었다. 레오는 서번트 리더의 전형이다.

드러커(Drucker)는 『미래경영』(*Managing for the Future*)에서 지식시대에서는 기업 내에서 상사와 부하의 구분도 없어지며, 지시와 감독이 더 이상 통하지 않을 것이라고 하였다. 그러므로 리더가 부하들보다 우월한 위치에서 부하들을 이끌어야 한다는 기존의 리더십 패러다임에서 리더가 부하들을 위해서 헌신하며 부하들의 리더십 능력을 길러 주기 위해 노력해야 한다는 서번트 리더십 위주의 패러다임으로의 전환이 바람직하다. 실제로 경영학계에서는 서번트 리더십이라는 주제가 최근 리더십 관련 문헌에서 자주 다루어지고 있다. 경영실무계를 살펴보면, 미국의 경우 3M, 인텔, HP 등을 비롯하여 많은 기업들이 교육훈련 프로그램에 서번트 리더십 워크숍을 포함시키고 있다. 경청(Listening)은 부하에 대한 존중과 수용적인 태도로 이해하는 것이다. 리더는 적극적이고 능동적인 경청을 해야 부하가 바라는 욕구를 명확히 알 수 있다. 공감(Empathy)이란 차원 높은 이해심이라고 할 수 있는데 리더는 부하의 감정을 이해하고 이를 통해 부하가 필요한 것이 무엇인가를 알아내고 리드해야 한다. 치유(Healing)는 리더가 부하들을 이끌어 가면서 보살펴 주어야 할 문제가 있는가를 살피는 것이다. 이와 비슷하게 스튜어드십(Stewardship)은 부하들을 위해 자원을 관리하고 봉사해야 한다는 뜻을 가진다. 부하의 성장을 위한 노력(Commitment to the growth of people)은 부하들의 개인적 성장, 정신적 성숙 및 전문분야에서의 발전을 위한 기회와 자원을 제공해야 한다. 공동체 형성(Building community)은 조직구성원들이 서로 존중하며, 봉사하는 진정한 의미의 공동체를 만들어 가야 한다. 또한 최근에는 릴렉스 리더십(relax Leadership)이라고도 한다. 즉, 주도하고 간섭하여 긴장시키는 것이 아니라 편안한 분위기와 여유를 주고 믿어주고 감동과 감격으로 편안한 분위기를 만들어주는 것이다. 그렇게 하려면 지도자가 믿고 맡기는 아량과 원만한 인격을 갖춰야 한다.

신영복은 적어도 스스로 약하다고 생각하는 사람은 '하면 된다'라는 부류의 의기빙자한 사람에 비해 훨씬 좋은 사람으로 자신의 한계를 자각하고 있는 겸손한 사람이다. 이런 사람은 사실은 강한 사람이나 스스로 약한 사람으로 느끼는 사람이다.[43] 이시형은 품격 있는 인재는 결코 자신이 했다고 의시되거나 상대를 우습게 보지 않는다. 언제나 상대를 배려하고 함께 성과를 나눌 줄 안다. 어떤 일도 혼자 해낼 수 없다는 것을 알기 때문이다. 이런 인물 주위에 사람이 몰려들지 않을 수 없다. 품격의 사람은 지배하기보다 스스로 따르게 하는 사람이다. 이것이 품격이 주는 힘이다. 총보다 강하고, 부보다 강하다. 무엇과도 바꿀 수 없는 힘이다. 품격은 매일매일 다듬는 조각이다.[44] 성서의 기록은 그리스도의 겸손한 모습을 제시하면서 이를 닮아가라고 일깨워 준다.[45]

> 여러분은 그리스도를 믿음으로써 힘을 얻습니까? 그리스도의 사랑에서 위안을 받습니까? 성령의 감화로 서로 사귀는 일이 있습니까? 서로 애정을 나누며 동정하고 있습니까? 그렇다면 같은 생각을 가지고 같은 사랑을 나누며 마음을 합쳐서 하나가 되십시오. 그렇게 해서 나의 기쁨을 완전하게 해주십시오. 무슨 일에나 이기적인 야심이나 허영을 버리고 다만 겸손한 마음으로 서로 남을 자기보다 낮게 여기십시오. 저마다 제 실속만 차리지 말고 남의 이익도 돌보

---

43) 신영복, 『강의』, p.88.

44) 이시형은 오늘날 우리의 자화상을 지적해 냈다. 한국인은 늘 바쁘다. "빨리빨리"를 입에 달고 산다. 1인당 국민소득 2만 달러 수준으로 먹고 살만 한데도 항상 무언가에 굶주려 있다. 행복성적표가 형편없는 까닭이다. 스트레스지수는 세계에서 가장 높고 자살률도 경제협력개발기구(OECD) 국가 중 최고다. 그 옛날의 열등감, 패배의식에서도 벗어나지 못하고 있다. 우리는 다른 사람을 배려하지 못하고, 다른 사람과 함께하지 못하는 미숙한 사람됨으로 살아간다. 이런 생각을 떨쳐내지 못하는 한 우리는 만년 2등 국가에 머물 수밖에 없다. 이제 우리가 염두에 두어야 할 것은 정신적 성숙, 즉 품격을 높이는 일이라며 품격은 우리가 잊고 지냈던 진정한 행복의 의미를 되찾아 줄 것이라고 말한다. 품격 있는 삶을 살기 위해서는 먼저 각자가 우수성을 인정하고 자부해야 하며 사람 향기 나는 도덕적 품성을 되찾아야 한다고 강조한다. 또 폄하도 자만도 없이 자신을 바르게 보는 노력이 필요하며 자신만의 생각과 몸이 회복하는 시간과 여유를 가져야 한다. 이시형, 『품격』(서울: 중앙북스, 2011).

45) 필립보인들에게 보낸 편지 2장 1-11절.

십시오. 여러분은 그리스도 예수께서 지니셨던 마음을 여러분의 마음으로 간직하십시오. 그리스도 예수는 하느님과 본질이 같은 분이셨지만 굳이 하느님과 동등한 존재가 되려 하지 않으시고 오히려 당신의 것을 다 내어놓고 종의 신분을 취하셔서 우리와 똑같은 인간이 되셨습니다. 이렇게 인간의 모습으로 나타나 당신 자신을 낮추셔서 죽기까지, 아니, 십자가에 달려서 죽기까지 순종하셨습니다. 그러므로 하느님께서도 그분을 높이 올리시고 모든 이름 위에 뛰어난 이름을 주셨습니다. 그래서 하늘과 땅 위와 땅 아래에 있는 모든 것이 예수의 이름을 받들어 무릎을 꿇고 모두가 입을 모아 예수 그리스도가 주님이시라 찬미하며 하느님 아버지를 찬양하게 되었습니다.

그런데 우리의 교육은 줄세우기 식의 비인간적 경쟁을 부추긴다. 이런 교육으로는 새로운 세상을 열어 갈 수 없다. 우리가 꿈꾸는 참사랑의 교육은 '대동사회(大同社會)'에 대한 이상일 것이다. 대동사회는 가난한 사람, 부모를 잃은 사람, 몸이 불편한 사람, 병들고 지친 사람 등 온갖 사회적 약자와 소외된 사람에 대한 배려를 우선으로 한다. 대동사회의 목표는 균형과 조화이다. 대동사회의 이상에서는 부와 권력이 특정 계층에 편중됨으로 인해 사회의 균형이 깨지는 것을 용납하지 않는다. 모자이크는 여러 다른 섹션들이 결합해서 하나의 큰 그림을 이룬다. 한 조각이라도 빠지면 그림 전체가 깨지고 만다.[46]

균형의 이상은 매우 소중하다. 특히 신자유주의적 세계화로 인해 빈부의 격차가 10:90으로 확산되는 이 시점에서는 더욱 중요한 의미를 지닌다. 현대 사회에서 원자화된 개인들은 '소유적 개인주의'의 확산으로 말미암아 '가슴 없는 수전노'와 '영혼 없는 향락인'으로 전락하고 있다. 나눔, 보살핌, 배려, 절제 등과 같은 공동체 정신이 구현되

---

46) 민경배, 『역사와 신앙』(서울: 연세대학교 출판부, 2011), p.108.

는 사회를 만들 수 있다면 얼마나 좋을까?

우리의 교육이 신자유주의를 넘어서는 대동사회를 이루는 인간상을 구현해낸다면 다음의 이야기는 특별한 것이 아닌 일상이 될 것이다.[47]

> 지하철 선로에 떨어진 시청각 장애인을 구하려고, 100여 명의 시민이 너나없이 나서 역 구내로 들어오던 전동차를 세웠습니다. 지하철 1호선 종로3가역 역무사무실에 따르면, 저녁 8시 15분께 종각역 방향 역구내에서 시청각 장애인 김 모(43) 씨가 승강장을 거닐다 발을 헛디뎌 선로에 떨어졌습니다. 이때 종각역 방향으로 달리던 전동차가 구내로 들어오고 있어, 김 씨의 생명이 위험했습니다. 그러나 이를 본 시민 100여 명이 한꺼번에 승강장 앞쪽으로 몰려나와 전동차를 향해 다급하게 멈추라고 손짓을 했습니다.
> 많은 사람들의 손짓을 이상하게 여긴 기관사는 역구내로 30미터가량 들어온 곳에서 급히 전동차를 세웠습니다. 이때 시민 4명이 선로로 뛰어내려 김 씨를 구조해 냈습니다. 김 씨가 떨어진 곳은 다행히 전동차가 들어오는 방향에서 볼 때 승강장 끝부분이어서 화를 면했습니다. 김 씨는 가벼운 찰과상만 입고 병원에서 치료를 받았습니다. 당시 상황을 목격한 종로3가역 공익근무요원 이 모(24) 씨는 "100여 명의 시민이 누가 먼저랄 것도 없이 손을 흔들어 열차를 세우는 장면이 너무 감동적이었다."고 말했습니다.

> 세 살 버릇 여든까지 간다. 마땅히 따를 길을 어려서 가르쳐라.[48]

우리 교육에서 이 말을 하려면 먼저 마땅히 따를 길을 걸어가야만 할 것이다. 이를 위해 먼저 기독교학교의 종교교육에서 교회학교의 교육에서 구현해야 할 것이다. 신영복은 말 잘하고 똑똑한 사람보다는 마음씨가 바르고 고운 사람이 참으로 좋은 사람이라고 하였다. 그러므로 사상의 최고 형태는 감성의 형태로 가슴에 갈무리되어야 한

---

47) 〈한겨레신문〉(2005년 5월 9일).
48) 잠언 22장 6절.

다. 감성은 외계와의 관계에 있어서 일차적이고 즉각적인 대응이며 그런 점에서 사고 이전의 가장 정직한 느낌이다. 감성적 대응은 사명감이나 정의감 같은 이성적 대응과는 달리, 그렇게 하지 않으면 마음이 편치 않기 때문에 그렇게 할 수밖에 없는 마음의 움직임이다.[49)

6. 행복한 삶, 실천하는 교육

어느 대학에서 교수가 강의를 시작하면서 주제(主題)를 칠판에 적었다. '만약 당신이 사흘 후에 죽는다면' 여기에 관해 세 가지 일을 생각해 보고 각자가 발표해 보라는 것이었는데, 학생들이 가지고 온 답에는 다음 세 가지의 공통점(共通點)이 있었다.

-부모님을 찾아뵙는다.
-사랑하는 사람과 여행한다.
-다툰 사람과 화해하고 용서를 구한다.

의외로 죽음을 앞두고 하고 싶은 세 가지 일들은 평범한 것들이었다. 학생들의 대답을 다 들은 후에 교수는 칠판에 이렇게 썼다. "Do it now!(그것을 지금 하라!)" 어수선했던 강의실은 찬물을 끼얹은 듯 일시에 조용해졌다. 이때 교수는 이렇게 말했다. "죽음이 닥칠 때까지 그런 일들을 미루지 말고, 지금 즉시 그 일들을 하라!"

논자가 즐겨보는 KBS 2TV에서 방송되고 있는 예능프로가 "남자의

---

49) 신영복, 『강의』, p.510.

자격"이다. 이 프로의 주제는 '남자가 죽기 전에 꼭 해봐야 할 일'이다. 이것은 F16 전투기 타보기, 마라톤 완주, 지리산 정상 등반, 밴드를 결성하여 공연하기 등 황당한 일들도 많았다. 하지만 정말 죽음을 앞두고 이런 이벤트적인 일들이 무슨 의미가 있을까? 오히려 지금 죽어도 후회하지 않으려면 이 학생들처럼 의외로 일상(日常) 속에 꿈꾸었던 일들을 하지 않을까?

어느 언론사에서 '한국인의 행복'에 대해 조사했었는데, "지금 나는 행복하다"라는 사람은 몇 %밖에 되지 않았다. "가장 행복한 사람이 누구냐?"라고 물으니, 여러 나라 사람들이 '나 자신'이라고 대답한 반면에 우리나라 사람들은 '빌 게이츠'라고 말했다. 또 "무엇으로 행복해질까?"를 물었더니 우리나라 사람들은 주저없이 '돈'이라고 말했다. 우리는 1960년대에 비해 GDP가 250배쯤 불어났음에도, 미국에 비해 3배, 일본에는 2배나 더 물질에 집착하고 있음이 드러났다.

2009년 영국의 신경제재단(NEF)이 전 세계 국가를 대상으로 삶의 만족도, 기대수명, 환경오염 정도 등을 종합적으로 평가한 국가별 행복도지수를 보면 쿠바는 7위를 차지했다. 세계 슈퍼파워라는 미국(114위)보다도 쿠바 국민들이 훨씬 행복하다고 느끼고 있다. 우리나라(68위)와 일본(75위)보다도 쿠바 인민들의 행복지수는 높다. 물질과 행복은 반드시 비례하는 것만은 아니라는 사실을 쿠바 국민들은 몸소 보여 주었다. 앞서 나라별 행복지수는 '생활만족도' 등도 고려하고 있다. 결코 경제적으로 혜택 받았다고는 할 수 없는 중남미 나라들이 상위 10개국 중 9개국을 차지하고 있다. 이것은 단순히 라틴인들의 기질에 의한 것일까? 경제의 곤경을 떠안고 있으면서 행복감을 밀어 올리고 있는 것의 '정체'는 무엇일까? 쿠바는 미국의 경제봉쇄 정책이 지속되고 있는데다 우방국이었던 소련 붕괴 이후 원유 공급마저 끊기고, 고무보트를 타고 탈출러시가 끊임없이 이어지는 등 경제적으로 최빈국에서 벗어나지 못하고 있다. 그럼에도 사람들의 쾌활함과 유쾌함, 유대감, 삶의 긍정적인 에너지가 자유주의 국가인 우리나라보다 더 넘치는 듯했다. 국가 붕괴조차 거론되면서 외식이나 여행도 힘들다. 쿠바인의 평균 월수입은 쿠바국가통계국에 따르면 429페소(2만 2천 원가량)이지만 교육과 의료가 무료이고, 배급제도가 있어서 최저한의 생활은 보장된다. 이들은 어떤 상황에서든 농담을 잊지 않는다. 남녀 권리 평등을 지향해 온 쿠바에서 의사나 엔지니어 등 남성이 많은 직업에서도 여성이 진출해 반수를 차지하게 됐다. 지금은 직장에서도 가정에서도 남녀의 역할, 경제력의 차이는 줄어들었다.[50]

가난한 나라인 쿠바 국민들이 행복감을 느끼는 것은 남보다 비교해서 잘난 지위나 경제력을 획득했기 때문이 아니라 교육·의료가 무료이고 배급제도 등 최저한의 생활 보장이 되는 바탕에서 자유로운 인간관계에서 오는 쾌활함과 남녀평등과 같은 사회분위기에 따른 결과이다. 행복은 돈이 아니다. 행복하려면 함께하는 사람들과 화목(和睦)해야 한다. 인간은 세상에서 늘 사람들과의 관계 속에 살아가고 있기에 행복한 삶의 핵심이 화목이다.

기러기들은 이동할 때 무리가 대열을 지어 질서정연하게 날아간다. 이것은 먼 목적지까지 안전하게 나아가기 위해 서로 협력하고 도와주며 배려하는 것이라고 한다. 함께 힘을 모은다는 뜻의 한자 '협(協)'은 열 '십(十)' 변에 힘 '력(力)'이 세 번이 트라이앵글처럼 어우러진

---

50) 김도형, "최빈국 쿠바에 사는 사람들은 왜 행복한가", 〈한겨레신문〉(2012년 1월 13일).

형태이다. 여기서 열 십(十)을 십자가로 보고, 힘을 뜻하는 세 가지 힘 력(力)자를 지정의(知情意)나 영혼육(靈魂肉)으로 볼 수도 있을 것 같다. 이렇게 의미를 붙여보면 협력하려면 자신의 지식과 감정과 의지를, 영과 혼과 육을 십자가에 못 박는 자기희생과 양보가 있어야 협을 이룬다는 의미로 보인다.

동부 아프리카의 가난한 나라로 해적으로 유명한 소말리아는 인구 800만 명의 작은 나라이다. 이 나라의 비극을 흔히들 가뭄으로 알고 있으나 실제는 그것보다 더 큰 이유가 있다. 그것이 바로 내전(內戰) 때문이다. 끊임없이 발생하는 권력 쟁탈과 분쟁이 국민 모두를 구렁 텅이로 몰아간 것이다. 그 결과 이 나라는 세계에서 엄청나게 못 사는 나라 중 하나가 되었고 다른 나라 사람들을 괴롭히는 해적으로 살아가는 나라가 되었다. 기본적인 생활마저 어려운 지경이니 그야말로 생지옥이 되고 말았다. 예수는 화목하지 못하고 협력하지 못하고 서로 싸우면 결국 망하게 될 수밖에 없음을 말했다.

> 그러나 예수께서는 그들의 생각을 알아채시고 이렇게 말씀하셨다. "어느 나라든지 갈라져서 싸우면 쓰러지게 마련이고 한 집안도 갈라져서 서로 싸우면 망하는 법이다."[51]

또한 그는 예루살렘의 기득권자들이 자신들의 잘못을 뉘우치고 돌아서지 않으면 그 일로 사회적 약자들이 큰 피해를 입게 됨을 말했다.

> 바로 그때 어떤 사람들이 예수께 와서 빌라도가 희생물을 드리던 갈릴래아 사람들을 학살하여 그 흘린 피가 제물에 물들었다는 이

---

51) 루가의 복음서 11장 17절.

야기를 일러드렸다. 예수께서 이 말을 들으시고 그들에게 말씀하셨
다. "그 갈릴래아 사람들이 다른 모든 갈릴래아 사람보다 더 죄가
많아서 그런 변을 당한 줄 아느냐? 아니다. 잘 들어라. 너희도 회개
하지 않으면 모두 그렇게 망할 것이다. 또 실로암 탑이 무너질 때
깔려 죽은 열여덟 사람은 예루살렘에 사는 다른 모든 사람보다 더
죄가 많은 사람들인 줄 아느냐? 아니다. 잘 들어라. 너희도 회개하
지 않으면 모두 그렇게 망할 것이다."[52]

바오로도 고린토교회의 분쟁 소식을 듣고 가슴 아파하면서 간곡히
권면하였다.

형제 여러분, 나는 우리 주 예수 그리스도의 이름으로 여러분에게
호소합니다. 여러분은 모두 의견을 통일시켜 갈라지지 말고 같은
생각과 같은 뜻으로 굳게 단합하십시오.[53]

서로 마음을 모으고 힘을 합하면 아름다운 일을 이룰 수 있다. 물
과 불은 상극(相剋)이다. 물은 차고 불은 뜨겁다. 물은 아래로 내려가
고, 불은 위로 올라간다. 이렇게 상극이기에 절대로 함께할 수 없을
것 같다. 그러나 물과 불이 협력하면 따뜻한 밥이라는 작품을 만들어
낸다. 구약성서에 보면, 모세와 아론과 미리암이 협력할 때 출애굽의
기적이 있었다. 드보라와 바락이 협력할 때 강력한 적군인 가나안을
물리쳤다. 신약성서에 보면 바르나바와 바오로가 협력할 때 안티옥
교회가 선교의 중추적인 역할을 해냈다.

이다지도 좋을까, 이렇게 즐거울까! 형제들 모두 모여 한데 사는 일!
아론의 머리에서 수염 타고 흐르는, 옷깃으로 흘러내리는 향긋한 기

---

52) 루가의 복음서 13장 1-5절.
53) 고린토인들에게 보낸 첫째 편지 1장 10절.

름 같구나. 헤르몬 산에서 시온 산줄기를 타고 굽이굽이 내리는 이슬 같구나. 그곳은 야훼께서 복을 내린 곳, 그 복은 영생이로다.[54]

집에 진수성찬을 차려놓고 다투는 것보다 누룽지를 먹어도 마음 편한 것이 낫다.[55]

이렇게 여러분이 전에는 하느님과 멀리 떨어져 있었지만 이제는 그리스도께서 피를 흘리심으로써 그리스도 예수로 말미암아 하느님과 가까워졌습니다. 그리스도야말로 우리의 평화이십니다. 그분은 자신의 몸을 바쳐서 유다인과 이방인이 서로 원수가 되어 갈리게 했던 담을 헐어버리시고 그들을 화해시켜 하나로 만드시고 율법 조문과 규정을 모두 폐지하셨습니다. 그리스도께서는 자신을 희생하여 유다인과 이방인을 하나의 새 민족으로 만들어 평화를 이룩하시고 또 십자가에서 죽으심으로써 둘을 한 몸으로 만드셔서 하느님과 화해시키시고 원수 되었던 모든 요소를 없이하셨습니다.[56]

화목은 맹자(孟子)가 강조한 것처럼 천시(天時), 지리(地理)보다 중요한 덕목이다. 아무리 하느님으로부터 때를 얻고, 땅에서 막힘이 없어도 사람과 사람 사이에 서로 통하는 마음이 없으면 아무 일도 할 수 없다.

하느님을 사랑하는 사람들 곧 하느님의 계획에 따라 부르심을 받은 사람들에게는 모든 일이 서로 작용해서 좋은 결과를 이룬다는 것을 우리는 압니다.[57]

이 말씀은 하느님을 사랑하는 사람이고, 하느님의 계획에 따라 부르심을 받은 사람들은 모든 일에 서로가 힘을 모이는 화목으로 좋은

---

54) 시편 133편 1-3절.
55) 잠언 17장 1절.
56) 에페소에 보낸 편지 2장 13-16절.
57) 로마인들에게 보낸 편지 8장 28절.

결과를 이룬다는 것이다. 그러므로 하느님을 사랑하는 사람들 곧 하느님의 계획에 따라 부르심을 받은 사람들인지 아닌지는 화목함을 이루면서 일을 하는 사람인지 아닌지를 보면 알 수 있다는 말도 된다.

두 사람이 길을 같이 간다면, 미리 약속되어 있는 것이 아니겠느냐[58]

이 말씀의 뜻은 만일 누군가와 함께 길을 걷기로 한다면 그에 앞서 서로 마음을 모아 약속한 후에 동행한다는 말이다. "길을 같이 간다면"을 개역과 개역개정판 성서는 '의합(意合)'이라는 말로 되어 있다. 의합이라는 말은 하나가 됨을 의미한다. 즉, 무슨 일을 함께하려면 마음과 뜻을 모아야만이 가능하다는 말이다. 그런데 마음과 마음이 통하지 않는다면 함께 함은 불가능하다. 삶의 고통이란 물질의 부족이 아니라 말할 대상도 없고, 자신을 인정해 주거나 자신을 바라보는 사람이 없을 때 느끼는 감정이다. "사위지기자사 여위열기자용(士爲知己者死 女爲悅己者容)"이라는 말이 있다. 이 말의 뜻은 남자는 자신을 알아 주는 사람을 위해 목숨을 바치고, 여자는 자신을 기쁘게 해주는 사람을 위해 화장을 한다는 것이다. 이 말은 예양의 고사에서 나온 것이다.

예양(豫讓)은 진(晉)나라 사람으로 일찍이 범 씨 및 중행 씨의 휘하에 있었다. 그러나 이름을 떨치지 못하고 있다가 나중에는 지백(智伯)의 휘하로 들어가게 되었다. 지백은 그를 극진하게 대접하였으며 사람됨을 높이 평가하여 매우 아껴 주었다. 그러나 예양이 지백의 후대를 받으며 보람 있는 삶을 살아가던 중 주인인 지백이 살해당하는 사

---

58) 아모스 3장 3절.

건이 발생하였다. 조양자는 지백을 죽이는 한편 일족을 모두 멸망시키고 천하를 삼분하여 조, 한, 위로 나누었던 것이다. 그리하여 이를 사람들은 3진(三晉)이라 불렀다. 그런데 조양자는 지백을 지독히 증오하여 죽인 것에 족하지 않고 지백의 두개골에 옻칠을 하여 요강으로 사용할 정도였다고 한다. 이때 예양은 산속으로 도망해 혼자 다짐하였다.

'아아, 사나이는 자기를 알아 주는 이를 위해 죽고, 여인은 자기를 기쁘게 하는 이를 위해 얼굴을 가꾼다고 하였다. 지백이야말로 진실하게 나를 알아 준 사람이었다. 내 반드시 그의 원수를 갚고야 말겠다. 그래야 내 혼백이 부끄럽지 않을 것이다.'

그 후 예양은 이름을 바꾸고 죄인들의 무리에 끼어 조양자의 궁중에 들어가 변소의 벽을 바르는 일을 하였다. 그러면서 양자를 찔러 죽일 기회만을 노렸다.

어느 날 양자가 뒷간에 갔는데 몹시 가슴이 두근거리므로 이상하게 여겨 벽을 바르는 죄수들을 심문하게 되었다. 아니나 다를까 품속에 비수를 지니고 있던 예양을 찾아냈다. 양자는 몹시 화가 나 그 까닭을 묻자, "지백을 위해 원수를 갚으려 하였소" 하고 대답하는 것이 아닌가? 이에 좌우에 있던 신하들이 달려들어 예양을 죽이려고 했다. 그러나 양자는 그들을 말렸다.

"저 사람은 의리 있는 선비이다. 나만 조심하면 되는 일이다. 지백이 죽고 자손도 없는데 옛날의 의리로써 복수를 하려 함은 천하의 현인이 아닐 수 없다."

그래서 예양은 풀려났다. 얼마 후 예양은 또 다시 복수를 위해 몸에 옻칠을 하여 문둥병을 가장하고 숯가루를 먹어 벙어리가 되었다.

이렇게 변장을 하니 남들이 알아보지 못하는 것은 말할 것도 없고, 평생을 함께 살았던 부인도 몰라봤다. 어느 날 지나가던 친구가 그를 알아보고 말하였다.

"자네는 예양이 아닌가?"

예양이 고개를 끄덕이니 친구는 울면서 말했다.

"자네의 재능으로 양자에게 예물을 바치고 신하가 되면 양자는 틀림없이 가까이 해 총애할 것이네. 그런 뒤에 자네가 하고 싶은 일을 하면 오히려 쉽지 않은가. 어찌하면 이렇게 몸을 자학하고 모양을 쭈그려 뜨려 원수를 갚으려 하는가. 오히려 어렵지 않은가?"

예양은 말했다.

"예물을 바치고 신하가 되면서 주인을 죽이려 하는 것은 두 마음을 품은 자의 행동이다. 지금 내가 하고 있는 일은 매우 견디기 힘든 고통이지만 그렇게 함으로써 천하에 남의 신하가 되어 두 마음을 품은 자들을 경계하려는 것이다."

여기서 예양이 말한 것은 「춘추좌씨전」(春秋左氏傳)에 있는 말이다. 이것을 사기의 전국책(戰國策)의 조책(趙策)에서 인용하여 예양의 이야기를 한 것이다. 사람의 관계는 이처럼 마음만 통한다면 가장 소중한 목숨까지도 바칠 정도로 헌신적일 수가 있다. 그것이 행복의 원천이기 때문이다.

'남자의 자격' 프로그램의 인기가 갈수록 예사롭지가 않다. 인기의 비결은 너무나 단순하다. 내용이나 연기가 아니라, 일곱 명의 '하모니'에 사람들은 감동하고 있다. 처음 이 캐스팅을 본 주위 사람들은 이구동성으로 '전혀 어울릴 수 없는 조합'이라며 부정적인 시선을 모았지만, 이 프로그램을 맡은 연출자(PD)는 주위의 그런 시선에 개의

치 않고, 그들만의 색깔을 찾기 위한 작업을 시작했다. 자신도 모르게 코드는 '하모니'였다. 놀랍게도 시간이 지날수록 특별한 것 없어 보이는 이들의 영향력이 생각 이상으로 극대화 될 수 있었던 것은 '하모니의 위력' 때문이었다.

지난 6천 년간의 인류 역사에서 전쟁이 없었던 해는 겨우 268년밖에 없었다고 한다. 미움과 다툼과 분쟁이 있는 곳에 행복이 있을 수 없다. 죽기 전에 후회하지 않으려면 지금 사랑해야 한다. 사랑하기에도 짧은 인생이건만 사람들은 수없는 상처를 주고받으며 살아간다. 상처는 친밀감을 먹고 산다는 말처럼 가까운 사람은 너무 친밀하므로 기대가 많아 타인보다 더 많은 상처를 주고받게 된다. 사랑처럼 정직한 것도 없다. 내가 먼저 주지 않으면 상대도 주지 않는다. 사랑처럼 무모한 것도 없다. 사랑은 몸과 인생을 다 주어도 결코 망하는 법이 없다. 그 사랑은 오늘도 용서를 통해 구체화된다. 용서에는 두 가지 원리가 있는데, 그 하나는 용서란 자신을 위한 일이다. 자신을 먼저 사랑해야 다른 사람을 사랑할 수 있듯이, 자신을 용서하는 사람이 다른 사람을 용서할 수 있다. 똑같이 스승을 배반했지만, 가리옷 사람 유다는 자신을 용서하지 못해 자살했고 베드로는 과거를 용서했기에 순교자가 되었다. 또 다른 용서의 대원리는 용서의 유통기간은 하루라는 사실이다. 분은 해를 넘기지 말라고 말했듯이, 미움의 유통기간은 하루뿐이다. 상처는 빨리 치유해야 한다. 죽음을 앞두고서야 용서를 생각한다면 분명 실패한 인생이다. 하루 사이에 죽을지도 모르기에 용서는 뒤로 미루지 말고 지금 해야 하는 일이다. 사랑함에 온몸을 던져 사랑해야 한다. 마치 내일이 없는 것처럼 사랑해야 한다.

사랑하는 것은

이해인

창을 여는 것입니다.
그리고 그 안에 들어가
오래오래 홀로 우는 것입니다.
사랑하는 것은
세상에서 가장 부드럽고
슬픈 것입니다.

그러나
"사랑합니다."
풀꽃처럼 작은 이 한 마디에
녹슬고 사나운 철문도 삐걱 열리고
길고 긴 장벽도 눈 녹듯 스러지고
온 대지에 따스한 봄이 옵니다.

사랑하는 것은
세상에서 가장 아름답고
강한 것입니다.

이러한 사랑에는 이기심을 넘어서는 성숙한 삶의 자세가 필요하다.

잘 사랑한다는 것

이해인

오늘도 잘 들으라고 저를 초대하시는 주님
좀 더 잘 듣는 연습을 하겠다고
매일 새롭게 결심하지만
자주 실수하고 실천이 어려운 저에게
부디 잘 듣는 겸손함과 참을성을 주십시오.
주님과 이웃을
자연과 사물을

자신이 따라야 할 마음의 소리를
예민하게 들으며 깨어 있는 사람
그래서 더욱 사랑을 넓혀가는
아름다운 사람이 되게 해주십시오.

사랑한다는 것으로

서정윤

새의 날개를 꺾어
너의 곁에 두려 하지 말고
가슴에 작은 보금자리를 만들어
종일 지친 날개를
쉬고 다시 날아갈
힘을 줄 수 있어야 하리라

켄트 케이스의 『그래도』(Anyway)[59]를 보자. 불의한 세상에 상관없이 개인이 변하면 더 나은 세상을 만들 수 있다. 이 제안을 "역설의 진리"라고 한다. 다른 사람을 도움으로써 성공적인 삶을 살 수 있다는, 그야말로 역설을 이야기한다. 이 책은 역설이 어떻게 작동하는지 실험하고 입증해 보여 준다. 또한 인생에 대한 시각에 영향을 줄 뿐 아니라, 원칙들을 적용하기만 한다면 삶을 변화시킬 수 있을 정도로 충분히 강력하고도 간단한 원칙들을 제공한다.

- 사람들은 논리적이지도 않고 이성적이지도 않다. 게다가 자기중심적이다.
  그래도 사람들을 사랑하라.

---

59) 켄트 케이스, 『그래도』(Anyway), 문채원 옮김(서울: 더난출판사, 2003) 참조.

- 착한 일을 하면 사람들은 다른 속셈이 있을 것이라고 의심할 것이다.
  그래도 착한 일을 하라.

- 당신이 성공하면 가짜 친구와 진짜 적들이 생길 것이다.
  그래도 성공하라.

- 오늘 착한 일을 해도 내일이면 사람들이 잊어버릴 것이다.
  그래도 착한 일을 하라.

- 정직하고 솔직하면 공격당하기 쉽다.
  그래도 정직하고 솔직하게 살아라.

- 사리사욕에 눈먼 소인배들이 큰 뜻을 품은 훌륭한 사람들을 해칠 수 있다.
  그래도 크게 생각하라.

- 사람들은 약자에게 호의를 베푼다. 하지만 결국에는 힘 있는 자의 편에 선다.
  그래도 소수의 약자를 위해 분투하라.

- 몇 년 동안 공들여 쌓은 탑이 하루아침에 무너질 수도 있다.
  그래도 탑을 쌓아라.

- 물에 빠진 사람을 구해 주면 보따리 내놓으라고 덤빌 수도 있다.
  그래도 도움이 필요한 사람을 도와라.
- 최선을 다해 헌신해도 칭찬 대신 경을 칠 수도 있다.
  그래도 헌신하라.

죽음을 앞두고 후회하지 않으려면 봉사해야 한다. 인생에서 가장 중요한 일, 사랑과 용서는 봉사를 통해 비로소 결실을 맺는다. '의지' 혹은 '선택'이라는 의미에서 온 자원봉사는 교과서에서는 배울 수 없었던 인생의 참됨을 알게 하는 감춰진(히든) 교육과정(커리큘럼)이다.

마치 하느님을 섬기듯 연약한 사람들에게 봉사할 때, 그들의 삶의 일부를 느낌으로 또 다른 세상을 알게 되며 보다 폭 넓은 시야를 갖게 된다. 정이 그리운 사람들을 만나면서 인색했던 마음이 너그러워지고, 인생의 목적이 성공이 아니라 이웃과 나눔에 있음을 스스로 알게 된다. 백 마디 말보다도 한 번의 직접 봉사를 통해 돈보다 더 소중한 인생의 가치들을 배우게 된다. 이러한 인생의 중요 가치보다도 더 중요한 일은 자기밖에 모르고 앞만 보고 달렸던 자신을 발견한 후에야 비로소 내일과 이웃 그리고 진지하게 자신의 죽음을 생각해 볼 수 있기 때문이다.

어느 광고에 나온 것처럼 팔등신의 여인도 아름답지만, 따뜻한 마음을 나눌 줄 아는 사람은 아로마 향기보다 더 진한 감동을 준다. 봉사가 어느 한때의 이벤트가 아니고 이미 삶의 일부분이 되어갈 때 내 양심을 지키고 겸허하게 하느님의 섭리를 받아들이므로 여유 있는 내일을 맞이하게 한다.

최근 많은 젊은이들에게 하나의 롤모델로 손꼽히는 이들 중 한 사람이 한비야이다. 그녀의 35세에 국제홍보회사인 버슨-마스텔라 한국지사의 일을 그만두고 7년간의 세계여행에 올랐다. 그녀는 일반적인 안락한 여행보다는 비행기를 거의 이용하지 않고 육로로만 오지를 찾아 여행을 하였다. 여행 중에 국경을 넘으며 겪은 여러 사건들과 아프가니스탄에서의 위험했던 순간들을 묘사한 생생한 기록으로 독자들을 매료시켰고, 이는 그녀의 책들이 베스트셀러의 반열에 오르는 요인이 되었다. 그녀는 집에 머물면서 함께 생활하여 그들의 문화를 체험하는 방식을 선택한다. 그녀는 자신의 저서에서 "여행 중에 만난 오지의 사람들에게서 오히려 많은 것을 배우고 느꼈고 이를 계기로 나의 삶이 완전히 변화하였다"고 밝혔다. 그녀는 이후 긴급구호 활동가로 일할 때 여행은 더 이상 즐거움을 주지 않고 이제 그녀의 심장을 뛰게 하는 것은 재해와 분쟁이 일어난 지역에서의 헌신적 구호활동이라고 밝혔다.

그녀는 지구촌(global village)이 아니라 지구집(global home)이라는 용어를 사용하면서, 다른 나라의 다른 민족들도 진정한 한 공동체 안에 있음을 강조하고 서로 도와야 한다고 말한다. 2004년 한국 YWCA 선정 젊은 지도자상, 2005년 환경재단이 선정한 세상을 밝게 만든 100 인에 선정되었다. 이처럼 그녀의 마음과 봉사는 행복한 삶의 의미를 되새겨보게 한다.

한 시대를 풍미한 영화배우로 지금도 심심찮게 인용되는 영화 중에 하나가 <로마의 휴일>60)이다. 이 영화에서 비춰진 헵번(Audrey Hepburn)은 너무도 아름다웠다. 그런데 그녀의 아름다움은 나이가 들어가면서 더욱 빛을 발했다. 이건 그녀의 외모와 몸매가 더 좋아졌다는 게 아니다. 그녀도 병들고 늙어갔다. 그런데도 그녀가 더 아름다웠던 것은 그녀의 내면과 영화 밖의 삶이었다.

세기의 요정 헵번은 1929년 벨기에에서 출생하여 1993년 스위스에서 대장암으로 타계했다. 백학처럼 늘씬한 174Cm의 키와 새털처럼 가벼운 49Kg의 몸무게, 개미허리인 20인치의 허리, 사슴처럼 긴 목, 토끼

---

60) 〈로마의 휴일〉은 세기의 명감독 윌리엄 와일러가 감독했고 파라마운트사가 제작. 미국의 미남배우 그레고리 펙과 벨지움 왕족출신인 오드리 헵번이 주연한 1953년 작품으로, 그 이듬해 오스카(아카데미) 여우주연상을 수상한 흑백 작품이다. 이 영화는 워낙 명화이기 때문에 50대 이상은 대부분 한두 번 이상 관람했으리라고 생각된다. 유럽 한 왕국의 공주가 국빈으로 주변국 순방길에 오른다. 이태리 로마를 방문 중 피로와 일상의 단조로움에 짜증을 느끼며 히스테리에 사로잡힌다. 수면제를 먹고 잠을 청하지만 밖으로의 유혹에 못 이겨 평복으로 갈아입고 대사관을 탈출한다. 졸음이 어둠처럼 서서히 밀려오고 이름 모를 거리에서 잠이 든 천사. 귀가하다 공주를 발견한 미 아메리칸 뉴스 특파원 그레고리 펙. 이틀 밤 하루 동안 이루어지는 해프닝과 로맨스, 마지막 기자회견장에서의 만남. 공주 몰래 촬영한 초 특종감 트레비 분수 등 로마 유적지에서의 기록인 사진을 건네 주는 장면은 씁쓸한 감동과 애린을 준다.

처럼 크고 해맑은 눈, 약간 기형 같으면서도 잘 조화된 세련미, 여린 듯하면서도 카리스마가 넘치고 기품과 우아함이 잘 빚은 국보급 백자와도 같다. 컬러보다 화이트 블랙이 훨씬 매력인 그녀를 가리켜 세기의 요정이라고들 말한다. 청초, 청순, 신비, 순수, 단아함을 느끼게 하는 정숙한 공주, 겁먹은 소녀, 단발머리 요정, 이슬 맞은 풀잎이다. <로마의 휴일>을 비롯하여 20여 편의 작품 중 우리나라에서 상영된 작품으로는 <파계>, <사브리나>, <전쟁과 평화>, <파니 페이스>, <하오의 연정>, <티파니의 아침>, <샤레이드>, <어두워질 때까지>, <마이 페어 레이디> 등이다. 그녀는 두 번의 결혼과 이혼이 슬프게 했지만 그것은 그녀의 유명세에 주눅 든 남편들의 부정 때문이었다.

그녀는 그의 부와 명성을 기아에 허덕이는 아프리카의 소말리아, 에티오피아, 수단, 아시아의 빈민국 베트남의 굶주린 어린이에게 되돌렸다. 아프리카에서 유니세프[61] 친선 대사로 봉사와 헌신의 말년을 보냈다. 죽음의 그림자를 안고 사랑을 몸소 실천하며 대장암으로 몸무게가 30Kg에 이를 때까지, 그야말로 피골이 상접하고 마른 가시가 될 때까지 아름다운 천사와 사랑의 메신저가 되어, 몸소 굶주리는 어린이를 위해 사랑과 박애를 실행함으로서 만인의 존경을 받았다. 그녀는 우리 시대의 진정한 위인이었고 연인이었다. 그녀는 영화 속의 화려함과는 달리 수많은 실패와 좌절 배신과 고통을 경험했다.[62]

---

61) 국제연합아동기금(United Nations Children's Fund, 유니세프)은 아동의 보건·영양·교육에 대한 각국의 노력을 지원할 목적으로 창설되었다. 'UNICEF'라는 명칭은 1946년 12월 전쟁피해국 아동들을 구제하기 위하여 설립된 '국제연합국제아동비상기금(United Nations International Children's Emergency Fund)'으로부터 유래한다. 1950년 이래 국제연합국제아동비상기금은 위급사태에 처해 있는 아동들과 특히 저개발국 아동들의 복지계획에 대하여 관심을 가져왔다. '국제연합아동기금'으로의 명칭 변경은 이와 같은 기능상의 전환을 반영한 것이다. UNICEF의 노력은 특정 질병의 예방과 치료, 잉여 식량의 제공 등 비교적 작은 규모의 지출로 아동들의 생활개선에 많은 기여를 할 수 있는 분야에 집중되었다. 이 밖에도 UNICEF는 의료사업개발과 의료진의 훈련, 교육기관 신설과 교사훈련 등 여러 복지사업들도 추진한다. 활동경비는 각국 정부와 개인의 자발적인 기부에 의하여 충당된다. 뉴욕 시에 본부가 있다.

그녀가 죽기 전 마지막으로 자식에게 물려 주었다는 시는 평소 생각이 묻어 있기에 아름다움을 넘어 존경이 우러나오게 한다.

> 날씬한 몸매를 갖고 싶으면, 너의 음식을 배고픈 사람과 나누어라. 아름다운 머리카락을 갖고 싶으면, 하루에 한 번 어린이가 손가락으로 너의 머리를 쓰다듬게 하라. 아름다운 자세를 갖고 싶으면, 결코 너 혼자 걷고 있지 않음을 명심하라. 사람들은… 상처, 낡은 것, 병, 무지, 고통으로부터 구원 받고 또 구원 받아야 한다. 결코 누구도 버려서는 안 된다. 기억하라… 만약 도움의 손이 필요하다면 너의 팔 끝에 있는 손을 이용하면 된다. 네가 더 나이가 들면 손이 두 개라는 걸 발견하게 된다. 한 손은 너 자신을 돕는 손이고, 다른 한 손은 다른 사람을 돕는 손이다.

이렇듯 아름다운 인생은 외모만 보고 말하는 것이 아니라, 이웃을 위해 봉사하는 사람이 가장 먼저 떠오른다. 논자는 오늘날 헵번처럼 아름답게 살아가는 또 한 사람의 여성을 생각해본다. 오늘날 성공한 여성으로 손꼽히는 오프라 윈프리(Oprah Winfrey)는 까만 피부의 흑인, 100킬로그램의 뚱뚱한 몸매, 지독히 가난한 어린 시절, 결혼하지 않은 부모 사이에서 태어났고, 9살에 사촌오빠로부터 강간, 14세가 될 때까지 계속되던 친척들의 학대, 14살에 출산과 함께 미혼모가 되었고, 2주 후 아기의 죽음을 맞본 사람이다. 이런 그녀가 오늘날 토크쇼의 여왕, '보그'지 패션모델, 영화배우(아카데미 여우조연상 후보), 자산 6억 달러(한화 8,775억)의 부자, 영화와 TV프로 제작, 출판, 인터넷 사업을 총망라한 '하포 엔터테인먼트 그룹'의 대표이다. 그녀는 미국인이 가장 존경하는 여성으로 사람들이 인생에서 가장 얻고 싶다

---

62) 야사코 유코, 『아름다운 분노』, 김활란 옮김(서울: 지식의 날개, 2010), "자연미 넘치는 새로운 여성의 본보기, 오드리 헵번", pp.9-54 참조.

는 인기, 존경, 돈을 모두 가진 여성이 되었다.

그녀는 1985년 <컬러 퍼플>(The Color Purple)로 후보에 오른 바 있는 그녀는 자선 활동에 대한 공로를 인정 받아 '아카데미 오브 모션 픽처 아츠 앤 사이언스(Academy of Motion Picture Arts & Science)'의 진 허숄트 인권주의상을 수상했다. 윈프리는 "내가 오스카상을 받게 되리라고는 상상도 못했다. 특히 내 존재의 한 부분이자 나의 소명의 한 부분에 대해 상을 받을 줄은 몰랐다"며 "1954년 이전에 미시시피에서 태어난 유색인이 아니라면, 이 '여정'이 무엇을 의미하는지 알기 힘들 것"이라고 수상 소감을 전했다. 오프라 윈프리는 1998년과 2000년에 이어 2003년에도 미국인들이 가장 좋아하는 TV 방송인으로 꼽힌 바 있으며, 미국의 상위 자선가들 중 첫 번째 아프리카계 미국인으로 세상에서 가장 영향력 있는 여성으로 알려져 있다.

세계적으로 인기가 있는 오프라 윈프리 쇼의 인기비결은 한 마디로 그녀의 아픈 과거와 이에 대한 그녀의 진솔한 고백이다. "흑인이었다. 사생아였다. 가난했다. 뚱뚱했다. 미혼모였다…. 그래서? 그게 뭐 어쨌다고?" 한 여인이 어렸을 적부터 되뇌었을 이 말은 이제 그녀를 아끼는 전 세계 1,400만 시청자들이 그녀의 과거에 대해 말이 나올 때 읊조리는 말이다. 그녀가 말하는 성공 십계명이다.

1. 남들의 호감을 얻으려 애쓰지 말라.
2. 앞으로 나아가기 위해 외적인 것에 의존하지 말라.
3. 일과 삶이 최대한 조화를 이루도록 노력하라.
4. 주변에 험담하는 사람들을 멀리하라.
5. 다른 사람들에게 친절하라.
6. 중독된 것들을 끊어라.
7. 당신에 버금가는 혹은 당신보다 나은 사람들로 주위를 채워라.

8. 돈 때문에 하는 일이 아니라면 돈 생각은 아예 잊어라.
9. 당신의 권한을 다른 사람에게 넘겨 주지 말라.
10. 포기하지 말라.

세상에서 엄청나게 바쁜 사람 중에 한 사람인 그녀, 하지만 밥 먹는 일 외에 그녀가 하루도 빼먹지 않은 일이 있다. 날마다 감사의 일기를 쓰는 일이다. 그녀는 하루 동안 일어난 일들 중 감사한 일 다섯 가지를 찾아 기록한다. 감사의 내용은 거창하거나 화려하지 않고 지극히 일상적이다.

1. 오늘도 거뜬하게 잠자리에서 일어날 수 있어서 감사합니다.
2. 유난히 눈부시고 파란 하늘을 보게 하여 주셔서 감사합니다.
3. 점심때 맛있는 스파게티를 먹게 해주셔서 감사합니다.
4. 얄미운 짓을 한 동료에게 화내지 않았던 저의 참을성에 감사합니다.
5. 좋은 책을 읽었는데 그 책을 써 준 작가에게 감사합니다.

그녀는 감사의 일기를 통해 두 가지를 배웠다고 한다. 첫째 인생에서 소중한 것이 무엇인지를, 둘째 삶의 초점을 어디에 맞춰야 하는지를. 감사의 습관은 그래서 오늘의 오프라 윈프리를 만든 에너지가 된 셈이다.

헬렌 켈러는 『사흘만 볼 수 있다면』이라는 책에서 이렇게 말했다. "그저 만져보는 것만으로도 이렇게나 큰 기쁨을 얻을 수 있는데, 눈으로 직접 보면 얼마나 더 아름다울까! 그런데도 볼 수 있는 눈을 가진 사람들은 그 아름다움을 거의 보지 못하더군요. 세상을 가득 채운 색채와 율동의 파노라마를 그저 당연한 것으로 여기면서 자신이 가진 것에 감사할 줄 모르고 갖지 못한 것만 갈망하는 그런 존재가 아마 인간일 겁니다."[63]

수도원과 감옥은 자유롭지 못하고 생활의 불편이라는 점에서 공통적이다. 그러나 이 둘의 결정적인 차이는 마음가짐에 있다. 다 그렇지는 않지만 수도원에서 사는 사람들은 일상 속에서 감사와 감격을 만끽하기에 행복하다. 그러나 감옥에 갇힌 사람들은 매사에 불평과 불만으로 불행하다. 이처럼 감사와 감격은 우리의 삶을 행복하게 하고 아름답게 한다. 때로는 오늘 우리의 현실이 슬프고 힘들고 외롭고 괴로워서 돌이킬 수 없는 결정을 하고 싶은 마음이 들기도 할 때가 있다. 그러나 조금 더 깊이 생각해보면 죽고 싶을 정도로 괴로운 오늘 하루를 잘 견디면 새벽이슬 같은 새 희망이 찾아온다. 그러면서 척박한 현실을 이겨나가는 내공이 강해지고 우리의 마음은 더 단단해진다. 죽고 싶은 오늘 하루가 그 어느 누군가에게는 간절히 염원한 하루라는 것을 생각해보자.

그래도 그대는 행복하다

채바다

사랑합니다.
말 한마디 할 사람 있으면
그 사람 행복하다.

그립습니다.
그리운 사람 한 사람 있으면
그 사람 행복하다.

---

63) 헬렌 켈러,『사흘만 볼 수 있다면』, 이창식·박에스더 옮김 (서울: 산해, 2008) 참조; 헬렌 켈러가 22세에 쓴 아름다운 자서전『내가 살아온 이야기』와 50대에 이른 그녀가 자신의 눈이 뜨여 3일간 세상을 볼 수 있게 되는 상황을 가정하고 쓴 책이 이 책이다. 그녀는 53세에 쓴 수필「사흘만 볼 수 있다면」에서 시력과 청력을 잃고 살아온 긴 세월 동안 간절히 보고 싶어 하고 또 하고 싶어했던 일을 꼼꼼한 묘사와 수려한 말솜씨로 들려주면서, 사흘만이라도 빛을 보게 해준 하느님께 감사하며 다시 영원한 어둠으로 돌아가겠다고 고백한다. 『리더스 다이제스트』에서 '20세기 최고의 수필'로 선정한 작품이기도 하다.

그 사람을 위해 엽서 한 장 띄울 곳 있으면
그 사람 행복하다.

내가 사랑하는 사람

정호승

나는 그늘이 없는 사람을 사랑하지 않는다.
나는 그늘을 사랑하지 않는 사람을 사랑하지 않는다.
나는 한 그루 나무의 그늘이 된 사람을 사랑한다.
햇빛도 그늘이 있어야 맑고 눈이 부시다.
나무 그늘에 앉아
나뭇잎 사이로 반짝이는 햇살을 바라보면
세상은 그 얼마나 아름다운가.
나는 눈물이 없는 사람을 사랑하지 않는다.
나는 눈물을 사랑하지 않는 사람을 사랑하지 않는다.
나는 한 방울 눈물이 된 사람을 사랑한다.
기쁨도 눈물이 없으면 기쁨이 아니다.
사랑도 눈물 없는 사랑이 어디 있는가.
나무 그늘에 앉아
다른 사람의 눈물을 닦아주는 사람의 모습은
그 얼마나 고요한 아름다움인가

　봉사단체 중 '아름다운…' 이름이 들어가는 곳이 가장 많은 것도 아
마 이런 이유일 것이다. 왜 하고 많은 이름 중 '아름다운…'이라는 이
름을 붙이고 싶었을까? 마음이 아름다운 사람은 언제나 자신을 드러
내기보다는 상대를 먼저 드러내게 하고, 자신이 원하는 것보다 상대
가 원하는 일을 해주는 사람이요, 그리고 오로지 자신만을 위한 인생
이 아니라 상대를 위해 사는 삶이 가장 자신을 위한 최선의 삶이라는
것을 아는 사람이기에 아름답게 보일 수밖에 없다. 행복은 자신을 넘
어 이웃이 인생의 사명이 될 때, 삶의 의미를 느끼며 죽음 앞에서도

두렵지 않게 살아갈 수 있다.

에리히 프롬은 사랑이 지니는 깊은 의미를 사회심리적으로 잘 드러냈다. 사랑은 한 사람과의 관계가 아니라 세계 전체와의 관계를 설정하는 태도이다. 이 태도는 줄 수 있는 능력을 창조해 낸다. 주는 것은 잠재적 능력의 최고의 표현이다. 준다고 하는 행위 자체에서 우리는 힘, 부(富), 능력을 경험한다. 또한 고양된 생명력과 잠재력을 경험하고 매우 큰 환희를 느낀다. 우리는 기쁨으로 살아 숨 쉬는 사람으로서, 즐거운 삶을 경험한다. 주는 것은 박탈당하는 것이 아니라 준다고 하는 행위에는 우리의 활동성이 포함되어 있기 때문에, 주는 것은 받는 것보다 더 즐겁다. 이런 측면에서 프롬은 물질적인 측면에서 부자는 많이 '갖고' 있는 사람이 아니라 많이 '주는' 사람임을 강조한다. 많이 가지고 있어도 그것을 잃어버릴까 혹은 빼앗길까봐 걱정하는 사람은 이미 불안에 빠진 불행한 사람이다. 사랑도 마찬가지이다. 사랑이라는 능력의 본질은 받기보다는 주는 것이다. 그렇다면 무엇을 주는 것일까? 성숙한 사랑은 자신, 자신이 가진 것 중 가장 소중한 것, 곧 생명을 주는 것이다. 이 말은 반드시 남을 위해 자신의 생명을 희생한다는 뜻은 아니다. 오히려 자기 자신 속에 살아 있는 것을 준다는 뜻이다. 자신의 기쁨, 자신의 관심, 자신의 이해, 자신의 지식, 자신의 유머, 자신의 슬픔, 자기 자신 속에 살아 있는 것을 주는 것이다. 다른 말로 하면 개방성이다.[64]

행복(幸福)이라고 하면 약간은 감상적인 기분이 든다. 복(福) 그러면 손에 쥘 수 있는 어떤 물질적인 것으로 이해되지만, 행복 그러면 물

---

64) 에리히 프롬,『사랑의 기술』, 황문찬 옮김 (서울: 문예출판사, 2006) 참조.

질보다는 정신적인 영역으로 이해된다. 그래서 그런지 우리는 새해를 맞이할 때, "행복 많이 받으세요." 라고 인사하지 않고 "복 많이 받으세요." 라고 한다. 행복은 느낌과 감정의 영역을 말한다면 복은 실제를 말한다. 예수가 말한 행복은 정신과 물질 모두를 포함한 것이다. 한자어로 된 복(福)은 보일 시(示)에 입 구(口) 그리고 밭 전(田)이 함께한 단어이다. 보일 시는 상형문자로 보면 하늘에서 내리는 비와 같은 모습을 보여주고 있다. 즉 한자어 복은 하늘의 정신적인 것과 밭에서 나는 음식물이 사람의 입에 들어가는 땅의 소산 곧 물질적인 것을 동시에 포함하는 단어이다. 한자어 행복은 물론 복이라는 단어를 포함하고 있지만, 어떤 충만한 상태 혹은 기쁨의 상태를 의미한다면, 다행 행(幸)이라는 의미는 다른 사람에 비해서는 괜찮다는 상대적인 의미의 복 개념을 말하고 있다. 그렇다면 이는 정신적인 영역을 의미한다.

하버드대학교 신학대 학장이던 헨리 나우엔은 어린 시절부터 신동으로 불리었고, 항상 정상의 자리에 있었다. 그가 펴낸 수많은 저서들은 베스트셀러가 되었다. 많은 사람들이 그의 성공적인 삶을, 탁월한 학문성과 인격을 칭송했다. 그런 그가 교수직을 버리고 캐나다의 정신지체아 보호시설인 "Day Break"에 한 명의 자원봉사자로 들어갔다. 그가 맡은 일은 정신지체아들의 대소변을 받아내고 목욕을 시키는 것이었다. 이를 의아하게 여긴 사람들이 물었다. "교수님같이 탁월한 대학자가 최고의 수재들을 가르치는 일을 해야지 이런 일을 합니까?" 이에 대해 그는 이렇게 말했다. "저는 그동안 성공과 인기라는 이름의 꼭대기를 향해 오르막길만 달려왔습니다. 그런데 한 장애인을 만난 후 내리막길을 통해서만이 진정 예수 그리스도를 만날 수 있다는 사실을 깨달았습니다. 오르막길에서는 '나'만 보일 뿐입니다." 그리고 그는 마크라는 한 정신지체장애인과 더불어 20여년을 함께 살면서 내면의 대화를 통해 하느님의 현존을 경험했다.

　인간은 누구나 행복하기를 간절히 원한다. 어떻게 하면 행복할까? 인간은 그가 아는 만큼 행복한 게 아니다. 인간은 그가 가진 만큼 행복한 것도 아니다. 인간은 그가 참된 가치를 발견하고 이를 추구하는 삶에서 행복하다. 그러기에 봉사하는 이가 행복한 것이다.

> 나는 여러분도 이렇게 수고하여 약한 사람들을 도와주고 또 '주는 것이 받는 것보다 더 행복하다' 하신 주 예수의 말씀을 명심하도록 언제나 본을 보여왔습니다.[65]

내 손과 발로 무엇을 할까

안도현

세끼 밥 굶지 않고 나 혼자 등 따뜻하다고 행복한 게 아닙니다.
지붕에 비 안세고 바람 들이 치지 않는다고 평화로운 게 아닙니다.
내가 배부를 때 누군가 허기져 굶고 있습니다.
내가 등 따뜻할 때 누군가 웅크리고 떨고 있습니다.
내가 아무생각 없이 발걸음 옮길 때
작은 벌레와 풀잎이 발밑에서 죽어갑니다.
남의 허물을 일일이 가리키던 손가락과
남의 멱살을 무턱대고 잡아당기던 손아귀와
남의 얼굴을 함부로 치던 주먹을 거두어야 할 때입니다.
갖은 것을 나누는 게 사랑입니다.
사랑해야 우주가 따뜻해집니다.
내 손을 행복하게 써야 할 때입니다.
내 발을 평화롭게 써야 할 때입니다.

---

65) 사도행전 20장 35절.

6장

신자유주의 경제논리와 한국 교회

오늘날 한국 사회는 무한경쟁의 꽃이 만발한 모습이다. 경제구조는 물론이고 국가정책에서도 경쟁에서 살아남는 자만이 승리자가 될 수 있음을 강조한다. 그런데 교회마저 여기에 휩쓸리는 듯하여 안타깝다. 교회가 경쟁적인 단체로 모습을 바꾸기 시작한 것이 어제 오늘의 일은 아니다. 이런 현상은 한국 교회에서 번영신학과 성공신학과 축복신앙의 형태로 미국의 적극적인 사고방식과 실용주의적인 사고와 연합되어 70년대부터 지금까지 한국 교회의 주된 메시지이다. 지금도 "잘되는 나", "성공적인 신앙생활"을 통하여 한국 강단에 큰 영향을 미치는 미국의 젊고 매력적인 설교가의 책이 번역되어서 큰 인기를 얻고 있다.[1] 이런 책은 어려운 현실에서 하느님을 믿음으로 자신감 있게 살아가게 하는 긍정적인 요소도 있으나 신학적으로 볼 때는 섣불리 접해서는 안 되는 근본적인 문제를 안고 있다.

---

1) 조엘 오스틴, 『긍정의 힘』, 정성묵 옮김(서울: 긍정의 힘. 2009).

1. 번영신학의 흐름과 문제

1) 슐러의 '적극적 사고방식'

적극 신앙운동의 기원은 1950년대 초이다. 1952년 미국의 필(Norman Vincent Peale)의 『적극적 사고의 능력』(*The Power of Positive Thinking*)이라는 책에서 시작된 것이다. 이 책의 핵심은 다음 구절이다.

> 확신의 느낌은 여러분의 마음을 습관적으로 독점하고 있는 사고의 형식에 달려 있다. 실패를 생각하면 실패한다고 느낄 수밖에 없다. 그러나 확신하는 생각을 품고 이것이 자기의 생각을 지배하도록 한다면 당신은 어떤 어려운 경우에도 이를 극복할 수 있을 것이다.[2]

필은 확신을 갖는 습관을 가지게 되면 모든 일이 긍정적으로 성취된다고 강조하였다. 이러한 필의 제안은 세계 제 2차대전이 끝나고 사람들이 전쟁의 폐허와 절망 속에 허덕이고 있던 당시에는 실존주의가 지배적이어서 사회적인 호응을 얻지 못하였다. 그러던 중, 미국의 경제가 급속히 성장하던 1960년대에 슐러(Robert Harold Schuller) 목사가 그의 논리를 받아들여 적극적 신앙운동을 전개하여 큰 호응을 받게 되었다. 그는 가든그로브커뮤니티교회를 1955년에 창설, 6년 후 수백만 달러 규모의 교회당을 지었고 1981년에는 전체가 유리로 뒤덮인 수정교회(Crystal Cathedral Ministries)를 건축하였다. 긍정적 사고와 '아워오브파워'의 상징으로 떠오른 그는 설교자들에게 설교 대신 모든 '메시지'가 "적극적인 심적 전망을 계발하는 것이어야 한다"고

---

2) Norman Vincent Peal, *The Power of Positive Thinking* (New York: Fawcett Crest, 1952) p.23.

주장해 왔다. 그의 이런 개념은 '구상화'라고 불리기도 한다. 그는 정통 기독교 사상을 최소화하고 죄로부터의 구원 메시지를 자아관 극복 메시지로 대체했다. 그는 2001년 『나의 여정』이라는 자서전에서 자신이 데일 카네기, 필의 영향을 크게 받아 자신의 사역에서 신학을 요법으로 바꾸기로 결심했음을 시인했다. 그는 노만 빈센트 필의 적극적 사고를 긍정적 사고라는 단어로 교체했을 뿐이다.[3]

그는 필의 '적극적 사고방식'을 내용은 그대로 둔 채 이름만 '긍정적 사고'로 바꾼 후 이를 자신의 트레이드마크로 삼고는 인간에게 가장 필요한 심리학적 메시지는 '자존감의 회복'이라고 확신했다. 인간에게 '너는 소중한 존재이고 뭐든지 할 수 있다'는 메시지보다 인간의 필요를 채워 주는 것은 없다고 확신했다. 그 이후 그의 수십 년간의 설교는 사실상 이 자존감에 대한 설교밖에 없을 정도이다.[4] 그는 기독교 정신을 긍정심리학이랄까, 자기 최면의 수준으로 끌어내렸다.[5]

이러한 슐러의 적극적 사고방식은 1962년부터 시작된 박정희 정권의 "경제개발 5개년 계획"[6]을 비롯한 경제정책이 우리나라 경제를

---

3) 옥성호, 『심리학에 물든 부족한 기독교』(서울: 부흥과 개혁사, 2007), p.186.

4) 옥성호, 『마케팅에 물든 부족한 기독교』(서울: 부흥과 개혁사, 2007), pp.229-230 참조.

5) 슐러 목사는 '적극적 사고', '하면 된다'라는 왜곡된 낙관주의로 기독교정신을 오도하였다. 이러한 성장주의적 방법론이 우리나라의 천민자본주의와 결합되면서 교회에서도 성장을 위해서는 온갖 왜곡된 수단과 방법마저도 승인하게 되었다. 이에 따라 '부정과 부패', '적당주의'로 인해 장로교회에서는 총회장 선거, 감리교회에서는 감독선거에서 거액의 돈이 뿌려지는 추태마저 드러나게 되었다. 이로 인해 주한 미국대사관은 우리나라의 목사들을 가장 믿기 어려운 집단으로 분류하고 있다. 은행에서도 목사는 가장 신뢰할 수 없는 직업군으로 여긴다. 손규태. op. cit., pp.348-351 참조.

6) 제2차 세계대전 후 시장경제를 표방한 개발도상국들도 그들의 경제발전을 위해 개발계획을 실시하는 것이 하나의 유행처럼 되었다. 우리나라도 일찍부터 그런 계획이 있었지만 1962년에 비로소 제1차 경제개발5개년계획(1962~66)을 정식으로 출범시켰다. 그 후 6차례의 5개년계획을 끝내고, 1992년 제7차 5개년계획이 시작되었다(1996 완료). 우리나라의 개발계획은 경제기획원(현 재정경제원)에서 주관해 왔으나 계획 작성 과정에 관계부처 공무원의 참여범위가 이후 계속 확대되어 계획 작성에 상당한 분권화가 이룩되었다. 그러나 외국인 전문가의 참여 또는 자문은 제2차 5개년계획(1967~71) 때 최대로 확대된 이후 계속 감소한 반면 국내 경제학자들의 자문이 증대됨으로써 계획자문활동의 수입대체가 이루어져왔다.

급진적으로 발전시켜 나가던 1960년 중반에 한국 교회에 도입되어, 1970년에 시작된 새마을 운동[7]과 같이 적극적인 사고방식이 사회적 붐을 일으키던 시기가 이어지면서 한국 교회의 신앙형태에 엄청난 영향을 미치게 되었다. 그의 이론은 1960년대 이후 소위 '잘살아보세' 라는 정치적, 사회적 운동과도 잘 들어맞았다.

2) 오스틴의 '긍정의 힘'

오스틴도 이와 유사한 사고방식을 강조한다. 이들의 문제는 결국 예수 그리스도의 십자가의 정신과는 거리가 멀다. 오스틴의 아버지는 원래 미국 남침례교단 소속 목사였으나 후에 교단을 버리고 The word of faith(WOF)의 일원이 되었다. 그의 신학을 이해하기 위해서는 이 단체의 입장을 아는 것이 중요하다. 이 단체가 주장하는 것은 정통적 입장과 대치되는 것들이 많다.

> 우리는 작은 신들이다. 예수는 십자가에서 우리의 죗값을 모두 치르지 못하였고, 지옥에 가서야 가능했다.
>
> 우리는 하느님에게 우리의 입술로 요구할 수 있고 하느님은 우리가 건강하고 부유하기를 원한다. 우리가 병약하거나 가난하면 그것은 우리가 믿음이 없기 때문이다.
> 우리는 우리가 하는 말로 우리의 상황을 조정할 수 있다. 우리가

---

7) 새마을운동은 1970년 박정희 대통령이 제창했다. 이후 첫째, 국민 각자가 독립된 개체로서가 아니라 지역사회 공동체 내의 한 구성원으로서의 공동개발, 공동발전을 위해 협동하여 노력할 것을 고취했다. 둘째, 지역사회 주민이 주체가 되는 '민간주도'의 지역사회개발운동을 지향했다. 셋째, 지역사회개발운동에서 나아가 국민정신을 일깨우는 의식개혁운동이자 생활운동이었다. 1970년 처음 발의된 이후 정부의 정책변화와 사회변화에 따라 다르게 재규정되었다. '근면·자조·협동'의 정신을 가지고 '어제보다 나은 내일의 새마을'을 만들려는 의식이 시대적 이념인 근대화 이념과 일치했다.

축복하고 치유를 말하면 우리는 그렇게 된다.

WOF 지도자들은 하느님이 영적인 법률에 따라 세상을 운영하며, 믿는 이들의 믿음 충만한 명령과 욕구에 순종할 밖에 없다고 가르친다. 이들의 주장대로라면 하느님은 그의 피조물의 요구에 끌려 다니는 힘없는 존재에 불과하다. 오스틴의 말이다.

"하느님은 인간을 위해 세상에서 일할 허가를 받아야만 한다. 당신이 바로 그 조정을 할 수 있다. 사람이 갖고 있다, 하느님은 더 이상 가지고 있지 않다."(2004.5.2.)

그의 이러한 입장은 '마인드 과학 운동'을 펼쳐온 이단인 '크리스천 사이언스(Christian Science)'[8]를 연상시킨다. 그는 1999년 아버지가 고혈압으로 사망하고 그 뒤를 이어 교회를 맡게 된다. 지금은 이전 휴스턴 농구구장을 교회로 쓰고 있다. 그의 교회는 10불의 입장료를

---

8) 1879년 메리 베이커 에디가 미국에 세운 교단으로 이에 대해 기독교 정통교단들은 이단으로 분류한다. 그녀는 이 교단의 가르침을 성서에 비추어본 과학과 건강(Science and Health with Key to the Scriptures)에서 명확히 진술했다. 이 교단에는 거의 3,000개가 넘는 교회들이 속해 있고, 이 가운데 1/3가량이 미국 밖의 56개국에서 개신교 전통이 강한 지역들에 자리 잡고 있다. 크리스천 사이언스는 다윈의 진화론, 성서비평학, 그 밖의 세속화 영향이 개신교 정통신앙의 초자연적 구조를 잠식하던 19세기말 미국에서 두각을 나타냈다. 그녀의 추종자들은 1866년 크리스천 사이언스를 탄생시켰다. 당시 그녀는 신약성서에서 예수의 병고침 이야기를 읽고 있는 동안 과거에 큰 사고로 얻은 것으로 보이는 후유증이 씻은 듯이 낫는 경험을 했다. 이 사건의 세부 내용에 대해서는 논란이 많으나 그녀는 이 사건을 계기로 삶의 방향을 바꾼 듯하며, 이때부터 오랫동안 성서 연구와 집필에 정열을 쏟았고 치유실습을 심도 있게 함으로써 자신이 이끌어낸 결론들을 시험했다. 1879년 그녀와 추종자 15명은 초기 기독교와 후대에 상실된 치유요소를 회복한다는 목표를 내걸고 '과학자 그리스도의 교회(크리스천 사이언스 제1교회)'를 설립했다. 그 뒤 1882~89년에 이 운동은 안정되고 항구적인 성장을 계속했는데, 주로 그녀가 1881년에 설립한 '매사추세츠 형이상학대학' 출신 학생들이 벌인 치유사역에 힘입었다. 1880년대 말에는 거의 100개나 되는 크리스천 사이언스 교회들이 대서양 연안 주들과 중서부 주들에 설립되었고, 1895년까지는 250개, 1910년까지는 1,200개의 교회들이 설립되었다. 1910년경 크리스천 사이언스 교회들은 1,213개에서 2,400개로 증가했다. 그녀 자신은 교인수가 영적 생명력의 척도가 될 수 없다고 강하게 느꼈으며, 교회가 이미 급속히 성장해 있던 어느 시기에 교인수를 공식적으로 집계하지 못하도록 규율로 정해놓았다. 그러나 1936년 미국인구조사국은 크리스천사이언스 교회의 교인수를 26만 9,000명으로 보고했다. 다른 조사 자료들은 1930, 1940년대 교인수 증가율이 수평을 유지하다가 1970년대에 교인수가 증가한 몇몇 지역들(특히 제3세계 일부 국가)을 제외하고는 그때부터 감소하기 시작한 것으로 추정한다.

받으며, 경매 사이트인 EBAY[9]에서는 100불에도 팔리고 있는 실정이다. 주일마다 그는 3만의 청중이 모이는데, 지금은 한 좌석당 수익금을 2,500달러를 계산, 9천 5백만 달러 모금운동을 벌이고 있다. 초대형집회에서는 입장료가 좌석에 따라 금액이 다르다. 재미있는 것은 티켓을 파는 사이트들이 "joel osteen show"라고 그 제목을 달고 소개하고 있다. 그는 백만 불이 넘는 호화저택에서 살며, 가장 좋은 것들로만 누리고 말씀전파여행을 하고 있다. 미국에서 성공했다는 기독교 지도자들의 한결같은 모습이다.

> "우리는 사람들을 도와 그 잠재력을 개발하고자 한다. 종교의 힘이 아닌, 예수 그리스도를 통하여 기쁨과 평화와 승리를 맛보고자 한다. 인생을 승리하고자 하느님을 믿어야 한다. 우리는 우리가 할 수 없는 것, 그리고 천국에 갈 수 없는 것들에 대한 하느님의 심판을 너무 많이 들어왔다. 이제는 우리를 사랑하는 하느님의 선함에 대해서 들을 때가 되었다. 하느님은 당신을 믿는 사람을 돕고자 하신다."

> "기억하라. 우리의 말이 성취 될 예언이 될 것이다. 우리의 말로 우리는 무엇이 닥칠지 알 수 있다. 우리는 미래를 예언할 수 있다. 당신의 말로 분위기를 바꾸어야 한다. 좋은 것들을 불러라. 승리를, 건강을, 넘치는 삶을, 그것이 여러분의 미래가 된다."

그의 중요 메시지를 보면, 하느님은 당신의 자녀를 사랑하여 건강을 주며, 부자가 되게 한다는 교회에서는 언제나 즐거운 시간만을 가져야 한다는 것이다. 그가 성공적인 이유는 사람들이 이러한 메시지

---

9) 이베이(EBay Incorporated, 나스닥: EBAY)는 EBay.com을 관리하는 미국 인터넷 회사의 하나이며, 온라인 경매와 쇼핑을 운영하는 웹사이트이다. 여기서 사람들과 기업들이 물건과 용역(서비스)을 전 세계적으로 사고판다. 원래의 미국 웹 사이트뿐 아니라 이베이는 다른 여러 나라에 맞춘 웹 사이트를 구축해 놓았으며 전 세계 인터넷 옥션에서 이용자가 가장 많다.

를 듣고 싶어 하기 때문이다. 이러한 '좋은 것'의 메시지는 미국 사람들이 듣고 싶어 하는 가장 좋은 말들을 들려줌으로써 무한한 인기를 누리게 된 것이다. 그는 믿음이란 단어로 우리가 하나님으로부터 원하는 것을 얻을 수 있다고 말한다.

이 세상에서 하느님의 축복으로 잘사는 것이 복음인가? 지금 병과 가난으로 고통 받고 있는 기독교인들은 모두 하느님이 사랑하지 않는가? 그의 가르침대로 하면 성서에 기록된 수많은 하느님의 일꾼들은 하느님의 사랑을 받지 못한 사람들이 된다. 결정적으로 이 땅에서 부귀영화를 누리기는커녕 처참한 고난 속에서 십자가를 진 예수나 대부분 순교한 그의 제자들, 학문적으로 최고의 실력을 갖추었고 로마 시민권자였으나 예수를 만나고부터 고질적인 병에서 치료받지 못하고 평생 결혼도 안 하고 매 맞고 죽을 고생하면서 선교하다가 순교한 바오로는 어떻게 설명할 것인가? 우리 주위에도 올곧은 믿음으로 하느님을 섬기고 이웃을 섬기면서 사는 가난한 신앙인들이 많다. 이들은 가난과 병고에 대해 하느님을 원망하지 않는다. 오히려 이러한 현실에서 하느님과 만난다.

그의 긍정적인 사고는 오래전 슐러가 적극적인 사고방식으로 미국에 열풍을 가져온 것과 유사한 사고임을 쉽게 알 수 있다. 적극적 또는 긍정적인 사고방식이 기독교 정신과 연관이 있는 것은 사실이다. 하지만 진정한 긍정은 하느님 나라를 향한 소망과 하느님이 이 땅에 사는 우리에게 그 긍정을 허락하심으로만 가능하다. 그의 가르침은 하느님의 뜻과는 무관한 우리의 긍정이라는 위험이 있다. 그가 해온 수십 시간의 설교를 들어도 죄인과 십자가라는 단어를 찾아보기 어렵다. 그저 인간의 긍정적 생각이 삶을 바꿀 수 있다는 연사의 목소리만 있을 뿐이다. 긍정적인 생각과 말로 인해, 하느님은 결혼생활과 경제여건과 직장과 더 큰 집으로 우리를 안내할 것이라고 가르친다. "오늘 기분이 어떠세요?"라고 인사하는 것보다 "내 몸아! 이렇게 좋아져라" 하면 된다고 그는 말한다. 가난이 아닌 부유하게 사는 것은 하느님의 뜻이다. 빚지지 아니하고 모두 갚는 것도 하느님의 뜻이다. 병들지 않고 건강하게 사는 것도 하느님의 뜻이다. 그의 메시지에서 그리스도를 본받아 가는 길을 들을 수 없다. 그의 메시지를 분석한다면, 구세주는 바로 나이며, 구원을 이루게 하는 것은 바로 새로운 긍정적인 태도이기 때문이다. 최근에 그가 한 말을 몇 가지 모아 보았다.

> "우리 교회에는 십자가가 없다. 십자가에 대한 말씀도 없다. 우리는 믿기는 하지만 십자가 때문에 교회에 나오지 않는 사람들을 나오게 하기 위해서다."(2004.2.3.)

> "한 남자가 기도했다. 저처럼 죄인을 어찌 사용하시나요? 당신 아래에 서 있을 수도 없습니다. 이러한 기도로 어떻게 축복을 기대합니까?"(2004.4.17.)

> "사가랴에게 자식을 허락하시고 9개월간 벙어리로 만드신 이유는 무엇인가? 바로 사가랴가 부정적인 말을 해서 하나님의 계획을 망칠까봐이다. 하느님은 우리가 하는 말의 힘을 알고 있다. 하느님은 사가랴의 부정적인 말이 하나님의 계획을 멈추게 함을 알았다. 우리가 말함으로 하느님은 우리를 축복할 수도, 그렇지 않을 수도 있다. 결국, 죽음과 삶은 당신의 혀에 달려 있다."(2004.5.2.)

미국 신학계는 그를 가리킬 때에, 'make me feel good', 'cotton candy theology'(솜사탕 신학), 'prosperity gospel'(부유의 복음)이라고 칭한다. 그에게는 절반의 복음만이 있다. 절반의 예수만 있다. 그는 말한다.

"교회의 교인수가 줄어드는 이유는 시대에 맞게 변하지 않아서이다." 그는 세상의 걸음에 맞춰 교회를 가꾸고 있다. 적어도 그의 생각은, 입장은, 인본주의적 관점이며, 스스로 도울 수 있으며, 자기실현(완성)을 추구하는 심리학과 다르지 않음에 주의해야 한다. 그는 축복을, 참 기독교인이 된다는 것을, 하느님의 이름으로 세상의 것들을 얻고 누리는 것으로 이해하고 있다. 그러므로 결정적인 문제는 그는 예수 그리스도의 십자가의 복음에서 떠나 있다는 것이다. 부유하지 않으나, 참으로 하느님이 원하는 성서적인 삶을 사는 이들이 이 세상에는 더욱 많다. 이들은 성서를 자신들의 기준에 따라 즐겨하는 구절만을 강조한다.

> 나는 사랑하는 그대가 하는 일이 모두 다 잘되어 나가기를 빕니다.
> 또 그대의 영혼과 마찬가지로 육신도 건강하기를 빕니다.[10]

적극적인 사고방식에 치중하는 설교자들은 일방적인 번영과 성공과 기복주의적인 내용들에 성서를 끼워 맞추는 설교를 한다. 이 세상을 살아가면서 고통에 대해 비관하고 실망하고 좌절하다가 우울증에 빠지거나 자살하는 것보다는 번영의 복음과 적극적인 축복의 설교를 통해 심리적으로 위로 격려하는 것은 바람직하다. 인간의 정신적인 태도가 인간의 행동에 놀라운 영향을 미친다는 것은 이미 심리학적으로 증명되고 있다. '긍정의 힘'은 신자유주의와 맞물려 미국의 보편적 이데올로기가 됐고, 미국 복음주의자들에 의해 번영신학으로 변형된 것이며 고전적인 단죄나 죄의식 같은 부정적 이야기보다는 부와

---

10) 요한 3서 2절.

성공과 건강을 믿기만 하면 그대로 이루어진다는 메시지는 교회 안에서 가속도가 붙기 시작했다.[11]

3) 교회성장학의 영향

그런데 오늘날 한국 교회는 미국의 '교회성장학'이 소개되면서부터 이러한 번영신학을 더욱 공고하게 받아들였다. 그래서 많은 교회들이 성장지향적인 모습으로 교회의 구조를 바꾸기 시작했다. 이것은 그야말로 경제 논리를 따라가는 교회의 모습이다.[12]

'교회성장학(Church Growth theory)'이라는 분야는 일반적으로 여러 정의가 있을 수 있겠으나 우리가 흔히 알고 있는 교회성장이라는 개념에 대한 근거를 제시한 사람은 맥가브란(Donald Mcgavran)이다. 그는 원래 선교사인데 선교지에서 교회성장에 관련된 여러 종류의 책들과 이론들을 내어 놓았고 그의 의견에 찬성하는 선교사들을 중심으로 선교지에서 교회성장방법론에 대한 큰 반향이 일어났다. 이때가 대략 1950년대였는데 이후 이 교회성장학은 점차 선교지가 아닌 일

---

11) 바버라 에런라이크, 『긍정의 배신』, 전미영 옮김 (서울: 부키, 2011) 참조. 『긍정의 배신』은 사회비평가 바버라 에런라이크가 자본주의와 철저한 공생 관계를 맺고 있는 긍정 이데올로기의 문제점을 전방위적으로 파헤친 책이다. 미국의 신사상 운동에서 태동한 신복음주의 교회 및 기업계와 결합하면서 발전한 긍정주의가 현대 사회에 들어서 우리 삶의 어떤 부분까지 깊숙이 개입하였는지 살펴보고, 이러한 긍정주의가 낳은 폐해에 대해 분석한다. 특히 긍정주의는 개인을 넘어서 전 세계에 닥친 위기의 징후에 눈감게 만들어 재앙에 대비하는 힘을 약화시키고 나아가 실패의 책임을 개인의 긍정성 부족으로 돌림으로써 시장경제의 잔인함을 변호한다고 설명한다. 그리고 기업과 국가가 이러한 긍정주의를 어떤 식으로 이용하고 있는지 다양한 사례를 통해 흥미진진하게 살펴본다. 이 책에서 저자는 제 5장 "하느님은 당신이 부자가 되길 원하신다"에서 이른바 번영신학에 대해서도 날카로운 해부의 칼을 들이대고 있다. 오늘날 사회적 지탄을 받는 대부분의 교회 문제는 돈의 문제이다. 돈의 힘이 사회를 지배할 뿐만 아니라, 교회도 지배하고 있다. 여기에 '긍정신학', '번영신학'이 크게 영향을 미치고 있다. 긍정적 사고를 말하는 조엘 오스틴의 '긍정신학'이 어떤 문제점이 있는지는 건전한 신앙으로 성서를 살펴보면 쉽게 파악할 수 있다.

12) 최승기, "생명목회 장애물들: 교회성장학과 성공주의", 부산장신대학교 생명목회위원회 편, 『생명목회와 생명선교 I』(고양: 올리브나무, 2011), pp.252-260 참조.

반 지역교회로 옮겨져 왔으며 1990년대를 지나면서 초창기의 교회성장이론에 갖가지 자본주의적 이론들이 살로 붙어 현대에 이르러서는 완전하게 세속적인 이론으로 탈바꿈이 되었다.

　이 이론의 핵심만 요약을 하자면 "교회는 끊임없이 커져야 하고 규모는 늘어나야 하는데 이것이 하느님이 원하는 교회성장이다"라는 것이다. 여기서 중요한 키워드는 "규모의 팽창"이다. 이 이론은 사실 선교지에서 초기 선교활동을 할 수 있는 근거지의 필요성과 어느 정도의 규모 없이는(즉, 자본적인 지원 없이는) 선교활동이 어려운 특수한 상황에서 적용되던 것인데, 세월이 흐르면서 완전히 다른 개념으로 바뀌어 버렸다. 또한 현대에 이르러서는 교회는 끊임없이 증식하고 거대해져 가야 한다는 괴상한 개념의 이론으로 변이되어 버렸다.

　물론 근래 들어서는 지나치게 증폭된 규모와 외형적 성장론에 반발하는 소극적 개념의 수정주의 이론도 나와 이른바 말하는 양적인 성장과 질적인 성장이 조화를 이루는 건강한 성장을 운운하는 말들도 있지만 이도 역시 기본적으로 '교회는 더 커져야 한다'라는 전제를 깔고 시작하는 것이라 본질적인 문제와는 별 관련이 없다.

　맥가브란이 이렇게 시작한 교회성장에 대한 새로운 이해는 사실 그의 제자인 와그너(Peter Wagner)에 이르러 완전히 꽃피게 되었다. 사실 현대적인 개념의(특히 미국적인 개념의) 교회성장학이라는 개념의 기틀을 만든 사람은 바로 이 와그너이다. 와그너는 교회성장을 일종의 하느님의 명령과 같은 대명제로 사람들에게 인식시켰다. 그래서 교회가 커지고 교인들이 늘어나는 것은 예수 이후 교회들에게 주어진 지상 대명령이고 이것을 방해하거나 거부하는 것은 사단의 역사라는 인식을 일반 교회들과 교인들에게 강력하게 심어 주었다. 이 개념이 강력하게 한국 교회에 자리 잡았기 때문에 오늘날 미친 듯이 이루어지고 있는 교회 건축과 교회의 대형화에 대해 교인들이 내심으로는 불만이더라도 표면적으로는 뭐라 하지 못하고 있다.

한국 교회가 외형적으로 폭발적인 성장을 하던 때가 1970년대에서 1990년대인데 바로 이때 대형화된 교회들(여의도순복음교회, 광림교회, 금란교회 등)의 공통점이 바로 이와 같은 교회성장이론에 근거한 것이다. 그리고 그 이후 이런 대형교회들의 뒤를 따르는 대형교회들 역시 이 이론에 충실했다. 이렇게 해서 교회들은 대형교회들이 주도하는 일종의 트렌드된 흐름에 따라 움직이는 하나의 거대한 시장이 되고 말았다.

그 후 1990년대 말이 지나면서 교회가 정체되고 교인수의 성장이 둔화를 넘어 마이너스화 되어가자 교회성장론은 한 단계 더 업그레이드되었다. 바로 마케팅과 자본주의 논리의 도입이다. 이것을 가장 극적으로 도입하고 성공한 사례가 빌 하이벨스 목사의 윌로크릭 교회이다. 그는 자신의 교회가 속한 곳의 지역주민들을 분석하고 그들의 취향을 파악하여 거기에 알맞은 홍보 전략을 개발하기 시작했다. 우리나라에서도 교회에 한 명의 교인이라도 더 끌어모으기 위해 이른바 '총동원 주일' 등의 행사를 통해 경품과 많은 실적을 올린 교인들에게 '전도왕'시상을 하는 해괴한 모습들이 일반화되었다. 안타까운 현실은 다른 교회에 멀쩡히 다니고 있는 사람들도 자기 교회로 데리고 오는 것을 서슴지 않는다는 것이다.

교회성장에 대한 이러한 잘못되고 왜곡된 이해는 '교회성장=교회건물'의 크기와 교인들 머리 숫자로 자리잡아 버렸다. 이는 누구도 부인 못할 한국 교회의 현주소이다. 이것이 온갖 교회의 문제점들을 양산해 내는 근원적인 원인 가운데 핵심이다.

이처럼 비성서적이고 성서의 정신과도 부합하지 않는 해괴한 몇몇 교회성장학자들의 이론을 하느님의 말씀처럼 신봉하고 있는 이유는 분명하다. 그것은 바로 이 이론이 세속적 자본주의의 지향점과 정확히 일치하고 있기 때문이다. 이렇게 한다면 이른바 성공과 번영을 누릴 수 있기 때문에, 또한 어느 누구도 이것을 거부할 이유가 없기 때문에 자연스럽게 교회에 자리를 잡아버린 것이며 이제는 대부분의 기독교인들과 교회들이 당연한 것처럼 받아들여 버리게 되었다. 그래서 교회마다 가보면 몇 년까지 성도 몇 명 목표, 언제까지 얼마만한 교회를 짓기 위해 얼마의 건축헌금을 작정하는 것들을 너무나 쉽게 찾아볼 수 있다. 교회가 무슨 보험회사나 텔레마케팅 회사도 아닌데 온갖 목표와 목표실적들의 수치로 범벅이 되고 있는 것이 오늘날 한국 교회들의 자화상이다.

> 이 위선자들아, 너희는 하늘과 땅의 징조는 알면서도 이 시대의 뜻은 왜 알지 못하느냐? 너희는 무엇이 옳은 일인지 왜 스스로 판단하지 못하느냐?[13]

> 이런 교설은 거짓말쟁이들의 위선에서 오는 것이고 이런 자들의 양심에는 사탄의 노예라는 낙인이 찍혀 있습니다.[14]

최근 한국 교회의 위기에 대해 심각하게 고민하면서 자기반성과 실천으로 세상의 소금과 빛이 되기를 다짐하는 대한예수교장로회(통합) 교단 96회(2011년 말에서 2112년 말까지 활동) 총회장 박위근 목

---

13) 루가의 복음서 12장 56-57절.
14) 디모테오에게 보낸 첫째 편지 4장 2절.

사의 말이다.

> 교회는 반드시 성장해야 합니다. 그것이 주님의 뜻입니다. 그러나
> 우리가 성장지상주의에 빠지게 되면 수단과 방법을 가리지 않고
> 오직 교인 수를 늘리는 데만 몰두할 수밖에 없습니다. 어떤 방법으
> 로든지 교인 수를 늘리면 유능한 목회자가 되고, 성공한 목회자가
> 되고, 나아가서 하나님께 영광을 돌리는 목회자가 된다고 믿기 때
> 문입니다. 그동안 우리는 이 일에 몰두해 왔습니다. 우리의 이런
> 모습을 세상 사람들이 어떻게 보고 있으며, 나아가서 하나님께서는
> 어떻게 보실 것인가를 생각할 겨를도 없었습니다. 그래서 교회는
> 성장하고 교인 수는 많아졌지만, 세상 사람들로부터 칭찬을 듣는
> 교회가 되지는 못했습니다. 이제야말로 우리가 자신을 성찰해 보아
> 야 할 때가 되었습니다. 우리가 추구하고 있는 성공이 과연 성공이
> 며, 우리가 추구하고 있는 교회성장이 과연 참된 의미의 교회 성장
> 인가를 생각해 보아야 할 때가 되었습니다.[15]

이에 따라 대한예수교장로회(통합) 교단은 96회(2012년) 주제 및 교
육주제는 "그리스도인, 세상의 소금과 빛"이라는 제하에 "착한 행실
로 하나님께 영광을!"이라는 부제로 정하였다.

> "너희는 세상의 소금이다. 만일 소금이 짠 맛을 잃으면 무엇으로
> 다시 짜게 만들겠느냐? 그런 소금은 아무 데에도 쓸데없어 밖에 내
> 버려져 사람들에게 짓밟힐 따름이다. 너희는 세상의 빛이다. 산 위
> 에 있는 마을은 드러나게 마련이다. 등불을 켜서 됫박으로 덮어두
> 는 사람은 없다. 누구나 등경 위에 얹어둔다. 그래야 집 안에 있는
> 사람들을 다 밝게 비출 수 있지 않겠느냐? 너희도 이와 같이 너희
> 의 빛을 사람들 앞에 비추어 그들이 너희의 착한 행실을 보고 하늘
> 에 계신 아버지를 찬양하게 하여라."[16]

---

15) 박위근, "그리스도인, 세상의 소금과 빛 – 주제설교", 대한예수교장로회총회교육자원부 편, 『그리스도인,
    세상의 소금과 빛』(서울: 한국장로교출판사, 2011), p.15.
16) 마태오의 복음서 5장 13–16절.

사랑하는 형제들, 낯선 땅에서 나그네 생활을 하고 있는 여러분에게 권고합니다. 영혼을 거슬러 싸움을 벌이는 육체적인 욕정을 멀리하십시오. 그리고 이방인들 사이에서 행실을 단정하게 하십시오. 그러면 여러분더러 악을 행하는 자라고 욕하던 그들도 여러분의 아름다운 행위를 보고 하느님께서 찾아오시는 그날에 그분을 찬양하게 될 것입니다.[17]

이 교단의 교육주제 해설 내용은 다음과 같다.

오늘날 한국 교회는 외형상 대단한 부흥과 성장을 거듭하여 세상의 이목을 받고 있는 것은 사실이나 그 이면에는 우리들의 일그러진 자화상과 같은 부끄러운 모습들이 감춰져 있어 세상 사람들에게 소망을 던져 주지 못하고 있기 때문이다. 예수는 우리에게 이미 너희는 '소금이고 빛이다'라고 말하였다. 그렇다면 문제는 무엇인가? 소금이 되고 빛이 되어서 살아가고 있는 우리들이 그 역할을 잘 감당하고 있느냐를 묻는 것이다. 그 역할을 감당해야 한다는 것이다. 오늘날 한국 교회가 안팎으로 지탄의 대상이 되고 갈수록 복음 전도가 어려워지는 이유는 무엇인가? 기독교인들이 제대로 된 예수쟁이의 맛을 드러내지 못하고 있기 때문이다. 우리가 '지금-여기'를 참된 기독교인으로 제대로 살아내지 못하면 아무리 다음세대의 부흥을 외쳐도 그것은 이루어질 수 없는 허황된 꿈에 불과하다. 기독교인, 세상의 소금과 빛! 한국 교회를, 그리고 기독교인들을 향한 세상의 시선들이 오색찬란한 무지갯빛이 되도록 우리의 본분과 역할에 충실하며 더 깊이 예수의 영성을 따라가는 기독교인들이 되도록 우리 모두가 힘쓰고 애쓰는 한해가 되길 기도해 본다.[18]

그나마 이 교단은 오늘날 한국 교회의 대사회적 이미지가 심각한 수준임을 인식하고 이에 따른 교단 차원의 반성과 실천을 다짐해 나가는 모습이다. 그러나 총회장의 말처럼 교회존재의 목적을 교회성장

---

17) 베드로의 첫째 편지 2장 11-12절.
18) 대한예수교장로회(통합) 총회교육자원부 교육주제 해설
   (http://www.edupck.net/edu_course/subject_12.asp).

에 두고, 이것에 문제가 생겼기에 이에 따른 대책으로 자기성찰과 세상을 향한 섬김을 하려는 것이라면 성서적인 의미에서 볼 때, 진정성에 문제가 생기고 만다. 성서의 기록에 따르면, 사랑함에는 그 어떤 수단이 아닌 진실함이 있어야 하고 분명한 실천이 있어야 함을 일깨워 준다.

> 사랑하는 자녀들이여, 우리는 말로나 혀끝으로 사랑하지 말고 행동으로 진실하게 사랑합시다.[19]

러시아의 대문호 톨스토이(Lev Nikolaevich Tolstoi)의 이야기이다. 그가 어느 날 길을 가다가 나이 어린 걸인(乞人)이 그에게 구걸하였다. 이를 불쌍히 여긴 그는 재빨리 주머니를 뒤졌으나 그의 주머니 속에는 동전 한 푼도 없었다. 이를 안타깝게 여긴 그는 하는 수 없이 매우 미안해 하면서 공손하게 말했다.

"형제여, 정말 미안하오, 내 주머니엔 한 푼도 없으니…."

그런데 이 걸인 소년은 아주 환하게 웃으면서 이렇게 말했다.

"아닙니다. 선생님은 제게 돈보다 더 값진 것을 지금 주셨습니다. 저 같은 거지를 형제라고 불러 주신 분은 처음입니다."

신영복은 돕는다는 것의 진정성을 일깨워 주었다.

> 돕는다는 것은 우산을 들어 주는 것이 아니라 함께 비를 맞는 것입니다. 함께 비를 맞지 않는 위로(慰勞)는 따뜻하지 않습니다. 위로는 위로를 받는 사람으로 하여금 자신이 위로의 대상이라는 사실을 다시 한 번 확인시켜 주기 때문입니다.[20]

---

19) 요한일서 3장 18절.
20) 신영복, 『처음처럼』, p.103.

그러기에 사랑함에 가장 중요한 것은 함께 함이다.

> 사랑의 가장 확실한 방법은 함께 걸어가는 것입니다. 사랑은 장미
> 가 아니라 함께 핀 안개꽃입니다. 21)

최근 우리 사회에서 섬김과 나눔이 시대적 트렌드로 자리 잡고 있
다. 한국 교회는 진정한 교회됨을 위해 섬김과 나눔이 이루어져야 한
다. 이것은 교회 홍보를 위한 이벤트이면 곤란하다. 더욱이 개인의 감
성 혹은 일회적인 선행의 문제로 전락해서는 안 된다. 또한 연례적
감동에 머물러서도 안 된다. 섬김과 나눔을 교회의 사회 윤리로 격상
시키고 그 지평을 넓혀야 한다. 교회의 섬김과 나눔은 시민 사회에
떠벌리고 자랑할 일이 아니라 이름도 빛도 없는 것이어야 한다.22)

이처럼 박위근 총회장이 중요하게 언급한 것처럼 교회성장에 대한
미련과 집착이 한국 교회에 얼마나 크게 영향력을 행사하는지 드러
나는 것 같아 씁쓸하다. 그나마 이 교단은 자기반성과 세상을 향한
섬김과 실천을 다짐하는 것이라 반갑기도 하다. 그러나 아직도 많은
수의 기독교 교단들은 교세확장에 혈안이 된 모습들을 보이고 있다.

한국 교회는 교회성장학의 논리를 교회론의 교과서인 양 신봉하면
서 그에 따른 문제를 야기하고 있다. 교회성장 이데올로기는 한국 교
회를 철저한 경제논리에 따른 신자유주의에 빠져들게 하였다. 교회성
장학에서 말하는 성장의 개념에는 질적인 면보다는 양적인 면에 더
강조점이 있다. 이런 성장의 개념을 교회의 모습으로 규정한 교회들

---

21) Ibid., p.164.
22) 문시영, "섬김과 나눔, 교회의 윤리로!", 목회와 신학 엮음. 『기독교윤리』(서울: 두란노아카데미, 2010),
p.100.

은 교인들을 경쟁의 자리로 몰아넣었고, 교회는 일반사회의 기업체처럼 경쟁적으로 서로 마지막 승자가 되기 위하여 온갖 수단과 방법을 다 동원하게 되었다. 이런 경쟁 중심의 교회 속에서 부흥의 개념은 질적인 의미보다는 수량적인 의미로 이해되었고, 본래의 부흥의 의미를 퇴색시켰다. 이렇게 되면서, 부흥이란 의미가 '다시 살아나는 것'(re-vival), '영적으로 병들었던 사람이 회생하는 것' 등을 의미하는 질적이며 영적인 개념이지만, 그런 의미는 거의 사라지고 말았다.[23]

이러한 교회성장학은 국내에서 지속적으로 번역 출판되면서 한국 교회는 양적 교회성장을 목회의 최우선적 과제로 삼게 됐다. 당시 교회성장주의는 상업적 방식으로 접근해 물량주의와 함께 교회 간 경쟁을 조장하고 외형적 성공을 이상화시키며, 십자가의 정신을 망각시킬 수 있다는 비판을 받기도 했지만 대다수 한국 교회 목회자들은 무비판적 수용을 선택하였다. 목회자들은 앞다퉈 교회성장학의 주장 및 전략들을 자신들의 목회에 적용하기 시작했고, 하느님의 축복을 부의 획득이나 사회적 성공, 그리고 개인의 건강에 연결시켰다.

2. 교회성장론의 문제

1) 베거의 고백, 번영신학의 실상

미국 번영신학의 대표자 짐 베거의 이야기이다.[24] 그는 1970년대와

---

23) 최승기, "성공주의와 하나님의 영광", 『신학이해』(31집, 2006년), pp.199–221 참조.
24) 짐 베거, 『내가 틀렸다』, 김재일 옮김(서울: 지혜의 일곱기둥, 2009) 참조; 그는 요한 3서 2절 이 구절을

80년대에 미국 기독교에서 가장 영향력 있는 사람 중 하나였다. 카터 대통령에서 레이건, 아버지 부시 대통령에 이르기까지 미국 대통령들의 친구이기도 했다. 그가 설립한 텔레비전 네트워크인 PTL(Praise To Lord)은 미국과 전 세계의 1,400만이 넘는 가정에서 수신했고, 미국 최대 규모의 신앙수양관이라고 할 수 있는 310만평 규모의 헤리티지 USA를 비롯하여 수많은 기독교 사역을 하고 있었다. 그는 미국에서 가장 큰 교회당을 짓고 있었고 헤리티지 USA는 성장을 멈출 줄 몰랐다.

그가 던진 메시지의 핵심은 성공복음, 기복신앙이었다. 복음성가 가수인 그의 아내 타미 페이와 그의 단순하고도 다이내믹한 설교는 '복음' 그 자체인 것처럼 여겨졌다. 그의 시대에 그는 기독교에 있어서 아메리칸드림의 상징이었고, 미국 기독교 신앙에 있어서 시대의 아이콘이었다. 그러나 그의 몰락은 너무 빨리, 갑자기, 충격적으로 닥쳤다. '파트너'로 부르던 PTL 후원자들에게 1,000달러씩을 기부 받고, 호화 헤리티지그랜드호텔 3박 4일간의 무료숙박권을 제공한 게 문제가 됐다. 정부는 그를 사기 혐의로 고소했다. 수용할 수 있는 한계를 넘어 계속 평생 파트너를 받음으로써 고의로 헤리티지 USA 숙박공간의 '정원을 초과했다'는 혐의였다. 여기에 '사기 공모' 등 24가지 혐의가 씌워졌다.

그는 45년형을 선고받고 나이 50이 되어서 감옥에 수감되었다. 미국에서 가장 화려한 목회를 하던 사람 중 하나였고 가장 영향력 있는 목사였던 그가 감옥에 가자 그의 이름은 졸지에 미국에서 가장 추악한 이름의 대명사가 되었다. 그가 감옥에 있는 동안 PTL과 헤리티지

얼마나 오해하였는가를 해명하였다.

USA는 다른 사람의 손에 넘어갔고, 미국 이곳저곳에 대저택을 소유했던 그는 전 재산을 날렸을 뿐만 아니라 소송에 패함으로써 엄청난 채무를 지게 되었다. 뿐만 아니라 가족이 뿔뿔이 흩어지게 되면서 그의 첫사랑이자 동료였던 아내는 그와 이혼하고 그의 친구와 결혼했으며, 딸은 무일푼이 되었고, 아들은 학교를 중퇴하고 마약과 술에 빠지기도 했다. 그는 성서의 욥의 몰락에 비견될 수 있을 정도의 처절한 몰락이었다. 그는 이렇게 죽음과 자살을 생각하지 않을 수 없는 처지에 놓였지만, 감옥에서 성서를 다시 읽기 시작했다. 그리고 성서에서 예수가 돈에 대해 단 한 번도 긍정적인 말을 하지 않은 것에 깜짝 놀랐다. 무엇보다도 하느님이 원하는 것은 하느님의 일을 빙자한 하느님의 사업, 선교사업, 큰 교회가 아니라 하느님과의 깊고도 친밀한 관계였다는 것을 깨달았다. 마침내 그는 "내가 틀렸었다!"고 과감하게 고백하기에 이른다.

"돈에 대한 예수님의 말씀의 진정한 충격이 나의 마음에 엄청난 충격을 주었기 때문에 나는 메스꺼워졌다. 내가 틀렸다. 내가 틀렸었다! 나의 라이프스타일이 분명히 틀렸었다. 그러나 더 근본적으로는 성서의 진정한 메시지에 대한 나의 이해가 틀렸었다. 내가 틀렸을 뿐만 아니라, 나는 예수님이 말씀하신 정반대의 것을 가르치고 있었다. 내가 사실상 그리스도를 반대해왔다는 것을 알게 되었을 때, 나는 소름이 끼쳤다."

"나는 몇 년 동안 진정한 복음이 아니라 '하느님은 당신이 부자가 되기를 원하십니다.…… 기독교인들은 하느님의 자녀들, 왕의 자녀들입니다. 왕의 자녀들이 이 세상이 제공하는 최고의 것을 가지지 말아야 합니까?'라고 말하는 협잡복음을 선전하는 데 기여했다는 것을 깨달았다. 성서를 더 공부함에 따라 나는 성공복음이 성서의 방향과 일치하지 않는다는 것을 인정해야만 했다. 내가 너무나 많

은 사람들을 잘못 인도했다는 것을 생각하고서 나의 마음은 무너
졌다. 내가 그렇게나 틀렸었다는 것에 기겁했고, 하느님이 나를 거짓
예언자로서 죽도록 때리시지 않으신 것에 한없는 감사를 드렸다."

그는 감옥에서 하느님이 자기를 버리신 것이 아니라 새롭게 빚고
계시다는 것을 깨달았다.

"하느님이 나를 버리시지 않았다는 것을 새롭게 깨달았다. 그분은
내가 당신께서 원하시는 사람이 되도록 나를 빚고 계셨다. 그분의
시간 안에서 이야기의 마지막이 드러날 것이다."

복음의 출발은 "회개하라, 천국이 가까웠다!"였다. 복음은 하느님
의 나라는 회개로부터 출발한다. 성서에서 말하는 회개는 가치관이
바뀌는 것이다. 인간 중심적인, 인간적인 가치로부터 하느님을 중심
으로 하는 거룩한 삶으로 전환이다. 그리고 예수의 공생애의 출발은
'물질과 명예와 권력'의 유혹으로부터의 해방이었다.

그의 "내가 틀렸다!"라는 고백은, 그의 몰락과 좌절 그리고 거듭
남은 물질의 포로가 되어버린 오늘의 한국 교회에, 그리고 한국 사회
에 반면교사가 될 것이다.

2) 번영신학, 윤리신학적 비판

번영신학이 가난과 열등감을 극복하는 데 심리적으로 유익한 측면
이 있고, 빠르게 교회성장을 이룩한 중요 동인(動因)이 되었으나 여기
에는 심각한 신앙적 부작용이 내재되어 있다. 무엇보다 적극적인 사
고방식, 긍정의 힘, 그리고 교회성장론, 즉 '번영신학' 중심의 설교는

위로와 소망, 그리고 '할 수 있다'는 가능성에서 오는 인간 승리, 사업 성공 등의 수평적 차원의 행복을 지나치게 강조한다.

이러한 번영신학의 설교는 적극적이고 긍정적인 사고방식, 성공만 관심을 집중시켜 예수의 고난과 십자가에 대한 내용은 줄어들게 된다. 오늘날 한국의 대형교회들은 수단과 방법을 가리지 않고, 빠른 시간 내에 돈과 권력, 명예를 쥐고 싶어 하는 교인들에게 세속적 성공 과정에서 따를 수 있는 죄에 대한 심적 불안이나 양심의 가책을 느끼지 않도록 교묘하게 중산층의 정서를 읽어내면서 문화적 코드를 맞춘 달콤하고 세련된 설교를 통해 급속하게 성장했다. 결국 교인들은 사회정의나 개인 윤리 등의 책임성을 강조하는 쓴 소리보다는 적극적이고 긍정적인 사고방식, 성공신학 등 달콤한 간증만을 목말라하게 됐고, 이런 말씀만이 은혜 충만한 설교라고 착각에 빠져들고 있다.

이에 따라 기독교신앙은 성공을 위한 필요한 수단이 되고, 하느님은 인간의 필요를 충족시켜 주는 역할, 곧 인간의 현세적 성공과 번영을 위해 이용되는 도구 이상의 의미를 갖지 못하게 된다. 그러므로 번영신학은 인간의 안전과 삶을 보장하는 것은 하느님이 아니라 돈이라고 믿는 삶의 문화 속에서 물질로부터 안전을 기대하는 교회와 신앙인들의 왜곡되고 변질된 삶의 문화를 만들었다. 이러한 번영신학의 기반 위에서 한국 교회는 경제발전과 더불어 물질만능을 추구하게 됐다. 번영신학에 따르는 미국 대형교회 목사들이 개인구원과 세속적 성공을 강조하듯 그들의 목회전략을 그대로 답습하고 있는 한국 교회 목사들은 세속적 성공을 바로 하느님의 축복으로 동일화시켜, 교인들을 성장과 축복 이데올로기에 함몰시켜 버린다.

번영신학은 목회 세습 및 교회의 사유화 문제 또한 양산한다. 미국

수정교회 몰락도 목회 세습과 관련이 깊다. 슐러 목사는 지난 2006년 은퇴하면서 교회를 아들에게 세습했다. 그리고 다시 딸에게 넘겨 줬다. 이런 가운데 그의 사위들까지 가세해 갖가지 방법으로 교회 재정을 횡령했다. 형제 간 분란이 지속되면서 교회 헌금 수입도 반 이하로 줄어들게 됐고, 결국 빚더미로 인해 파산 선언의 파국으로 치달았다. 우리나라의 많은 중대형 교회 목회자들은 슐러 목사의 모습을 거의 그대로 답습해 세습과 족벌운영을 해오고 있다. 이와 같은 현상들은 물량주의와 배금주의의 틀에 갇혀 교회를 사유화 개념에서 바라보는 인식이 한국 교회 목회자들에게 뿌리 깊게 자리잡고 있기 때문이다. 특히 사유화 문제는 교회 안에 다양한 문제를 불러일으키고 있다.

원로목사와 담임목사 간의 갈등은 법적 공방으로 치닫는 경우가 많고, 이로 인해 교회가 둘로 나뉘는 사태가 발생하고 있다. 담임목사의 교체 과정에서도 후임자와 갈등을 빚는 경우도 허다하다. 후임자와 전임자의 갈등 대부분 교회 재산권 행사를 둘러싸고 벌어지는 경우가 대다수이며, 교회 형편을 생각지 않고 퇴임할 때 수억 원에서 수십억 원에 이르는 퇴직금 및 전별금을 요구하는 목사들도 많은 상황이다. '교회 사유화'는 자신이 누려왔던 권력을 남에게 빼앗기지 않겠다는 심리에서 작용한다. 그래서 교회도 자기 자녀에게 세습하려는 무리수를 두는 것이다. 교회의 주인이 하느님이 아니고 교인들이 아니고 교회를 성장시킨 자기 자신이 주인이라는 착각이다. 교회를 설립한 목사나 장로가 주인 노릇을 하는 경우를 쉽게 볼 수 있다. 이것은 인간이 가질 수 있는 가장 손쉬운 유혹이 될 수 있고 누구나 손쉽게 동의하기 쉽다. 이러한 인간적인 방법을 원천적으로 제도적으로 봉쇄해야 한다.[25]

번영신학의 또 다른 폐단은 물량주의다. 교회 교인 수, 건물의 크기, 연간예산 금액, 헌금의 규모, 목회자 사례비 및 승용차 모델 등에 이르기까지 물량적 지표들이 목사와 교회의 성공을 가늠하는 기준으로 자리 잡고 있다. 눈에 보이는 것을 중요시하고, 수치로써 환산할 수 없는 질적인 것보다는 환산할 수 있는 양적인 것을 선호하는 태도가 한국 교회 안에 짙게 깔려 있다. 특히 물량주의는 헌금을 직간접적으로 강요하게 만든다. 교회 발전을 위한 선교라는 명목으로 여러 가지 헌금봉투를 만들어 교인들의 지갑을 열도록 했고, 그렇게 거둬들인 헌금은 주로 교회의 외형적인 성장, 예배당 건축비용으로 대다수 사용된다. 이에 따라 한국 교회 목사들 사이에서는 크고 안정적인 교회가 아니면 하느님의 복을 받지 못한 것이라는 생각이 지배적이

---

25) 한국 교회는 교회의 사유화를 막을 수 있는 실제적인 방법으로 교단헌법이나 제도로 목사 및 장로 임기제 등의 방안을 도입해야 한다. 이에 대해 몇몇 교회들은 교단헌법이 이를 허용하지 않음에도 담임목사나 교인들의 의지로 교회정관을 만들어 이를 실천하고 있다. 이러한 시도의 하나로 김동호, 『생사를 건 교회개혁』(서울: 규장문화사, 1999) 참조; 이 책의 내용을 요약하면 다음과 같다. 조직과 제도가 개혁되지 않으면 인간의 의식 개혁만으로는 교회의 문제를 해결하기 어렵다. 의식 개혁과 조직, 제도의 개혁이 서로 맞물려 일어날 때 선을 달성할 수 있다. 그런데 교육을 통한 의식의 개혁은 조용한 헌신을 통해서도 얼마든지 가능한 일이지만, 조직과 제도의 개혁은 기존의 제도와 조직에서 기득권을 향유하는 계층과 생사를 건 싸움이 있어야만 가능하다는 것을 알게 되었다(3장). 목사가 독재를 하게 되면 그것은 세상의 그 어떤 독재보다 더 나빠질 수 있다. 그러므로 독재 중의 가장 나쁜 독재가 목회자의 교회독재라고 할 수 있다. 세상의 독재자들은 삼권만 장악하지만 교회의 독재자들은 삼권보다 더 무서운 영권까지 장악하기 때문이다(5장). 오늘날 한국 교회에서 문제가 되고 있는 장로교 정치는 크게 두 가지로 생각할 수 있다. 첫째는 목사와 장로의 역할 혼동으로 인한 갈등이고, 둘째는 당회의 전제정치라고 할 수 있다. 장로는 목사의 시녀도 아니고 목회 조수도 아니다. 그러나 장로는 목회의 전문가가 아니라는 사실을 인정하고 목사와 동역해야 한다. 장로는 목사를 목회 전문가로 인정해주고 그의 전문적인 사역의 영역을 넘어서지 않도록 조심해야 한다. 장로직은 직업이 아니라 봉사로써 해야 한다(7장). 당회원이 제직회 부장까지 되어 교회의 재정을 결재하고 집행하면서 자신들이 한 일을 감사하고 평가한다는 것은 어불성설이다. 제직회를 그저 '가하면 예하시오.'만 하는 유명무실한 조직으로 전락시켜서는 안 된다. 당회는 젊고 유능한 일꾼들에게 많은 일을 위임해주고, 그들을 믿음으로 지도하며 감독하는 일을 해야 한다(8장). 한국 교회는 목사와 장로의 순수한 희생과 헌신으로 성장한 교회인데 이제는 목사와 장로의 부패 때문에 심판 받을 교회로 되어가고 있는 것이 아닌가 염려된다. 물론 아직도 순수한 믿음과 사랑으로 교회와 교인들을 섬기는 목회자와 당회원들이 있어서 하느님이 심판을 미루고 계시겠지만, 한국 교회는 하느님의 분노와 심판을 심각하게 우려해야 할 상황까지 와 있다(11장).; 이외 이재철 목사의 주님의교회 이야기는 신선한 자극을 준다. 담임목사 임기를 10년으로 하고, 장로도 임기를 정하고 교회건축을 하기보다 학교 등의 시설을 활용하고 재정의 50%를 교회 밖으로 지출하였다. 이재철, 『회복의 목회』(서울: 홍성사, 1998) 참조.

다. 그러므로 담임목사의 최고의 목표는 교회 건축이다. 주위의 다른 교회들을 압도할 만큼 크고 화려하게 지으면 그만큼 새로운 교인들이 찾아온다고 믿는다.

교회건축이 곧 성공한다는 인식이 교회건축 불패의 신화를 만들었다. 마치 교회는 교회건축을 목표로 움직이는 조직처럼 건축에 목을 매고 있다. 교회건축은 일반 건물보다 비용이 더 든다. 특히 거의 모든 교회가 자산 규모에 비해 상당히 과한 예산을 책정해 건축을 계획한다. 그런데 실제로는 그것을 훨씬 상회에 종종 거의 두 배에 이르는 비용을 지출한다. 교회는 건축에 있어서 일사불란한 기능적 조직이 아니기 때문에 설계 구조 변경, 자재 변경 등이 잦고 자재 관리 또한 효과적이지 못한 탓이다. 더 큰 문제는 대출을 통한 교회 건축이 진행되고 있다. 헌금은 장시간 분산해서 기부되는 것이다. 그러므로 실제 건축비는 은행대출을 통해 이뤄지는데 이 대출금은 큰 규모로 매달 부과되는 이자액이 교인들을 압박한다.

이처럼 성장제일주의로 대변되는 번영신학은 결국 성공을 위한 넓은 문을 만들어 준다. 적극적 사고, 긍정의 힘, 성공이란 단어, 성장을 위한 다양한 프로그램들이 한국 교회 안에 가득 차 있다. 교인들도 이제 찾기 쉽고, 주차하기 편하고, 다양한 프로그램이 있고, 출세를 위한 인간관계를 맺을 수 있는 경쟁력 있는 교회를 선호한다.

번영신학은 물량주의, 이기주의, 자기과시욕을 비롯해 기복신앙, 개교회주의, 교파주의, 교권 등에 이르기까지 다양한 문제를 양산시켰을 뿐만 아니라 목회자와 교인들의 비도덕화를 가속화시켜 교회의 사회적 공신력은 붕괴된다. 결국 번영신학은 한국 교회에 '독'이 된다. 번영신학은 이기적인 기복주의와 일단 성공만 하면 된다는 개발

독재와 뒤섞이면서 교회의 본질을 어지럽혔다. 번영신학은 개인적인 기복사상에 치중하고 있는 경향성이 있고 이러한 축복을 받아서 어떻게 이웃에게 사랑을 베풀고 봉사하느냐 하는데 대해서는 거의 등한시하는 문제가 있다. 즉 자신의 성공과 자기교회만을 위한 것이지 사회적 책임이나 봉사에는 무관심하다. 그러므로 물질적 가치보다 영적 가치, 도덕적 가치가 더 소중하다는 사실을 깨닫고 이를 실천하는 것이 한국 교회의 최대 과제로 남아 있다.

3. 신자유주의에 물든 한국 교회

교회가 신자유주의라는 경제 논리에 물들어 버리면 교회는 경제학과 경영학의 개념들을 쉽게 도입하게 되며, 이런 경우 교인들은 더 이상 하느님의 백성이기보다는 고객으로 이해되고, 교회는 예배와 설교, 찬양 등에서 소비자의 만족을 위하여 노력하며 고객의 100% 만족을 위하여 모든 수단과 방법을 동원하게 된다. 교회는 귀가 즐거운 설교를 위한 음향시설, 조명, 안락함 등을 위한 투자를 아끼지 않고, 가슴을 울리는 찬양과 멋진 예배를 위하여 전문가들을 초청한다. 예배와 찬양, 설교에 만족하는 소비자들은 자신들이 무한 경쟁 속에서 쟁취한 승리의 전리품들을 감사와 은혜라는 이름으로 교회 앞에 내놓는다.[26]

---

26) 이에 대해서는 옥성호의 다음의 책들을 참고할 만하다. 『심리학에 물든 부족한 기독교』(서울: 부흥과 개혁사, 2007), 『마케팅에 물든 부족한 기독교』(서울: 부흥과 개혁사, 2007), 『내가 꿈꾸는 교회』(서울: 부흥과 개혁사, 2008), 『엔터테인먼트에 물든 부족한 기독교』(서울: 부흥과 개혁사, 2010).

최근에는 상업주의에 근거한 성공주의 마케팅 전략과 기독교복음을 포장함으로 급성장한 교회들이 많다. 이는 마치 상품을 개발하고 많은 상품을 팔기 위해 소비자들을 현혹하는 과대광고처럼 교회들의 과대 포장이 도를 넘었다. 복음은 상품이 아니다. 더구나 예배는 프로그램이나 교과과정이 될 수 없다. 학원 수강을 하려면 실력 여하에 따라 반을 정해 주듯이 예배나 성서교육 참석 자격 여부를 인터뷰나 시험을 통해 결정하고 있는 한국 교회의 현실이다.[27]

　　교인들이 교회를 선택할 때 자본주의 세계관이 영향을 미친다. 교인들은 마치 백화점에서 물건을 고르듯 교회를 선택한다. 어떤 목사가 설교를 잘하는가?, 어떤 교회가 우리 아이들에게 좋은 영향을 줄 수 있는가? 또는 어떤 교회가 나를 귀찮게 하지 않을까? 등을 기준으로 교회를 선택한다. 결국 어떤 교회가 내게 최선의 만족을 주는가 하는 공리주의적 가치관이 작용하고 있다. 그리고 자신에게 주는 만족 정도에 따라, 즉 수치적으로 환산 가능한 이해관계에 따라 교회를 선택하는 것이 극히 당연하다는 세계관이 작용한다. 마치 대기업이 중소기업을 잠식해 나가듯 대형교회는 중소교회를 잡아먹는다.

　　또한 교회들은 목사의 설교를 상품화하고, 목사의 학력과 경력을 나열한 전단지를 일간지에 끼워서 돌린다. 이것은 식당 광고와 다를 바 없다. 소비자가 왕이라는 소비자주권 사상이 교회에도 그대로 들어와 있다. 목사는 교인들이 떨어져 나갈 것을 염려해 소비자인 교인들의 입맛에 맞는 설교를 해야 한다. 한국 교회에서 치리가 없어진 지는 이미 오래다. 교인들이 싫어하는 회개촉구 설교는 조심해서 한

---

27) 김승연, 『예배가 살아야 교회가 산다』(서울: 생명의 말씀사. 2009) 참조.

다. 그저 축복에 대한 설교나 아이들 다루듯이 칭찬만 해 주는 것이 목회자의 역할이 되었다.[28] 심지어 기독교 방송과 신문에 선교헌금 이라는 명목으로 돈을 내고 설교와 교회 광고를 한다. 이런 모습은 마치 기업이나 상점을 광고하는 모습을 연상시킨다.

오늘날 한국 교회의 자본의 원리는 한두 군데가 아닌 전체적인 모습으로 드러난다. 지난 날 교인들의 신앙과 심령의 각성을 목적으로 했던 부흥회는 교인의 양적 확대 프로그램으로 바뀌었다. 구역 조직을 통한 교인 훈련 프로그램은 기업체가 운영하는 다단계 판매의 점 조직처럼 이용되고 있다. 이 조직들을 통한 신자 훈련프로그램은 다단계 판매 조직의 신입회원 교육 프로그램을 못지않다. 이것을 관리하는 책임자에게는 적절한 교회의 지위와 함께 신앙적, 물질적 이윤이 배분된다. 또한 오늘날 대형교회 담임목사들이 즐겨 사용하는 당회장[29]은 대기업의 회장과 같고, 부목사들은 그 밑에서 사장의 기능을 하며, 전도사들과 구역장들은 지사장이나 지점장들의 역할을 한다. 대형교회의 경우, 마치 대기업이 지사를 만들듯 자기 교회 부목사를 보내서 교회를 개척하고는 그 지역 이름 앞에 교회 이름을 붙이는 경우가 많다. 또한 지성전이라는 이름으로 교회 소속으로 두고는 담당목사를 파송하는 경우도 많다. 이런 지사나 지성전식 교회는 자율

---

28) 김승욱, "새로운 자본주의 세계관", 목회와 신학 엮음, 『기독교윤리』(서울: 두란노아카데미, 2010), pp.118-120 참조.

29) 오늘날 즐겨 사용하는 당회장(堂會長)이라는 말은 깊이 생각해 보면 맞지 않는 말이다. 당회장은 장로교파의 경우 개교회에서 목사와 장로로 구성된 최고 의결기구에서 대표를 말한다. 그러므로 이 말은 장로교파에 적합한 말이다. 그러므로 감리교회나 침례교회 등은 당회장이라는 말이 적절하지 않다. 그런데 교파를 막론하고 대부분 대형교회의 담임목사들이 당회장으로 불린다. 또한 당회장이라는 말은 당회가 열릴 때, 이를 주재하는 것을 말하는 직위이다. 그러므로 그냥 담임목사라고 하면 된다. 그런데 유독 당회장이라고 하는 것은 '회장'이라는 말이 주는 권위를 드러내려는 의식에서 나온 것 같다. 참고로 당회장은 교회의 담임목사가 당연직으로 맡는데, 교회에 목사가 없거나 부임한지 얼마 안 되는 일종의 수습기간의 담임목사인 경우 한시적으로 그 지방의 다른 목사가 겸하여 맡기도 한다.

권을 갖지 못하고 최고 관리자인 당회장의 전권 하에 움직이고 있다. 이러한 대형교회의 조직과 활동을 움직이는 힘은 돈이다. 한국 교회에서 장로를 만드는 것은 대개 신앙이 아니라 돈이다. 아무리 신앙이 돈독하고 오래 믿었어도 자금력이 없으면 장로가 못 된다. 강남의 교회에서는 장로가 되려면 무조건 1억 원씩 바쳐야 한다.[30]

교회가 경제논리에 빠져들면 가장 눈에 띄는 모습이 바로 교회 건물의 대형화와 그에 따른 막대한 예산의 지출이다. 명성교회는 예배당 건축으로 500여억 원의 규모로 완공하였다. 이 예배당은 지진에도 끄떡없는 탄탄함을 자랑한다. 명성교회 새 성전은 지하 4층, 지상 5층에 연면적 2만 6,540㎡ 규모로 지난 2009년 9월에 착공해 27개월만에 완공됐다. 지하 4층~지상 1층은 철근콘크리트(포스텐셔닝) 구조이며 지상 2층~지상 5층은 철골조 구조로 개폐형 천정기능을 갖춘 7,200석 대예배실과 1,600석의 소예배실 2개를 갖추고 있다. 본당은 길이 100m, 폭 46.5m로 중심부에 강단이 있다.[31]

분당 할렐루야교회는 12년 동안 총공사비 644억 원을 들여 제11회 경기도 건축문화대상을 차지하는 위용을 자랑하였다. 노아의 방주를 연상시키는 25m 높이의 거대한 예배당이다. 예배당 규모는 3,800평 대지에 연건평 1만 8,350평으로 그 위용이 대단하다. 이 교회의 예배당은 골조와 토목공사 때부터 설계변경이 이뤄져 수십억 원의 추가 공사비가 발생하고, 공사기간도 수개월씩 연장되는 등 잦은 시행착오를 거쳤다. 또 공사가 지연됨에 따라 1997년 IMF를 맞게 됐고, 고이율의 이자를 물어야 하는 상황에 당면했다. 93년부터 현재까지 들어간

---

30) 손규태, op. cit., 330-333 참조.
31) "서희건설, 명성교회 새 성전 준공", 〈서울경제신문〉(2011년 1월 2일).

이자만 무려 75억 원이다. 금융비용이 이처럼 눈덩이처럼 불어난 것에 대해 당시 건축위원이었던 모 장로는 "건축헌금을 200억 원 정도 예상했으나 50억밖에 들어오지 않아 은행 빚을 질 수밖에 없었다"라고 설명했다. 또 다른 장로는 "교인 중 재력가가 모자라는 건축비를 충당해 줄 것으로 기대했지만 당사자가 대형비리에 휘말려 그것도 여의치 않았다"고 말했다. 결국 자금압박이 심해진 교회는 2000년부터 약 3년간 공사를 중단할 수밖에 없었으며, 지난해부터 다시 공사를 재개해 오는 7월 25일 본당 입당예배를 앞두고 있다. 이 교회 교인들은 공사착공 12년만에 본당에 입주를 하는 감격에 앞서 자신들이 낸 헌금 수백억 원이 효율적으로 사용되지 못한 것에 대해 진지하게 고민할 수밖에 없는 상황이다. 또 건축 과정에서 내야 할 부과세 10억 5,000만 원을 탈루한 사실이 국세청에 의해 뒤늦게 적발돼, 교회의 도덕성에 흠집을 입기도 했다.[32]

사랑의 교회는 2,100억 원으로 교회당을 건축 중이다. 사랑의 교회(오정현 목사)가 새 성전의 얼개를 공개했다. 기자회견을 갖고 서울 서초동 1541번지 7,533㎡(2,278평) 부지 위에 12~13층 높이의 가칭 '사랑 글로벌 미니스트리 센터'를 2012년 10월 완공한다고 밝혔다.[33] 이 교회는 각종 특혜 의혹마저 불거지고 있다. 사랑의 교회가 건축하는 과정에서 공공도로를 차단하고, 해당 지하에 교회 관련 시설을 건축하고 있다는 점이 지난 2011년 4월 12일 MBC PD수첩을 통해 공중파 방송에 나오기도 했다.

---

32) "할렐루야교회, 800억 예배당의 '허와 실', 〈뉴스앤조이〉(2004년 8월 6일).
33) "사랑의 교회 새 성전 윤곽…부지매입·건축 등 2000억 원을 들여 2012년 완공", 〈국민일보〉(2009년 11월 23일).

이런 대형교회당은 서울이나 수도권만이 아니다. 논자가 사는 지방중소도시인 익산에서도 이리신광교회는 500억 원을 들여 최첨단 음향시설과 각종 문화행사가 가능한 홀 등을 갖춘 예배당을 건축했다. 이 교회는 익산시 1만평의 부지에 초대형교회를 건축했다.[34] 이 외에도 익산의 건설업을 교회가 좌지우지한다는 말이 들릴 정도로 여러 교회들이 금융권 대출로 대형교회당을 건축하고 있다. 이러한 사례가 익산만이 아닐 것이다.

이처럼 한국 교회가 점점 예배당 크기의 우상이라는 늪에 빠져들어 가는 느낌이다. 이런 초대형교회당은 창세기 11장에 기록된 바벨탑을 쌓아올리는 것만 같은 우려를 갖게 한다. 이에 대해 이계선은 대형교회가 한국 교회를 병들게 함을 지적하였다.[35] 신광은도 한국 교회가 크기에 현혹됨은 그 기저에 경제논리가 있는 것으로 이것이야말로 교회의 본질을 외면하고 교회다움을 저버린 모습이라고 비판하였다.[36] 실제로 거대한 새 예배당을 지은 교회들은 교인들의 헌금이 건축을 위하여 금융권에서 빌린 대출금 이자를 지불하는 데 사용되고 있다. 교회가 경제논리에 현혹됨은 분명 비성서적이다.

"아무도 두 주인을 섬길 수는 없다. 한 편을 미워하고 다른 편을 사

---

34) 이 교회는 서울 온누리교회와 미국 레이크우드교회, 윌로크릭교회, 새들백교회 등과 같은 초대형교회를 모델로 삼고 교회성장을 위해 대형교회당을 건축하였다. "이리신광교회와 새로운 건축 프로그램의 시도", 『목회와 신학』(2008년 11월호) 참조.

35) 이계선, 『대형교회가 망해야 한국 교회가 산다』(서울: 들소리, 2009) 참조; 이 책은 "파문을 각오하고 쓴 한국판 95개조 항의문"이라는 부제가 붙어 더욱 의미심장하다. 95개조 항의문은 1517년 루터가 면죄부 판매에 항의하여 교회 정문에 내붙인 95개조의 글로 종교개혁의 발단이 되었다.

36) 신광은, 『메가 처치 논박』(서울: 정연사, 2009) 참조; 메가 처치가 교회의 지속적인 침체 과정에서 중요한 고리역할을 하고 있음에도 불구하고 이에 대해 침묵하고 있는 교회의 현실을 예리하게 반성한다. '교회의 규모'와 '교회의 본질' 간의 상관성을 예리하게 꼬집어 내며 교회가 대형화 되면서 일어난 신학의 변화와 변질 등을 추적, 그 대안을 제시하고 있다.

랑하거나 한 편을 존중하고 다른 편을 업신여기게 된다. 너희는 하
느님과 재물을 아울러 섬길 수 없다."37)

그러나 온갖 영화를 누린 솔로몬도 이 꽃 한 송이만큼 화려하게 차
려 입지 못하였다.38)

먹을 것과 입을 것이 있으면 그것으로 만족하시오. 부자가 되려고
애쓰는 사람은 유혹에 빠지고 올가미에 걸리고 어리석고도 해로운
온갖 욕심에 사로잡혀서 파멸의 구렁텅이에 떨어지게 됩니다. 돈을
사랑하는 것이 모든 악의 뿌리입니다. 돈을 따라다니다가 길을 잃
고 신앙을 떠나서 결국 격심한 고통을 겪은 사람들도 있습니다.39)

미국의 신약성서학자 월터 윙크(Walter Wink)는 30년 이상을 성서
에서 "사탄"(satan)이나 "악마"(demon), 혹은 "권세"(power)라고 부르는
악령들에 대해 집중적으로 연구하여 3부작으로 3권의 책을 출간하였
다. 그가 내린 결론은 다음과 같다. "귀신이나 악마는 이 세상의 악한
세력들, 특히 정치·경제·문화적인 지배 체제(dominant system)라는
구조악(systemic evil)의 내면에 있는 영적인 실재이다." 그의 이 말은
하느님 외에 실제로 이 세상을 지배하고 있는 엄청난 힘이 있다. 이
힘이 바로 성서가 말하는 "사탄"이나 "악마", 혹은 "권세"라는 것이
다. 즉, 악의 힘이 통합된 형태가 바로 지배 체제이고, 그 지배 체제를
지배하고 움직이는 악한 정신 또는 영(靈)이 바로 "사탄"이다. 예를
들어, 히틀러가 통치하던 나치 독일이라는 국가는 지배 체제이다. 그
리고 이 나치 독일을 지배하던 악한 영(정신)인 파시즘은 사탄이다.
그런데 문제는 이것이 단순히 구조의 문제나 체제의 문제로 끝나는

---

37) 마태오의 복음서 6장 24절.
38) 마태오의 복음서 6장 29절.
39) 디모테오에게 보낸 첫째 편지 6장 8-10절.

것이 아니라, 이 악한 영이 개인의 내면 또한 지배하고 있다는 것이다.

우리는 지금 자본주의 사회에서 살고 있다. 자본주의(資本主義)는 문자 그대로 자(資)를 본(本)으로 삼는 사회체제를 가리킨다. 여기서 자(資)는 재물, 즉 돈을 뜻하니까, 자본주의란 결국 돈이 근본이 되는 사회를 뜻한다. 그래서 자본주의 사회에서는 국가도 사람도 돈을 최고의 가치로 여긴다. 돈 많은 국가가 선진국이고, 돈 많이 번 사람이 성공한 사람이다. 월터 윙크의 말은 돈을 최고의 가치로 여기는 자본주의라는 사회체제가 구조악이라면, 돈을 최고의 가치로 여기는 자본주의 정신은 사탄이라는 말이다. 그리고 이 악의 힘인 사탄은 제도나 체제뿐만이 아니라 개인의 내면세계도 강력하게 지배하고 있다. 더구나 이 악의 세력을 실체를 알고 있고, 그래서 그 악의 세력을 극복하고자 싸우고 있는 사람까지도, 그 체제 속에서 살고 있는 한 악으로부터 완전히 자유롭지 못할 뿐만 아니라, "욕하면서 배운다"고 이 악을 점점 닮아간다는 것이다. 물론 기독교들도 예외가 아니다.

하느님이 매우 싫어하는 것이 우상숭배이다. 성서의 기록에 의하면 우상은 맘몬이다. 물질주의, 배금사상이다. 인간은 자본을 얻기 위해 경제개발을 추진했지만, 그 결과는 생태계 파괴를 불러왔다. 예수는 하느님과 재물을 동시에 섬길 수 없다고 단언하였다. 그러나 오늘날의 교회는 어떤가? 그는 자본의 정점인 솔로몬이 누구라도 흔히 볼 수 있는 꽃 한 송이보다 못하다고 말했다. 신영복은 유약(柔弱)이 사직(社稷)의 주인이 되고 천하의 왕이 되는 까닭, 연약한 것이 강한 것을 이기고 부드러운 것이 단단한 것을 이기는 이유를 알아야 한다고 강조하였다. 왜 이런 힘이 약한 것에 있는가 하는 이유를 아는 것이 우리의 몫이다.[40] 세상은 눈에 보이는 크고 화려한 것을 추구하지만 하느님은 작고 연약한 것으로 일한다.

> 집 짓는 자들이 버린 돌이 모퉁이의 머릿돌이 되었나니, 우리 눈에
> 는 놀라운 일 야훼께서 하신 일이다.[41]

> 그래서 예수께서는 그들에게 이렇게 말씀하셨다. "너희는 성서에
> 서, '집 짓는 사람들이 버린 돌이 모퉁이의 머릿돌이 되었다. 주께
> 서 하시는 일이라, 우리에게는 놀랍게만 보인다.' 한 말을 읽어본
> 일이 없느냐?"[42]
> 너희는 성서에서, '집 짓는 사람들이 버린 돌이 모퉁이의 머릿돌이
> 되었다. 주께서 하시는 일이라, 우리에게는 놀랍게만 보인다.' 한
> 말을 읽어본 일이 없느냐?[43]

> 그러나 예수께서는 그들을 똑바로 보시며 이렇게 말씀하셨다. "그
> 러면 '집 짓는 사람들이 버린 돌이 모퉁이의 머릿돌이 되었다' 하
> 신 성경 말씀은 무슨 뜻이냐?"[44]

> 이 예수는 집 짓는 사람들 곧 여러분에게 버림을 받았지만 모퉁이
> 의 머릿돌이 되신 분입니다.[45]

4. 경제논리에 찌든 한국 교회의 변혁

최근 예배당을 새롭게 건축하거나 구조 변경을 진행하고 있는 교
회들은 예배와 교육, 선교, 친교, 봉사 등 보다 다양하고 효율적으로

---

40) 신영복, 『강의』, p.288.
41) 시편 118편 22-23절.
42) 마태오의 복음서 21장 42절.
43) 마르코의 복음서 12장 10-11절.
44) 루가의 복음서 20장 17절.
45) 사도행전 4장 11절.

목회적 기능의 극대화를 꾀한다는 목적 아래 예배당 공간 배치에 심혈을 기울이고 있다. 하지만 예배당을 포함한 교회건물이 복합적인 선교의 공간으로서 그 기능이 제대로 발휘되려면 먼저 예배당 공간의 위계를 설정하는 것이 필요하다. 또한 누구나 정서적으로 편하고 자유롭게 출입할 수 있는 '공공성'을 갖춘 낮춤의 공간으로 구성하는 것이 좋다. 그러나 한국 교회 예배당 공간의 위계가 대체적으로 담임목사의 과시와 교회의 양적성장을 위한 것이 되고 있다. 이에 대해 이정구는 제한된 대지면적과 효율성을 위해 고층으로 건축되고 있는 현대 한국 교회 건축의 공간배치 위계성을 신학적이고 목회적인 관점에서 분석함으로써 오늘날 교회 건축이 지닌 문제점을 비판했다.

 고층으로 지어지고 있는 한국 교회의 교회공간을 대예배실, 소예배실, 당회장실, 사무실(로비), 주차장, 식당 등 크게 여섯 가지로 구분하고, 어떤 이유에서 어디 어느 층에 각각의 공간을 배치하고 있는지 설명하며, 교회건물 공간에 대한 인식을 바르게 가질 필요가 있다고 주장했다. 교회의 본질을 예배하는 처소라고 한다면 대예배실을 최우선으로 해서 공간의 위계를 각각 선정하고, 교회의 선교적 사명을 신학적, 목회적으로 수행하기 위해 공간을 배치해야 한다. 하지만 한국 교회는 목회자의 개인적 과시와 교회의 양적팽창을 위한 것이 기준이 되고 있다. 특히 예배당 공간을 분할할 경우 그 곳을 이용할 성도들의 의견의 최대공약수를 산출해 분할하는 것이 가장 바람직하지만 목회자나 교회 지도층들이 편의에 따라 임의로 공간을 분할하고, 제공된 공간을 사용하도록 강요를 하거나 익숙하도록 만드는 경우가 많다. 즉, 교회건축비 대부분을 교인들의 헌금으로 충당하고 있지만, 교인들의 의견이 수렴되는 부분은 교회의 외형에 한정돼 있고, 예배당 공간의 위계와 분할에 관한 것은 대체적으로 배제되고 있다. 기능에 따라 공간을 분할하고 위치시키는 권한은 당회장과 교회 내 권력이 있는 소수 임직자들의 결정사항이 되는 경우가 많다.
 또한 대예배실과 소예배실 등 예배당 공간 확보에 많은 비용을 지출하는 부분에 대해서도 우려의 목소리를 전했다. 주로 주일에만 사용하는 대예배실의 활용을 극대화하고, 교회건물의 공공성 차원에서 예배공간을 다용도 문화공간으로 구축한다는 명목 아래 공연장과 유사한 구조로 신축하거나 개축하고 있는 것이 최근 대형교회의 추세이다. 다양한 음악회를 개최하고, 결혼식장으로 사용하면서 음향과 조명 시스템을 비롯해 흡음설비까지 구축하는 데 많은 비용을 지출하고 있다. 사실 이러한 설비는 목회자가 주일에 말씀을 선포하고, CCM를 비롯한 복음성가와 성가대 공연을 하는 데도 필요한 설비다. 그러나 지역사회 안에 문화공간 시설이 얼마나 있는지, 문화공간을 누가 얼마나 이용하고 있는지에 대한 선행조사 없이 교회가 무턱대고 많은 비용을 들여가며 다용도 문화공간 형식으로 교회건물을 짓는 것은 문제가 있다.

사실 한국 사회도 지방자치제를 실시한 이후 각 지역마다 천문학적인 건축비용을 들여 매머드급 문화예술 공간을 경쟁하듯 구축해 놨지만 대부분 사용빈도가 낮아 운영적자로 인한 국민세금 낭비로 주민들의 빈축을 사고 있는 상황이다. 이런 현실에서 교회가 지역사회를 위한 문화공간을 만든다는 이유로 많은 비용을 들여가며 교회 건축의 정당성과 필요성을 주장할 필요는 없다. 자칫 교회의 문화공간이 제한된 신앙공동체만을 위한 것인지, 교회와 목회자의 대외적 과시의 표시인지는 교회가 기획하고 있는 프로그램과 행사에 참여하는 사람들을 통해 추정할 수 있다. 예배 중심의 공간에서 공연장 공간으로 변화하고 있는 예배당에 대해 우려의 목소리를 전했다. 특히 교회가 고층 건물인 경우 대체로 지하 1~2층에 소예배실을 두고 있지만 왜 지하에 소예배실을 두어야 하는지 특별한 신학적 이유를 지니고 있는 교회도 없다. 소예배실은 주로 평일예배에 소수가 사용하는 다용도 공간으로 활용되고 있다. 예배공간의 위계에서 주로 지하에 마련된 소예배실은 신학적으로 그리스도의 무덤을 상징하고 있다. 따라서 소예배실은 그리스도의 희생과 대속에 관계 없는 적합하지 않은 집회를 갖는 것은 적절하지 않다. 소예배실은 침묵의 공간, 애도의 공간, 회개의 공간으로 사용하는 것이 바람직하다. 교회가 납골당을 설치한다면 지하가 좋고, 그 옆에 소예배실을 마련하는 것이 적절하다.

담임목사(당회장)실은 본당 건물에 마련돼 있다. 교회건물이 한 층인 경우에는 가능한 예배실과는 먼 위치, 고층인 경우에는 예배실보다 위층에서 예배실을 전체적으로 관망할 수 있도록 공간을 점유하고 있다. 이러한 공간구조는 당회장의 신변과 생활, 연구 활동 등을 보호할 수 있는 독립된 공간으로서의 기능을 할 수 있고, 소수의 교회 임직자들과 소통은 어느 정도 할 수 있지만 대다수 평신도들과의 소통에는 위치적으로 장애가 될 수 있다. 이는 예배당 위에 예배가 아닌 다른 기능을 위해 점유된 공간은 낮은 곳으로 임하라는 성서적 공간위계가 아니고, 교인이나 시민들의 정서에도 바람직하지 않다"며 오히려 담임목사실을 경유해 예배실로 인도되는 동선을 오가면서 교인들과 목회자는 상호 친밀감을 고양시켜야 한다. 특히 건물 로비를 지역주민을 위한 공간으로 마련하고, 담임목사실을 직무 기능상 적절한 위치에 배치한 것이라고 주장해도, 정작 지역주민들의 정서로는 담임목사실의 위치는 권위적인 것이 될 수밖에 없다. 목회자가 당회장실을 사용하는 데 다소 불편함이 있을지라도 사회와 교회, 목회자와 성도, 목회자와 지역주민 간의 수평적이며, 상호적 신앙공동체 형성을 위해 시각적으로 세상을 섬기는 낮은 자리에 있어야 하는 것이 담임목사실의 신학적 공간위치이다. 이 외에도 로비와 사무실, 주차 및 식당공간을 배치함에 있어서도 교회 구성원 공동체만을 위한 것이 되지 않도록 하면서 지역사회 주민들 누구나 정서적인 불편함 없이 교회의 시설물을 사용할 수 있도록 교회의 공공성을 형성해야 한다고 촉구했다.

　모든 교회는 그 교회만의 독특함과 선교적 이념을 전달하기 위해 공간위계를 세운다고 할지라도 교회공간의 위계는 가능한 성서적 풍경이 되도록 해야 한다. 이는 곧 채움보다 비움이며, 높임보다 낮춤의 공간 위계를 말한다. 위계를 세웠다고 해도 예배하고 친교하며 이를 돕는 여러 기능 공간 중에 그 어느 공간이 다른 공간보다 더 중요한 것은 아니다. 교회공간은 다양한 세대가 저마다의 가치관과 신앙관을 공유할 수 있는 공간으로, 예배와 기도, 친교의 공간들이 집합된 선교의 공간으로써 공간의 위계를 설정하지만 누구나 정서적으로 편하고 자유롭게 출입할 수 있도록 하고, 제한된 공간을 효율적으로 활용할 수 있도록 해야 한다.[46)

오늘날 교회들이 결핍에 초점을 맞추게 되면 늘 부족함을 느끼게 된다. 많은 사람들이 큰 열매나 좋은 결과를 바란다. 업적을 바라지 않고 목표를 세우는 사람은 없을 것이다. 오늘날 목회자들과 교인들

---

46) 이정구, "현대 한국고층교회의 공간위계 풍경 비판", 『신학사상』(2011년 겨울호) 참조.

은 교인수와 교회당 규모를 성공지수로 여긴다. 수치적인 성공에 집착하다 보면 이것들이 성공과 축복의 전부로 여겨진다. 우상이라는 것이 형상화된 조각이나 그림 같은 것이 아니다. 결과나 성공주의에 빠져 하느님이 안 보이는 것도 우상 숭배이다. 성공은 때로 교만의 선봉이 된다.

이러한 결핍의 초점을 맞추는 삶의 방식은 자본주의 경제체제에서 기인한다. 끝없는 확대재생산과 대량 소비의 악순환이 자본 운동의 본질이다. 자본주의의 경제 속성이다. 자본주의 경제는 욕망 그 자체를 양산해 내는 체제이다. 욕망을 자극하고 갈증을 키우는 시스템이 바로 자본주의 체제이다. 수많은 화(貨)를 생산하고 그 화에 대한 욕구를 극대화한다.[47] 프롬(Erich Fromm)[48]과 마르쿠제(Herbert Marcuse)[49]는 자본주의 체제와 관료조직 속에서 스스로를 미미한 부속품에 불과한 존재로 소외를 느끼는 현대인의 사회심리를 정신분석의 방법으로 해

---

47) 신영복, 『강의』, p.280.

48) 프롬은 인간의 심리와 사회의 상호작용을 깊이 탐구했으며, 문화의 병폐를 고치는 데 정신분석학의 원리를 적용함으로써 심리적으로 균형 잡힌 '건전한 사회'를 발전시킬 수 있다고 믿었다. 지크문트 프로이트의 영향을 받았으나 그가 무의식적 충동을 강조함으로써 인간 심리에 대한 사회적 요소의 역할을 경시하는 태도에 반대하여, 개인의 인성을 생물학적 조건뿐만 아니라 문화의 산물로 규정했다. 그는 다수의 저서와 논문을 통해 인간의 근본 욕구에 대한 이해가 사회와 인간 자체를 이해하는 데 본질적이라는 관점을 제기했다. 그는 사회체계로 인해 개인의 심리적 욕구와 사회의 욕구가 동시에 충족되기 어렵거나 불가능하기 때문에 개인과 사회 간에 갈등이 생긴다고 주장했다. 최초의 주저인 『자유로부터의 도피』(*Escape from Freedom*)에서 중세에서 현대에 이르는 인간의 자유와 자각의 발전을 도식화하고, 정신분석학적 방법을 이용하여 현대의 해방된 인간이 나치즘 같은 전체주의로의 회귀를 통해 새로운 피난처를 구하려는 경향을 분석했다. 『건전한 사회』(*The Sane Society*)는 현대인이 소비지향적인 산업사회에서 소외당하고 자기 자신으로부터 멀어졌다는 이론을 전개했다. 그는 각 개인이 사회적 동료로서의 결속을 통해 소속감을 유지하는 동시에 자신의 개인적 욕구를 만족시킬 수 있는 새롭고 완전한 사회에서 새로운 자각을 얻을 수 있어야 한다고 주장했다.

49) 마르쿠제는 마르크스주의적 비판철학과 20세기 서구사회에 대한 프로이트적 심리학 분석은 특히 1968년 서베를린, 뉴욕의 컬럼비아대학교, 파리의 소르본대학교에서 일어난 반체제 학생운동 이후 좌익급진파 학생들에게 인기가 있었다. 그는 헤겔, 프로이트, 마르크스의 영향을 받아 급진화, 강력한 이의제기, 전복될 때까지의 저항을 강조했다. 그에게 서구사회는 부자유스럽고 억압적인 것이었다. 발달된 기술이 물질적인 만족을 가져다 준 것은 사실이지만 지적·정신적으로 예속상태를 초래했기 때문이다.

부하였다. 즉 무력감, 고독감, 불안감에 짓눌려 자유에 대한 공포를 느끼는 현대인은 비합리적인 권위에 맹목적으로 복종하고 상품소비에 몰두함으로써 안정을 찾으려고 한다.[50] 그러므로 이러한 결핍의 끝없는 갈증은 반기독교적인 세상이치이다.

채희동은 오늘날 기독교인들이 자기가 하는 일에서 자유를 얻지 못하고 다만 교회건물 안에서 자유를 얻고자 하기에 늘 목이 마르고 영혼의 갈증을 느끼게 됨을 지적하였다.[51] 루이스(C. S. Lewis)는 『순전한 기독교』에서 교만은 영적인 악의 근원으로 하느님과 맞서는 상태이고 남들보다 우월하다는 데서 얻는 즐거움이라고 했다. 자칫 관심과 인기가 교만을 가져오게 하고 성공이라는 위장된 포장이 사탄의 미끼로 둔갑할 수 있다고 했다. 예수는 성공, 인기 같은 교만의 시험을 통과하였다. 사탄으로부터 성전 꼭대기로부터 뛰어 내리라는 유혹을 받았다. 성전 밑에는 오고가는 사람들로 인해 천사의 도움을 받는 주님을 보고 메시야로 인정 받을 수 있다는 것이 사탄의 논리였다.

여러분은 이 세상을 본받지 말고 마음을 새롭게 하여 새 사람이 되십시오. 이리하여 무엇이 하느님의 뜻인지, 무엇이 선하고 무엇이 그분 마음에 들며 무엇이 완전한 것인지를 분간하도록 하십시오.[52]

신영복의 동양고전의 지혜로 노자철학의 가르침을 제시한다. 무리하게 하려는 사람은 실패하게 마련이며 잡으려 하는 사람은 잃어버린다.[53] 흔히들 성공의 비결로 최선을 다하는 자세와 열정과 신속하

---

50) 한국국민윤리학회 편저, 『현대 사회와 직업윤리』, p.126.

51) 채희동, "일과 구원", 『하나님 · 사람 · 자연이 숨쉬는 샘』(8호, 2003), p.53.

52) 로마인들에게 보낸 편지 12장 2절.

고 정확한 것을 꼽곤 한다. 이런 것은 도둑에게서도 나온다. 도둑질을 잘하는 7가지 성공비결이다.

> 첫째, 밤늦게까지 일한다. 남들이 자는 시간에 외롭고 피곤해도 일한다.
> 둘째, 포기하지 않는다. 자신이 목표한 일을 끝내지 못하면 다음날 밤에 또 도전한다.
> 셋째, 함께 일하는 사람과 협동을 잘한다. 혼자 하는 것보다 협조해서 일할 때 효과가 크면 그렇게 할 줄 안다.
> 넷째, 수입이 많든, 적든 최선을 다한다. 일에 임하면 작고 큰 것에 마음을 빼앗기지 않는다.
> 다섯째, 아주 값진 물건도 자기 집에 보관하지 않고 팔아 치우는 데 빠르다.
> 여섯째, 어려움을 피하지 않고 도전한다. 아무리 높고 경비시설이 어렵게 해도 이에 도전한다.
> 일곱째, 자기가 무슨 일을 하는 지 잘 알고 누가 뭐라 해도 하는 일에 최선을 다한다.

우리나라의 빠른 경제성장에 대해 '빨리빨리' 정신을 말한다. 오늘날을 일컫는 말로 '스피드'라는 말이 있다. 현대는 스피드 시대이다. 우리나라 사람들의 빠른 판단과 결단과 열정이 빚어낸 성과는 대단하다. 오죽하면 외국인들이 우리나라에서 제일 먼저 배운 말이 '빨리빨리'라고 한다. 한국 교회의 급성장도 세계 기독교역사에서 그 유례를 찾아보기 힘들다.

신영복은 이러한 조급성이 우리들의 고질병임을 일깨워 주었다. 노자 정치학의 압권은 바로 '생선 굽듯이 해야 한다'는 것이다. 생선을 구울 때 생선이 익을 때까지 기다려야 한다. 그런데 우리는 기다

---

53) 신영복, 『강의』, p.282.

리지 못하고 이리저리 뒤집다가 부스러뜨린다.[54] 이처럼 우리 사회
와 교회가 '빨리빨리' 하면서 정작 속도보다 더 중요한 방향을 잊고
살아가는 건 아닌지, 놓친 것은 아닌지 생각해 보아야 한다. 방향이
잘못되면 아무리 빨리 가도 소용이 없다. 아니, 돌이킬 수 없게 된다.
이제는 성장보다는 성숙을 빨리 달려가기보다는 일단 멈추고 점검하
는 시간이 필요하다.

미국 16대 대통령 링컨(Abraham Lincoln)은 이런 말을 했다. "내게
나무를 벨 8시간이 주어진다면, 그중 6시간은 도끼를 가는 데 쓰겠
다." 그렇다. 어떤 일을 하기에 앞서 중요하고 시급한 일은 무조건 열
심히 하는 열정이 아니다. 왜 이 일을 해야 하는지에 대한 분명한 목
표의식과 방향성이다. 걸레가 더러우면 청소를 열심히 할수록 집은
더 더러워질 뿐이다.[55]

성서의 기록에 의하면, 그 어디에서도 무한경쟁을 부추기는 경제
논리로 세속의 성공을 부추기지 않았다. 오히려 서로 돕고 사랑하며
자신보다 남을 더욱 높이 평가하며, 누구든지 으뜸이 되려면 맨 나중
이 되어야 함을 일깨워 주었다.

> 예수께서는 그들을 가까이 불러놓고 "너희도 알다시피 세상에서는
> 통치자들이 백성을 강제로 지배하고 높은 사람들이 백성을 권력으
> 로 내리누른다. 그러나 너희는 그래서는 안 된다. 너희 사이에서
> 높은 사람이 되고자 하는 사람은 남을 섬기는 사람이 되어야 하고
> 으뜸이 되고자 하는 사람은 종이 되어야 한다. 사실은 사람의 아들
> 도 섬김을 받으러 온 것이 아니라 섬기러 왔고 많은 사람을 위하여
> 목숨을 바쳐 몸값을 치르러 온 것이다." 하셨다.[56]

---

54) Ibid., pp.282-283 참조.
55) 김난도, op. cit., pp.70-75 참조.

신자유주의를 당연시 여기는 이 시대에 교회는 상생하는 삶, 자신보다 다른 사람을 존귀히 여기며 섬기는 삶을 보여 주어야 한다. 예수는 우리가 신자유주의를 따를 것인지, 하느님의 길을 따를 것인지를 묻는다.

> "너희의 생각은 어떠하냐? 어떤 사람에게 양 백 마리가 있었는데 그 중의 한 마리가 길을 잃었다고 하자. 그 사람은 아흔아홉 마리를 산에 그대로 둔 채 그 길 잃은 양을 찾아 나서지 않겠느냐? 나는 분명히 말한다. 그 양을 찾게 되면 그는 길을 잃지 않은 아흔아홉 마리 양보다 오히려 그 한 마리 양 때문에 더 기뻐할 것이다. 이와 같이 하늘에 계신 너희의 아버지께서는 이 보잘것없는 사람들 가운데 하나라도 망하는 것을 원하시지 않는다."[57]

루가의 복음서 15장에 보면, 돌아온 방탕한 아들의 비유가 나온다. 이 비유에서 돌아온 둘째 아들이 바로 길 잃은 한 마리의 양과 같을 것이고, 이 아들을 간절히 기다리다가 기쁘게 맞이하는 아버지의 마음이 예수의 마음이다. 그런데 이 비유에서 첫째 아들은 동생의 귀환을 기뻐하지 않고 아버지에게 원망을 퍼붓는다. 상처 투성이로 찢기고 못난 친동생이 이제야 돌이켰는데, 이를 용납하지 않는 마음이다.

이 첫째의 마음이 바로 오늘 우리의 마음을 드러내 준다. 여기서 돌이켜야 한다. 아버지의 마음을 본받아야 한다. 그러면 남겨진 아흔아홉 마리의 양들은 길을 잃고 헤매는 한 마리의 양을 찾아나서는 목자와 같은 마음일 것이다. 목자가 한 마리 양을 찾아 나설 때, 그 길을 막지 않고 마음으로 성원하며 자기 자리를 지키는 아흔아홉 마리

---

56) 마태오의 복음서 20장 25-28절.
57) 마태오의 복음서 18장 12-14절.

양들도 참 아름답다. 목자와 아흔아홉 마리 양 그리고 길을 잃은 한 마리의 양이 만나서 얼싸안고 울고, 웃는 세상이 바로 하느님의 나라이다. 이 마음으로 한 마리의 양을 맞이하는 사랑의 마음이 상생을 이루는 삶이다. 바오로는 한 지체의 고동이 별개가 아닌 공동체 모두의 아픔임을 일깨워 주었다.

> 한 지체가 고통을 당하면 다른 모든 지체도 함께 아파하지 않겠습니까?[58]

> "너희는 이 보잘것없는 사람들 가운데 누구 하나라도 업신여기는 일이 없도록 조심하여라. 하늘에 있는 그들의 천사들이 하늘에 계신 내 아버지를 항상 모시고 있다는 것을 알아두어라."[59]

100명 중 한 사람을 잃거나 가볍게 여기는 것은 하느님의 뜻도, 예수의 뜻도, 연약한 자들을 돕는 천사들의 뜻도 아니다. 우리의 뜻도 아니어야 한다.

한 사람이 죽어서 천국에 갔다. 입구에서 만난 성 베드로는 이 사람에게 아주 급할 때 펴보라고 쪽지 하나를 건넸다. 쪽지를 받은 이 사람은 천국 문을 열고 들어갔는데 아무리 찾아도 황금길은 나오지 않고, 천국에 있으리라고 생각한 사람들도 보이지 않았다. 의심 가득한 눈으로 이곳저곳을 살펴보았지만 인기척 하나 들리지 않아 혹시 천국이 아니라 다른 곳에 온 게 아닌가 하고 불안한 마음이 밀려오기 시작했는데 마침 큰 바위 위에 서 있는 하느님을 만날 수 있었다. 그는 하느님에게 "사람들은 모두 어디에 있지요?" 하고 물었다. 질문을

---

58) 고린도에 보낸 첫째 편지 12장 26절.
59) 마태오의 복음서 18장 10절.

들은 하느님은 무슨 뜻인지 알아듣지 못했다. 하느님이 질문 자체를 이해하지 못하겠다고 하자, 그는 난감했다. 그러다가 문득 베드로가 준 쪽지가 생각났다. 쪽지를 펴보니, 그곳에는 "네가 세상에서 가장 작은 이에게 한 것이 바로 내게 한 것이니라"라는 성서구절이 적혀 있었다. 그때 하느님이 그 사람에게 이렇게 말했다. "애초부터 세상에는 너와 나밖에 없었다."[60]

> "사람의 아들이 영광을 떨치며 모든 천사들을 거느리고 와서 영광스러운 왕좌에 앉게 되면 모든 민족들을 앞에 불러놓고 마치 목자가 양과 염소를 갈라놓듯이 그들을 갈라 양은 오른편에, 염소는 왼편에 자리 잡게 할 것이다. 그때에 그 임금은 자기 오른편에 있는 사람들에게 이렇게 말할 것이다. '너희는 내 아버지의 복을 받은 사람들이니 와서 세상 창조 때부터 너희를 위하여 준비한 이 나라를 차지하여라. 너희는 내가 굶주렸을 때에 먹을 것을 주었고 목말랐을 때에 마실 것을 주었으며 나그네 되었을 때에 따뜻하게 맞이하였다. 또 헐벗었을 때에 입을 것을 주었으며 병들었을 때에 돌보아 주었고 감옥에 갇혔을 때에 찾아주었다.' 이 말을 듣고 의인들은 이렇게 말할 것이다. '주님, 저희가 언제 주님께서 주리신 것을 보고 잡수실 것을 드렸으며 목마르신 것을 보고 마실 것을 드렸습니까? 또 언제 주님께서 나그네 되신 것을 보고 따뜻이 맞아들였으며 헐벗으신 것을 보고 입을 것을 드렸으며, 언제 주님께서 병드셨거나 감옥에 갇히신 것을 보고 저희가 찾아가 뵈었습니까?' 그러면 임금은 '분명히 말한다. 너희가 여기 있는 형제 중에 가장 보잘것없는 사람 하나에게 해준 것이 바로 나에게 해준 것이다.' 하고 말할 것이다."[61]

예수는 굶주린 사람, 목마른 사람, 떠돌아다니는 사람, 헐벗은 사람, 병든 사람, 감옥에 갇힌 사람과 자신을 동일시하면서 우리가 평소 습관대로 마음에서 우러나오는 삶으로 마치 착한 사마리아 사람처럼

---

60) 권수영, 『거울부모』(서울: 울림사, 2007), pp.244-245 참조.
61) 마태오의 복음서 25장 31-40절.

어려운 사람을 돌봐 주고 도와주어야 함을 강조하였다. 이것이 최후의 심판대에서 진정한 하느님의 사람(양)과 무늬만 하느님의 사람(염소)을 구분하는 증거라고 말했다. 오늘날의 신자유주의 경제체제에 의해 인권과 생존권이 유린당하는 사람들의 입장에 서 볼 때만이 우리가 이웃을 사랑한다는 것이 남는 것을 가난한 사람들에게 주는 것이 아니라, 오히려 가난을 허용하고 조장하는 구조적 불의를 극복하기 위해 힘을 쏟는 일임을 알게 된다.

이것은 자선이 아니라 자선이 더 이상 필요하지 않은 어떤 다른 제도를 의미하는 것이며, 가난한 이들도 이런 관점을 가져야 한다. 이에 대한 신영복의 말이다. 처지에 따라 그 생각도 달라진다. 역지사지(易地思之)라는 금언도 바로 여기에서 비롯된다. 처지를 바꾸어서 생각하라는 말은 처지에 따라 그 생각도 달라진다는 것을 뜻한다. 그래서 옛 사람들은 "처지에 눈이 달린다."는 표현을 했다. 눈이 얼굴이 달려 있는 것이 아니라 발에 달려 있다는 뜻이다. 사회과학에서는 이를 입장이라 한다. 계급도 말하자면 처지이다. 당파성과 계급적 이해관계도 같은 맥락에서 이해할 수 있다.[62]

> 머리 좋은 것이 마음 좋은 것만 못하고 마음 좋은 것이 손 좋은 것만 못하고 손 좋은 것이 발 좋은 것만 못한 법입니다. 관찰보다는 애정이, 애정보다는 실천이, 실천보다는 입장이 더욱 중요합니다. 입장의 동일함, 그것은 관계의 최고 형태입니다.[63]

자본주의에 물든 교회를 드러내는 재미있는 이야기이다. 평소에

---

62) 신영복, 『강의』, p.100.

63) 신영복 홈페이지(http://www.shinyoungbok.pe.kr/) 손잡고 더불어(1995), 짧고 긴 생각 중에서.

심장이 약해서 매우 조심하라는 의사의 주의를 받은 한 톰이라는 사람이 있었다. 그런데 그가 죽은 친척의 유산을 물려받게 되어 갑자기 억만장자가 되었다는 소식이 전해졌다. 그러자 가족들은 이 소식이 톰의 심장병을 도지게 할까봐 그 사실을 당사자에게는 알리지 못하게 하고, 마을 본당 주임 사제에게 부탁을 하였다. 그래서 이 주임신부는 톰을 불러 이렇게 물어보았다. "여보게 톰, 혹시 하느님이 자네에게 자비를 베푸셔서 십억 달러나 되는 돈을 보내 주신다 하세. 자네라면 그 돈으로 무얼 하겠나?" 톰이 대답했다. "반은 성당을 위해서 신부님께 드리지요." 이 말을 듣자마자 주임신부님이 심장마비를 일으켰다.[64]

자본주의 사회에서 돈을 섬기지 않고 진정 하느님을 예배하는 삶을 살아낸다는 것은 어떤 것인지 다시 한 번 진지하게 생각해 본다. 돈의 권세로부터 해방되는 길은 사회생활로부터 도피하는 은신생활을 하는 것도 아니고, 부자가 되어 돈의 권세를 장악하는 것도 아니다. 돈의 권세로부터 해방되는 길은 매매법칙이 지배하는 사회에 살고 있으면서도 거저 주시는 하느님의 은혜를 의지하며 거저 주는 삶을 실천하는 길이다. 돈과 자기를 사랑하는 우상숭배에 빠지지 않으려면 돈을 위한 노동보다는 돈이 되지는 않지만 거저 주시는 하느님의 은혜에 동참하는 노동을 해야 한다. 가난의 문제를 해결하기 위한 세상의 방법, 즉 교양인은 어떻게 하면 경제체제를 고쳐서 가난한 자를 부자로 만들 수 있을까, 어떻게 하면 가난한 자에게 좀 더 많은 도움을 줄 수 있을까 하는 것으로 시작하지만, 기독교의 방법, 즉 신앙

64) 앤소니 드 멜로, 『종교박람회』, 정한교 옮김(왜관: 분도출판사, 1983), pp.152-153 참조.

인은 어떻게 하면 가난하게 사신 예수 그리스도의 뒤를 따를 것이며, 어떻게 하면 가난한 자의 대열에 직접 참여할 수 있을까 하는 것으로부터 시작해야 한다.

그런데 문제는 오늘날 한국 교회가 이런 기능을 수행하기 어렵다는 것이다. 2000년 새해를 맞은 한국 교회는 성도 1,200만 명을 자랑했고, 사회에 막강한 영향력을 끼친다고 자부했다. 그러나 2005년 발표된 통계청의 종교현황 조사에서 가톨릭과 불교 종교인은 증가했지만, 개신교만 감소했다는 결과를 마주했다. 수량으로 부풀려진 한국 교회의 거품이 드러났고, 실용주의와 비윤리적인 종교로 전락한 기독교가 그 한계를 노출하였다. 교회의 건강성은 어떠한가? 날이 갈수록 목회자들의 비리와 부정 사건이 이어지고, 총회장 선거와 한국기독교총연합회 대표회장 선거에서 드러났듯 금권 부정 투표가 만연됐다. 교단 총회장이 되기 위해서 얼마가 필요하다는 이야기는 이미 오래 전부터 들어왔다. 물론 해가 지날수록 그 액수가 같이 올라가는 것은 변화라면 변화라고 할 것이다. 2011년에는 자칭 한국 교회를 대표한다는 한기총에서 이러한 돈 봉투 이야기가 나왔다. 전임 회장이 나도 돈 봉투 돌려서 회장이 되었고, 자신의 전 회장도, 그리고 자신의 후임인 현재 회장 당선자도 돈 봉투 돌려서 회장되었다고 '양심고백'을 하였다. 그리고 잇달아서 그 봉투를 돌렸다는 사람, 그 봉투를 받았다는 사람들이 양심고백을 했다. 물론 진정성에 의심이 있었지만 그렇게 사실관계를 명확히 해서 밝혔으니 파장이 클 것이라고 생각했다. 그러나 그것은 순진한 생각이었다. 양심고백을 한 전임회장, 양심고백의 대상이 된 회장 당선자, 그리고 돈을 돌리고 받았다는 사람, 그 아무도 책임을 느끼고 공직에서 사퇴를 하거나 공적인 제재를 받지 않았다.

  이처럼 물질만능이 만들어낸 부정부패의 고리에 얽혀 기독교는 사람들에게 비윤리적 종교로 인식되기에 이르렀다. 영적 권위와 도덕성이 무너진 상태에서 신앙과 신학 역시 온전하지 못했다. 이른바 신천지를 비롯한 온갖 기독교계의 이단들이 교회를 위협하고 있으며, 이젠 당당하게 자신들의 성서이해가 옳다고 주장하며 대담하게 정통교회에 대항하고 있다. 이에 대항해 나갈 기독교단과 교회연합기구는 강력히 대처하지 못할 뿐만 아니라 이들의 재력과 교세에 편승하려는 행위까지 서슴없이 자행하고 있다. 최근 교회들이 세상으로부터 도덕적·영적으로 지탄을 받고 있고, 교회성장 후퇴, 사회현실 급변 등 새로운 프레임을 짜야 하는 절박한 상황에 처하게 됐다. 이제 교회는 생존 그 자체를 염려해야 하는 위기에 빠져 있다. 영국의 극작가 버나드 쇼의 유명한 묘비명이다. "우물쭈물 하다가 내 이럴 줄 알았지(I knew if I stayed around long enough, something like this would happen)." 이 글은 그가 죽기 전에 스스로 적어놓고 부탁해서 새겨지게 되었다고 한다. 이 묘비명은 마치 오늘날의 한국 교회를 비웃기라도 하는 것처럼 비춰진다.

  안타깝게도 교회가 원하는 바는 아니지만 언제부터인가 교회는 사회의 여러 시비에 휩쓸리거나 시민적 비난을 받는 천덕꾸러기로 내몰리는 것만 같다. 심지어 교인들도 교화에 대해 냉소적이고 비판적인 흐름에 젖어 있거나 익숙해져서 웬만한 비난에는 '또 어느 교회인지 모르지만 사고 쳤구나'라고 생각할 정도로 무뎌진 것 같다.[65]

---

65) 문시영, "섬김과 나눔, 교회의 윤리!", p.99.

요즘 우리 사회에서는 기독교에 대한 비판의 소리가 높다. 지난 2007년 MBC TV <뉴스 후>가 3월 24일 '목사님 우리 목사님' 편을 통해 교회의 세습 문제와 재정 문제를 고발한 데 이어 6월 12일 <PD수첩>은 '투기꾼인가, 목자인가?' 편을 통해 철거가 예정된 재개발 지역에 개척교회를 세우고 보상금을 노린 일부 목회자들의 실태와 종교부지 전매로 수십억을 벌게 된 유명 부흥사의 사례를 방영했다.[66] 최근 몇 년 동안 한국 교회에 대한 부정적인 인식이 사회에 크게 확산되고 있다. 2008년 기독교윤리실천운동이 발표한 '한국 교회의 사회적 신뢰도 여론조사'에 의하면, 조사 대상자 중에 한국 교회를 신뢰한다는 응답이 18%, 신뢰하지 않는다는 응답이 48%였으며, 특히 비기독교인의 경우는 한국 교회를 신뢰한다는 응답이 8%이고 신뢰하지 않는다는 응답이 57%나 된다. 종교기관에 대한 신뢰도 평가에서도 가톨릭은 35%, 불교는 31%인데 비해 개신교는 18%로 가장 낮은 비율을 보이고 있고, 이 불신은 젊은 층일수록, 응답자의 교육수준이 높을수록, 수입이 많을수록 높았다.[67]

지난 2009년 시사 주간지 『시사IN』에서 다룬 "한국 교회, 예수 버리고 권력 탐하다"라는 제목으로 다룬 기사는 한국 교회의 자화상을 보는 것만 같았다. 교회와 교인이 세상의 비난을 받는다. '예수는 좋은데 교회는 싫다'라는 말이 어제 오늘의 현상만은 아니다. 하지만 오늘날 개신교의 추락은 뚜렷하다. 속도도 빨라졌다. 특히 젊은 신자들의 이탈이 눈에 띈다.[68] 기독교인인 여대생의 고백에는 오늘날 기

---

66) "MBC 뉴스 후 이어 PD수첩이 교회 비판, 투기 실태 고발… 한기총 '전체적인 문제냐'", 〈크리스천 투데이〉(2007년 6월 13일).

67) 이원규, 『힘내라 한국 교회』(서울: 동연, 2010), pp.137-138 참조.

68) "한국 교회, 예수 버리고 권력 탐하다", 『시사IN』(제104호, 2009년 9월 12일) 참조.

독교인의 자화상이 잘 드러났다.[69]

　알게 된 지 얼마 안 되는 사람에게 "나는 종교를 믿고 있고, 그 종교가 기독교입니다."라고 밝히는 것은 때때로 묘한 상황과 마주하게 한다. 어디까지나 나는 내 삶을 이야기하기 위해서는 나의 신앙과 분리해서 이야기할 수 없기 때문에 자연스럽게 내 종교를 고백(?)하게 되는데 그때의 상대방의 반응을 관찰해 보면 대부분 내 말에 당황한다. 가장 많이 들었던 말은 "기독교인이라고 생각 안 되는데"였다. 이러한 상황들이 반복되면서 순간적으로는 생각 못 했지만 집으로 돌아오는 길에는 고민이 되기 시작했다. 그들이 나를 보고 이야기해 주는 "기독교인이라고 생각 안 되는데"라는 말은 부정적인 뉘앙스를 가지고 있기 때문이다. 그 말인 즉, "기독교인"이라는 것이 무리 없이 부정적인 단어로 사용된다는 것이다.
　물론 같은 종교를 가진 사람들 사이에서 "기독교인"이라고 밝히는 것은 상당히 다르다. 내가 말하는 것은 어디까지나 비기독교인이라 불리는 사람들이 받아들이는 "기독교인"의 모습이다. 특히나 어르신들보다 내 나이 또래의 친구들에게 이 "기독교인"이라는 말은 특정한 이미지를 가지고 있다. 그 이미지는 어떠한 종교적 광기에 휩싸여 있는 보수적이고 기득권 세력이다. 이러한 이미지가 구축된 것에 대해서 어떤 이들은 기독교인이 짊어져야 할 십자가라든가 예수의 수난을 빗대어 그 이유를 설명하고자 한다. 그러나 이것은 결코 그 고난의 원인을 신의 섭리 안에서만 찾을 수밖에 없는 예수의 십자가와 수난에 빗대어질 수 없다. 왜냐하면 "기독교인"에 대한 편견은 지금까지의 한국의 기독교가 신의 이름 안에서 행했던 권력과 축재에 대한 탐욕의 모습들과 비기독교인을 향한 이기적이고 배타적인 태도들의 결과물이기 때문이다. 만약 단 한 번도 그러한 잘못은 하지 않았더라도 "기독교인", 즉 예수를 나의 메시아로 고백하는 사람들 중 하나인 이상 우리는 이 책임에서 자유로울 수 없다. 사람들이 기독교에 대한 비판과 울부짖음을 쏟아내는 것에 한 사람의 "기독교인"으로서 우리는 언제나 책임의 주체로 나아가야 한다.

---

69) 이가연, "'책임적 주체'의 기독교인으로 거듭나야", 〈기독교연합신문〉(2012년 1월 15일).

그런가 하면 상지대학교 홍성태 교수는 <프레시안>에 올린 "스스로 '신'이 되려는 '장로' 대통령"이라는 글에서 다음과 같이 한국 기독교의 문제점들을 나열하였다.

> 사실 한국의 기독교는 많은 문제들을 안고 있다. 시커먼 밤하늘에 둥둥 떠다니는 시뻘건 십자가의 반문화적 행태, 좋은 말씀을 전하러 왔다며 남의 집 문을 멋대로 두드리는 외판원적 행태, 거리와 전철에서 멀쩡한 사람들을 죄인이나 바보 취급하는 비정상적 행태, 수천억 원의 돈을 들여서 거대한 교회를 짓는 경쟁에 골몰하는 개발꾼적 행태, 수많은 신도들의 공유재인 교회를 멋대로 자식에게 세습하는 반민주적 행태, 막대한 봉급과 이익을 챙기면서 세금은 사실상 한 푼도 내지 않는 비사회적 행태, 다른 종교를 배척하는 것을 넘어서 아예 파괴하려 드는 비종교적 행태, 이권과 권력을 위해 정치꾼보다 더 강력히 정치적 활동에 몰두하는 세속적 행태 등은 그 중요한 예들일 것이다.[70]

어느새 기독교인들은 우리 사회의 주류로 자리 잡았다. 한국의 기독교인들은 비기독교인들보다 평균적으로 훨씬 더 많은 부와 권력을 가지고 있다. 이른바 우리나라에서 강장 부자들이 산다는 서울 서초와 강남에 가면 개신교와 가톨릭을 합쳐서 기독교인 인구가 50%를 넘는다. 그 중심인 압구정동에 가면 세계적인 규모의 광림교회와 소망교회가 있고, 서초에는 사랑의 교회가 2,100억을 들여 초대형 교회당을 짓고 있다. 국회나 정부에 가도, 기업이나 판검사와 변호사, 의사 등 최고의 전문직을 놓고 봐도 절반은 기독교인이다. 심지어 현직 대통령도 기독교 장로이다. 그러니 기독교의 영향력은 엄청나다. 그러나 이들이 세상을 변혁시키기는커녕 이들이 부와 권력을 손에 넣

---

70) 홍성태의 세상읽기. "스스로 '신'이 되려는 '장로' 대통령". 〈프레시안〉(2010년 2월 10일).

는 과정에서 이 세상의 방식에 지배되어 버렸고, 이제는 거꾸로 기독교인들을 통해 세상이 교회로 스며들어와 교회를 지배하고 있다. 이 것이 우리의 현실이다.[71] 세상이 교회에 '예속화'되거나 '노예화'된 것이 아니라, 교회가 세상 가치에 '노예화'됐고 교회가 세상 방식에 '예속화'됐다.

이제 교회 안 세상과 교회 밖 세상 사이에 다름이 없고 그리고 긴장이 없다. 교회는 공룡과 같은 거대한 몸체를 가지고 있으나 이미 역동성(力動性)을 상실한 공동체가 되었다. 교회는 세상 속에 있는 공동체이기에 자신도 모르게 어느새 세상에 물들기도 한다. 오늘날의 교회들도 여전히 하느님의 이름을 남발하면서 인간을 자유하게 하는 것이 아니라 오히려 더 억압하고 욕망의 노예로 만드는 일이 비일비재하다. 사랑과 평화와 자유와 정의의 하느님을 무시무시한 폭군으로, 인간의 행동을 하나하나 감시하는 감시자로, 또는 인간의 욕망을 채우는 마술사로 가르치는 교회도 허다하기 때문이다. 이런 잘못된 교회교육 또는 종교교육의 피해자들은 잘못된 교육을 통해서 얻은 하느님의 이미지 때문에 더 이상 하느님을 만나고 싶어 하지 않을 것이다.

강원도 태백산 황지에 있는 예수원을 설립한 대천덕 신부의 친척이 러시아에 다녀와서 신부를 만나서 한 이야기이다. 그는 그곳에서 열정적으로 기독교복음을 전했다.

"여러분이 70년 동안이나 신봉하던 공산주의는 실패했습니다. 이제야말로 기독교를 받아들이고 기독교인이 되어야 할 때입니다."

---

71) 안용성, "복음서에 나타난 그리스도인, 세상의 소금과 빛", 『그리스도인, 세상의 소금과 빛』, p.106.

그러자 많은 사람들 사이에서 한 사람이 일어나 이렇게 외쳤다고 한다.

"모르는 소리 하지 마시오. 우리는 1,000년 동안이나 기독교를 믿었지만 실패했습니다. 그러므로 기독교는 안 됩니다."

이건 사실이다. 공산주의가 러시아를 지배하기 전 무려 1,000년 동안 분명 기독교 국가였다. 모든 제도와 문화의 형식이 기독교적이었다. 그런데 왜 온통 기독교로 치장된 거대한 러시아는 스스로 공산주의의 길을 걷게 되었는가? 기독교인들과 교회가 예수 정신과 달랐기 때문이다. 그들은 그들의 기득권을 누리는 수단으로 기독교를 이용하는 사람들에 지나지 않았다.

인도, 파키스탄, 방글라데시는 모두 기독교 국가인 영국의 식민지였다. 인도네시아는 개혁교회의 중심지인 네덜란드의 식민지였다. 이들 나라는 수백 년씩 기독교 국가의 다스림을 받았다. 곳곳에 기독교 회당이 세워졌고 수시로 예배행위가 있었다. 교육현장에서도 성서가 중요시되고 기독교정신에 따라 교육이 이루어졌다. 그런데 인도, 파키스탄, 방글라데시, 인도네시아 등은 왜 한결같이 기독교를 배척하고 있는가? 아니, 왜 기독교가 아닌 다른 종교를 철저히 믿는가? 왜 기독교의 적대 세력이 되어 있는가? 그것은 그 나라들을 지배하던 기독교인들과 교회가 예수 정신과 달랐기 때문이다. 그곳 원주민들의 눈에 비친 기독교인들과 교회는 그들의 것을 무자비하게 착취하고 그들을 괴롭힌 불한당과 다를 바 없었다. 가톨릭 국가였던 프랑스 역시 아프리카에 수많은 식민지를 갖고 있었지만 그 나라들 중 지금 가톨릭을 택한 나라는 거의 없다. 가톨릭교회와 교인들이 예수 정신과 달랐기 때문이다. 그들은 아프리카 흑인들의 손에 성서를 쥐어준 대

신, 그들의 땅을 송두리째 강탈한 무뢰한들이었던 것이다.[72]

이처럼 기독교인이 기독교인다움을 상실했고, 교회가 교회다움을 상실했고, 교회지도자들이 교회지도자다움을 잃어버렸다. 하느님의 나라를 추구하는 교회가 세상적 가치를 숭배하여 세상의 한 집단이 되었다는 데서 교회의 문제가 생겼다. 하느님 나라의 가치와 법도를 가르쳐야 하는 교회 지도자들이 세상적 가치와 법도를 설파하고 있다. 이를테면, 교회에서도 세상에서와 마찬가지로 다른 사람보다 앞서는 것, 다른 사람 위에 자리하는 것을 성공이라고 가르친다. 기독교의 본질인 종 됨이나 섬김과 같은 것은 장식 어휘에 불과한 것만 같다.

일제 식민지 초기 시절 한국의 개신교는 성서의 초월적 메시지에 기초하여 자유롭고 책임 있는 개인의 인격과 권리의식을 일깨웠으며 일제에 저항하는 신앙적 기반으로 작용하며 많은 사람이 기독교로 개종하였다. 그러나 해방 이후 한국전쟁을 거치면서 우리나라 기독교는 권력에 영합하면서 점차 현실비판 능력을 상실해갔다. 이는 미국의 지배권 하에 있던 초대대통령인 이승만 정권에서부터 시작하였다. 그 결과 한국 교회는 친미반공주의가 고착되었고, 1960년대 박정희 군사 정권 치하에서 경제성장이 지속되면서 대형교회를 지향한 한국 교회의 절대 다수는 민주적이고 참여적이기보다는 위계적이며 남녀 차별적인 조직구조를 지속 강화시켜왔다. 그 결과 기독교로 개종한 사람들도 유교적 전통에서 비롯된 가족이기주의와 연고주의의 틀을 대부분 그대로 간직하면서 철저하게 목회자중심 그리고 위계적인 당회 중심으로 형성되어 왔다. 이에 대한 박충구의 말이다. "한국에서

72) 이재철, 『요한과 더불어. 네 번째 산책』(서울: 홍성사, 2002), pp.97-98 참조.

기독교가 단시일 내에 성장한 까닭은 기독교 안에 내장되어 있는 해방적 영성의 힘을 포기하고 기존의 불의한 정치상황에 순응하고 유교를 중심으로 하는 기존의 전통종교와 적당한 타협을 했기 때문이다."[73] 박충구의 말대로 기독교는 하느님을 믿는 초월적 영성으로 이 세상의 불의와 맞서는 긴장상태를 유지하지 못하고 이 세상의 부와 권력 추구를 정당화하며 양적 성장을 지속하는 세속화된 종교가 되고 말았다.

오늘날 한국 교회는 교회라기보다는 기업이라고 할 정도로 너무 많이 갖고 있다. 그렇기 때문에 가진 것을 가능한 한 줄여야 한다. 건강을 위해 비만인 몸을 다이어트하는 사람들처럼 교회답지 않은 모습들을 잘라내는 노력이 필요하다. 신영복의 『처음처럼』이라는 서화 에세이집에 보면 이에 대한 글이 나온다.

> 높이 나는 새는 몸을 가볍게 하기 위하여 많은 것을 버립니다. 심지어 뼈 속까지 비워야(骨空) 합니다. 무심히 하늘을 나는 새 한 마리가 가르치는 이야기입니다.[74]

사람의 뼈는 몸무게의 약 18% 정도를 차지하지만, 새들의 뼈는 몸무게의 4% 정도 밖에 되지 않는다. 그리고 새의 뼈 속은 비어 있다. 그러나 비어 있다고 해서 칼슘이 부족한 것도 아니고, 그 뼈가 약한 것은 더욱 아니다. 구조적으로 아주 강하게 조직되어 있다. 그래서 새는 자신의 무게보다 5배 이상의 하중을 날개가 받더라도 부러지지 않고 날 수 있는 것이다. 동시에 마땅히 강조해야 할 것은 충만하게 채

---

73) 박충구, 『현대사회와 기독교윤리』 (서울: 대한기독교서회, 1999), p.285.
74) 신영복, 『처음처럼』, p.38.

워나가야 한다.

영국 런던에서 있었던 이야기이다. 4살 어린 소녀가 길을 걷다가 넘어지면서 손목이 부러졌다. 그런데 이 아이는 울지도 않고 태연하게 엄마에게 말했다. "엄마, 참 이상해! 내 손목이 부러졌는데 아프지가 않아." 이 아이가 6살 때이다. 부모가 보니 아이가 절룩거리며 걷고 있었다. 이상해서 병원에 가보니 다리가 부러졌다는데 아이는 또 울지도 않고 태연했다. 이 아이가 14살 때의 일이다. 어느 날 문득 자신을 바라보니 손등에 물집이 잡히고 화상(火傷)자국이 있었다. 이 아이는 언제, 왜, 이렇게 되었는지 몰랐다. 이 아이의 병은 '갱글리뉴로파디'라는 병으로 아주 희귀한 경우였다. 이 병은 고통이나 아픔을 전혀 느끼지 못하는 것이었다. 부모는 이 아이를 이 병원, 저 병원으로 데리고 다녔지만 치료할 수가 없었다. 어쩌면 오늘날 한국 교회가 '도덕적 무감각증'에 빠진 건 아닌가 싶은 생각이 들었다.

어느 부흥목사가 앞자리에 앉은 할머니에게 물었습니다. "예수님은 누구의 죄 때문에 돌아가셨나요?" 할머니가 얼른 대답하지 못하자 옆에 앉아 있던 며느리가 귀에 대고 속삭였다. "저의 죄를 위해 돌아가셨다고 그러세요." 그러자 할머니는 말귀를 얼른 알아차리고 자신 있게 답했다. "내 며느리 죄 때문에 돌아가셨지요." 이 이야기처럼 오늘날의 한국 교회는 자기성찰에 둔감하다.

매년 교수신문은 한해를 보내고 한해를 맞이하면서 사자성어(四字成語)를 정하는데 2007년 말에는 2008년 새해의 사자성어로 '시화연풍'(時和年豊)을 선정했다. 이 말은 나라가 태평하고 해마다 풍년이 든다는 의미이다. 그러나 2008년을 보내면서 이를 정정하였는데 그래 다시 뽑은 사자성의가 '호질기의'(護疾忌醫)이다. 이 말의 뜻은 병이 있음에도 의사한테 보여 치료받기를 꺼린다는 뜻으로 문제가 있으면서도 남에게 충고 받기 싫어함을 비유하는 말이다.

지난 2011년 <교수신문>이 한 해를 정리하면서 올해의 사자성어로 '엄이도종'(掩耳盜鐘)을 선정했다. 이 말은 '귀 막고 종을 훔친다'라는 뜻으로, '나쁜 일을 하고 남의 비난을 듣기 싫어서 귀를 막지만 소용이 없음'을 의미한다. 한 마디로 소통의 부재를 꼬집은 표현이다. 그런데 이 말이 기독교인과 한국 교회에도 해당되는 말인 것만 같아 마음이 편지 않다.

서울 어느 지하철 안에서 경험한 일이다. 붐비는 지하철 안에서 한 중년 여성이 연이어 "주여", "주여" 하고 있었다. '아, 굉장한 믿음을 가졌나 보다' 옆에 섰던 몇몇 기독교인들은 부러움 반, 짜증 반 섞인 눈으로 그녀를 바라보고 있었다. 그런데 마침 빈자리가 하나 생겼다. 그러자 그 여성은 옆에 서 있던 사람을 밀치고 그 자리를 차지한 뒤 좀 더 크게 "휴우~ 주여~!" 하는 것이 아닌가! 그리고는 이내 눈을 지그시 감고 깊은 기도나 명상에 잠기는 것이었다. 그 순간 이런 생각이 들었다. 차라리 "주여", "주여"나 하지나 말지. 이 여성이 눈을 감은 건 기도나 명상이 아니라 사실은 다른 사람의 눈총을 모르는 체하려고, 아니면 노약자가 오면 자리를 양보해야 하니 그게 싫어서 모르는 체하려고 그러는 것만 같았다.

영어로 'service'라는 말은 '봉사'라든가 '섬김' 또는 '예배' 등 좋은 의미의 낱말이다. 그런데 이 단어 앞에 거추장스러운 형용구가 붙으면 이 말의 진의(眞意)가 완전히 왜곡되는 경우가 있다. 가령 'Lip-service'는 '말뿐인 호의, 공치사, 혹은 말뿐인 믿음'을 말하며, 'Eye-service'는 '주인이 볼 때만 일하는 체하기, 또는 고작 성서는 보나 행위가 없는 신자'를 말한다. 또한 'Ear-service'는 '교회에서 설교를 듣기만 할 뿐 행동의 열매는 없는 신자'를 가리킨다. 감리교의 창시자 웨슬리는 천국에는 목사의 입과 신자의 귀만 있을 것이라고 한 말은 이를 풍자한 것이다.

앨버트 놀런 신부는 1976년『그리스도 이전의 예수』를 통해 전 세계적인 기독교인들에게 경종을 울렸다. 그로부터 30년 후 그는『오늘의 예수』를 썼다. 이 책 서문은 이렇게 되어 있다.

> 그리스도인이든 아니든 대체로 우리는 예수를 진지하게 받아들이지 않는다. 간혹 특별한 예외가 있겠지만, 대개는 원수를 사랑하지 않고, 다른 뺨을 돌려 대 주지 않는다. 일곱 번씩 일흔 번을 용서하지도 않고 나를 저주하는 사람에게 축복을 빌어 주지도 않는다. 가난한 이들에게 내 것을 나누어 주지도, 하느님께 모든 희망과 신뢰를 두지도 않는다. 그러면서 우리는 저마다 변명거리를 갖고 있다. 나는 성인이 아니라고. 분명 모두에게 그럴싸한 변명 아닌가? 성인이란 대단한 이상이지만 이 시대에는 그리 적절치 않다. 나는 오늘을 살아가는 우리가 예수를 진지하게 받아들이는 법을 배워야 한다고 제안할 참이다.[75]

최근 한국 교회의 도덕적 불감증에 대해 '오직 은혜'라는 교리를 남용했기 때문에 생긴 결과라는 비판이 나왔다.

> 한국 교회는 도덕적 불감증과 함께 무서운 집단타락을 경험하고 있다. 교회 안에 아주 심각하고 무서운 범죄가 일어나고 알려져도 탄식과 애통이 없다. 이는 한국 교회가 그동안 '오직 은혜'의 교리

---

75) 앨버트 놀런,『오늘의 예수』, 유정원 옮김 (왜관: 분도 출판사, 2011) 서문; 앨버트 놀런의『그리스도교 이전의 예수』가 교회와 교리와 전례가 생겨나기 전, 당대 현실을 온몸으로 껴안은 인간 예수의 모습을 특히 정치와 정의라는 사회적 맥락에서 살펴보았다면, 이 책은 예수의 고유한 영성과 이 영성이 오늘 우리와 어떤 연관을 맺고 있는지에 주목한다.

를 오랫동안 남용한 결과이다. 중세 가톨릭이 경건과 거룩을 강조하고 인간의 공로를 높이 평가하며 의를 위한 노력과 헌신을 강조하면서 하느님의 은혜와 그리스도의 공로를 경시하는 결과를 가져왔다면 개신교는 은혜만 강조하고 죄에 대한 심판과 회개를 경시함으로써 도덕적 불감증을 심화시켜 왔다. 특히 현재 이러한 도덕적 불감증은 만연돼 있다. 한기총 사태를 비판하고 문제 삼는 사람들을 향해 일부 목회자들은 바리새인과 같은 위선자들이라고 비난하고 있고, 문제를 야기한 목회자가 있는 해당 교단 총회는 여전히 침묵하고 있다. 결국 일부 지각 있는 목회자나 교인들은 체념상태에 빠져 있다. 한국 교회는 실천적 무신론에 빠져 있다. 하느님을 믿고, 하느님나라를 믿는다고 하지만 실제로 하느님도, 그의 나라도 부인하는 것이다. 교회 지도자들이 세상적인 영광과 권력을 차지하기 위해 돈으로 사람을 매수하고, 또 거기에 매수당해 패거리를 이뤄 정치노름을 한다면 세상 사람들은 어느 곳에서도 하느님의 영광을 보지 못하고, 하느님을 찾지 못할 것이다. 세속적인 명예와 권세를 얻으려고 신앙 양심을 파는 지도자들, 세상살이에 얽매어 세상의 부귀영화를 얻으려고 거기에 올인하고 있는 교인들은 하느님나라를 믿고 소망하는 자들이라고 할 수 없다. 목사나 교회가 권력화의 유혹을 이기고 거룩함과 겸손을 지켜내는 것이 한국 교회의 지난한 과제이다.[76]

이와 같은 성찰은 독일의 신학자, 순교자 본회퍼[77]가 1940년대 그리스도의 제자직의 대가를 지불하는 믿음을 제시한 것과 맥을 같이한다. 그는 독일 루터교 신자들이 의인(義認)에만 치중하면서 삶의 헌신이 없는 것을 비판하였다. 예수를 믿는다는 것은 예수의 제자가 되는 것이지 의롭다고 인정 받음을 값싼 은혜로 고백하면서 죄와 세속에 그대로 머물러 있는 것이 아니라고 말했다. 오늘날 기독교계에서

---

76) 정주채, "무엇이 한국 교회를 이 지경에 이르게 한 것일까?", 『GOOD CHURCH REPORT』(2012년 1월호), pp.5-6 참조.

77) 그는 1906년 2월 4일 독일의 브레슬라우 시에서 의과대학 교수의 아들로 출생. 1930년도에 23세의 나이로 베를린 대학 신학부 조직신학과의 교수로 취임하였다. 1943년 나치스의 게슈타포에 체포되어 투옥되는 등 나치에 저항하였다. 그는 히틀러 치하에서 너무나 조용하게 침묵을 지키고 있는 기독교회를 책망하였다. 1945년 4월 9일, 옥중에서 자신의 신앙을 포기하지 않고 고수하다가 순교하였다.

크게 오해하고 있는 교리가 바로 '은혜'이다. 이른바 '값싼 은혜(cheap grace)'라고 불리어지는 가르침이 기독교인들에게 무비판적으로 받아들여지고 있다. 값으로 헤아릴 수 없는 그리스도의 희생과 죽음으로 인하여 마련된 값비싼 은혜가 시장에서 파는 싸구려 물건처럼 헐값에 여겨지는 것이다. 값싼 은혜라는 말은 하느님의 은혜가 시장에서 팔리는 값싼 물건처럼 팔려 나간다는 의미이다. 모든 인류에게 은혜를 무한하게 나누어 줄 수 있기 위해서 치러진 값은 결코 헐값이 아니었다. 은혜를 위해서 무한한 대가가 지불되었으며, 값으로 헤아릴 수 없는 희생이 지불되었다.

은혜를 값싸게 취급하는 사람들은 은혜를 단순히 어떤 교리나 이론으로서 받아들인다. 그들이 받아들이는 은혜 속에는 사람의 마음을 완전히 변화시키는 재창조의 능력과 생명력이 포함되어 있지 않다. 많은 사람들은 은혜를 죄의 용서에만 국한시켜서 생각한다. 그래서 하느님의 사랑과 그분께서 베푸신 용서하시는 은혜를 정신적으로 인정하고 동의하기만 하면, 은혜는 자신의 죄를 용서하기에 충분하다고 생각한다. 그러나 이것은 위험한 오해이다. 은혜에 대해서 이러한 가르침을 믿는 사람들은 죄를 값싼 은혜로 거침없이 덮어 씌우기 때문에, 깊은 참회의 경험을 할 수 없게 된다. 또한 이러한 상태의 기독교인들에게는 죄와 세속으로부터 구원 받고자 하는 간절한 마음도 솟아나올 수 없으며, 가난한 마음으로 의를 사모하지도 않게 된다. 누가 하느님의 아들의 피로 얼룩진 은혜를 헐값으로 팔아넘기려고 하는가? 누가 값으로 헤아릴 수 없을 만큼 값비싼 하느님의 은혜를 적당하게 슬쩍 사용하려고 하는가? 값비싼 은혜는 우리로 하여금 계속적으로 그리스도의 뒤를 따르라고 호소하는 부르심이다. 그것은 우리에게 값없이 주어지는 선물이지만 두드리고 도전해야 하는 열리는 문이다. 이와 같이 진짜 은혜는 우리에게 예수가 걸어간 길을 따르라는 부름을 포함하고 있기 때문에 값비싼 것이다.

1960년대 미국 시카고 남부동맹교회 목사 토저(Aiden Wilson Tozer)는 싸구려 복음주의는 진정한 기독교가 아니라고 말했다. 그가 말하는 싸구려 복음주의란 자기 헌신 없이 예수의 십자가 공로를 모든 자기 허물의 변명으로 갖다 붙이는 믿음이다.[78]

포스터(Richard J. Foster)는 오늘날 기독교에서 절실히 필요한 것은 더 많은 수의 지성인이나 유능한 사람들이 아니라고 하였다.

> 피상성은 우리 시대의 저주이다. 즉각적인 만족을 추구하는 이 시대의 사상이 근본적인 문제이다. 오늘날 절실히 필요한 것은 더 많은 수의 지성인이나 유능한 사람들이 아니라 깊이 있는 사람이다.[79]

더욱이 입만 살아 있는 기독교인들은 더더욱 아니다. 예수는 작은 사랑의 실천을 귀하게 여기고 이를 통해 기적을 이루었다. 예수가 보리빵[80] 다섯 개와 물고기 두 마리[81]를 가지고 남자만 오천 명을 먹이

---

78) 에이든 토저, 『내 자아를 버려라』, 이용복 옮김(서울: 규장, 2008) 참조; 이 책은 기독교인들이 영적으로 무너져 내려가는 현실을 들여다보고 하느님의 말씀을 강력하게 선포한 그의 공식적인 자리에서 한 최후의 설교를 담아 냈다. 십자가가 우리에게 주는 메시지는 우리가 자아를 버리고 십자가에서 죽는 것을 의미한다. 즉 자신을 사랑하는 것이 아니라 예수를 사랑하는 것이다. 기독교인들은 자신이 십자가를 통해 구원 받았다고 쉽게 말한다. 토저는 그들에게 자아가 살아 있으면 예수를 진정으로 믿는 것이 아니라고 강조한다. 아울러 예수를 진정히 믿기 위해서는 십자가에서 자아가 죽어야 함을 가르쳐 주면서, 우리가 그의 뜻에 따를 수 있도록 인도한다. 이처럼 그의 대부분의 저서는 그가 끊임없이 갈망하며 선포하던 하느님 만나기를 권하는 내용이고 진정한 하느님의 뜻이 이 땅에 이루러지기를 갈망하는 진정한 기독교를 지향하는 내용을 담고 있다.

79) 리처드 포스터, 『영적 훈련과 성장』, 권달천 옮김(서울: 생명의 말씀사, 2009), p.29.

80) 『개역 한글 성경』, 『개역개정 성경』은 보리떡 다섯 개로 번역하였으나 『공동번역 성서』는 보리빵으로 번역하였다. 이어령이 지적한 것처럼 빵으로 번역함이 적절하다. 이에 대해서는 이어령의 책을 참조 바람. 이어령은 성서 번역에서 '빵'을 한국 식문화에 적용. 그 외형이 가장 비슷하다고 생각한 떡으로 번안한 것에는 문제가 있다고 지적한다. 제유법(Synecdoche)을 모르고 성서를 읽게 되면 그 모양만 보고 빵을 떡

고도 열두 바구니를 남겼다는 이야기이다.[82] 이 기적의 의미는 참된 기독교정신을 되새기게 하는 중요한 교훈들이 담겨 있다. 예수는 측은히 여기는 마음이 있었다.[83]

성서의 기록은 이를 불쌍히 여기는 마음(긍휼)이라고 표현한다. 김이곤은 하느님의 본질적인 속성을 '긍휼'이라고 하였다. 긍휼을 의미하는 히브리어 '라훔'은 어원적인 기원이 '레헴(자궁)'이다. '긍휼'은 자신의 자궁에서 배태하고 고통 가운데 출산한 자식에 대한 모성애적인 연민을 의미한다.[84] 긍휼은 불쌍한 사람을 불쌍히 여기지 않고는 못 견디는 속성이다.

> 에브라임아, 내가 어찌 너를 버리겠느냐. 이스라엘아, 내가 어찌 너를 남에게 내어주겠느냐. 내가 어찌 너를 아드마처럼 만들며, 내가 어찌 너를 스보임처럼 만들겠느냐. 나는 마음을 고쳐먹었다. 네가 너무 불쌍해서 간장이 녹는구나. 아무리 노여운들 내가 다시 분을 터뜨리겠느냐. 에브라임을 다시 멸하겠느냐. 나는 사람이 아니고

으로 잘못 번역하는 과오를 범하게 된다. 이러한 오류에서 벗어나 이스라엘의 유목 문화와 그 역사가 지닌 고유한 상징 코드를 문학적으로 해석함으로써 가난을 넘어서는 사랑의 눈물, 지상을 초월한 사랑의 몸짓이 무엇인지 깨우쳐 준다. 성서를 제대로 읽기 위해서는 예수의 수사학을 알아야 하며 인류 문화와 역사의 DNA를 이해해야 한다. 이어령, 『빵만으로만 살 수 없다』(서울: 열림원, 2011) 참조.

81) 이것을 흔히 오병이어(五餠二魚)의 기적이라고 한다. 이 말은 다섯 개의 떡과 물고기 두 마리라는 한자를 사자성어(四字成語)로 한 것으로『개역 한글 성경』, 『개역개정 성경』 성서 번역에 따른 말이다.

82) 요한의 복음서 6장 1-15절 참조.

83) 이른바 인간의 성품을 선한 것으로 말한 맹자는 인간이 누구나 네 가지 마음이 있다고 보았다. 이를 4단(四端)이라고 한다. 4단(端)은 실마리의 뜻으로, 유교에서 사람의 본성에서 우러나는 네 가지 마음씨를 말한다. 첫째, 측은지심(惻隱之心)이다. 인(仁)에서 우러나는 측은히 여기는 마음, 즉 곤경에 처한 사람을 측은하게 여기는 마음이다. 둘째, 수오지심(羞惡之心)이다. 의(義)에서 우러나는 부끄러워하는 마음, 즉 의롭지 못한 일에 대해서 부끄러워하고 미워하는 마음이다. 셋째, 사양지심(辭讓之心)이다. 예(禮)에서 우러나는 사양하는 마음이다. 즉, 남을 공경하고 사양하는 마음이다. 넷째, 시비지심(是非之心)이다. 지(智)에서 우러나는 시비를 따지려는 마음, 즉 옳고 그름을 판단할 줄 아는 능력이다. 이 네 가지는 성서에서도 쉽게 찾아볼 수 있을 정도로 연관성이 많다. 예수는 가난한 사람들의 굶주림을 불쌍히 여기는 마음으로 이 기적을 일으켰다.

84) 김이곤, "하나님의 심장에 박힌 십자가", 『신학논단』(1997), p.38; 김이곤, "구약성서에 나타난 영성", 『기독교사상』(2000년 12월호), p.128.

신이다. 나는 거룩한 신으로 너희 가운데 와 있지만, 너희를 멸하러 온 것은 아니다.[85]

궁극적으로는 분노를 거두고 심판을 거두는 속성이다.

이렇게 사람들이 못된 행실을 버리고 돌아서는 것을 보시고 하느님께서는 뜻을 돌이켜 그들에게 내리시려던 재앙을 거두시었다.[86]

이러한 하느님의 속성은 모성적인 모습으로 십자가 사랑의 본질이다. 이를 우리말로는 애간장이 녹는다. 애가 탄다는 말과 같다. 하느님의 사랑을 영어로는 'compassion'라고 한다. 이 단어는 com(함께)과 passion(아픔, 고통)이라는 단어의 합성으로 다른 존재의 아픔과 고통이 자신과 하나가 되는 마음을 말한다. 성서의 기록은 다른 사람을 불쌍히 여기고 자비 베푸는 것의 중요성을 일깨워 준다. 이 말은 하느님의 부성적인 속성인 정의와 심판보다 모성적인 속성인 사랑(자비)과 긍휼이 더 중요함을 말한다.

무자비한 사람은 무자비한 심판을 받습니다. 그러나 자비는 심판을 이깁니다.[87]

강희천은 기독교교육 현장에서 덜 강조되고 잊혀진 돌봄과 양육의 속성이 강조되는 모성적 하느님의 이미지에 대한 교육을 해나가야 함을 강조하였다.[88] 바로 이러한 하느님의 속성이 예수의 마음과 같

---

85) 호세아 11장 8-9절.
86) 요나서 3장 10절.
87) 야고보서 2장 13절.
88) 강희천, 『종교심리와 기독교교육』(서울: 대한기독교서회, 2000), pp.125-126 참조.

다. 예수는 불쌍히 여기는 마음으로 수많은 병자들의 병을 고쳐 주었다. 복음서에는 예수가 우는 사람과 함께 울고, 슬퍼하는 사람들과 함께하면서 그들의 신체적, 정신적, 종교적 병을 치료해 주고 구원하는 이야기들이 많다. 이중에서 이들의 시급한 아픔인 난치병을 치료한 몇 가지를 소개하면 다음과 같다.

예수께서 산에서 내려오시자 많은 군중이 뒤따랐다. 그때에 나병환자 하나가 예수께 와서 절하며 "주님, 주님은 하고자 하시면 저를 깨끗하게 하실 수 있습니다." 하고 간청하였다. 예수께서 그에게 손을 대시며 "그렇게 해주마. 깨끗하게 되어라." 하고 말씀하시자 대뜸 나병이 깨끗이 나았다. 예수께서는 그에게 "아무에게도 말하지 마라. 다만 사제에게 가서 네 몸을 보이고 모세가 정해 준 대로 예물을 드려 네 몸이 깨끗해진 것을 사람들에게 증명하여라." 하고 말씀하셨다.[89]

예수께서 배를 타시고 호수를 건너 자기 동네로 돌아오시자 사람들이 중풍병자 한 사람을 침상에 누인 채 예수께 데려왔다. 예수께서 그들의 믿음을 보시고 중풍병자에게 "안심하여라. 네가 죄를 용서받았다." 하고 말씀하셨다. 그러자 율법학자 몇 사람이 속으로 "이 사람이 하느님을 모독하는구나!" 하며 수군거렸다. 예수께서 그들의 생각을 알아채시고 "어찌하여 너희들은 악한 생각을 품고 있느냐? '네가 죄를 용서받았다' 하고 말하는 것과 '일어나서 걸어가라' 하고 말하는 것과 어느 편이 더 쉽겠느냐? 이제 사람의 아들이 땅에서 죄를 용서하는 권한이 있음을 보여주마." 하시고는 중풍병자에게 "일어나 네 침상을 들고 집으로 가라." 하고 명령하시자 그는 일어나서 집으로 돌아갔다. 이것을 보고 무리는 두려워하는 한편, 사람에게 이런 권한을 주신 하느님을 찬양하였다.[90]

예수께서 이 말씀을 하고 계실 때에 한 회당장이 와서 예수께 절하며 "제 딸이 방금 죽었습니다. 그렇지만 저의 집에 오셔서 그 아이

---

89) 마태오의 복음서 8장 1–4절.
90) 마태오의 복음서 9장 1–7절.

에게 손을 얹어주시면 살아날 것입니다." 하고 간청하였다. 예수께서 제자들과 함께 일어나 그를 따라가셨다. 마침 그때에 열두 해 동안이나 하혈 병을 앓던 어떤 여자가 뒤로 와서 예수의 옷자락에 손을 대었다. 예수의 옷에 손을 대기만 해도 나으리라고 생각하였던 것이다. 예수께서 돌아서서 그 여자를 보시고 "안심하여라, 네 믿음이 너를 낫게 하였다." 하고 말씀하시자 그 여자는 대뜸 병이 나았다. 예수께서 회당장의 집에 이르러 피리 부는 사람들과 곡하며 떠드는 무리를 보시고 "다들 물러가라. 그 아이는 죽은 것이 아니라 잠들어 있다." 하고 말씀하셨다. 그러나 사람들은 모두 코웃음만 쳤다. 그 사람들이 다 밖으로 나간 뒤에 예수께서 방에 들어가 소녀의 손을 잡으시자 그 아이는 곧 일어났다. 이 소문이 그 지방에 두루 퍼졌다.[91]

예수께서 그 곳을 떠나 길을 가시는데 소경 두 사람이 따라오면서 "다윗의 자손이여, 저희에게 자비를 베풀어주십시오." 하고 소리쳤다. 예수께서 집 안으로 들어가시자 그들은 거기까지 따라 들어왔다. 그래서 예수께서 "내가 너희의 소원을 이루어줄 수 있다고 믿느냐?" 하고 물으셨다. "예, 믿습니다, 주님." 하고 그들이 대답하자 예수께서는 그들의 눈을 만지시며 "너희가 믿는 대로 될 것이다." 하고 말씀하셨다. 그러자 그들의 눈이 뜨였다. 예수께서 그 일을 아무에게도 알리지 말라고 단단히 일러두셨지만 그들은 나가서 예수의 소문을 그 지방에 두루 퍼뜨렸다.[92]

그들이 나간 뒤에 사람들이 마귀 들린 벙어리 한 사람을 예수께 데려왔다. 예수께서 마귀를 쫓아내시자 벙어리는 곧 말을 하게 되었다. 군중은 놀라서 이스라엘에서는 처음 보는 일이라면서 웅성거렸다. 그러나 바리사이파 사람들은 "저 사람은 마귀 두목의 힘을 빌려 마귀를 쫓아낸다." 하고 말하였다.[93]

나병환자 하나가 예수께 와서 무릎을 꿇고 애원하며 "선생님은 하고자만 하시면 저를 깨끗이 고쳐주실 수 있습니다." 하고 말씀 드렸다. 예수께서 측은한 마음이 드시어 그에게 손을 갖다 대시며 "그렇게 해주겠다. 깨끗하게 되어라." 하시자 그는 곧 나병 증세가

---

91) 마태오의 복음서 9장 18-26절.
92) 마태오의 복음서 9장 26-31절.
93) 마태오의 복음서 9장 32-34절.

사라지면서 깨끗이 나았다. 예수께서 곧 그를 보내시면서 "아무에게도 말하지 말고 다만 사제에게 가서 네 몸을 보이고 모세가 명한 대로 예물을 드려 네가 깨끗해진 것을 그들에게 증명하여라." 하고 엄하게 이르셨다. 그러나 그는 물러가서 이 일을 널리 선전하며 퍼뜨렸기 때문에 그때부터 예수께서는 드러나게 동네로 들어가지 못하시고 동네에서 떨어진 외딴 곳에 머물러 계셨다. 그래도 사람들은 사방에서 예수께 모여들었다.[94]

그 뒤 예수께서는 띠로 지방을 떠나 시돈에 들르셨다가 데카폴리스 지방을 거쳐 갈릴래아 호수로 돌아오셨다. 그때에 사람들이 귀먹은 반벙어리를 예수께 데리고 와서 그에게 손을 얹어주시기를 청하였다. 예수께서는 그 사람을 군중 사이에서 따로 불러내어 손가락을 그의 귓속에 넣으셨다가 침을 발라 그의 혀에 대시고 하늘을 우러러 한숨을 내쉰 다음 "에파타" 하고 말씀하셨다. '열려라.' 라는 뜻이었다. 그러자 그는 귀가 열리고 혀가 풀려서 말을 제대로 하게 되었다. 예수께서는 이 일을 아무에게도 말하지 말라고 엄하게 이르셨으나 그럴수록 사람들은 더욱 더 널리 소문을 퍼뜨렸다. 사람들은 "귀머거리를 듣게 하시고 벙어리도 말을 하게 하시니 그분이 하시는 일은 놀랍기만 하구나." 하며 경탄하여 마지않았다.[95]

예수께서 어느 동네에 계실 때에 온몸이 나병으로 문드러진 사람 하나가 나타났다. 그는 예수를 보자 땅에 엎드려 간청하며 "주님, 주님께서는 하시고자 하시면 저를 깨끗이 고쳐주실 수 있으십니다." 하고 말씀드렸다. 예수께서 손을 내밀어 그에게 대시며 "그렇게 해주마. 깨끗하게 되어라." 하시자 곧 그의 나병이 깨끗이 나았다. 예수께서는 "아무에게도 이 일을 말하지 말고 다만 사제에게 가서 몸을 보이고 모세가 명한 대로 예물을 드려 네 몸이 깨끗해진 것을 사람들에게 증명하여라." 하고 이르셨다. 그러나 예수의 소문은 더욱 더 널리 퍼져서 예수의 말씀을 듣거나 병을 고치려고 사람들이 사방에서 떼 지어 왔다. 그러나 예수께서는 때때로 한적한 곳으로 물러가셔서 기도를 드리셨다.[96]

---

94) 마르코의 복음서 1장 40–45절.
95) 마르코의 복음서 7장 31–35절.
96) 루가의 복음서 5장 12–16절.

이렇듯 예수가 병자들을 고쳐 준 것을 보고 수많은 사람들이 그를 따랐다. 마침 유월절 명절이 가까울 때라 전국적으로 사람들이 몰려들었다. 그런데 몰려든 대부분의 사람들이 제대로 먹지를 못해서 허기진 상태였다. 예수는 이들을 측은히 여겨 어떻게 해서라도 배불리 먹이려고 했다. 그의 이러한 측은히 여기는 마음이 이 기적을 일으키는 출발점이다.

그는 제자 필립보에게 어디서 떡을 사서 이 사람들로 먹게 하겠느냐고 물었다. 필립은 이 많은 사람들에게 조금씩이라도 떡을 먹이는 것은 불가능하다고 말했다. 실제로 그 많은 떡을 살 만한 돈도 없을 뿐더러 살 데도 없었다. 그러므로 필립의 대답은 상식적이고 경험적이고 과학적이고 객관적인 것으로 틀린 말은 아니지만 예수가 원하는 대답이나 해결책은 아니었다. 그런데 예수로부터 질문을 받지 않았던 제자 중의 하나이며 시몬 베드로의 동생인 안드레아가 예수에게 의외의 대답을 하였다. 그는 혹시나 하는 마음에서인지 보리빵 다섯 개와 물고기 두 마리를 가지고 있는 한 아이를 예수에게 조심스럽게 데려 왔다.

> "여기 웬 아이가 보리빵 다섯 개와 작은 물고기 두 마리를 가지고 있습니다마는 이렇게 많은 사람에게 그것이 무슨 소용이 되겠습니까?" 하고 말하였다.[97]

한 어린이는 예수에게 보리빵 다섯 개와 물고기 두 마리를 아낌없이 내놓았다. 어린아이가 자신이 먹을 한 끼의 도시락을 내 놓은 것

---

97) 요한의 복음서 6장 9절.

이다. 어린 아이가 자기의 욕구를 참고 자기 것을 아낌없이 내놓는다는 것은 결코 쉬운 일이 아니다. 이 아이의 마음이 예수와 같았다. 어린이는 자기 것으로 자기 혼자 한 끼의 식사를 해결할 수 있었다. 그러나 어린이는 그럴 수 없었다. 전혀 모르는 사람들이었지만 자기와 같이 예수에게서 진리를 듣고 있는 수많은 사람들이 굶고 있는 상황에서 자기만 먹을 수 없었다. 이 어린이는 수많은 사람들의 배고픔이 다른 것이 아닌 자기의 아픔이 되어버린 것이었다. 그러기에 이 어린이는 안드레아에게 자신의 도시락을 먹지 않고 예수에게 내놓은 것이다. 이 어린이의 마음은 척박한 땅에서 수천 명에게 마이크도 스피커도 없이 오랜 시간 설교한 예수의 배고픔이 느껴졌다. 이처럼 이 어린이의 나눔이 없었다면 이 기적은 일어나지 않았을지 모른다. 사랑의 실천, 나눔의 기적은 다른 사람을 불쌍히 여기는 긍휼과 자비심으로 즉각적으로 내가 가진 것의 일부라도 내놓는 것에서 시작된다.

한국 교회가 마이너스 성장을 거듭하면서, 교회의 재정도 크게 줄어들었다. 대부분의 교회는 사회봉사비와 선교비를 크게 줄여 모자라는 예산을 메우고 있다. 또한 교회마다 신년예산을 편성하면서 고심하고 있다. 그럼에도 일부 교회는 교회당 건축을 비롯하여 기도원 및 수양관 매입, 주차장 매입 등 바벨탑 쌓기에 급급하고 있다. 교회의 십자가 탑이 하늘 높은 줄 모르고 치솟고 있는 만큼, 한국 교회의 경쟁력은 그만큼 약화되고 있다. 과거 가난한 사람의 교회였던 한국 교회는, 사회봉사는 정부에, 해외선교는 평신도에 맡기고 있다. 또한 전쟁과 기아로 고난당하는 세계 민족에 대해서는 제3의 구호단체에 맡기고 있다. 이것은 한국 교회가 세상을 향해 비추었던 빛의 역할을 상실하고 있다는 반증이다. 교회는 사회로부터 외면을 당하면서 마이

너스 성장은 물론 마이너스 재정에서 벗어나지 못하고 있다.

이웃 사랑의 중심적인 역할을 감당해 온 한국 교회는 매년 상당한 예산을 이웃 사랑 실천에 쏟아 붓고 있다. 그러면서도 한국 교회가 경쟁력을 갖지 못하는데는, 교회이기주의로 길들여져 가고 있는 것과 무관하지 않다. 대부분의 한국 교회는 봉사비 및 선교비의 예산을 교인들에게 집중적으로 매몰시켰다. 때문에 지역사회의 가난한 주민들로부터 외면을 당하고 있다. 한 마디로 주민들에게 필요한 교회, 주민들이 필요로 하는 교회가 되지를 못하고 있는 것이다. 해마다 한국 교회는 예산의 30% 이상을 선교비와 사회선교비로 책정하고 있다. 그러나 사회선교비와 해외선교비는 교회 내의 어려운 사람과 해외선교사의 생활비, 목회자의 목회비 및 판공비로 지출하는 경우가 대부분이다. 그마저도 재정 적자로 인해 결산과정에서 삭감되고 있다. 그것은 봉사비와 선교비 삭감이 어느 예산보다도 손쉽기 때문이다. 삭감된 만큼 해외에서 활동하고 있는 선교사와 가난한 사람들의 고통은 늘어나고 있다. 특히 교회의 목회자들이 자신의 명예를 위해서 교인들이 낸 하느님의 헌금을 호텔모임 등에 사용하면서도, 사회선교와 해외선교에 대해서 매우 인색하다는 지적이다. 기독교의 중심사상인 이웃 사랑 실천의 정신을 상실했기 때문이다.

한국 기독교 초기의 재정 대부분은 가난한 사람의 구제와 젊은이들의 교육, 질병으로 고난당하는 사람들에게 집중되어 있었다. 70~80년대 한국 교회가 크게 성장할 수 있었던 이유도, 선교 초기 선교사들이 이웃 사랑 실천을 통해 전도자원을 만들어내고, 교회와 사회를 이끌어갈 지도자들을 길러냈기 때문이다. 유독 지식인 교인들이 많았던 것도, 교육 사업에 투자하는 등 사회가 필요한 교회로서의 역할을 감당하며, 전도의 경쟁력을 높인 결과이다. 그러나 오늘날의 한국 교회는 사회를 버리고 있다.

한국 교회는 교회 간 바벨탑 쌓기에 경쟁을 벌이고 있다. 그에 따라 하늘 높은 줄 모르고 치솟는 십자가 탑은 바벨탑으로 상징되고 있다. 이런 가운데서 일부 목회자들은 교회의 재정을 사회로 환원하는 것에 대해서는 거부하면서, 정부가 위탁해서 운영하는 복지기관에 대해서 위탁경쟁을 벌이고 있다. 이것은 복지기관을 정부로부터 위탁받아, 목회자인 자신은 물론, 교인 몇 명이 취직 자리를 보장받기 위한 술책에서 나왔다. 과거 나라가 경제적으로 어려울 때 한국의 사회복지는 교회가 맡았다. 당시 설립된 사회복지 기관은 기독교 단체가 운영했다. 그것도 정부의 도움 없이 선교사들의 지원과 교회의 재정으로 운영됐다. 하지만 오늘 한국 교회의 목회자들은 정부가 위탁하는 복지시설을 위탁 받기 위해서 경쟁을 벌이고 있다. 이러한 경쟁은 소모적인 싸움이다. 정부가 위탁하는 대부분의 사회복지 시설은 천주교를 비롯하여 불교 등의 단체로 넘어가고 있다. 또한 목회자가 위탁받아 운영하는 많은 시설들이 시행착오를 일으켜 사회적인 문제로 대두되고 있다. 이러한 문제를 몇 가지로 정리하면 다음과 같다. 첫째, 한국교회의 사회복지가 시혜적인 차원에서 진행된다. 이러한 자세는 지나치게 주는 사람과 받는 사람의 관계로 나누게 되어 자칫 교회가 도덕적 우월감으로 변질 될 수 있고 받는 사람에게 도덕적인 열등감을 심어줄 우려가 있다. 그러므로 무조건 돕기만 하면 되는 것이 아니라 받는 사람과 주는 사람의 마음을 고려하난 지혜와 배려와 신중함이 필요하다. 둘째, 교회는 사회봉사와 복지를 전도의 수단으로 여긴다. 이에 따라 도움 받는 대상을 전도의 대상으로 여기고 인격적인 관계에 무관심하다. 셋째, 사회복지를 교세 확장의 방편이나 교회 홍보용 사업으로 진행한다. 이렇게 되니 사회복지를 수행하고도 사회적 신뢰를 얻지 못한다. 왜냐하면 이렇게 진행하는 사회복지는 진정성이 제대로 전해질 수가 없기 때문이다. 넷째, 사회복지 대상으로 자기 교회나 교인으로 제한한다. 다섯째, 고질적인 재정문제를 해결하려는 차원에서 진행한다. 실제로 교회에서 수행하는 수많은 지역아동센터, 선교원 등이 교회의 재정적인 문제를 해결하는 하나의 수단으로 진행되는 경우가 많다. 비교적 규모와 재정이 작은 교회는 담임목사의 급여를 해결하지 못하는 경우 정부 지원의 복지사업을 통해 이를 해결하려고 복지사업을 시작한다. 여섯째, 교회 사회복지 서업을 통해 자기 교회 교인들의 취업기회를 제공하거나 기독교인들의 취업기회를 제공한다. 실제로 교회에서 운영하는 사회복지 기관들의 경우 기관장은 담임목사나 해당 교회 장로 등이 맡고 직원들도 해당 교회 교인이다. 만약 해당 교회에 적합한 자격자가 없는 경우는 기독교인을 채용하면서 채용 조건으로 해당 교회에 출석하여 헌금할 것을 요구한다. 교회는 사회복지 기관을 설립하고 운영함으로써, 종사자들의 교회 충성도를 높이고 그 시설을 교회가 사용하고 헌금을 하게 한다. 이렇게 되니 일반 사회복지 분야에 비해 교회 시설들은 전문성과 운영 실적이 낮은 경우가 많다. 일곱째, 사회복지 운영을 교회 논리와 문화로 하면서 생기는 전문성의 결여와 갈등이다. 실제로 교회가 운영하는 사회복지 시설의 경우 사회복지 전문가보다는 교회 충성도에 따라 직위와 채용이 결정되다보니 사회복지 전문성이 중시되지 않는다. 그러다보니 교회 직제와 교회 논리와 교회 운영 형태대로 사회복지 시설을 운영하면서 여러 가지 문제를 야기하곤 한다. 여덟째, 교회

간 교단 간 경쟁으로 비슷한 사회복지 사업을 경쟁적으로 진행하면서 중복되는 경우도 많고 서로 다투기도 한다. 실제로 서울의 기차역의 노숙자 선교는 무려 18개 교회가 무료 급식을 하면서 서로 다투기도 한다.

이처럼 복지를 교회의 본질 회복으로서 섬김과 나눔으로 진행하지 못하다보니 비정상적인 절차와 방법을 동원하기도 한다. 그에 따라 복지시설에 대한 인사권 전횡 문제, 국고보조금의 전용 또는 횡령으로 인한 재정 문제, 복지시설의 낮은 인권의식에 따른 인권문제, 사회복지시설의 파행적인 세습 문제와 비민주적인 운영 문제 등이 나타나다보니 사회복지 현장에서 교회에 대한 원성이 하나 둘이 아니다.

한국 교회는 사회복지가 교회 성장의 대안이 아니라 교회의 본질을 회복하는 차원에서 접근해야한다. 교회의 본질인 나눔과 섬김의 일에 대해서 초기 기독교회는 주위에 있는 수천 명의 가난한 사람들을 돌보았다. A.D 125년경 기독교 철학자 아리스티네스(Aristides)의 말이다. 그들은 매우 겸손하고 친절하게 처신한다. 그들 가운데서는 거짓이라고는 발견할 수 없다. 그들은 서로 사랑한다. 그들은 가난한 과부들을 무시하지 않으며, 고아들을 슬픔에 젖게 하지 않는다. 가진 사람은 누구나 할 것 없이 가지지 못한 사람에게 기꺼이 나누어준다. 떠돌이나 낯선 여행자를 보면 자기 집으로 맞이하여 한 가족처럼 대우한다. 왜냐하면 그들은 육체를 따라 태어난 형제는 아니지만 하느님 안에서 성령으로 태어난 한 가족이라고 부르기 때문이다. 또한 가난한 사람이 죽게 되면, 능력의 한도 내에서 그의 장례를 부담한다.[98]

---

98) 박영호,『기독교사회복지』(서울: 기독교문서선교회, 2001), pp.443-444쪽 참조.

초기 교회 역사의 기록을 보면, A.D 250년경의 로마 황제 데시우스 (Decius) 시대의 박해 때에 로마 교회들은 1,500명 이상의 과부들과 가난한 사람들을 구제한 바 있는데, 이들은 모두 예수를 믿고 그 은혜와 사랑에 감격하며 먹고 살아가는 사람들이었다. 이 무렵 안티옥 교회는 3,000명이 넘는 고아와 과부들을 도왔다. 그래서 로마 황제 줄리안(Julian the Apostate, 332-363)은 앙카라(Ankara)의 대제사장에게 다음과 같은 글을 써 보내기도 하였다. "이들 그리스도인들은 특별하게 구호사역으로 이방인들에게 세력을 확장하였다. 죽은 사람들의 장례를 도와주는데, 이 갈릴리 출신 무신론자들(기독교 공동체를 의미)은 그들 자신의 가난한 사람들을 먹였을 뿐 아니라, 우리 로마의 이방인들까지도 먹였다."[99]

고린토 지역 교회의 감독 디오니시우스도 다음과 같이 말했다. "당시 이교도들을 그들 가운데 질병의 징조를 보이는 사람들을 내 쫓았을 뿐만 아니라 가장 가깝고 친근한 사람들도 도망하였다. 아직 채 숨이 끊어지지 않은 병자들을 시내로 내 쫓았으며, 시체를 묻지도 않은 채 유기(遺棄)하였다. 반면에 기독교인들은 병자들을 간호하다가 병균이 옮아 죽기까지 하면서도 그들을 돌보았다."[100]

이렇게 초기 기독교 교회가 사회복지에 앞장선 것은 예배와 복지(봉사)가 서로 밀접한 관계를 형성하고 있었기 때문이었다. 사도직에 의한 말씀선포와 집사직에 의한 구제활동이 교회 사역의 본질적인 영역이었다.

---

99) Ibid., p.440.
100) Ibid., p.441.

이 무렵 신도들의 수효가 점점 늘어나게 되자 그리스 말을 쓰는 유다인들이 본토 유다인들에게 불평을 터뜨리게 되었다. 그것은 그들의 과부들이 그날그날의 식량을 배급받을 때마다 푸대접을 받았기 때문이었다. 그래서 열두 사도가 신도들을 모두 불러놓고 이렇게 말하였다. "우리가 하느님의 말씀을 전하는 일은 제쳐놓고 식량 배급에만 골몰하는 것은 옳지 못합니다. 그러니 형제 여러분, 여러분 가운데서 신망이 두텁고 성령과 지혜가 충만한 사람 일곱을 뽑아내시오. 이 일은 그들에게 맡기고 우리는 오직 기도와 전도하는 일에만 힘쓰겠습니다." 모든 신도들은 이 말에 찬동하여 믿음과 성령이 충만한 사람 스테파노와 필립보와 브로코로와 니가노르와 디몬과 바르메나와 또 안티오키아 출신으로 유다교로 개종한 니골라오를 뽑아 사도들 앞에 내세웠다. 사도들은 기도하고 그들에게 안수하였다. 하느님의 말씀이 널리 퍼지고 예루살렘에서는 신도들의 수효가 부쩍 늘어났으며 수많은 사제들도 예수를 믿게 되었다.[101)]

말씀선포와 선포된 말씀의 실천인 구제와 봉사는 교회 공동체 내에서 분리될 수 없는 필수적인 구성 요소였다. 초기 기독교회의 사회복지는 교회의 직능상의 한 요소만이 아니라 정규예배의 한 요소였다.

이제 한국 교회의 본질 회복을 위한 작업과 함께 지금까지 복지의 접근이 자기 교회 중심적이고 잔여적이고 시혜적인 방법에서 진일보해야한다. 이미 일반사회복지는 주는 자보다는 받는 자를 존중하는 시민권과 기본권이라는 사고로 복지적 방향이 바뀌고 있다. 그러므로 한국 교회의 역할은 사회적 양극화에 대처하는 대안 공동체의 역할을 감당해야한다. 이를 위해서는 세 가지의 과제를 수행해나가야 한다. 첫째, 국가의 복지를 강화하는 방향에서 함께 동참하고 이를 잘하도록 감시하는 비판적 자세를 견지해야한다. 둘째, 국가가 복지를 주도적으로 실천함에도 생길 수밖에 없는 복지 사각지대의 문제에 교

---

101) 사도행전 6장 1-7절.

회가 적극적으로 개입하여 보완해야한다. 셋째, 교회도 민간 복지 자원의 일부로서 교회의 재정 중 일부분을 한국 사회의 공적 책임을 지는 주체의 역할을 감당해야한다. 이제 한국 교회도 순수하게 실질적으로 사회복지를 위해서 과감한 투자가 절실하다. 교인들이 십일조를 교회에 내듯, 교회의 십일조를 사회에 내놓는 모습을 상상해 본다.

본회퍼는 그의 『옥중서신』에서 "교회는 오직 다른 사람을 위한 존재일 때만 교회"라고 강조하였다. 지금까지 한국 교회는 '안을 위한 운동'에 매진하여 온 결과 교인 수와 재정 규모에서 급성장을 해 왔다. 또한 교회 예산의 대부분을 교회 안의 필요를 채우는 데 사용하였고 더 크고 더 높게 교회당을 세우는 데 열심을 내었다.

이제 한국 교회는 예수 그리스도가 철저히 다른 사람을 위한 존재로 살았던 것처럼 예수를 따르는 교회는 자기 유지와 자기 만족이 아니라 다른 사람들의 현실을 인식하고 그들의 절박한 필요를 구체적으로 채워 주는 '다른 사람을 위한 교회'가 되어야 한다. 이것이 교회의 '밖을 향한 운동'이다. 즉 사회를 향한 섬김과 실천이다. 이는 교회의 사명이나 기능이 아니라 교회의 본질이요, 존재 이유이다.[102] 한국 교회는 민족과 사회를 섬기는 교회가 되어야 한다. 한국 교회는 교회 자체를 위하여 존재하는 것이 아니라 이 세상을 위하여 존재한다. 이 세상에 빛이 됨으로써만 교회는 그 존재가치를 실현하는 것이다. 교회는 이 세상에서 시시각각으로 다가오는 하느님의 나라의 증언자로서 부름을 받았고 세움을 받은 것이다.[103] 150년경 순교자 저스

---

102) 강성영. op. cit., pp.176–177 참조.

103) 김영한. "민족과 사회의 시대적 과제를 짊어지는 교회", (미간행자료집, 제 18회 기독교학술원 월례발표 회자료집, 2012년 1월 6일), p.4.

틴은 『변증서』에서 교회의 헌금의 목적을 이렇게 말했다.

> 주일헌금의 목적 자체가 구제를 위한 것이라고 명시하였다. 교회
> 재정은 고아, 과부, 그리고 병이나 혹 다른 이유로 인해 가난한 사
> 람, 감옥에 갇힌 사람, 떠돌아다니는 사람 등 한 마디로 주리고 헐
> 벗은 사람을 돌보기 위해 관리되어어 하고 돌봐야 한다.104)

터툴리안은 『변증서』에서 교회의 헌금에 대해 말했다.

> 교인들은 헌금을 바치되 강요로 안 되며, 교인들은 약소한 선에서
> 자발적으로 헌물을 바치되 그 목적은 오직 가난한 사람들을 먹이
> 고 돌보는 데 사용되어야 하며, 돈도 없고 부모도 없는 소년 소녀
> 들을 위하여, 늙은 노예나 배가 파손된 사람을 위해, 그리고 믿음
> 으로 인해 핍박받고 구속된 사람들과 그들의 가족을 위해 사용되
> 어져야 한다.105)

이처럼 3세기 초까지의 초기 기독교역사에서 교부들의 글에서는
헌금을 강요하거나 부담되는 액수를 내는 경우는 없었다. 더욱이 헌
금의 목적을 가난한 사람들과 사회적 약자들을 돌보기 위해 서로의
재물을 나누는 것으로 오늘날처럼 교회의 재산을 축적하거나 화려하
고 큰 교회당을 건축하기 위해 사용되지 않았다. 아우구스티누스는
교회에 재물을 기부하는 것을 거절하였다. 그는 교회에 기부하지 말
고 가난한 사람들에게 나누어 주라고 권유하였다. 그러면서 교인의
의무는 십일조를 내는 것으로 충분하다고 가르쳤다. 바실은 스스로

---

104) Justine Martyr, *Apology I*, p.67,pp.3-6을 채승희, "'그리스도인, 세상의 소금과 빛' - 교회사적 접근", 대
한예수교장로회총회교육자원부 편, 『그리스도인, 세상의 소금과 빛』(서울: 한국장로교출판사, 2011),
p.170에서 재인용.
105) Tertullian, *Apology*, 39, pp.5-6을 채승희, "'그리스도인, 세상의 소금과 빛' - 교회사적 접근",『그리스도
인, 세상의 소금과 빛』, p.170에서 재인용.

가난한 사람들을 위해 사용할 목적으로만 헌물을 받았다.106)

　최근 슐러가 설립한 수정교회가 파산신청을 한 사건이 보도되었다. 이 사건은 오늘날 우리나라의 대형교회들에게 경종을 울리는 사건이다.

　　수정교회는 '부자 교회'로 유명했다. 오렌지카운티의 성공한 백인들이 주된 신자층이었다. 교회 충성도가 높았으며 헌금도 많이 냈다. 슐러 목사는 노만 빈센트 필 박사 등의 계보를 잇는 긍정과 적극적 사고의 신봉자였다. 그의 '긍정의 신학'에 백인 중산층들이 호응했다. 자신들의 부와 번영을 신학적으로 지지해 줬기 때문이다. 지금은 새들백교회, 레이크우드교회, 윌로크릭교회 등이 유명하지만 수정교회야말로 미국 대형교회의 효시라고 할 수 있다. 수정교회의 각종 프로그램은 방송사의 버라이어티쇼에 필적한다. 특히 부활절과 성탄절의 공연은 라스베이거스의 공연에 못지않다. 실제로 수정교회의 성탄절 공연인 '크리스마스의 영광'을 한 번 관람했었다. 예배당 안에서 '천사'로 분한 수많은 사람들이 와이어를 타고 날아다녔다. 장엄한 오케스트라에 화려한 조명 등은 관람객의 찬사가 절로 나오게 만들었다. 엄청난 돈이 들었음은 물론이다. 이런 수정교회가 최근 남캘리포니아 법원에 파산 보호를 신청했다. 교회는 이미 200만 달러(약 23억) 이상의 채무 불이행으로 3개의 민사소송 건에 휘말려 있는 상태다. 슐러 목사의 딸로 교회를 담임하고 있는 세일라 슐러 콜밴 목사는 파산 보호 신청에도 교회 사역은 지속될 것이라고 강조하고 있다. 그럼에도 수정교회의 화려한 명성은 이제 희미한 그림자가 되고 있는 느낌을 지울 수 없다.
　　수정교회가 이렇게 파산신청까지 하게 된 데에는 여러 가지 이유가 있다. 슐러 목사의 은퇴 이후 아들인 로버트 A. 슐러 목사에 이어 딸이 후계자로 바뀌는 등 절대적 권위를 지닌 담임 목사 이후기의 혼란도 한 원인이다. 또한 교회 운영을 방만하게 해 왔다는 점도 큰 원인 가운데 하나다. '크리스마스의 영광'과 같은 대형 공연도 좋다. 유리로 만든 교회당도 좋다. 그러나 그런 것들은 교회 본질과는 상관이 없는 '교회 일'이다. 본질적인 '주의 일'을 하기 위해서 반드시 필수불가결한 것은 아니다. 교회는 금융위기 훨씬 이전부터 좀 더 허리띠를 졸라매며 불요불급한 지출을 하지 말았

---

106) 채승희, "'그리스도인, 세상의 소금과 빛'-교회사적 접근", p.175.

어야 했다.

또한 한때 미국을 풍미했던 긍정의 신학, 적극적 사고방식이 더이상 효력을 발휘하지 않고 있다는 점도 수정교회의 쇠락의 원인이다. 미국의 교회에도 신자들의 세대교체가 이뤄지고 있다. 슐러 목사와 수정교회에 환호하던 세대는 사라지면서 아예 교회에 무관심하거나 보다 본질을 추구하는 양 극단의 사람들이 교회 주변에 포진하고 있다. 교회에 무관심한 사람들, 가령 '종교적이지 않지만 영적인(Not Religious, But Spiritual)' 사람들은 교회 자체를 멀리하고 있다. 교회에 가더라도 본질을 추구하는 신자들은 수정교회와 같은 긍정적 사고, 다소는 심리학적이면서 경영학적 요소가 가미된 교회를 외면한다. 그러다보니 수정교회와 같은 교회의 존재 기반은 약화될 수밖에 없다.[107]

송나라 농부의 우화인 수주대토(守株待兎)[108]는 어제 일어났던 일이 오늘도 또 일어나리라고 기대하는 어리석음을 풍자하고 있다. 변화하는 현실을 낡은 인식 틀로써 이해하려고 하는 것이며, 대응 방식도 미래지향적이지 못하고 과거 회귀적이라는 것이다. 시대를 보는 눈이 없다.[109] 『여씨춘추』(呂氏春秋)[110] 「찰금편」(察今篇)에 나오는 말로 각주구검(刻舟求劍)이라는 말이 있다. 전국시대(戰國時代)에 초(楚)나라의 한 젊은이가 양자강(揚子江)을 건너기 위해 배를 탔다. 배가 강

---

107) 이 글은 이태형의 글을 요약 정리한 것이다. "이태형 칼럼 – 교회 파산의 시대", 〈국민일보〉(2010년 10월 22일).

108) 한 가지 일에만 얽매여 발전을 모르는 어리석음을 비유적으로 이르는 말. 중국 송나라의 한 농부가 나무 그루터기에 달려와 부딪쳐 죽은 토끼를 우연히 잡은 후에, 또 그와 같이 토끼를 잡을 것을 기대하여 일도 하지 않고 나무 그루터기만 지키고 있었다는 데서 유래한다. 출처는 『한비자』(韓非子) 「오두편」(五蠹篇)에 나오는 고사이다.

109) 신영복, 『강의』, p.432.

110) 중국 진(秦)나라 때의 사론서(史論書). 진나라의 정치가 여불위(呂不韋)가 빈객(賓客) 3,000명을 모아서 편찬하였다. 팔람(八覽), 육론(六論), 십이기(十二紀)로 분류하여, 유가(儒家), 도가(道家)를 주로 하고 병가(兵家), 농가(農家), 형명가(刑名家)의 설(說)과 춘추 전국 시대의 시사(時事) 등을 논술하였다. 모두 26권이다. 여불위는 『여씨춘추』를 통해 자칫 관념적일 수도 있는 제자백가의 언어를 제국을 운영하기 위한 현실적 이론으로 재해석하였다. 이 책은 훈고학의 모델을 수립함으로써 이후 시대정신이 정치에 반영될 수 있는 길을 열어 주었다. 그렇기 때문에 중국의 역대 지도자들은 전략적으로 이 책이 제시한 길을 걸어왔다. 김근, 『여씨춘추』(서울: 살림, 2005) 참조.

한복판에 이르렀을 때 그만 실수하여 손에 들고 있던 칼을 강물에 떨어뜨리고 말았다.

'아뿔싸, 이를 어쩐다?'

젊은이는 허둥지둥 허리춤에서 단검을 빼 들고 칼을 떨어뜨린 그 뱃전에다 표시를 했다.

"이곳은 내 칼이 떨어진 곳이다."

이윽고 배가 나루터에 닿자 그는 곧 옷을 벗어 던지고 표시를 한 뱃전 밑의 강물 속으로 뛰어들었다. 그러나 칼이 그 밑에 있을 리가 없었다. 배는 이미 갔으나 칼은 가지 아니하니, 칼을 찾기를 이같이 하면 또한 미혹하지(사리에 어둡지) 않겠는가?

옛 방식으로 살아가는 것은 이와 같다. 때가 바뀌었는데, 그 방식을 고치지 않으니 이런 방법으로 살아가면 어찌 어렵지 않겠는가? 한국 교회는 수정교회의 파산 신청을 반면교사(反面敎師)[111]으로 삼고 환골탈태(換骨奪胎)하는 모습으로 새롭게 거듭나야 한다.

---

111) 타산지석이라는 말은 남의 산에 있는 돌이라도 나의 옥을 다듬는 데에 소용이 된다는 뜻으로, 다른 사람의 하찮은 언행 또는 허물과 실패까지도 자신을 수양하는 데 도움이 된다는 말이다. 이 말은 나와 직접 관계가 없어 보이는 모든 일들도 나의 인격을 도야하는 데 도움이 된다는 뜻이다. 타산지석은 객관적인 어떤 일들을 막연하게 가리키고 있는데 비해 반면교사는 좀 더 구체적으로 사실을 표현하고 있다. 이를테면 지하철 방화사건 같은 보도를 보면서 '나는 결코 사회의 안녕과 질서를 파괴하는 저런 짓을 하지 말아야 겠다'하고 다짐하면 그게 반면교사다. 즉 '남의 나쁜 짓을 보고 반대로 그런 짓을 하지 말아야 겠다'하고 여기는 것이 반면교사이고, 타산지석은 어떤 일을 대하던 그것을 참고하여 내 인격수양에 도움을 얻는다는 뜻이다. 그러므로 이런 경우 반면교사라는 말이 맞다. 반면교사라는 말은 중국에서 만들어진 말로, 중국식 풀이를 그대로 옮기면 "혁명에 위협이 되기는 하지만 반면(反面)으로 사람들에게 교훈이 되는 계급, 집단, 개인"을 말한다. 최근에 편찬된 일부 국어사전에만 표제어로 올라 있는데, "다른 사람의 잘못은 뒤집어 보면 나의 스승이 된다는 말"로 적고 있어 중국의 원뜻을 의역했다. 아마도 중국 공산주의의 시조인 모택동의 말이라서 그런 것 같다. 80년대 일부 언론이 쓰기 시작한 이래 최근 들어 사용빈도가 점점 늘어가는 말이다. 모택동(毛澤東)어록에 용례가 있는 것으로 보아 아마도 문화혁명 당시 만들어진 말인 것 같다. 모택동 어록의 내용은 다음과 같다. 가장 심한 범죄를 저지른 자 이외에는, 소수의 나쁜 사람들을 체포하거나 가두거나 제명하지 말고 단위(單位)에 넘겨 그의 모든 정치적 세력을 박탈하고 고립시켜 반면교사로 삼아야 한다. 반면교사라는 말은 다른 사람이나 사물의 부정적인 측면에서 가르침을 얻는다는 뜻이다.

> 그러므로 우리는 이제부터 아무도 세속적인 표준으로 판단하지는
> 않을 것입니다. 전에는 우리가 세속적인 표준으로 그리스도를 이해
> 하였지만 이제는 그렇게 하지 않습니다.[112]

　바오로가 자신을 포함해서 세속적인 기준으로 사람들을 평가하지
않겠다는 이유는 그리스도를 믿고 따르는 사람들은 이전과 다른 삶
이기 때문이다. 그래서 바오로는 이어서 이렇게 말했다.

> 누구든지 그리스도를 믿으면 새 사람이 됩니다. 낡은 것은 사라지
> 고 새 것이 나타났습니다.[113]

　그리스도를 믿으면 가치관과 세계관이 변해야 한다. 이전의 세속
적인 가치관을 버리고 새로운 사람이 되어야 한다. 그런데 이것이 쉽
게 되는 것이 아니다. 그는 갈라디아교회가 그리스도의 형상이 이루
기까지 해산하는 고통을 감내하겠다고 말했다.

> 나의 자녀인 여러분, 여러분 속에 그리스도가 형성될 때까지 나는
> 또다시 해산의 고통을 겪어야겠습니다.[114]

　해산의 고통은 너무나 큰 값을 지불해야 하는 것이다. 여자가 한
생명을 얻기 위해서는 10개월의 수고를 하고, 해산할 때는 엄청난 고
통을 지불해야 생명을 얻는다. 지금 한국 교회가 해산하는 고통의 값
을 지불해야 할 때이다. 한국 교회 위상이 추락하고 있다. 예수는 우
리에게 그의 증인이 될 것을 명령하였다. 그러나 세상은 교회의 소리

---

112) 고린토인들에게 보낸 둘째 편지 5장 16절.
113) 고린토인들에게 보낸 둘째 편지 5장 17절.
114) 갈라디아인들에게 보낸 편지 4장 19절.

에 귀를 기울이지 않고 있다. 일부 대형 교회가 옳지 않은 방법으로 세습하고, 물질적인 세속화, 도덕 불감증, 잘못된 전도방법, 본이 되지 못하는 삶이 추락의 원인이다.

경영학을 비롯해 여러 분야에서 쓰이고 있는 '기회의 창(Window of Opportunity)'이라는 말이 있다. 이 말은 온 몸의 신진대사와 관련된 용어이다. 유산소운동이나 중량운동을 강하게 하면 신체 에너지가 고갈된다. 이때 간의 글리코겐 수치와 혈당이 떨어지고 인슐린이 민감해져 몸은 영양을 잘 받아들일 수 있도록 영양흡수 극대화 상태가 되는데 이를 기회의 창이라고 한다. 창이 열리면 가능한 한 빨리 보충해 줘야 할 영양이 탄수화물이다. 탄수화물 중에서도 흡수가 빠른 포도 주스와 같은 단당류 탄수화물이 가장 먼저 요구된다. 탄수화물 보충 이후에는 단백질을 섭취해 줘야 근육이 합성된다. 근육이 커지는 것은 트레이닝의 과부하를 통해 근섬유가 비대해지는 것을 말하는데, 몸의 골격근을 형성하는 단백질을 섭취함으로써 근육을 늘릴 수 있다. 그러나 기회의 창 타이밍에 영양을 공급해 주지 않으면 근육 속에 저장돼 있던 단백질이 에너지원으로 사용됨으로써 근육의 손실로 이어지게 된다.

이러한 신진대사 이론대로라면 기회의 창은 그렇게 오래 열리는 것이 아니다. 운동 후 영양을 보충해줘야 할 타이밍은 30분 이내가 최적이고 길어야 2시간이다. 그때를 놓치면 오히려 큰 손실이 일어난다. 기회의 창이 아무 때나 열리는 것도 아니다. 격한 운동으로 에너지가 고갈됐을 때 호르몬의 작용으로 열리는 것이다. 기회는 고통스런 순간에 찾아온다. 이를 잘 활용하면 극적인 효과가 나타난다. 그러나 이를 제때에 활용하지 못하면 돌이킬 수 없는 오점을 남기게 된다.

솔개는 새 중의 새로 사람처럼 70년을 살 수 있다고 한다. 솔개가 40살이 되면 부리는 구부러져서 목을 파고 들어오고, 날카로운 발톱은 무디어져서 안쪽으로 굽어지고, 날개는 무거워서 날지 못한다고 한다. 이 때 솔개는 30년을 더 살기 위해 150일 동안 둥지에서 먹지 않고 환골탈태 과정을 겪든지 피폐한 모습으로 죽든지 결정해야 한다. 솔개는 40년 동안 사용하여 무딘 부리를 바위에 계속 부딪쳐서 새로운 부리를 나오게 한다. 그 부리로 무디어진 발톱을 뽑아내고, 새로 나온 부리와 발톱으로 오래된 털을 다 뽑아 가벼운 새 털이 나올 때까지 기다린다. 날개에 새 힘이 생길 때까지 기다렸다가 하늘로 기류를 타고 올라가며, 30년의 생명을 연장한다. 한국 교회가 환골탈퇴를 위해 대가를 지불하여 세상에 신뢰를 받아야 한다. 김두식은 한국 교회의 잘못된 가치관을 냉철하게 비판하면서 기독교의 정체성, 즉 박해받는 기독교의 모습을 강조하였다.

> 교회는 그 태동부터 제국으로부터 박해를 받았죠. 그런데 오늘날 미국과 교회 사이에는 아무런 충돌이 없습니다. 미국으로 대표되는 오늘날의 제국이 좋아져서일까요, 교회가 타락해서일까요? 폭력으로 유지되는 제국의 속성이 바뀌었을 리는 없습니다. 교회가 타락한 것입니다. 그렇다면 로마제국으로부터 박해를 받았던 기독교 초기 교회의 모습을 회복한다면, 기독교인이 그때의 정신으로 돌아간다면, 언제든지 기독교인은 박해를 받을 수밖에 없는 운명입니다. 지금 당장이라도 지하로 쫓겨 박해를 받게 될 수 있는 기독교인의 모습, 그것이야말로 저의 기독교인으로서의 정체성입니다. 당연히 이런 모습은 소수자일 수밖에 없고요.[115]

본회퍼는 '교회가 세상을 향해 그리스도의 주권을 선포할 수 있는

---

115) 장하준 외, 『불량사회와 그 적들』(서울: 알렙, 2011), p.122.

가?'를 물으면서 교회가 예수 그리스도를 철저히 따라야 함을 강조하였다. 교회는 세상으로부터 철저한 결별이 악한 시대 속에서 교회가 취해야 할 우선적인 과제이다. 교회는 마치 낯선 땅을 달리는 봉인된 열차와 안과 밖을 역청으로 바른 노아의 방주처럼 교회와 세상의 철저한 분리를 통해 거룩함을 보존해야 한다.116) 예수는 부자가 하느님 나라에 들어가기가 어려움을 일깨워 주었다.

> 예수께서는 제자들에게 이렇게 말씀하셨다. "나는 분명히 말한다. 부자는 하늘나라에 들어가기가 어렵다. 거듭 말하지만 부자가 하느님 나라에 들어가는 것보다는 낙타가 바늘귀로 빠져 나가는 것이 더 쉬울 것이다."117)

이는 부자를 지향하는 것이 우리 삶에 결코 바람직하지 않음을 의미한다. 그러니 한국 교회는 세상 논리에 대한 집착을 버려야 한다. 소유에 물든 이들을 향한 예수의 말이다.

> 예수께서는 "네가 완전한 사람이 되려거든 가서 너의 재산을 다 팔아 가난한 사람들에게 나누어주어라. 그러면 하늘에서 보화를 얻게 될 것이다. 그러니 내가 시키는 대로 하고 나서 나를 따라오너라" 하셨다.118)

교회는 이 시대의 자본주의의 표상이 될 만큼 부유해졌다. 이건 더 이상 '예수의 교회'가 아니다. 그러니 교회는 다시 가난해져야 한다. 그러기 위해서는 한국 교회는 버려야 한다. 돈독, 사람독이 오르면 한

---

116) 강성영, op. cit., pp.228-229 참조.
117) 마태오의 복음서 19장 23-24절.
118) 마태오의 복음서 19장 21절.

국 교회는 더 이상 세상의 소금과 빛의 기능을 할 수가 없고 오히려 해악을 자행하는 괴물이 된다. 세상 모든 문제는 근원적 욕심, 즉 탐심에서 비롯되는데 교회가 탐심을 갖는다면, 그리고 그것을 영광스러운 것으로 믿게 한다면, 우리 사회가 얼마나 비극적이겠는가?[119] 편안함, 이것은 경계해야 할 대상이다. 편안함은 흐르지 않는 강물이다. 불편함은 흐르는 강물이다. 흐르는 강물은 수많은 소리와 풍경을 그속에 담고 있는 추억의 물이며 어딘가를 희망하는 잠들지 않는 물이다. 예수가 살던 이스라엘에는 두 곳의 대비되는 강이랄까, 호수가 있다. 성서에는 이를 바다로 지칭하기도 한다. 하나는 갈릴리이고 다른 하나는 사해이다. 갈릴리는 바다라기보다는 호수이다. 북쪽 헬몬 산에서 흘러 내려온 물이 모여 호수를 이루었다. 갈릴리는 예루살렘에서 북쪽으로 약 150km 지점에 있다. 갈릴리 호수의 해수면은 지중해보다 212m 낮다. 갈릴리 호수를 바다라고 부르는 것은 그 크기가 장대하기 때문이다. 남북 방향의 길이가 21km, 동서 방향의 너비가 13km에 달하며 하프 모양을 지니고 있다. 평균 수심은 44m 정도이고, 주변의 험준한 산과 호수면의 표고 차이가 500m 가량 되기에 그 지형구조 탓에 낮에는 호수에서 산 쪽으로 부는 바람이, 밤에는 산 쪽에서 호수로 불어오는 산바람이 세찬 돌풍을 만들어내고 있다. 이 갈릴리 호수의 물이 요단강으로 흘러 내려가 남쪽으로 흘러가면서 사해에 도달하게 된다. 그래서 요단강의 길이가 대략 220km에 이른다. 사해도 바다라고 불리기는 적당하지 않다. 물고기 한 마리 살지 못하는 곳인 까닭이다.

---

119) 이종록, "예언서에 나타난 '그리스도인, 세상의 소금과 빛'", 『그리스도인, 세상의 소금과 빛』, pp.100-101 참조.

사해는 남북으로 그 길이가 약 75km, 동서로 폭이 약 18km에 이른다. 이스라엘 쪽에는 요르단 산맥이 손에 잡힐 듯 보이고, 요르단 쪽에서는 이스라엘 땅이 훤히 눈에 들어온다. 사해는 지구상에서 가장 낮은 곳에 위치해 있다. 요단 강물이 흘러 들어오기만 하고 흘러 나가지 않기에 갇힌 바다이다. 그 수면 높이가 지중해 수면보다 약 400m 아래에 있다. 갈릴리 호수나 사해나 푸르기는 마찬가지다. 구름 한 점 없이 맑고 화창한 하늘 아래에 펼쳐진 푸른색 바닷물의 모습은 그야말로 장관(壯觀)이다. 하늘과 바다와 땅 색깔이 자아내는 기묘한 조화는 말로 다 표현하기 어렵다. 갈릴리는 북쪽에서 내려온 물을 받아 두었다가 남쪽으로 내려보낸다. 사해는 북쪽으로부터 내려온 물을 받아만 들이고 밖으로 내보내지 않는다. 갈릴리와 사해의 차이가 여기에 있다. 한 쪽은 살아 있고, 다른 한 쪽은 그렇지 못한 이유가 여기에 있다.

갈릴리 바다는 살아 있다. 물고기는 말할 것도 없고 수많은 갈매기들이 배타고 다니는 사람들 주위에 몰려든다. 사해는 죽은 바다다. 그곳에는 갈매기 한 마리 날아다니지 않는다. 복은 소유의 대상이 아니라 나눔의 대상이다. 하늘로부터 내려온 복을 이웃에게 나눌 때 제대로 빛을 발할 수 있다. 받기만 한다면, 그리고 받은 대로 저장해 놓기만 한다면, 거기에는 생명력이 없다. 받는 복에서 주는 복으로 나아가야 한다. 하늘로부터 내리는 축복의 위문은 열어 놓았는데, 세상으로 향하는 아래 문을 닫아 놓았다면 어떻게 되겠는가?

일본의 후나이 유키오의 『100마리째 원숭이』라는 책이 있다. 여기서 나온 말이 100마리째 원숭이 현상(The Hundredth Monky Phenomenon)이다. 1950년 일본의 미야자키 현 고지마라는 무인도에 원숭이들이 살고 있었는데, 주로 고구마를 먹고 살았다. 원숭이들은 고구마를 뽑아 흙을 손으로 털어내고 먹었는데, 어느 날 한 살 반짜리 젊은 원숭이 한 마리가 강물에 고구마를 씻어먹기 시작했다는 것이다. 그러자 다른 원숭이들이 하나둘 흉내 내기 시작했고, 이 고구마를 씻어먹는 행위가 새로운 행동양식으로 정착되었다. 그런데 놀라운 일은 고지마 섬 이외 지역의 원숭이들 사이에서도 똑같은 행위가 동시다발적으로 나타났다는 것이다. 서로 접촉도, 의사소통도 할 수 없는 상황에서 마치 신호를 보내기라도 한 것처럼 정보가 흘러가더라는 것이다.

이것은 원숭이만이 아니다. 연구결과에 따르면, 어느 종족에 도움이 되는 어떤 발전이 일어나면, 이것이 그 무리 전체에 퍼지는데, 그 퍼진 수가 100이 되면, 거리나 공간에 관계없이 전 종족에게 퍼진다. 오늘 우리에게는 100번째 원숭이가 될 교회가 필요하다. 하나둘 진정성을 위해 몸부림치는 교회들이 늘어 가면 언젠가는 교회가 교회다운 모습으로 다시금 자리매김할 것이다. 이런 교회들을 우리 사회는 갈망하고 있다.

최근 <동아일보>는 매주 한 교회를 선정하여 칭찬하고 이 시대의 교회들이 걸어가야 할 모델로 제시하였다. 2011년 7월 22일부터 '다시 빛과 소금으로'라는 제목으로 일주일에 한 교회씩 모범적인 교회를 선정하여 기사화하고 있다. 여기서 소개된 교회들을 일일이 다 소개하기는 어렵고 첫 번째로 소개된 교회의 사례이다.

전주안디옥교회의 본당은 우중충한 색깔의 볼품없는 퀸셋 건물이었다. 건물 위의 십자가와 '한국기독교장로회 전주안디옥교회'라는 간판을 빼면 영락없이 이재민수용소를 연상시킨다. 담장도 없이 길 쪽으로 난 본당의 문은 활짝 열려 있다. 교회 세습과 호화건축,

목회자의 비리와 다툼 등으로 세상의 빛과 소금은커녕 숱한 손가락질을 받고 있는 한국 개신교계에서 깡통교회는 존재 자체가 '기적'으로 받아들여지고 있다. 비행기 격납고에 양철 씌운 교회본당 미군이 사용하던 소형 비행기 격납고에 양철을 씌운 전주안디옥교회 본당. 이곳은 볼품없는 외관과 달리 이제는 부유해진 일부 한국 교회가 배워야 하는 나눔 사랑의 상징이 됐다. 깡통교회가 일구고 있는 '가난의 기적'은 1983년으로 거슬러간다. 현재 선교목사로 활동하고 있는 이동휘 목사(76)가 교회를 개척하면서 미군이 사용하던 소형 비행기 격납고를 구했다. 그 위에 양철지붕을 덮고 예배를 시작했다. 바닥은 진흙이나 다름없었고 한여름이면 본당은 말 그대로 찜통이 됐다. 비가 틈새로 줄줄 새 예배를 중단하기도 했다.

그런데 이 비좁고 불편한 깡통교회에 신자들의 발길이 이어졌다. 70여 명이던 신자는 현재 재적 기준으로 8,000명이 넘고 주일(일요)예배 때는 5,000여 명이 출석한다. 이곳에서 마주친 신자 김미경 씨(52 · 전주시 완산구 서신동)는 옛날과 비교하면 지금은 '호텔'이라며 웃었다. "여름엔 사우나탕이 돼 진땀을 흘렸고 겨울에는 난로에서 나무를 때며 오들오들 떨면서 예배를 봤어요." 신자가 늘어서 어쩔 수 없다며 대형건물을 짓거나 넘치는 교회의 재산을 둘러싼 극한 대립이 벌어지고 있는 일부 교회와는 판이한 모습이다.

"우리 교회는 건축 헌금 광고가 나오지 않아요. 목사님이 헌금 얘기할 때는 선교비가 부족할 때입니다. 다른 교회에도 여러 곳 다녀봤지만 신자들이 이렇게 자랑스러워하는 교회는 처음입니다." 또 다른 신자가 말을 받았다. 이 교회에서도 '건축' 사업이 있기는 했다. 현재 800석 규모의 본당은 개척 당시 지금의 3분의 1 크기였지만 신자가 늘자 다시 깡통 구조물을 앞뒤로 붙였다. 한 해 1,000명 이상의 국내외 교회 관계자가 이 교회를 배우기 위해 방문한다. 깡통교회가 가진 그 흡인력의 비밀은 무엇일까. 본당 옆 사무실에서 박진구 담임목사(59)를 만났다. 굳이 교회 일을 밖에 알릴 필요가 없다며 여러 차례 인터뷰를 사양했던 그는 해외 파송 중인 선교사들의 홈커밍 행사에 참여하느라 단체복인 티셔츠 차림이었다. 그는 싱가포르와 필리핀에서 해외 선교사로 활동하다 이 목사의 뒤를 이어 2006년 담임목사로 부임했다.

"이 목사님이 내걸었던 교회 표어가 '불편하게 삽시다'였습니다. 그게 지금까지 이어지고 있는 우리 교회의 정신입니다. 성경에 따르면 여리고의 세리(稅吏)로 사람들의 손가락질을 받던 삭개오가 재산의 반을 잘라 가난한 자와 나눕니다. 교회가 선교와 이웃을 위해 나누는 것은 자랑할 일이 아니라 너무 당연한 거죠. 교회가 가난해져야 사회가 부유해집니다."

이 교회는 매년 전체 예산의 60%, 많을 때는 70% 가까운 비용을 선교와 사회구제비로 지출하고 있다. 1986년 첫 선교사를 내보낸 이후 현재 90여 개국에 400명의 선교사를 파송 후원하고 있다. 또 교회는 지역의 노인과 장애인을 위한 노인복지회관을 위탁 운영하고, 농어촌 미자립 교회를 위한 지원에 힘을 쏟고 있다. 매주 수요일 교회에서는 인근에서 올라온 농수산물을 판매하는 장(場)이 선다. 여기서 나오는 1년 수익 5,000여 만 원도 농어촌 교회와 나눔 활동에 다시 사용되고 있다.

그러면서도 시설 투자와 신자들의 편의를 위한 투자에는 인색하기 짝이 없다. 크리스마스 예배 때 다른 교회라면 흔히 나눠 주는 간단한 물품이나 빵조차 나눠 주지 않는다. 최근 사회적 문제가 되고 있는 호화건축 등 교회의 성장지상주의에 대해 문자 박 목사는 이렇게 말했다.

"저희 교회도 주일이면 여러 차례 나눠 예배를 하지만 800석 본당에 5,000여 명이 몰려 솔직히 고민입니다. 하지만 하루 예배를 위해 큰 건물을 짓는 것은 낭비고 건축 때문에 선교구제비를 줄이는 일은 없어야죠. 대학의 시설을 빌리는 등 지역과 교회 모두 도움이 되는 해법을 찾고 있습니다."

전주안디옥교회는 교회를 개척한 초대목사와 담임목사의 관계도 모범적인 사례로 꼽히고 있다. 이 목사는 현직 목사에게 부담을 주지 않기 위해 멀리 떨어진 경기 수원시에 거주하고 있고 해외 선교지를 중심으로 활동하고 있다.

박 목사는 한국 교회에 대한 아쉬움도 털어놓았다. "이제는 변화가 필요할 때죠. 변질이 아니고요. 우유가 오래되면 요구르트도 되고 치즈도 될 수 있습니다. 변화 없이 변질되면 우유는 금세 썩죠. 우리가 불편해야 이웃이 편하고, 우리가 가난해야 이웃이 부유해진다는 하나님의 가르침을 잊어서는 안 됩니다."

신자들이 자랑하는 교회, 불편해도 더 찾는 교회. 이 깡통교회의 비밀은 외양의 호화로움이 아니라 앞장서 실천하는 '가난의 사랑'이다.[120]

---

120) "다시 빛과 소금으로. (1) 전주안디옥교회", 〈동아일보〉(2011년 7월 22일).

이처럼 언론에서 교회의 미덕을 연재해서 세상에 칭찬을 유도해야할 필요가 있을까? 이처럼 뉴스화 될 수 있다는 것은 이미 일반상황이 아닌 예외현상에 해당하기에 이런 보도가 오히려 교회 이미지에 좋지 않은 영향을 끼친다는 우려도 있다. 문제는 신문이 교회를 기사화하고 있는 동안에 교회가 이래야만 한다는 판단기준을 암암리에 유포시키고 있다. 일반인들은 교회에 거는 기대가 커서, 교회는 마땅히 '이러저러 해야만 한다'는 당위를 말한다. 아직은 아니더라도 언젠가라는 희망사항을 담아서 규정하는 것이다.[121]

이제 다시금 교회의 역동성을 회복하는 길은 교회가 세상과 거리두기를 해야 하고, 그래서 교회와 세상 사이에 항상 긴장이 있게 해야 한다. 이것이 교회의 갱신이고 개혁이라면, 비판적 거리 두기이든 창조적 긴장이든 교회 지도자들이 앞장서야 할 일이다. 교회는 세상과는 다른 인식이 있어야 하고 또 다른 방법이 있어야 한다. 이른바 보수온건, 복음주의 계열의 대표적인 목사인 이동원목사의 은퇴가 사회적 주목을 끌었다. 그는 교회를 설립한 지 17년 만에 교인 수가 30,000여 명이 넘는 분당 지구촌교회 설립목사로 지난 2010년 12월 26일 65세로 조기은퇴하고 후진에게 양보하면서 섬김과 봉사를 위한 장애인 학교 돕기를 하겠다고 밝혔다. 은퇴하는 그에게 교회에서 28평 아파트를 제공하였으나 사양하고는 이를 교회게스트 하우스로 기증하고 은퇴찬하금 등 모든 것을 사양하였다. 이런 빈손 정신과 실천과 그가 행한 은퇴사에서 말한 다섯 가지 참회가 주목을 끌었다.

---

121) 천병석, "그리스도인, 세상의 소금과 빛–조직신학적 접근", 『그리스도인, 세상의 소금과 빛』, p.143.

1. 조국의 민주화 운동이 한창일 때 민족 역사의 한 복판에서 아무
   런 기여를 하지 못하고 방관자로 살아온 일, 그리고 지도하던 젊
   은이들을 깨어있는 역사의식을 가지고 역사의 마당에 서도록 인
   도하지 못한 것을 참회합니다.
2. 목회의 마당에서 마음으로는 소외되고 연약한 성도들과 가난한
   성도들을 돌보는 목회를 하고자 했으나 실제로 시간을 내어 그
   들의 눈물과 아픔에 제대로 동참하지 못한 것을 참회합니다.
3. 제가 바로 살아야 한다고 설교하면서 설교한 나 자신은 그대로 행
   하지 못하여 언행일치의 모범을 보이지 못한 것들을 참회합니다.
4. 올곧게 살아가지 못하는 성도들, 특히 교회내 부유한 기득권층
   들에게 대하여 그들의 상처받을 것을 두려워한 나머지 회개를
   촉구하는 예언적 설교를 제대로 못한 것을 참회합니다.
5. 의도하지 않았으나 목회하는 동안 나 자신의 부주의한 말과 경
   솔한 행동으로 성도들의 마음을 섭섭하게 하고 상처를 주었던
   소소한 일상의 모든 부덕했던 일들을 참회합니다.

이동원 목사는 그와 그가 설립하고 목회한 교회는 급성장했지만
자신의 일생을 돌이켜 보면서 조국의 민주화 운동이 한창일 때, 소회
되고 연약한 약자들을 돌보는 일에 소홀히 한 것 등을 참회하였다.
자신의 유익보다 교회와 사회의 유익을 위해 자신을 넘어서는 결단
과 자랑과 교만으로 점철된 모습이 아니라 겸손히 자신을 돌아보며
참회하였다. 오늘날의 한국 교회는 이동원 목사의 빈 손, 빈 마음 그
리고 그가 말한 참회에 귀기울여야한다. 교회는 무엇이 진정으로 풍
요롭고 행복한 삶인지를 일깨워 주고 보여 주어야 한다. 진정한 행복

과 풍요는 개인의 이득에 기초하여 많은 소비를 하는 것, 즉 물질적 재화의 사용에 있지 않다. 모두가 진정으로 느끼는 행복은 가난한 사람이 생존할 수 있도록 부자가 좀 더 단순하게 살아가고 거기에서 나눔이 일어날 때 가능하다.

고난은 자랑이 아니다

박노해

고난은 싸워 이기라고 주어진 것이 아닙니다.
역경은 딛고 일어서라고 있는 것이 아닙니다.
좌절은 뛰어넘으라고 오는 것이 아닙니다.

맑은 눈 뜨라고!

고통을 피하지 말고
맞서 싸우려들거나
빨리 통과하려 하지 말고
오히려 고통의 심장을 파고들어
그 안에 묻힌 하늘의 얼굴을 찾으라고

고난을 살아낸 그대여
그것은 장한 인간 승리이지만
맑은 눈 뜨지 못하면
철저히 무너지고 깨어져 내려

먼지만큼 작은 자신의 실상을 보지 못하면
내세운 정의와 진리 속에 숨어있는
자신의 참모습을 보지 못하면,

고난을 뚫고 나온 자랑스러운 그대 역시
또 하나의 덫입니다. 슬픔입니다.
고난을 온몸으로 끌어안고 승화시킨 사람이 아니라면

생의 가장 깊은 절망과 허무의 바닥에서
맑은 눈으로 떠오른 사람이 아니라면
우리 앞을 비추이는 희망의 사람이 아닙니다.

행여 제가 고난 받았다고 얼굴을 들거든 침을 뱉어 주십시오.
고난 받았기에 존경받는다면 그것은 나의 치욕입니다.
슬픈 일이지만, 고난이 나를 키웠고 고난이 나를 깨우쳤고
고난 속에서 나는 사랑을 배웠고 그대를 만났습니다.
아ー나에게 고난은 자랑이 아니라 아름다운 슬픔입니다.

　세상에 생명을 가진 모든 사람들이 삶에 필수적인 기본 식량, 의복,
각 사람과 그들의 자녀를 위한 주거지, 의료와 교육의 기회, 애정이
깃든 관계, 의미 있는 노동, 넉넉하고 상상력이 풍부한 영적인 삶, 벗
들과 자연의 세계 속에 지내는 시간 등을 가질 수 있도록 모두가 함
께 노력할 때만이 소수가 지배하고 다수가 노예가 되는 사회를 벗어
날 수 있다. 신자유주의에 물든 우리 사회에서 한국 교회는 신자유주
의가 말하는 방법과는 다른 상생의 길을 보여 주어야 한다.

　예부터 전해오는 아름다운 나무꾼 형제 이야기가 있다. 형제는 하
루하루 산에서 나무를 해다 팔아 가난하게 살았는데, 어느 날 길에서
금덩어리 두 개를 줍게 되었다. 형제는 사이좋게 하나씩 나누어 가졌
다. 이렇게 형제는 나룻배를 타고 건너 집으로 돌아가는데 갑자기 동
생이 금덩이를 강물에 던져버렸다. 형이 놀라서 왜 버리느냐고 묻자
동생은 이렇게 대답했다. "형님, 여태까지는 아무 욕심 없이 마음 편
하게 살았는데 갑자기 금덩어리를 가지게 되자 마음이 이상해졌어요.
형님이 가진 금덩어리까지 욕심이 생겨 형님이 싫어지고 미워지고
없어지기를 궁리하게 되니 괴로워서 견딜 수가 없어서 강물에 던져
버렸어요. 버리고 나니 제 마음이 다시 평안해졌어요." 동생의 말을

들은 형도 "그래, 안 그래도 나도 똑같이 마음이 이상해졌다. 네가 없었으면 저 금덩어리를 내가 다 차지할 텐데……." 하는 욕심이 생겨 괴로웠다. 그러면서 가지고 있던 금덩이를 강물에 던져버립니다.

> 집에 진수성찬을 차려 놓고 다투는 것보다 누룽지를 먹어도 마음 편한 것이 낫다.[122]

우리가 정말 약하고 힘없는 이를 예수를 영접하듯이 받아들일 수 있으려면 먼저 우리의 마음을 예수의 마음처럼 만들어야 한다. 우리 마음에 여유가 없다면, 우리 자신을 사랑할 줄 모른다면 어찌 다른 사람을 받아들이며 다른 사람을 사랑할 수 있겠는가?

사랑하다 죽어버려라

정호승

> 사람들은 사랑을 모른다.
> 자기 마음대로 사랑하고
> 사랑한다고 말을 한다.
>
> 너는 어찌되든지
> 나만 사랑하고
> 사랑한다고 말을 한다.
> 너는 무엇을 원하는지
> 너는 무엇이 되고 싶은지
> 물어보지도 않는다.
> 그저 내가 원하는 것만
> 내 마음대로 네가 되는 것을
> 사랑이라고 말한다.

---

122) 잠언 17장 1절.

사랑하다가 죽어야하는데
너를 사랑하기 위해
내가 죽어야하는 것이
사랑인 것을 알지 못한다.

나를 살리는 것은
사랑이 아닌 것을 알지 못한다.
너를 살리는 것이 사랑인 것을 알지 못한다.

그러므로
사랑 하다가 죽어버려라

    갈수록 돈이면 모든 것이 가능하다고 거짓말하는 사회가 되어가고 있다. 그러나 우리는 돈 말고도 얼마나 소중한 것이 많은지를 잘 알아야한다. 한 노인이 시장에서 양파를 팔고 있었습니다. "양파 한 개에 얼마입니까?" "300원입니다." "그럼 가지고 오신 양파 20개를 다 사면 얼마입니까?" "6000원이지요." "제가 다 사겠습니다." 그러자 그 노인은 고개를 절래 절래 흔들며 안 된다고 했다. "저는 이 시장에 양파만 팔러 나온 것이 아닙니다. 시장에 오면 사람도 보고, 손님과 대화도 나누고, 구경도 하면서 저의 하루를 참으로 풍요하게 보낼 수 있습니다. 그런데 한꺼번에 이것을 다 사 가버리면 저의 하루가 끝장나는 것입니다. 그러니 전 다 팔 수 없습니다." 오늘 우리가 잊고 사는 것은 무엇인가?

무엇이 성공인가

랄프 왈도 에머슨

자주 그리고 많이 웃는 것

현명한 이에게 존경을 받고
아이들에게서 사랑을 받는 것
정직한 비평가의 찬사를 듣고
친구의 배반을 참아내는 것
아름다움을 식별할 줄 알며
다른 사람에게서 최선의 것을 발견하는 것
건강한 아이를 낳든
한 떼기의 정원을 가꾸든
사회 환경을 개선하든
자기가 태어나기 전보다
세상을 조금이라도 살기 좋은 곳으로
만들어 놓고 떠나는 것
자신이 한때 이곳에 살았음으로 해서
단 한사람의 인생이라도 행복해지는 것
이것이 진정한 성공이다.

담쟁이

도종환

저것은 벽
어쩔 수 없는 벽이라고 우리가 느낄 때
그때
담쟁이는 말없이 그 벽을 오른다
물 한 방울 없고 씨앗 한 톨 살아남을 수 없는
저것은 절망의 벽이라고 말할 때
담쟁이는 서두르지 않고 앞으로 나아간다
한 뼘이라도 꼭 여럿이 함께 손을 잡고 올라간다
푸르게 절망을 다 덮을 때까지
바로 그 절망을 잡고 놓지 않는다
저것은 넘을 수 없는 벽이라고 고개를 떨구고 있을 때
담쟁이 잎 하나는 담쟁이 잎 수천 개를 이끌고
결국 그 벽을 넘는다

당신은 누구십니까?

도종환

강으로 오라 하셔서 강으로 나갔습니다.
처음엔 수천 개 햇살을 불러내어 찬란하게 하시더니
산그늘로 모조리 거두시고 바람이 가리키는
아무도 없는 강 끝으로 따라오라 하시는 당신은 누구십니까.

숲으로 오라 하셔서 숲속으로 당신을 만나러 갔습니다.
만나자 하시던 자리엔 일렁이는 나무 그림자를 대신 보내곤
몇 날 몇 밤을 붉은 나뭇잎과 함께 세우게 하시는
당신은 어디에 계십니까.

고개를 넘으라 하셔서 고개를 넘었습니다.
고갯마루에 한 무리 기러기 떼를 먼저 보내시곤
그 중 한 마리 자꾸만 뒤돌아보게 하시며
하늘 저편으로 보내시는 뜻은 무엇입니까.
저를 오솔길에서 세상 속으로 불러내시곤
세상의 거리 가득 물밀듯 밀려오는 사람들 사이에서
나타났단 사라지고 떠오르다간 잠겨가는
당신은 누구십니까.

상처와 고통을 먼저 주셨습니다. 당신은
상처를 씻을 한 접시의 소금을 빈 갯벌 앞에 놓고
당신은 어둠 속에서 이 세상에 의미 없이 오는 고통은 없다고
그렇게 써놓고 말이 없으셨습니다.

당신은 누구십니까.
저는 지금 풀벌레 울음소리로도 흔들리는 여린 촛불입니다.
당신이 붙이신 불이라 온몸을 태우고 있으나
제 작은 영혼의 일만 팔천 갑절 더 많은 어둠을 함께 보내신
당신은 누구십니까.

기도

나태주

내가 외로운 사람이라면
나보다 더 외로운 사람을
생각하게 하여 주옵소서.

내가 추운 사람이라면
나보다 더 추운 사람을
생각하게 하여 주옵소서.

내가 가난한 사람이라면
나보다 더 가난한 사람을
생각하게 하여 주옵소서.

더욱이나 내가 비천한 사람이라면
나보다 더 비천한 사람을
생각하게 하여 주옵소서.

그리하여 때때로
스스로 묻고
스스로 대답하게 하여 주옵소서.

나는 지금 어디에 와 있는가?
나는 지금 어디로 향하고 있는가?
나는 지금 무엇을 보고 있는가?
나는 지금 무엇을 꿈꾸고 있는가?

예수께서는 성전 뜰 안으로 들어가 거기에서 팔고 사고 하는 사람
들을 다 쫓아내시고 환금상들의 탁자와 비둘기 장수들의 의자를
둘러엎으셨다. 그리고 그들에게 "성서에 '내 집은 기도하는 집이라
고 불리리라.' 했는데 너희는 이 집을 '강도의 소굴'로 만들었다."
하고 나무라셨다.[123]

_____

123) 마태오의 복음서 21장 13절.

위의 구절은 예수가 당시 성전의 모습을 보고 분노하면서 말한 것이다. 박경미는 예수의 준엄한 질타를 되새기면서 "돈 귀신이 지배하는 시장 전체주의는 비판적인 지성을 무력하게 하며, 무엇보다도 예수가 꿈꿨던 하느님의 나라, 우정의 나라를 이루지 못하게 한다."고 한탄하였다. 경쟁이 도덕의 자리를 대신하고 약육강식의 논리가 진리를 위협하는 신자유주의의 세계는 '장사꾼의 소굴'과 다름없다. '장사꾼의 소굴'로 변한 세상은 인간의 세계가 아니다. 마몬의 세계, 야수의 세계다. 마몬의 세계 속에 마몬의 교회가 있다.

> 역사 속으로 사라진 종교는 많고, 기독교만 거기서 예외가 되라는 법은 없다. 영양 부족도 치명적이지만 영양 과다는 치명적인데다가 추하기까지 하다. 지금 기독교는 혈관 속속들이 끈적끈적한 기름이 끼어 비대한 살집을 이리저리 뒤척이며 마지막 가쁜 숨을 몰아쉬고 있다. 잠시 더 버티겠지만 지금의 기독교는 죽어가고 있으며, 죽어야 한다. 그래야 예수가 산다.[124]

예수는 갈릴리 마을 공동체를 회복시키기 위해 가난을 한탄하는 대신 서로의 빚을 탕감해주었고,[125] 상대방의 근심과 기본적인 필요를 들어줄 것을 명령하였다.[126]

이는 예수가 설계한 지역공동체 갱신 프로그램의 일부이다. 예수는 하느님 나라가 임박했다고 확신하며 이스라엘 백성들이 기본적 생활 형태를 이루었던 마을공동체에서 평등주의적이며 서로 간에 지원하는 사회경제적 관계를 재확립하는 갱신 프로그램을 밀고 나갔다.

---

124) 박경미, op. cit., p.247.
125) 루가의 복음서 11장 2~4절과 마태오의 복음서 18장 23~34절 참조.
126) 루가의 복음서 6장 27-36 참조.

물자가 충분하지 못하고 빈곤한 고대 농경사회를 지탱하기 위해서는 '포기'가 필요했을 것이다. 좀 더 가지겠다는 욕심을 버리고 포기할 수 있어야 나눌 수 있고, 나눌 수 있을 때 더불어 함께 살 수 있다. 공동체적 삶의 조건이란 가난함과 불편함을 기꺼이 수용하는 태도다. 성서는 가난한 사람과 박해받는 사람에게 복이 있다고 강조한다. 세속적 욕망으로부터 벗어나 진정한 자유를 얻고 영혼의 구원을 이루고자 한다면, 그래서 진실한 사랑에 바짝 다가가고자 한다면 자발적인 가난과 힘써 베풀어야한다. 이를 박경미의 말이다.

하나님을 믿고 섬길 생각이 조금이라도 있다면 우리가 향유하는 물질적 삶의 도덕적 토대에 대해 물어야 한다. 수많은 사람들의 불행을 가져오는 근본원인에 대해 물어야 하고, 어떠한 개인의 미덕도 분쇄해서 가루로 날려버리려는 악의 질서에 의문을 제기해야 한다. 그리고 오래전 톨스토이가 했던 질문, "사람은 무엇으로 사는가"라는 질문 앞에 서야 한다.[127]

예수가 지향한 가난한 마을공동체의 모습이 현대 사회에 던지는 메시지는 무엇인가? 고대사회와 마찬가지로 21세기의 현실 또한 '밥은 한정되어 있다' 고르게 먹기 위해서는 한정되어 있는 밥을 나누어야 한다. 세상의 절반 이상은 굶주리고 있고 5초에 한명씩 어린아이가 굶어 죽는 것이 오늘날의 세계다. 밥이 한정되어 있다면 나누어야 한다. 혹자는 슈퍼리치들이 소득의 5%만 나누어도 세계적인 빈곤을 영원히 퇴치할 수 있다고 주장한다. 유엔아동기금에 따르면 우리의 일상생활에 아무런 지장을 주지 않으면서 단지 조금만 나누면 매년

---

127) 박영미, op. cit., pp.14-15.

거의 1천만 명에 달하는 굶어주는 아동을 살릴 수 있다. 한정되어 있는 밥을 나누는 것은 다시 말해 분배이고 정치다. 먹고 사는 문제는 그 자체로 따로 존재하는 것이 아니라 삶의 전체성, 인간의 사회적이고 정치적인 차원과 연결될 수밖에 없다. 결국은 민주주의의 문제다.

이를 분명하게 드러내주는 두 사람으로 대비되는 경제관이다. 한 사람은 지난 2009년 10월 무려 9조원에 달하는 재산을 사회에 헌납하고 세상을 떠난 대만 제 2의 갑부였던 '왕융칭'(王永慶)이다. 그는 "돈은 하늘이 내게 잠시 빌려준 것일 뿐이다."라며 자식에게는 돈 대신에 이런 유훈을 남겼다. "인간은 누구나 부를 바라지만, 태어날 때부터 갖고 태어난 사람은 없다. 떠날 때 가지고 떠나는 사람도 없다. 모으는 재산은 저마다 다르지만 세상을 등질 때 모두 돌려줘야 한다는 데에는 예외가 없다." 바로 여기에 하느님이 의롭게 여기는 일을 구한다는 말씀의 의미가 숨어 있다.

그런데 같은 해 같은 달에 또 다른 거부인 독일의 '아돌프 메클레'는 주식투자의 실패를 비관해서 달리는 기차에서 뛰어내려 자살했다. 그가 남긴 재산은 13조원이었다. 이 돈은 자기 회사가 진 빚을 갚고도 충분히 살아갈 수 있는 재산이었다. 그럼에도 그는 자신의 실패를 용납할 수 없었던 것이다. 그는 양복 한 벌로 20년을 입고 매일 새벽 2시에 일어날 정도로 성실하고 검소한 사람이었지만, 왕융칭과는 달리 재산을 자기 것으로만 알았던 사람이다. 하늘의 것이 아닌 자기 것으로 알았기에 탐욕에 의해 재산을 늘리려다가 실패하자 스스로 목숨을 끊고 만 것이다. 루가의 복음서에 나오는 어리석은 농부의 주인공과 같다.

이 두 사람은 성실하고 성공적인 노동행위를 통해 경제적인 성공을 이룩했지만 노동과 경제에 대한 가치관이 달랐다. 두 사람의 경제관 중 어느 것이 하느님의 경제관에 합당한 지를 쉽게 알 수 있을 것이다. 하느님이 의롭게 여기는 것은 내 것을 내 것이라 하지 않고 타인을 위한 실천으로, 함께 나누려는 실천이다. 강도 만나 쓰러진 사람을 구하는 일이다. 그런데 여기에도 여러 가지의 길이 있다. 길가의 거지에게 한 푼 주는 것도 타인을 위한 사랑의 실천이다. 그런데 어떤 사람들은 그 사람이 왜 그렇게 가난하게 되었을까 하고 깊이 생각한 결과, 많은 부분 그의 책임이라기보다는 사회의 책임 곧 사회의 구조가 잘못되었다는 것을 깨닫게 되었다. 이러한 결론에 이르면 개인의 도덕적 실천으로 길가의 거지에게 자신의 것을 내어줌에서 한 걸음 더 나아가 자신이 딛고 서 있는 공동체와 사회구성체의 잘못된 사회적 구조를 고쳐가기 위해 애를 쓴다. 왜냐하면 자선하는 일은 평생해도 한사람을 구할까말까 하지만, 사회경제구조를 제대로 개선한다면 수천, 수만 명을 한꺼번에 구하는 일이 가능하기 때문이다.

7장

노동의식과 윤리교육

1. 시지프스 신화에서 배우는 노동이해

노동에 대한 의미와 가치를 논의함에 있어 떠오르는 그리스신화의 이야기가 한 편 떠오른다. 이 이야기가 바로 시지프스 신화이다. 시지프스(Sisyphus)는 바람의 신인 아이올로스와 그리스인의 시조인 헬렌 사이에서 태어났다. 호머가 전하는 바에 따르면, 그는 '인간 중에서 가장 현명하고 신중한 사람'이었다고 한다. 그러나 신들의 편에서 보면, 엿듣기 좋아하고 입이 싸고 교활할 뿐 아니라, 신들을 우습게 여긴다는 점에서 심히 마뜩찮은 인간으로 일찍이 낙인 찍힌 존재였다.

도둑질 잘하기로 유명한 전령의 신 헤르메스는 태어난 바로 그날 저녁에 강보를 빠져나가 이복형인 아폴론의 소를 훔쳤다. 그는 떡갈나무 껍질로 소의 발을 감싸고, 소의 꼬리에다가는 싸리빗자루를 매달아 땅바닥에 끌리게 함으로써 소의 발자국을 감쪽같이 지웠다. 그리고는 시치미를 뚝 떼고 자신이 태어난 동굴 속의 강보로 돌아가 아무것도 모르는 갓난아기 행세를 했다. 그런데 헤르메스의 이 완전 범죄를 망쳐 놓은 인간이 있었으니 바로 시지프스였다. 아폴론이 자신의 소가 없어진 것을 알고 이리저리 찾아다니자 시지프스는 범인은 바로 헤르메스임을 일러바쳤다. 아폴론은 헤르메스의 도둑질을 제우스에게 고발하였고 이 일로 그는 범행의 당사자인 헤르메스뿐만 아니라 제우스의 눈총까지 받게 되었다. 도둑질이거나 말거나 신들의 일에 감히 인간이 끼어든 게 주제넘게 여겨졌다. 그는 이 일로 인해 가뜩이나 눈 밖에 나 있던 차에, 뒤이어 더욱 결정적인 괘씸죄를 저지르게 되었다.

어느 날 그는 제우스가 독수리로 둔갑해 요정 아이기나를 납치해 가는 현장을 목격하게 되었다. 잠시 궁리한 끝에 그는 아이기나의 아버지인 강신(降神) 아소포스를 찾아갔다. 딸 걱정에 천근 같은 한숨을 내쉬고 있는 아소포스에게 그는 자신의 부탁을 하나 들어 준다면 딸이 있는 곳을 가르쳐 주겠노라 했다. 그는 그때 코린토스를 창건하여 다스리고 있었는데 물이 귀해 백성들이 몹시 고생을 하고 있었다. 그러니 코린토스에 있는 산에다 마르지 않는 샘을 하나 만들어 달라는 게 그의 청이었다. 물줄기를 산 위로 끌어올리는 게 쉬운 일은 아니었지만 어쨌거나 딸을 찾는 게 급했던 터라 아소포스는 그의 청을 들어 주기로 했다. 그는 아소포스에게 제우스가 아이기나를 납치해 간 섬의 위치를 가르쳐 주었고 아소포스는 곧 그곳으로 달려가 딸을 제우스의 손아귀에서 구해냈다. 자신의 떳떳하지 않은 비행을 엿보고 그것을 일러바친 자가 다름 아닌 시지스프임을 알아낸 제우스는 저승신 타나토스(죽음)에게 당장 그놈을 잡아오라고 명령했다.

그러나 그는 제우스가 어떤 식으로든 자신에게 보복하리라는 걸 미리 헤아리고 있었다. 시지프스는 타나토스가 도착하자마자 쇠사슬로 꽁꽁 묶어 돌로 만든 감옥에다 가두어 버렸다. 수명이 다한 사람을 저승으로 데려가는 저승사자가 묶여 있으니 당연히 죽는 사람이 없어졌다. 명계(冥界)의 왕 하데스가 이 어처구니없는 사태를 제우스에게 고했고 제우스는 전쟁 신 아레스를 보내 타나토스를 구출하게 했다. 그는 호전적이고 잔인하기 이를 데 없는 아레스에게 섣불리 맞섰다간 온 코린토스가 피바다가 될 것임을 알고는 이번엔 순순히 항복했다. 그런데 그는 타나토스의 손에 끌려가면서 아내 멜로페에게 자신의 시신을 화장도 매장도 하지 말고 광장에 내다 버릴 것이며 장례식도 치르지 말라고 은밀히 일렀다. 저승에 당도한 그는 하데스를 만나는 자리에서 이렇게 간청했다.

"아내가 저의 시신을 광장에 내다 버리고 장례식도 치르지 않은 것은 죽은 자를 수습하여 무사히 저승에 이르게 하는 이제까지의 관습을 조롱한 것인즉 이는 곧 명계의 지배자이신 대왕에 대한 능멸함과 같으니 제가 다시 이승에 가서 아내의 죄를 단단히 물은 후 다시 오겠습니다. 그러니 저에게 사흘의 시간을 주소서."

그의 꾀에 넘어간 하데스는 그를 다시 이승으로 보내 주었다. 그러나 그는 그 약속을 지키지 않았다. 영생불사하는 신이 아니라 한 번 죽으면 그걸로 그만인 인간인 그로서는 이승에서의 삶이 너무도 소중했던 것이다. 하데스가 몇 번이나 타나토스를 보내 을러대기도 하고 경고하기도 했지만 그때마다 그는 갖가지 말재주와 임기응변으로 체포를 피했다. 그는 그 후로 오랫동안을 천천히 흐르는 강물과 별빛이 되비치는 바다와 금수초목을 안아 기르는 산과 날마다 새롭게 웃는 대지 속에서 삶의 기쁨을 누렸다.

그러나 아무리 현명하고 신중하다 한들 인간이 어찌 신을 이길 수 있었으랴. 마침내는 그도 타나토스의 손에 끌려 명계로 갈 수밖에 없었다. 명계에선 가혹한 형벌이 그를 기다리고 있었다. 하데스는 명계에 있는 높은 바위산을 가리키며 그 기슭에 있는 큰 바위를 산꼭대기까지 밀어 올리라고 했다. 그는 온 힘을 다해 바위를 꼭대기까지 밀어 올렸다. 그러나 바로 그 순간에 바위는 제 무게만큼의 속도로 굴러 떨어져 버렸다. 그는 다시 바위를 밀어 올려야만 했다. 왜냐하면 하데스가 "바위가 늘 그 꼭대기에 있게 하라"고 명령했기 때문이었다. 그는 "하늘이 없는 공간, 측량할 길 없는 시간"과 싸우면서 영원히 바위를 밀어 올려야만 했다. 다시 굴러 떨어질 것을 뻔히 알면서도 산 위로 바위를 밀어 올려야 하는 영겁의 형벌! 끔찍하기 짝이 없다. 언제 끝나리라는 보장도 없이… 그의 허무하고 끝없는 노동 앞에는 헤아릴 길 없는 슬픔과 고통과 아픔의 시간이 있을 뿐이다.

이 이야기는 카뮈(Albert Camus)에 의해 실존주의적인 의미로 해석되기도 한 유명한 신화이다. 카뮈는 사회의 부조리를 발견하는 것은 자신이 시지프스의 인생임을 자각하는 것이라 하였다. 바로 이 지점에서 카뮈는 2가지 선택을 할 수 있다고 하였다. 하나는 자살을 통해 부조리에서 도피하는 방법이고 또 하나는 시지프스의 고귀한 성실을 본받아 노력하는 것 자체에 삶의 의미를 두고 사는 방법이다. 이를 통해 카뮈는 철학적 자살에 대한 의미를 정의했으며 2차 세계대전 이후 세계에 만연한 부조리들에 대한 실존주의적 성찰과 대안을 제시하였다. 이러한 카뮈의 관점에서 오늘날 현대인들의 존재양식에 대해 분석을 해보면 자본주의 사회에서 현대인들의 삶의 방식은 시지프스의 그것과 매우 유사함을 알 수 있다.

현대인들은 매일 아침 직장에 출근하여 업무를 보고 저녁이 되면 퇴근을 한다. 이렇게 매일 매일 똑같은 일의 반복이 수행된다. 약간의 차이는 있지만 결국 비슷한 일의 반복이다. 이러한 틀에 박힌 과정 속에서 현대인들은 쉽게 자아를 잃고 거대한 자본주의 사회의 부속품으로 전락하여 돈, 성공, 쾌락 등 일시적인 기쁨을 주는 것들을 숭배하며 영혼을 잃어가는 존재로 전락하기 쉽다. 한편으로는 시지프스가 돌을 꼭대기 위에 올려놓은 뒤 내려오는 과정에서 삶의 부조리를 자각하는 순간은 현대인들이 바쁜 일상 가운데 독서를 하고 사랑을 하고 기도를 하며 삶의 부조리를 인식하는 순간과 비슷하다. 그렇다면 이러한 관점에서 우리는 무엇에서 삶의 의미와 존재양식을 찾아야 하는가?

카뮈는 시지프스가 바위를 혼신의 힘을 다해 밀어 올리는 노력과 투쟁은 바로 신들에 대한 간접적 승리이며 고귀한 성실의 결정체라고 칭송하였다. 이처럼 우리는 하루하루의 일을 성실하게 최선을 다하는 모습이 삶의 부조리를 이겨내는 방법이라 할 수 있다. 그리스신화에 나오는 신들은 온갖 부정과 부조리와 불공평을 일삼는 이 시대의 사회적 강자들의 모습을 떠올리게 한다. 시지프스는 강자들의 불의를 폭로하고 이를 바로 잡고자 한 결과 그에게는 감당하기 힘든 고통이 주어졌지만 그는 여기서 절망하지 않고 주어진 자신의 노동에 충실했다.

우리는 시지프스가 산에서 내려올 때마다 자신의 비참한 조건에 대하여 생각하고 고통을 인식하여 자아를 지켰던 것처럼 일에만 종속되지 않고 종교생활이나 기타 취미활동인 독서, 음악, 예술, 연애 등을 통해 자아를 잃지 않도록 현명하게 대처하는 자세를 가져야 한다. 무엇보다 삶의 지향성을 단순한 돈과 쾌락에 두지 말고 자기의 존재에 관심을 갖고 자아의 성장에 목표를 두고 이기적인 자세를 버리고 다른 사람과 소통하고 교류하는 자세를 추구해야 한다.

2. 긍정적인 노동과 노동의 자세

노동의 영어 표현인 'labour'가 고통을 가리키는 말인 것에서 알 수 있듯이 예나 지금이나 좋은 무엇으로 받아들여지지 않는 경향이 있다. 독일어로 노동을 뜻하는 'Arbeit'가 농노(農奴)를 가리키는 'arba'에서 유래한 것만 봐도 그것은 신체에 고통을 주는 것으로 여기기 일쑤였다. 그러나 누구나 정신적이든 육체적이든 노동에서 자유로울 수는 없다. 노동이 싫다고 피하고 외면한다고 해서 그렇게 되는 것도 아니다. 노동은 인간의 삶의 중요한 양식이다.

부정적으로 보면, 직장에서 수행하는 노동은 고된 일로 이해된다. 근대 이전에는 노동을 인간의 생리적 욕구를 충족시켜야만 하는 필연성 때문에 인간에게 주어지는 경제활동으로 평가하였다. 노동이란 단어가 고문 도구를 지칭하는 라틴어인 'tripalium'에서 유래했다는 것에서도 노동에 대한 부정적인 의미를 발견할 수 있다. 그러나 긍정적 시각에서 보면, '직장은 제2의 가정'이라는 말처럼 사회생활에 있어서 직장은 자기 집과 더불어 중요한 생활 터전이다. 우리는 대개 가정에서 부모의 보호를 받으며 어린 시절을 보낸다. 직장은 온실과 같은 가정의 그늘 아래서 자라나던 자신을 이제 독립적으로 생활할 수 있게 해주는 의미 있는 곳이다. 인간은 직업을 통해서 생계유지와 자아실현을 하게 되기 때문에 직장은 매우 중요하다. 이 둘 중 어떤 의식을 갖느냐에 따라 노동의 의미와 가치를 달라진다.

1) 노동의 자세

미국에서 어느 청년이 길을 가다가 지폐 한 장을 주웠다. 아무런 일도 하지 않고 지폐를 주운 이 청년은 너무나 행복하고 횡재한 느낌이었다. 하루종일 일해야 벌 수 있는 돈을 그날 그냥 주운 것이다. 그 뒤로 이 청년은 계속해서 땅만 바라보면서 떨어진 동전을 찾아다니며 살았다고 한다. 늙어 노인이 되었을 때 그가 일평생 주운 것은 얼마 되지 않는 동전과 지폐였다. 그리고 단추 6,000개, 바늘 2,500개 등 잡동사니들이었다. 그가 무엇이 되었는지는 물어볼 필요도 없다. 이처럼 사람은 누구나 일하기를 꺼리고 그저 놀고먹고 싶어 하는지 모른다. 이런 사람을 가리켜, '불한당(不汗黨)'이라고 한다. 즉 이 말은 땀 흘리지 않는 사람을 지칭하는 것으로 정당한 노력으로 살아가지 않는 사람됨에 대한 냉정한 평가이다.

신영복은 『서경』(書經)의 「주공」(周公)의 무일(無逸: 편안하지 않음)을 군자의 도리로 제시하였다. 바람직한 사람은 먼저 노동의 어려움을 알고 그 다음에 편안함을 취해야 비로소 무엇을 의지하고 살아야 하는지를 알게 된다. 그러나 부모는 힘써 일하고 농사짓건만 그 자식들은 농사일의 어려움을 알지 못한 채 편안함을 취하고 함부로 지껄이며 방탕 무례하다. 그렇지 않으면 시대에 뒤떨어졌다고 무식하다고 하면서 무시한다.[1] 무일(無逸)은 소비문화와 편안함을 선호하는 젊은 세대들의 가치관을 반성하는 경구로 읽힌다. 노르웨이의 어부들은 바다에서 정어리를 저장하는 탱크 속에 반드시 천적인 메기를 넣는 것

---

1) 신영복, 『강의』, p.70.

이 관습이라고 한다. 천적을 만난 불편함이 정어리를 살아 있게 한다.[2] 이런 점에서 신영복은 오늘날 젊은 세대들이 선망하는 신데렐라 콤플렉스[3]의 문제를 지적하고 새로운 롤 모델로 우리나라 인물로서 평강공주의 삶이 더 바람직하다고 보았다.[4]

「신데렐라」는 샤를 페로가 지은 콩트이다. 1697년『교훈이 담긴 옛날이야기 또는 콩트』라는 모음집에 다른 작품들과 함께 수록되어 초판되었다. 정확한 제목은 「상드리용 또는 작은 유리 신」(Cendrillon ou la petite pantoufle de verre)이다. 신데렐라는 착하고 예쁜 상드리용(신데렐라)은 비록 귀족의 딸이나, 새 엄마의 학대와 배다른 두 언니들의 심술로, 하녀와도 같은 혹독한 나날을 겪고 있었다. 그러던 중 요정 대모의 도움으로 상드리용도 왕궁의 무도회에 갈 수 있게 된다. 요정 대모가 마술을 사용하여 그녀에게 옷과 보석, 마차를 마련해 주었기 때문이다. 그리고 또한 세상에서 가장 예쁜 유리 신을 한 켤레 주었다. 다만 자정이 지나면 모든 마술이 사라진다. 무도회에서 상드리용의 아름다움은 왕자의 마음을 사로잡았다. 첫날 밤에는 23시 45분에 궁을 떠나, 아무 문제가 생기지 않았다. 하지만 다음날 밤에 더 아름다운 치장을 하고 무도회에 다시 온 상드리용은 왕자와의 사랑의 대화에 빠져 24시의 첫 종소리가 울리기 시작할 무렵에야 정신을 차릴 수 있었다. 왕자에게 자신의 하녀 같은 모습이 드러날까 봐 너무 서

---

2) Ibid., pp.75-76 참조.

3) 신데렐라는 왕자가 구두를 들고 찾아와 주기를 기다릴 뿐 자기 손으로 아무것도 할 수 없다. 우리나라 드라마들은 평범한 여자 주인공이 백마 탄 왕자 같은 재벌 2세를 만나서 신데렐라가 된다는 내용의 신데렐라 콤플렉스를 자극하는 내용이 주류를 이루었다. '별은 내 가슴에'의 연이(최진실 분), '천국의 계단'의 한정서(최지우 분), '파리의 여인'의 강태영(김정은 분), '내 이름은 김삼순'의 삼순(김선아 분) 등 '신데렐라형' 드라마들이다. 신데렐라 콤플렉스에 대해서는 다음의 책을 참조 바람. 콜레트 다울링, 『신데렐라 콤플렉스』, 최영숙 옮김(서울: 문학과현실사, 2004).

4) 신영복, 『나무야 나무야』(서울: 돌베개, 1996), pp.81-83 참조.

두른 바람에 상드리용은 유리 신 한 짝을 잃고 만다. 이 유리 신을 주워 든 왕자는 정체를 알 수 없었던 이 여자를 되찾기 위해 유리 신을 전국의 모든 여자들에게 신겨보라는 명령을 내린다. 우여곡절 끝에 마침내 상드리용이 유리 신의 주인임이 밝혀져 왕자와 행복한 결혼식을 올리고, 착한 상드리용은 자신에게 가혹했던 두 언니들을 용서한다.

이와 같은 신데렐라의 이야기는 전 세계적으로 널리 퍼졌는데, 최근에 들어서는 이 이야기의 내용이 여성이 수동적인 입장에서 남성의 보호를 받아야 한다는 성역할을 고착화시킬 수 있다는 점에서 비판의 대상이 되고 있다. 그 때문에 신데렐라는 종종 수동적인 여성상의 상징으로 여겨지기도 한다. 이에 착안하여 심리학적으로 자기 자신의 능력이나 인격으로 자립할 능력이 없는 여성이, 막연히 남성에게 보호되어 살아가고 싶다는 의존 심리를 신데렐라 콤플렉스라고 하기에 이르렀다. 이 용어는 미국의 콜레트 다울링이 사용함으로써 널리 쓰이게 되었다. 1990년대~2000년대의 대한민국의 일부 멜로드라마는 여성 주인공이 자신의 주체적인 노력 없이 단지 우월한 지위에 있는 남성과의 사랑을 통해 사회적 신분을 상승한다는 내용의 신데렐라 콤플렉스에 빠진 듯한 이야기가 많았기 때문에, 비판의 대상이 되기도 하였다. 신데렐라는 자신의 육체노동에서 벗어나는 방식이 마법과 같은 방식이고 유능한 왕자를 만나는 것으로 자신의 힘과 주체적 결단이 아닌 외부적 힘에 의한 것이다.

그러나 평강공주는 자신에게 유리한 사람이나 조건이 아니라 자신을 통해 유익한 사람을 바라보고 주체적으로 결단하였다. 그로 인해 더 유리한 삶의 조건을 포기하고는 바보 온달에게로 갔다. 이 일로 그녀는 부모의 품에서 쫓겨나야 했고, 공주라는 사회적 지위도 잃었다. 그리고 척박한 육체노동을 감내해야만 했다. 이러한 불편함으로 바보 온달을 온달 장군으로 변화시켜낸 것이다.[5] 다음의 내용은 정지원 글, 김재홍 그림의 『태양의 딸, 평강』을 요약한 것이다.[6]

평강공주는 고려 25대 왕 평원왕의 딸이다. 하늘연꽃 왕비님이라 불렸던 얼굴도 예쁘고 마음씨도 고왔던 평강공주의 어머니는 소용돌이치는 둥근 해를 뚫고 다리가 세 개 달린 새 한 마리가 품으로 날아드는 꿈을 꾸고 평강공주를 낳는다. 하지만 왕비는 평강공주가 5살 때에 세상을 떠나고 평강공주는 어려서부터도 눈물이 많았지만 어머니를 여의고 나서는 더 많이 울었다. 그래서 별명도 '울보 공주님'이었다. 그러던 평강공주는 7살이 넘어서부터는 많이 변해서 냉정해졌고 책 읽기와 무예 연습에 몰두한다. 그런데 평강의 아버지인 평원왕의 사랑을 독차지하던 도화부인은 평강공주가 늘 못마땅하다. 그래서 죽이려고 자객을 보내기도 했으나 실패를 한 뒤 상부 고 씨에게 평강공주를 억지로 시집보내려 한다. 그러나 평강공주는 자신이 어렸을 적 울 때마다 평원왕이 했던 말대로 온달에게 시집을 가겠다고 하며 궁을 나온다.

평강공주는 온달을 찾아가 그에게 시집을 가고 그에게 무예를 가르쳐 훗날 온달을 고구려의 장수로 만든다. 온달은 낙랑의 언덕에서 펼쳐지는 무예대회에서 우승해 평원왕으로부터 사위로 인정받고, 후주와의 전쟁에 장군으로 출정해 승리를 이끌고 돌아온다. 그 뒤 한강 유역을 반드시 탈환하라고 유언한 평원왕의 뜻을 받들기 위해 영양왕(고구려 26대왕, 평강의 오빠인 태자 원이 왕위를 계승함) 때 신라와 전투하기 위해 아단현에 머무른다. 그때 온달 장군은 신라 자객의 칼을 맞고 죽게 된다. 평강은 그 뒤에도 경당에서 어린 아이들을 가르치는 일을 한다.

---

5) '평강공주 콤플렉스'는 바보 온달을 고구려의 대장군으로 탈바꿈시킨 평강공주에 빗대어 파생된 심리학 용어다. 이들은 비교적 무능력한 남성을 돌보며 숨은 능력을 개발해 주고, 이를 통해 느끼는 성취감을 사랑이라고 믿는다. 최근 몇몇 드라마에서 이러한 주체적인 여성상이 드러나기도 한다.

6) 정지원 지음, 김재홍 그림, 『태양의 딸, 평강』(서울: 한겨레아이들, 2008).

온달은 바보라기보다는 천대 받던 부족의 일원이었던 것 같다. 이런 미천한 사람을 남편으로 맞이할 정도로 평강공주가 사람의 참다운 모습을 볼 줄 아는 심성의 소유자였다. 태양의 딸이라고 할 만큼 따뜻한 심성의 소유자로서 평강공주는, 신분을 따지지 않고 한 사람의 똑같은 인간으로서 부족민들을 대하면서 가난하고 질서 없는 온달 마을을 살기 좋은 마을로 탈바꿈시켜 놓는다. 그리고 시골의 한 청년에 불과했던 온달을 고구려 역사에 남을 장군으로 바꾸어 놓는다. 사람을 진정으로 믿는 힘과 사랑의 힘의 쾌거가 아닐 수 없다. 사람에게는 무한한 잠재력이 있다. 신뢰와 사랑이야말로 인간이 가진 잠재력을 일깨워 주는 최고의 힘이다. 그리고 신데렐라나 백설공주와 같은, 무력한 서양의 여성 이야기에 친숙한 우리 아이들에게 이제는 평강 공주와 같은 강인하고 지혜로웠던 우리의 여성 이야기부터 들려 줘야 한다.

어느 교육학자의 체험담이다. 농촌 출신으로 어릴 때 개울가에서 헤엄치며 놀곤 하였던 그는 고등학생인 아들의 요청에 따라 수영장을 다니게 되었다. 아들과 함께 수영한 지 한 달 즈음 지나서 둘은 시합을 하였다. 결과는 그의 승리였다. 또 한 달이 지난 후 아들의 요청에 따라 이번에는 좀 긴 거리를 두고서 시합을 하였다. 이번에는 그의 예상과는 달리 아들이 승리하였다. 오랫동안 수영을 해온 그가 수영을 배운 지 두 달밖에 안 된 아들에게 진 이유는 무엇일까? 그는 수영 코치에게 그 이유를 물었다. 코치의 대답은 이랬다. 그는 수영을 하는 게 아니라 헤엄을 치는 것으로 짧은 거리는 어릴 때 개울가에서 헤엄치듯 해서 이길 수 있으나 긴 거리는 기본적인 호흡법부터 제대로 배운 아들이 이기는 게 당연하다는 것이었다. 그는 여기서 교육의 기본을 깨달았다. 그렇다. 더디더라도 천천히 기본에 충실한 게 바른 교육이다. 잘못 배우면 이를 고치기가 어렵다. 어릴 때부터 기본을 충실히 배우고 익혀야 한다.

논자는 대학 시절 서도(書道)를 배울 기회가 있었다. 이른바 어깨동무체로 유명한 신영복 선생이 재직하시는 관계로 동아리로 서도반이 있었던 것이다. 논자는 제대로 붓글씨를 배우고 싶어서 입회하였다. 그런데 오랜 시간 가로, 세로로 줄긋기만 해야 했다. 그 당시는 이런 저런 일로 분주하고 매사에 조급한 사람됨이라 줄긋기만 계속하는 것에 불만이 많았다. 그런데 논자보다 어린 후배들이 묵묵히 이를 따라 하기에 꾹 참고 해야만 했다. 그로부터 반 년이 지난 학교 축제에서 우리 서도반은 선생님의 작품과 우리들이 한두 점씩 쓴 것으로 전시회를 열었다. 논자는 그때 사자성어로 당시 논자의 삶을 대변하듯 '주경야독(晝耕夜讀)'이라는 성어를 한자로 썼다. 더디지만 꾸준히 몸에 배어나도록 습관화하는 게 참 중요함을 깨달았다. 학습이라는 말이 배우고 익힌다는 말처럼 배운 것을 꾸준히 익혀나가는 게 중요하다. '습(習)'이라는 글자가 새들이 날갯짓을 계속하는 것을 형상화한 것이라고 들었다. 노동(勞動)이라는 한자풀이 그대로 자기 능력의 꽃 피움(勞)을 활성화시키는(動) 것이다. 그러므로 노동은 '애써 움직이다'를 의미한다.

2) 다시 보는 토끼와 거북이의 경주 이야기

유명한 이솝 우화[7] 중 하나로 토끼와 거북이의 경주 이야기가 있다. 이 이야기는 다음과 같다. 옛날, 옛날에 토끼와 거북이가 살고 있었다. 토끼는 매우 빨랐고, 거북이는 매우 느렸다. 어느 날 토끼가 거북이를 느림보라고 놀려대자, 거북이는 토끼에게 달리기 경주를 제안하였다. 경주를 시작한 토끼는 거북이가 한참 뒤진 것을 보고 안심을 하고 중간에 낮잠을 잔다. 그런데 토끼가 잠을 길게 자자 거북이는 토끼 옆을 한참 지나가고 잠에서 문득 깬 토끼는 거북이가 어느새 경주를 마쳤다는 사실을 깨닫게 된다. 우화 끝에는 "천천히 그리고 꾸준히 노력하는 자가 승리한다"는 교훈이 그대로 적혀 있다. 인생을 경주에 비교했고, 토끼는 게으른 인간, 거북이는 성실한 인간을 상징한다. 하지만 이 우화[8]는 여기서 그치는 것이 아니라 여러 가지 측면에서 생각해 볼 수 있는 깊은 윤리적 의미를 제공해 주기도 한다.

이 이야기는 빠르다고 무조건 좋은 것이 아님을 일깨워 준다. 현대 사회에서는 항상 빠름을 중시한다. 느리면 바보가 되는 세상이다. 하지만 빠르다고 자만해서는 안 된다. 자만의 결과가 바로 패망임을 분

---

7) 『이솝우화』(Aesop's Fables) 혹은 『아이소피카』(Aesopica)는 고대 그리스에 살았던 노예이자 이야기꾼이었던 '아이소포스'가 지은 우화 모음집을 말한다. 아이소포스는 흔히 이솝으로도 알려져 있다. 이솝우화는 의인화된 동물들이 등장하는 단편 우화 모음집을 가리키는 총괄적 용어이기도 하다. 이솝우화는 친숙한 동물이 나오고 교훈이 들어 있다는 점에서 오늘날 전 세계적으로 어린이 덕성교육을 위한 인기 교재로 그 자리매김을 하고 있다. 1484년 윌리엄 캑스턴이 영역판을 최초로 냈고, 1692년 레스토랑지 경(卿)이 그 시대의 영어에 맞도록 고쳤다. 1668년 프랑스에서는 장 드 라 퐁텐이 이솝우화에서 영감을 받아 우화 시집을 냈다. 현대영어로 된 영역본은 조지 플라이어 타운센드(1814~1900) 복사판이 잘 알려져 있다. 1998년에 올리비아 템플과 로버트 템플이 펴낸 The Complete Fables by Aesop는 완전판이라는 이름에 걸맞게 가장 원전에 충실한 이솝우화집으로 손꼽힌다. 템플에 따르면 초기 영역본들은 당시 역자의 주관에 따라 개작된 경우가 많았다고 한다. 우리나라에 이솝우화가 소개된 것은 갑오개혁 바로 다음해인 1895년에 일본인의 도움으로 만든 최초의 신식교과서 『신정심상소학』에 처음 등장했다. 7편의 이솝우화를 '새로운 이야기'라는 표제 아래 소개했다.

8) 우화(fable, 寓話)는 문학적 양식의 하나로 빗대어 풍자한 이야기를 말한다. 일반적으로 사람처럼 행동하고 말하는 동물들을 주인공으로 삼으며 인간의 어리석음과 약점들을 부각시키기 위해 지어낸 이야기이다. 윤리적 가르침이나 행동에 대한 교훈이 이야기 속에 있으며, 교훈은 대개 끝부분에 명시된다. 서구의 우화 전통은 사실상 이솝 우화에서 시작되었다(B.C. 6세기). 이솝에 대해서는 알려진 바가 거의 없다. 이솝 우화의 현대판들에는 200여 편에 이르는 우화가 실려 있지만, 그 이야기들의 실제 기원을 추적하기는 불가능하다. 우리나라의 경우 우화의 전통은 오래된 듯하나 작품이 많이 남아 있지는 않다. 전하는 우화 가운데 가장 오래된 것으로는 『삼국사기』 「구토지설」(龜兎之說), 「화왕계」(花王戒) 등을 들 수 있다. 고려와 조선시대에는 우화형식이 발전하여 가전(家傳)과 우화소설들이 나왔다.

명히 드러내 주는 이야기가 바로 토끼와 거북이의 경주 이야기이다. 토끼같이 빠른 삶을 부러워하기보다는 느리지만 포기하지 않고 묵묵히 자기 길을 걸어가는 거북이의 삶이 아름답다. 빠르지 못하다고 열등감을 갖지 말고 느리게 살면서 조급해 하지 않으면서 여유롭게 사는 자세도 좋다.

이 이야기가 오늘날 거북이와 같은 이들에게 꿈과 희망을 주지만 이것이 강조되면서 신자유주의 세계질서에서도 희망이 있는 것으로 오도될 가능성도 있다. 즉 "개천에서 용 난다"는 말처럼 어려운 환경 속에서도 불평과 불만하지 말고 열심히 노력하면 언젠가는 성공할 수 있다는 식으로 사회적 약자들의 불만을 억누를 수 있다. 스포츠 상황에서 본다면, 토끼와 거북이가 함께 경기할 일은 사실상 존재하지 않는다. 왜냐하면 스포츠에서 경쟁은 우선, 공식적인 경기의 경우, 기량이 비슷하거나 혹은 비공식 경기에서는 신체적 발달상태가 유사한 경우에 이루어지기 때문이다. 초등학생과 프로선수가 농구 경기를 하는 일이 없다. 이건 스포츠에서만이 아니다. 실제로 우리 사회에서 토끼와 거북이의 경주는 있을 수 없다. 왜냐하면 선천적으로 타고난 재능과 능력의 소유자인 토끼는 그렇지 않은 거북이와는 어울리지 않는다. 이 둘은 철저히 살아가는 방식과 터전이 다르다. 이것이 바로 오늘날의 양극화이다. 또한 오늘날의 토끼는 이 이야기처럼 방심하면서 거북이의 추격을 허용하지 않는다. 왜냐하면 오늘날의 토끼는 느림보 거북이와 경주하는 게 아니라 토끼들끼리 치열하게 경쟁하기 때문이다. 그러기에 경주에서 잠을 잔다는 것은 상상할 수도 없다. 토끼들의 경주에서 무시당하는 거북이들과 짓밟히는 작은 벌레와 들꽃들이 고통스러운 현실이다.

토끼와 거북이의 경주 이야기에서 보듯 자유경쟁은 무조건 선일까? 달리기 기능에서 확연한 차이가 나는 토끼와 거북이를 동일선상에서 출발토록 한 것은 과연 공정한 게임인가? 그럼에도 우리 사회는 자유경쟁이란 미명 하에 국민들을 무한경쟁 속으로 몰아넣는다. 상대의 허를 찌르더라도 승리하면 그뿐이라고 가르친다. 금메달이 아니면 기억 못하는 승리 지상주의에 찌든 사회, 거대 자본은 돈만 되면 어디든 고개를 내미는 불공정한 사회다. 상생 이데올로기가 이 땅에 시급한 것은 바로 이 때문이다. '복지'가 정치판의 화두로 떠오른 것도 이 같은 현실을 반영한 때문이다.

또한 이 이야기를 다시금 보면 오늘날의 신자유주의의 비윤리성이 드러난다. 이 이야기의 일반적인 교훈은 약자도 열심히 노력하면 강자를 제압할 수 있다는 희망이다. 그러나 여기에는 상대의 방심을 이용해서라도 이기면 그뿐이라는 승리 지상주의를, 신자유주의의 냉혹함이 숨어 있다. 거북이는 토끼가 잠을 자고 있는 모습을 보고는, 깨우고 같이 경쟁해야 한다는 윤리적 측면을 잊었다. 아니 어쩌면 토끼가 평소에도 그런 성격인 것을 알고 경주하자고 한 것인지도 모른다. 그렇다면 거북이는 토끼를 깨우지 않고 이를 이용한 비윤리적인 승리이다. 더욱이 평소 토끼의 성격을 알고 경주에 임했다면 더더욱 거북이의 음흉한 계략은 비윤리적이다. 그런데도 그저 거북이는 무조건 옳고 토끼는 무조건 나쁘다고 보는 것은 이기기만 한다면 어떤 수단과 방법을 동원해도 된다는 생각에 따른 것이다. 다른 사람의 실수를 모른 체하거나 이를 이용해서라도 승리만 하면 된다는 생각은 바람직하지 않다.

아무리 꾸준한 것이 훌륭하다고 해도 잠든 토끼를 보고 그냥 지나친 거북이는 바람직하지 않다. 잠든 토끼를 깨워 정정당당하게 공정하게 경주에 임해야 한다. 이 이야기는 경주가 성립될 수 없다. 토끼는 잠을 자고 거북이는 혼자 역주를 하였는데 어떻게 경주라고 할 수 있는가? 토끼는 생리적인 현상으로 졸려서 잠을 잔 것이지 경솔하고 자만심에 빠진 것이 아니다. 거북이가 근면하고 성실한 것이 아니라 거북이가 나쁜 것이다. 토끼가 잠을 자는 것을 알았으면 깨워서 같이 경주를 했어야지 정정당당한 경주이고 페어플레이(Fair play)이다. 공정한 입장에서 겨루는 것이 꾸준한 것보다 소중하다.

또한 거북이는 인정을 베풀어 토끼를 깨워 주어야 했는데 그렇게 하지 않았다. 서로 겨루더라도 인정을 잊어서는 안 된다. 꾸준함도 좋고 공정한 경쟁도 좋지만 나보다 잘한다고 해서 잘못되기를 바라는 마음을 가지면 안 된다. 경쟁 상대인 적수를 영어로 라이벌(rival)이라고 한다. 이 말의 뿌리는 '리와리즈'라는 라틴말로 '한 냇물을 더불어 쓰는 사이'라는 뜻이다. '한솥밥 먹는 사이'라는 우리말과 같다. 겨루면서 정을 주고 사랑하지 않을 수 없는 것이 라이벌이다.

이 이야기를 토끼의 입장에서 더불어 살자는 상생의 교훈으로, 사회공동체의 훈훈함이 녹아 있는 이야기로 읽어 볼 수도 있다. 옛날 옛날에 토끼와 거북이가 살았다. 거북이는 모르고 있었지만 토끼는 거북이를 사랑했다. 누구에게도 알리지 않은 토끼의 소중한 마음이었다. 어느 날 토끼는 거북이의 모습에 가슴이 아팠다. 거북이는 느린 자신에 재해 자책하고 있었다. 너무나 느리고 굼뜬 자신에 대해서….

토끼는 어떻게든 거북이에게 자신감을 주고 싶었다. 그래서 궁리 끝에 한 가지 꾀를 생각해냈다. 그리고는 거북이에게 하나의 제안을 하였다.

"어이! 느림보 거북아, 나랑 경주해 보지 않을래? 너 따위는 내 상대가 절대 될 수 없지만 말이야, 어때?"

이 말에 자존심이 상한 거북이는 자기도 모르게 그만 말도 안 되는 토끼의 제안에 응하고 말았다.

"토끼야, 내가 비록 느리지만 너와 경주를 하겠어. 빠른 것만이 최고가 아니라는 걸 보여 주겠어!"

토끼는 기뻤다. 거북이는 산중 동물들이 보는 앞에서 약속을 해버렸으니 경주를 할 수밖에 없었다. 그저 최선을 다할 뿐 피할 수 없는 경주였다.

드디어 경주가 시작되었다. 물론 거북이는 토끼를 따라 잡을 수 없다. 토끼는 어느새 저만치 앞서가고 있었다. 앞서가던 토끼는 달리면서도 거북이만을 생각했다.

'거북이가 쫓아올까? 설마 포기하는 건 아닐까?'

어느새 너무나 차이가 나버렸다. 토끼는 거북이를 기다리기로 했다. 그러나 무작정 기다릴 수는 없었다. 토끼는 길가에 누워 자는 척했다. 그리고는 거북이가 다가와 자신을 깨워 주기를 바랐다. 그래서 둘이서 손잡고 함께 달리기를 원했다. 드디어 한참 후에 거북이가 토끼에게로 왔다. 그런데 거북이는 토끼를 보고는 깨우지 않았다. 오히려 입가에 환한 미소를 머금고는 있는 힘을 다해 기어 갔다. 이렇게 해서 거북이는 길가에 잠든 토끼를 추월해서 경주에서 이겼다. 그렇지만 아무도 모른다. 잠든 척 누워 있던 토끼의 눈물을….

토끼가 운 이유는 거북이가 자신을 깨우지 않고 이기겠다고 가버린 걸 보고, 거북이가 자신을 친구가 아닌 이겨야 할 경쟁상대로만 여기는 걸 보고 운 것이다. 경주가 끝나고 거북이는 근면과 성실의 상징이 되었다. 반면, 토끼는 자만과 방심의 낙인이 찍혀 버렸다. 그렇지만 토끼는 그 비난을 감수했다. 거북이를 진심으로 사랑했기에, 그렇게 해서라도 사랑하는 거북이가 기뻐하는 모습을 보고 싶었으니까. 그리고 그건 토끼 혼자만의 아픔이었다.

동양 고전 가운데 상생의 정신은 뜻밖에도 가장 살벌할 법한 병법서인『손자병법』곳곳에 펼쳐져 있다. 과거 무인들의 필독서이기도 했던 손자병법에 살생의 기법이 아닌 상생의 지혜가 녹아 있다는 것은 일종의 아이러니다. 손자병법은 '적국을 온전하게 두고 이기는 것이 최상책의 용병이고, 적을 파괴하여 이기는 것은 차선의 용병(凡用兵之法 全國爲上 破國次之)'이라 했다. 또 '백전백승이 최상이 아니라 싸우지 않고 상대를 굴복시키는 것이 최상(百戰百勝 非善之善者也 不戰而屈人之兵 善之善者也)'이라고도 했다. 상대와 직접 교전을 벌여 상처를 주면서 얻은 승리는 지속 가능한 승리가 되지 못한다는 뜻이다.

함께 살아야 한다는 상생의 철학이다. 2500년 전 손자병법이 오늘날에도 곳곳이 생명력을 가질 수 있는 것은 팍팍해진 우리네 살림살이 때문이다. 담배를 팔며 노후를 꾸려가던 동네 구멍가게들이 하나씩, 둘씩 거대자본의 횡포에 문을 닫는다. 동네 빵집조차 대기업의 가맹점이 아니면 살아남기 힘든 현실. 그뿐 아니라 할머니의 손맛이 담긴 두부 같은 먹을거리도 거대자본의 먹잇감으로 전락했다. 탐욕스러운 1%의 자본이 99%의 다수를 지배하는 세상이다. 이미 손자병법은 '가서는 안 되는 길, 쳐서는 안 되는 군대, 공격해서는 안 되는 성, 다퉈서는 안 되는 땅(塗有所不由 軍有所不擊 城有所不攻 地有所不爭)'이 있다고 했다. 전쟁이라고 해서 무조건 파괴하고 죽이고 무차별 공격하는 것이 능사가 아니다. 사리를 잘 분간해 공격해야 할 곳과 안 할 곳을 가리면서 희생을 최소화해 후유증을 줄이라는 뜻이다. 정복만이 능사가 아니라 공존공생을 염두에 둔 지혜가 번득인다.

3. 노동윤리교육

우리나라의 대부분의 부모는 자녀가 온 몸의 능력을 배워 익혀 노동을 잘하는 노동자가 되기보단 머리만 잘 굴려 말을 잘 배워 일꾼을 부리는 사람이 되기를 바란다. 그래서 대다수의 부모들은 자녀들을 일을 배우는 교육보다 말을 배우는 교육으로 몰아세우는 대단한 사교육비까지 마다하지 않으며 막대한 투자를 아끼지 않는다. 지난 세대와 달리 몸으로 하는 일을 가볍게 여기는 사회적 인식이 많이 변화되었다고는 하지만 아직도 일을 하찮게 여기는 문화적 풍토는 여전하다.

기독교에서는 분주하게 식탁을 차리던 마르다의 요청이 핀잔을 듣는 상황이 교회 설교에서 반복 재생산되면서 예수의 발 아래 다소곳이 앉아 예수의 말을 경청하는 마리아야말로 신앙인의 표상처럼 여겨지게 되었다.[9] 그야말로 몸이 아닌 말이 판치는 세상이다. 우리가 사는 이 사회와 교회에서는 아직도 육체노동보다 말이 높임을 받고 존중되고 있다. 육체노동보다 말이 낮은 단계의 자리이고 말보다 육체노동이 더욱 능력이 요구되는 높은 단계의 자리임을 깨달아야 한다. 살림은 반드시 육체노동을 동반한다. 육체노동의 자리에서 입이 아니라 손발로 산다는 것은 사람다움의 특별함이다. 손발로 살아보면

---

9) 루가의 복음서 10장 38-42절 참조.

말뿐인 말쟁이들에게 소홀한 대접을 받곤 하지만 온 몸의 능력을 필요로 하는 육체노동은 집중력과 많은 시간이 요구되기에 그런 무시당하는 것조차 관심 밖의 일이 되기도 한다.

신영복은 무일사상(無逸思想)이야말로 주나라 역사 경험의 총괄이라고 평가한다. 생산노동과 일하는 사람의 고통을 체험하고 그 어려움을 깨닫기를 요구한다. 무일은 불편함이고 불편은 고통이지만 불행이 아니다. 불편함이야말로 우리의 정신을 깨어 있게 한다.[10] 신영복은 몸으로 일하는 사람들의 인간적인 품성을 일깨워 주었다.

> 몸을 움직여 사는 사람은 쓰임새가 헤픈 방면에, 돈을 움직여 사는 사람은 쓰임새가 여물다고 합니다. 그러나 헤플 수밖에 없는 대단히 중요한 까닭이 있습니다. 노동에 대한 신뢰입니다. 일해서 벌면 된다고 생각하기 때문입니다. 그리고 또 한 가지는 인간관계입니다. 노동은 대개 여럿이 함께하는 것이어서 인간관계가 끈끈하기 때문입니다. 더불어 일하고 더불어 써야 할 일이 많기 때문입니다. 몸 움직여 사는 사람이 헤프다는 것은 이를테면 구두가 발보다 조금 크다는 합리적인 필요 그 자체일 뿐 결코 인격적 결함이라 할 수 없습니다. 헤프다는 것은 스스로의 역량을 신뢰하고, 더불어 살아가는 삶을 당연하게 여긴다는 점에서 오히려 지극히 인간적인 품성이라고 해야 할 것입니다.[11]

머리로 아는 사람과 일하는 사람의 차이를 잘 드러내 주는 신영복의 「목수의 집 그림」이라는 글이다.

> 노인 목수가 그리는 집 그림은 충격이었습니다. 집을 그리는 순서가 판이하였기 때문입니다. 지붕부터 그리는 우리들의 순서와는 반

---

10) 신영복, 『강의』, pp.71-72 참조.
11) 신영복, 『처음처럼』, p.137.

대였습니다. 먼저 주춧돌을 그린 다음 기둥, 도리, 들보, 서까래….
지붕을 맨 나중에 그렸습니다. 그가 집을 그리는 순서는 집을 짓는
순서였습니다. 일하는 사람의 그림이었습니다.[12]

신영복은 공자의 배움을 풀이하면서 진정한 교육이 머리와 이론을
넘어서는 몸과 실천이어야 함을 강조하였다. 일반적으로 학(學)은 배
움이나 이론적 탐구라는 의미로 통용된다. 그런데 사(思)를 생각 또는
사색으로 읽을 경우 학과 사가 대를 이루지 못한다. 다 같이 정신 영
역에 관한 것을 의미하기 때문이다. 사는 생각이나 사색의 의미가 아
니라 실천의 의미로 경험적 사고로 이해해야 한다. 글자의 구성도
'전(田)+심(心)'이다. 즉, 밭의 마음이다. 밭의 마음이 곧 사(思)이다. 밭
이란 노동하는 곳이다. 실천의 현장이다. 경험과 실천의 가장 결정적
인 특징은 현장성이다. 그리고 모든 현장은 구체적이고 조건적이며
우연적이며 특수한 것이다. 그러므로 경험지(經驗知)는 보편적인 것이
아니다. 학이 보편적인 것임에 비해 사는 특수한 것이다. 따라서 현실
적 조건이 무시된 보편주의적 이론은 현시에 어둡다. 책상에서 한 가
지이지만 실제로 일해 보면 열 가지도 넘는다. 교실보다는 현실이 훨
씬 더 복잡하다. 이론은 주관적이고 실천은 결코 주관적일 수 없다. 관
념적일 수 없다. 왜냐하면 머리는 하나지만 손가락은 열 개나 된다.[13]
　머리나 이론보다 몸으로 경험하는 지식이 더 중요함을 일깨워 주
는 이야기가 있다.

　정(鄭)나라에 차치리(且置履)라는 사람이 있었다. 자신의 발을 본뜬

---

12) Ibid., p.36.
13) 신영복, 『강의』, pp.179-184 참조.

탁(度)을 집에 두었다. 시장에 신발 사러 갔는데 탁을 가지고 오는 것을 깜박 잊은 것이 생각났다. 그리고는 탁을 가지러 집으로 돌아 갔다. 다시 시장에 왔을 때 장이 이미 파하여 신발을 살 수 없었다. 이 이야기를 듣고 사람들이 물어봤다.
"직접 신어보면 될 것을 어째서 신어보지 않았소?"
차치리가 대답했다.
"탁은 믿을 수 있지만 나는 믿을 수 없어서요."[14]

직접 신어보면 될 것을 탁이 없으면 신발도 못 사는 차치리 이야기가 우스꽝스럽지만 사실 이것이 우리의 자화상이다. 일을 할 때 창의적으로 뭔가를 만들어낼 수 있는 능력이 있는데도 자신을 믿지 못하고 남들이 만들어놓은 틀 속에 안주하려는 것도 그렇고, 제도나 이론이라는 탁(度)에서 벗어나지 못하고 박제화된 지식의 노예가 되어버린 모습도 그러하다. 그 원인은 교육에 있다. 우리 사회가 탁 속에 갇혀 있다는 생각을 지우기 어렵다. 인식의 탁, 제도의 탁, 조직의 탁 속에서 창의성은 고갈되고 인간다운 삶은 시들어가고 있는 형국이다. 성숙한 사회로 나아가기 위해서는 탁에서 탈피해야 한다.

1) 노동절의 시작

5월 1일은 전 세계 노동자들이 힘을 모아 함께 노동자의 인권 보장을 요구하는 '노동절'이다. '세계 노동자의 날', '메이데이(May-Day)'라고도 불린다. 노동절은 노동자들의 단결된 힘을 세상에 널리 보여주는 날이기도 하다. 그런데 우리 정부가 공식적으로 사용하는 명칭은

---

14) 鄭人有且置履者, 先自度其足而置之其坐, 至之市而忘操之. 已得履, 乃曰: "吾忘持度." 反歸取之. 及反, 市罷, 遂不得履. 人曰: "何不試之以足?" 曰: "寧信度, 無自信也." 한비, 『한비자』, 이운구 옮김(서울: 한길사, 2002), pp.,581-582 참조.

노동절이 아니라 '근로자의 날'이다. 예전에는 날짜도 5월 1일이 아니라 3월 10일이었다. 노동절에 대해 간략하게 살펴보도록 하겠다.

1886년 5월 1일 미국 시카고의 노동자들은 매일 돌리던 공장의 기계를 멈춰 세웠다. 이 날 공장의 기계소리도 망치소리도 멈췄고, 공장 굴뚝에서 매일 시꺼멓게 솟아오르던 연기도 보이지 않았다. 그러자 상점도 문을 닫고 노동자들을 실어 나르던 버스도 따라 쉬었다. 노동자들은 일손을 멈춘 대신 '8시간 노동'을 요구하며 평화행진을 벌였다. 요즘에도 일하는 시간이 너무 길어 노동자들이 녹초가 되어 잠드는 일이 많이 일어나지만, 당시에는 장시간 노동을 규제하는 법률조차 없어 그런 일이 더욱 빈번하게 일어났다.

노동자들이 파업을 하자, 경찰은 노동자들의 힘을 꺾기 위한 음모를 짰다. 한 공장에 괴한들을 들여보내 폭력을 행사하자 노동자들은 힘을 모아 괴한들을 쫓아냈다. 그러자 경찰들이 나타나 노동자들을 향해 권총을 쏘아대기 시작했다. 이 와중에 어린 소녀를 포함한 6명의 노동자가 경찰이 쏜 총에 맞아 목숨을 잃었다. 이튿날 30만이나 되는 노동자들이 헤이마켓 광장에 모여 평화적인 집회를 열고 경찰의 만행을 비판했다. 그런데 갑자기 어디선가 폭탄이 터졌고 경찰들은 다시 모여 있던 노동자들에게 몽둥이를 휘둘렀다. 그리고 노동운동 지도자들에게 '폭동죄'를 뒤집어씌워 사형을 시키거나 오랫동안 감옥에 갇혀 있게 만들었다. 당시 안타깝게 목숨을 잃은 노동운동 지도자 스파이즈는 마지막으로 선 법정에서 이런 말을 남겼다.

당신은 하나의 불꽃을 짓밟아 버릴 수 있다. 그러나 당신 앞에서, 뒤에서, 사면팔방에서 끊일 줄 모르고 불꽃은 들불처럼 타오르고 있다. 그렇다. 그것은 들불이다. 당신들은 이 타오르는 들불을 끌 수 없을 것이다.

스파이즈의 말처럼, 노동자들은 자신들의 권리를 보장 받기 위해 들불이 되어 일어났다. 4년 뒤인 1890년 5월 1일, 미국 노동자들의 투쟁을 기념하고 살인적인 노동시간을 8시간으로 줄일 것을 요구하기 위해 전 세계 노동자들이 함께 시위를 벌였다. 이때부터 해마다 5월 1일이 되면, 전 세계 노동자들이 힘을 모아 권리 보장을 촉구하고 노동자들의 단결된 힘을 보여 주었다. 이렇게 노동절은 한 세기가 넘게 이어져 오고 있다.

2) 빼앗긴 노동절

우리 노동자들도 일제의 지배를 받던 1920년대부터 노동절을 함께 기념해 왔다. 그런데 해방 이후 오랜 독재시대를 거치면서 노동절은 굴곡을 겪게 된다. 우선 부정선거로 재집권에 성공한 독재자 이승만은 1958년 노동절의 날짜를 3월 10일로 바꾸어버렸다. 같은 날 세계 노동자들이 힘을 모으는 모습을 보기 싫었던 것이다. 이후 군사쿠데타로 집권한 박정희는 노동절이라는 말조차 싫어하면서 '근로자의 날'로 이름을 바꾸었다. 최저생계도 보장받기 힘든 저임금을 받아도 감지덕지하며 아무 생각 없이 일할 '근로자'가 필요했던 것이다. 그렇게 '근로자의 날'은 노동자들이 '운 좋게 하루 쉴 수 있는 날' 정도의 의미밖에 가지지 못했다.

그러나 시간이 흐르면서 노동자들은 자신들의 권리를 깨닫기 시작했다. 더 이상 사람이 사람답게 살고 일하지 못하게 만드는 '장시간 / 저임금 / 위험한 노동'과 '군대식의 규율'을 거부하기로 한 것이다. 먼저 민주적인 노동조합을 만들어 힘을 모았다. 임금을 올리고, 노동조건을 개선할 수 있는 법을 만들고 바꾸기 위해서도 노력했다. 그리고 빼앗긴 노동절을 되찾기 위해 나섰다. 그런 노력 끝에 1994년부터는 5월 1일에 노동절로 지킬 수 있게 되었다. 그러나 정부는 아직도 '노동절'이 아닌 '근로자의 날'이라는 이름을 그대로 사용한다.

우리는 지금 노동자들이 사회에서 얼마나 중요한 역할을 담당하고 있는지, 노동의 가치가 얼마나 소중한 지를 알려주지 않는 세상에서 살고 있다. 유명 연예인들은 광고 한 편 찍어 수억씩 벌고, 어떤 이는 땅 투기나 고리대금업으로 돈 놓고 돈 먹는 장사를 하기도 한다. 하지만 같은 하늘 아래 살고 있는 노동자들은 한 달 내내 힘들게 일해도 살림은 여전히 빠듯하고 내 집 한 칸 마련하는 데 10년이 넘게 허리를 졸라매야 한다. 부자는 망해도 떵떵거리며 산다는 말이 있듯이, 기업이 망해도 거리로 나앉는 사람은 기업의 사장이나 임원들이 아니라 노동자들이다. 이런 세상에서 사람들이 노동을 하찮은 일로 치부하고, 될 수 있는 한 피해야 하는 일로 생각하는 것은 당연한 일일 것이다.

아들에게 2

서정홍

아들아
아비의 손을 보아라.
마디마다, 지문 속까지
기계기름에 얼룩진 손이란다.

예전에는
아비 스스로
이 손이 싫어서
남에게 드러내기
싫어했단다.

내 손을 보면
까무잡잡한 농촌 아가씨마저
얼굴을 돌리고
사람 대접 한 번 받지 못했단다.

아들아
아비의 손을 보아라.
이제는
이 손이 자랑스러워
남에게 드러내기를
즐긴단다.

노동자의 손이
세상을 움직인다는 것을
알고, 실천하고부터란다.

아들아
가난하지만 티끌 없는
아비의 손을 보아라.

늘 옳은 일에 주리고
마음만 먹으면
못할 일이 없는
힘 있는 손이란다.

아비의 손을 부끄러워 말아라.
사랑하는 내 아들아.

　　위 시에서 서정홍이라는 노동자 시인은 일하는 자신의 손이 자랑스럽다고 이야기하고 있다. 사람의 노동을 보잘 것 없는 것으로 여기는 이 세상에서 말이다. 예전에는 기름에 찌든 자신의 손을 부끄러워했지만, 여전히 세상은 노동자를 제대로 존중해 주지 않지만, 이 가난한 노동자는 자신의 존재를, 자신이 하고 있는 노동을 자랑스럽게 여긴다. 왜 이런 변화가 생겨나게 되었을까? 바로 노동이야말로 세상을 움직이는 힘이라는 걸 자각했기 때문이다.

이 시인의 말처럼 노동이야말로 세상을 움직이는 힘을 갖고 있다. "소리 없이 세상을 움직입니다"라는 한 광고의 문구처럼, 노동자들의 머리와 손이야말로 소리 없이 세상을 움직이고 있다. 이 세상의 어느 것도 노동자들의 머리와 손을 거치지 않은 것은 없다. "구슬이 서 말이라도 꿰어야 보배"라는 말도 있듯이 노동이 없으면 유용한 자원도 한낱 쓰레기더미에 불과하다. 노동의 가치를 알려 주는 또 다른 이야기도 있다.

한 농부가 있었다. 그는 열심히 일했다. 그래서 많은 밭을 샀다. 그는 거기에 포도나무를 심었다. 그리고 그는 또 열심히 일했다. 포도 덩굴도 매만지고, 거름도 듬뿍 주었다. 포도나무에는 포도가 주렁주렁 열렸다. 그는 늙어 더 이상 일을 할 수 없게 되었다. 포도밭에 풀이 났지만 게으른 아들들은 풀을 뽑지 않았다. 임종 직전에 그는 아이들에게 유언을 했다.

"애들아, 포도밭에 숨겨둔 것이 있다. 너희들이 그것을 찾아 갖도록 하거라."

아들들은 무엇이 어디에 묻혀 있는지 물어 보았지만 아버지는 말이 없었다. 아들들은 보물이 묻혀 있을 것이라고 생각하고 포도밭으로 달려갔다.

아들들은 포도밭 구석구석 빼놓지 않고 흙을 뒤지고 파헤쳤다. 그러나 보물은커녕 아무것도 나오지 않았다. 그러나 그렇게 포도밭을 갈아 놓았기 때문에 그해부터 다시 포도나무들은 많은 열매를 맺었다. 아들들은 뒤늦게 아버지의 뜻을 깨달았다.[15]

그렇다. 늙은 농부가 아들들에게 남겨 준 가장 큰 보물은 바로 노동이었다. 그런데도 우리는 노동자들이 일구어온 역사는 잊어버린 채 노동자 위에 군림해 온 사람들에 의해 쓰인 역사를 배우고 기억해 왔다. 우리가 노동의 가치를 알고 기억할 때, 노동이 제대로 대접 받는 사회도 만들어질 수 있다. 이런 점에서 신영복은 맹자의 어머니보다 한석봉의 어머니가 더 훌륭하다고 평가한다. 왜냐하면 자식을 지도하는 방법이 달랐기 때문이다. 맹모처럼 공부하기에 좋은 환경을 만들어주는 것도 중요하지만 그보다는 자신이 몸소 모범을 보여 줌으로써 자식이 그것을 본받게 했던 것이다. 가난한 떡 장수였던 한석봉의 어머니는 자신의 노동을 자식에게 부끄러운 것으로 감추지 않고 아들의 글씨 공부와 같은 위치임을 보여 주면서 교훈하였다. 한석봉의 어머니는 불을 끈 캄캄한 방에서 아들과 서로 겨루었다. 어머니는 떡을 썰고 아들은 글씨를 썼다. 결과는 어머니가 썬 떡이 가지런한 것으로 어머니의 승리였다. 이로서 어머니는 아들을 가르쳤다. 즉, 말이 아니라 자신의 숙련된 노동의 현장을 보여준 것이다. 자기는 하지 않으면서 시키기만 하는 부모는 말할 것도 없고 환경만을 만들어 주는 맹모에 배해서 훨씬 뛰어난 어머니이다.[16]

학교는 모든 학생들에게 자신의 노동이나 지시의 대가로 삶을 영위하고, 그러한 밥벌이를 통해 지식을 얻을 수 있다는 진실을 설명해 주어야 한다. 학교는 지식과 노동을 접목할 수 있는 기회와 사례를 학생들에게 보여주어야 한다.[17]

---

15) 박용성 엮음, 『이야기해 주세요』(서울: 참, 1992) 참조.
16) 신영복, 『강의』, p.248.
17) 매트 헌 엮음, 『학교를 버려라』, 기영화 · 김선주 옮김(서울: 나무를 심는 사람, 2004), p.51.

3) 성서적 노동교육

우리가 사는 이 세상에서 노동은 우리의 삶을 새롭게 하고 변화시킨다. 그래서 노동은 성숙한 어른다움의 몫이기도 하다. 머리만이 아니라 온 몸의 능력을 필요로 하는 노동에 참여하면 비로소 지금도 힘차게 일하는 하느님을 만날 수 있다. 노동의 현장에서 일하는 하느님! 말꾼이 아니라 일꾼인 하느님, 말씀이 육신이 된 예수야말로 일하는 하느님을 우리에게 보여 준 것이다. 말과 일에 능한 사람이야말로 노동교육의 핵심이다.

> 예수께서 "무슨 일이냐?" 하고 물으시자 그들은 이렇게 설명하였다. "나자렛 사람 예수에 관한 일이오. 그분은 하느님과 모든 백성들 앞에서 그 하신 일과 말씀에 큰 능력을 보이신 예언자였습니다."[18]

예수는 말과 일에 큰 능력을 보였다. 그는 하늘 아버지의 뜻을 따라 말과 행동을 일치하였다.

> 그러나 예수께서는 그들에게 "내 아버지께서 언제나 일하고 계시니 나도 일하는 것이다." 하고 말씀하셨다.[19]

예수에게는 말과 일이 하나였다. 이런 예수를 보고 사람들은 무심코 '예수는 하느님과 모든 백성들 앞에서 그 하는 일과 말씀에 큰 능력을 보였다'고 고백한 것이다. 말과 일에 큰 능력을 보인 예수! 우리

---

18) 루가의 복음서 24장 19절.
19) 요한의 복음서 5장 17절.

가 본받으며 살아야 할 우리 시대의 모델이다. 말과 일이 예수에게서 하나가 된다. 사람살이에서 말과 일이 하나 됨! 이것이 기독교정신의 정수(精髓)이다. 말은 생각과 입만으로 되지만 일은 생각과 입을 포함한 온 몸으로 참여하지 않으면 결코 될 수 없다. 참여해서 손발이 움직이지 않으면 결코 일이 될 수 없다. 그러니 말의 단계를 지나 일이 능숙해져야 비로소 말과 일에 큰 능력을 갖춘 사람이 될 수 있다.

사람이 이 세상에서 사람으로 살아가는 사람살이를 살림이라고 한다. 살림이라는 말은 말과 일에 큰 능력을 갖춘 사람이 말하고 일하는 모습을 일컫는 말이다. 이에 대한 바오로의 말이다.

> 성서에 기록된 대로 첫 사람 아담은 생명 있는 존재가 되었지만 나
> 중 아담은 생명을 주는 영적 존재가 되셨습니다.[20]

바오로는 첫째 사람 아담이 생명 있는 존재였지만 나중 아담인 예수는 생명을 주는 영적 존재라고 하였다. 생명을 주는 영적 존재가 바로 거룩한 영인 성령(聖靈)이다. 예수야말로 우리가 따를 생명의 살림꾼이다. 한 사람 안에 말과 일이 하나가 되는 상황을 우리는 살림살이라고 한다. 각자 자기의 일터에서 살림을 사는 사람은 말과 일이 하나가 되는 말과 일에 큰 능력을 갖춘 사람이 되고 이런 사람이야말로 지금도 일하는 하느님과 하나가 된 사람이다.[21]

---

20) 고린토인들에게 보낸 첫째 편지 15장 45절.
21) 김영동, "말과 일, 그리고 살림", 『하나님·사람·자연이 숨쉬는 샘』(8호, 2003), pp.27-32 참조.

8장

노동에 대한 기독교사회윤리의 의미

노동의 위기에 대해 기독교사회윤리가 지니는 의의는 무엇인가? 기독교윤리에서 바라보는 인간상은 노동을 통해 자기를 표현하고 자기를 실현하는 존재이다. 그런데 현대 사회의 노동현실은 이러한 자기표현을 저해하고 있다. 기독교사회윤리는 이러한 현실에 대해 보다 근본적인 차원에서 실업과 임노동의 착취 구조가 얼마나 인간의 자기표현을 통한 자기정체성을 훼손하는지 드러내고, 이를 극복해야 하는 근거를 제시해 나가는 정신문화적 토대를 제공해 나갈 수 있다.

1. 성서적 노동이해

노동의 기독교 윤리적 입장은 무엇보다도 하느님을 노동하는 존재로서 이해한다는 점이다. 이러한 하느님의 모습을 따라 인간은 노동을 통해 자기를 표현하고, 자신을 둘러싼 사회와 생태계와 하느님과의 관계를 실현해나갈 수 있다. 인간은 창조하고 생산하고 노동하는 존재이다. 노동은 자기 자신을 대상화하여 보기 위한 움직임이다. 마치 거울로 얼굴을 들여다보듯이 자기의 정신을 자기의 솜씨를 발휘한 곳에서 들여다본다.

구약성서 창세기에서 "인간이 신의 모습으로 창조되었다"[1]라는 것은 인간이 하느님의 모습에 따라 사랑의 마음으로 노동하는 능력을 가졌음을 의미한다.

> 사랑하는 여러분에게 당부합니다. 우리는 서로 사랑합시다. 사랑은 하느님께로부터 오는 것입니다. 사랑하는 사람은 누구나 하느님께로부터 났으며 하느님을 압니다.[2]

> 아직까지 하느님을 본 사람은 없습니다. 그러나 우리가 서로 사랑한다면 하느님께서는 우리 안에 계시고 또 하느님의 사랑이 우리 안에서 이미 완성되어 있는 것입니다.[3]

창조는 하느님의 독점영역이 아니다. 인간도 창조적인 노동을 통해 끊임없이 자신과 관계 맺는 모든 것들을 갱신하고 치유하는 사랑의 노동에 의해서 창조를 계속해 나가는 것이다. 인간이 피조된 존재라는 사실의 윤리적 의미는 노동을 통해 하느님의 모습을 회복하여 사랑으로 노동하는 하느님의 파트너요, 공동창조자이다.

이처럼 성서의 노동관은 모든 인간에게 공통적으로 부여된 의무로서 긍정적이고, 적극적인 차원에서 이해한다. 인간은 하느님의 모습을 따라 노동을 수행해야 하며, 하느님의 모습을 완성할 수 있어야 한다. 이는 노동이 단순한 개인적 차원의 근면을 넘어서서 공동체의 약자를 보호하고 도와줄 것까지 확대되어야 함을 말한다. 그러므로

1) 창세기 1장 26-27절.
2) 요한 1서 4장 7절.
3) 요한 1서 4장 12절.

성서의 노동관은 이기적인 욕망추구라는 개인적인 노동의 편협성을 극복하고, 개인과 하느님과 이웃이 더불어 사는 삼중직의 의미를 되새기게 한다. 이에 대해 브루너는 나와 하느님 그리고 이웃이라는 삼중적인 관계로 말한다.

> 노동의 참된 의미는 나와 신, 그리고 이웃이라는 삼중적인 인간관계에서만 밝혀지게 된다. 그래서 노동을 통해서 이웃에게 봉사하고 이웃에게 봉사함으로써 신에게 봉사하게 되는 노동관이 정립되는 것이다. 이와 같은 삼중적인 관계에서 파악되는 노동의 의미문제는 결국에는 삶 자체의 의미라는 궁극문제로까지 나아가게 된다.[4]

이 틀에서 실업 극복을 위한 일자리 나누기, 분배정의와 나눔의 실천도 가능하다. 강원돈은 비교적 최근에 제기되는 경제 활동의 생태학적 한계의 문제와 자본과 노동의 제도적 관계의 문제 그리고 재화의 분배 원칙을 둘러싼 문제를 사회적이고 생태학적인 경제민주주의의 패러다임을 제시하였다.[5] 노동은 새로운 생명을 잉태하는 창조행위이다. 노동은 자기 생명을 살리는 것이며, 이웃 생명을 살리는 생명활동이다. 생명을 살리는 일이야말로 인간이 할 수 있는 가장 아름다운 일이요, 예술이다. 예수는 자신이 일하는 이유를 분명하게 알려 주었다.

> 그러나 예수께서는 그들에게 "내 아버지께서 언제나 일하고 계시니 나도 일하는 것이다." 하고 말씀하셨다.[6]

아버지인 하느님이 언제나 일하듯 아들인 예수도 일한다. 그러면

---

4) Emil Brunner, op. cit., p.63.

5) 강원돈, "사회적이고 생태학적인 경제민주주의를 향하여," 『신학사상』(105집, 1999년 여름) 참조.

6) 요한의 복음서 5장 17절.

하느님의 일, 예수의 일이란 무엇인가? 그것은 생명을 살리는 일이요, 참 자유와 해방을 주는 구원의 일이다.

> 도둑은 다만 양을 훔쳐다가 죽여서 없애려고 오지만 나는 양들이
> 생명을 얻고 더 얻어 풍성하게 하려고 왔다.[7]

오늘날 정치도, 경제도, 학교도, 심지어는 종교까지도 '어떻게 하면 다른 사람과 싸워 이길까? 어떻게 하면 더 많은 힘과 돈을 가질 수 있을까?' 이런 일에만 열중하며 산다. 도대체 우리가 하는 일에서 기쁨을 얻지 못하고 자유를 누리지 못하고 구원을 받지 못한다면 인간이 산다는 것이 무엇이란 말인가.[8] 우리의 일은 아버지 하느님으로부터 비롯된 일이어야 한다. 그래야 생명을 얻고 더 얻어 풍성해질 수 있다.

예수는 인간의 노동의 공동체성을 분명히 하였다.[9] 그가 가르친 기도문으로 기독교 기도문의 기준인 주기도문을 보면 '나'라는 말은 단 한 번도 나오지 않고 '우리'라는 말이 여섯 번이나 나온다. 이는 신에게 기도하는 인간의 궁극적인 소망이 '나'를 넘어서 '우리'라는 공동체 속에 있음을 분명히 한 것이다.

> 그러므로 이렇게 기도하여라. 하늘에 계신 우리 아버지, 온 세상이
> 아버지를 하느님으로 받들게 하시며 아버지의 나라가 오게 하시며
> 아버지의 뜻이 하늘에서와 같이 땅에서도 이루어지게 하소서. 오늘
> 우리에게 필요한 양식을 주시고 우리가 우리에게 잘못한 이를 용
> 서하듯이 우리의 잘못을 용서하시고 우리를 유혹에 빠지지 않게

---

7) 요한의 복음서 10장 10절.

8) 채희동. op. cit., p.138.

9) 예수는 이러한 공동체 의식을 실업자와 날품팔이 노동자를 염두에 둔 기회균등 차원에서 이루어야 할 분배 정의의 방식으로 제시하였다.

하시고 악에서 구하소서. (나라와 권세와 영광이 영원토록 아버지
의 것입니다.) 아멘.[10]

인간은 자기를 보고 싶어 안달하는 존재이다. 인간은 자기를 만날
때 한없는 기쁨을 느낀다. 노동이란 본래 기쁜 것이다. 일꾼들은 시간
가는 줄 모르고 일하고 있을 때, 일 속에서 희열과 황홀(엑스터시)을
느끼고 한없는 기쁨에 사로잡힌다. 자기를 만나고 자기를 보고 자기
를 드러내고 자기가 움직이고 있기 때문이다. 기쁨이란 자기 자신의
활동이요, 움직임이요, 살아감이다. 인간이 하느님의 모습을 볼 수 있
는 길은 오직 유적(類的) 본질을 대상 속에 구현하여 자기를 물건 속
에 대상화하는 것이다. 그러기 때문에 노동의 생산물은 대상화된 인
간의 본질이요 객관적으로 표현된 인격성이다. 그러므로 노동은 자기
실존을 확인하는 활동이다. 인간은 자기 생산물에서 자기의 본질을
발전시켜나간다.

그런데 인간이 자기 구현이 아니라 자기가 입고 있는 옷인 육체를
보존하기 위한 수단이 되고 말면 인간은 자기의 본질과 자유를 상실
하고 노예가 되고 만다. 인간의 활동인 노동은 본래 즐거운 것인데
그 즐거움이 없어지면 노동자체는 노동자와의 내적인 연관을 상실하
고 노동자의 외적인 것이 되고 만다. 자기의 생산품이 다른 사람의
소유가 되고 원수의 소유가 되어 그것이 자신을 살해하는 무기로 변
할 때, 노동은 인간 본질의 확증이 아니라 인간 본질을 거부하는 악
이 되고 만다. 노동은 노동자의 마음과 몸을 반전시켜 신바람 나게
만들지 못한다. 몸은 소모되고 마음은 퇴폐되어 노동자는 노동의 고

---

10) 마태오의 복음서 6장 9–13절.

통을 느끼고 일 밖에서 안락을 얻고자 한다. 이렇게 되면 노동은 하나의 목적이 아니라 수단이 되고 인간 본래의 활동으로서의 의미를 상실하게 된다.[11]

생산물이 노동자의 내적 관계를 상실하고 노동자로부터 생산물이 소외될 때 이를 사물의 소외라고 한다. 인간의 본질적 활동으로서 노동이 싫어져서 그것이 인간 외적인 것이 되고 노동자로부터 소외되는 것은 인간 본질의 소외, 인간 자신의 소외라고 할 수 있다. 그러므로 일하기 싫다는 말은 인간의 죽음을 의미하는 동시에 사회의 죽음을 의미한다. 소외된 인간을 자신으로부터 소외시킬 뿐만 아니라 인간의 독특한 활동, 인간적 생명 활동을 소외시킴으로써 인간을 인류로부터 소외시킨다. 노동이 소외될 때 인간의 인류적 본질도 소외되고 인간의 사회성도 소외되고 인간의 인간성도 소외되어 인간은 완전히 추상적인 존재가 되고 만다.

노동이란 인간을 인간되게 하는 존재의 매개이다. 인간은 노동을 함으로써 인간일 수 있고, 또 노동을 통해 자기 존재를 드러낼 뿐만 아니라 다른 사람과 관계를 맺어 간다. 그러기에 노동은 소중하며 인간의 존재방식이다. 여기서 인간이 어떤 일을 하느냐는 그다지 중요하지 않다. 어떤 일을 하느냐가 아니라 자기가 하는 일을 통해 자기를 살리는가, 그렇지 않은가 하는 것이 문제다. 땅강아지는 연신 땅을 파는 노동을 하고, 쇠똥구리는 똥덩이를 굴린다. 들꽃은 가만히 서서 바람 따라 춤을 추고 벌과 나비가 오면 꽃자리를 마련해 준다. 생태계에서 생명들은 자기 나름의 노동을 함에 지나침도 모자람도 없다. 그

---

11) 김흥호, "일과 사람", 『하나님 · 사람 · 자연이 숨쉬는 샘』(8호, 2003), pp.41-45 참조.

래서 노동에 구속되지 않고 노동과 자기를 일치할 수 있다. 그러나 인간들은 노동을 힘겹고 고달픈 것으로 여긴다. 노동은 돈을 벌기 위해서, 먹고살기 위해서 하는 것으로 여기면서 노동을 삶의 수단으로 전락시켰다. 이렇게 자기와 노동을 분리함으로써 노동에 끌려가게 되었다.

인간은 누구나 노동을 통해서 자기정체성을 형성해 나가야 하고, 자기를 표현할 수 있어야 한다. 이러한 노동을 통해서만 하느님과의 관계를 확고히 할 수 있다. 그러므로 인간이 노동의 자리를 얻지 못하는 오늘 이 시대의 사회구조는 하느님의 뜻에 따라 반드시 개선해 나가야 한다. 또한 기독교 노동윤리의 자기표현은 개인의 노동을 넘어 이웃의 자기표현에도 관심을 가지고 연대해나가는 사회윤리의 차원으로 나아가야 한다. 또한 인간의 노동은 성서적 쉼의 지혜와 함께해야 한다.

하느님은 이스라엘 사람들이 제의적 틀을 통해 '쉼'을 누릴 것을 명령하였다. 고대 이스라엘의 제의는 공동체적이기 때문에, 쉼 역시 공동체적이고, 사회적이다. 그래서 제의는 '온전한 사회적 쉼'을 지향한다. 제의를 통해 끊임없이 되새기는 하느님의 안식은 인간의 안식을 촉발시킨다. 인간들은 하느님의 안식을 기념함으로써 인간의 안식을 누린다. 하느님은 인간들이 안식일을 비롯해서 여러 절기들을 지킬 것을 명령하였다. 쉼을 창조한 하느님이 쉼을 명령하였다. 하느님은 안식일이 어떤 날이며, 그날에 무엇을 해야 할 것인지를 직접 보여 줌으로써 이스라엘 사람들이 그것을 그대로 따르도록 요구하였다. 안식에 대한 성서의 가르침은 현대 자본주의 시대를 살아가는 우리에게 매우 강렬한 의미를 제공해 준다. 성서가 경계하는 것은 하느님 없이도 생존의 문제를 해결할 수 있다는 확신, 끝없는 부의 창출과 축적된 부가 인간을 행복하게 한다는 세계관이다. 안식일은 이러한 인간 주도적인 모든 생산을 멈추게 하는 날이다. 하느님을 따라 사는 것, 즉 온전한 사회적 쉼을 이루는 것은 노동의 한계를 인식하고, 탐심을 버리고, 생태계보존을 이루고, 여가를 즐기는 바람직한 삶의 길을 이루어가는 것이다.

안식일은 창조의 완성이다. 인간들이 주일(主日)에 창조주 하느님을 기억하고 휴식을 취한다는 것은 생태계도 쉬게 하고 결과적으로 하느님의 창조세계가 처음의 창조된 아름다운 모습을 회복하게 하는 것이다. 바쁘게 사는 것은 자랑스러운 일이 아니다. 바쁜 이유는 유혹을 이기지 못하고 욕심을 억제하지 못하기 때문이다.[12] 요즘 30~50대 직장인들에게서 많이 나타나는 것이 과로사이다. 과로사란 자기가 하는 노동에 의해 목숨을 잃은 경우를 말한다. 다른 사람들보다 더 많은 성과를 내야 하고, 인정을 받아야 하는 사회 분위기와 자기 욕심이 과업에 쫓기게 되며, 결국에는 노동의 지배를 받아 목숨을 잃게 되는 것이다. 이처럼 무한경쟁, 약육강식의 논리가 지배하는 이 시대를 살아가는 우리는 노동에 소외되어 자기가 하는 일이 자기를 죽이는 것인지도 모르고 일에 쫓겨 살아간다.[13]

신영복은 노동의 지혜로 70%의 자리를 말했다. 사람이란 모름지기 자기보다 조금 모자라는 자리에 앉아야 함을 말한다. 집터보다 집이 크면 그 터의 기가 건물에 눌린다. 집이 사람보다 크면 사람이 집에 눌린다. 그 사람의 됨됨이보다 조금 작은 듯한 집이 좋다. 자리도 마

---

12) 기독교환경연대, "하루 한 번씩 신음하는 피조물을 생각하며 행동합니다", 『하나님·사람·자연이 숨쉬는 샘』(8호, 2003), p.122.

13) 채희동, op. cit., p.49.

찬가지이다. 자리가 사람보다 크면 사람이 상하게 된다. 그래서 70%의 자리가 좋다. 사람의 능력이 100이라면 70% 정도의 능력을 요구하는 자리에 앉아야 적당하다. 30% 정도의 여유가 있어야 한다. 30% 정도의 여백이 있어야 한다. 이 여백이야말로 창조적 공간이 되고 예술적 공간이 된다. 자기 능력이 100이라면 "70%의 자리" 정도의 일을 하는 게 득위(得位)의 비결이다. 자기 능력이 100인데 120 혹은 150 정도를 하게 되면 어떨까? 무리를 하게 된다. 가족과 함께하는 시간이 적어지고, 자신만의 조용한 시간을 가질 수가 없게 된다. 실력이 모자라니 다른 사람의 눈치를 보게 되고, 일을 못해도 잘한 것이라고 우기게 된다. 그럴수록 다른 사람의 이야기는 안 듣게 되고 무리하다가 건강을 잃을 수도 있다. 그런데 70% 정도 자리의 일을 하면 어떨까? 그러면 반대로 30% 정도의 시간과 마음의 여유를 갖고 일을 하게 되니, 자기 능력을 충분히 발휘할 수 있게 되고, 자기를 채워나가는 시간도 가질 수 있고, 가족과 함께하는 시간도 가지니 마음 편하게 살 수 있다. 물론 그에 따라 돈도 적게 벌고, 높은 자리도 얻지 못한다. 그러나 그런 것에 마음을 빼앗기지 않으면 된다. 이건 책임을 피하려고 하는 게 아니다. 지혜로운 것이다. 자신의 능력을 잘 알아서 그에 맞는 일을 하고, 욕심내지 않는 것이다. 자기 능력 이상의 자리에서 과부하로 힘들어하지 말고, 시간적 여유를 가져야 한다.[14]

이처럼 맡은 일을 정성스럽게 잘하려고 하지만, 맡은 일의 가지 수가 너무 많고 그 일들이 너무 힘들면, 아무리 성실하고 싶어도 성실할 수 없는 경우가 있다. 그러니 성실하게 살기 위해서는, 자기가 할

---

14) 신영복, 『강의』, pp.101-102 참조.

수 있는 일의 가지 수를 줄이는 지혜도 필요하다. 그러니까 그때그때 자기에게 가장 중요한 일이 무엇이며, 그보다 덜 중요한 일은 무엇인지, 또 중요하지 않은 일은 무엇인지를 잘 가늠할 줄 아는 힘이 지혜이다. 이것저것 하고 싶다고 마구 일을 벌여 놓거나, 또 남이 이런저런 일을 맡긴다고 해서 그 모든 요청을 다 들어 주다 보면, 나중에는 능력과 시간도 모자라서 여러 가지 일 중에서 어느 하나도 제대로 할 수가 없고, 성실하지 못하게 되고 만다.

이렇게 자기에게 중요한 일을 잘 가려 알맞게 성실하게 살려면, 욕심을 버려야 한다. 무엇인가를 남보다 앞서 잘하고, 많이 해내야 한다는 생각에 짓눌려 살다 보면, 자기도 모르는 사이에 자기 욕심의 종이 되어서, 반드시 하지 않아도 될 일까지 포함해서 자기 힘에 겹게 여러 가지 일을 하게 되는 것이다. 또 더러는 자기의 능력을 지나치게 믿는 데서 그런 상황이 벌어지기도 한다. 이런 욕심과 착각에서 벗어나지 못하면, 제아무리 열심히 살아도 제대로 살기 힘들다. 마음에 분주함이 꽉 차게 되면 참된 쉼을 얻을 수 없고 그에 따라 자기성찰을 통한 관계도 일그러지게 된다.

오늘날 우리의 삶을 드러내주는 시샘이다.

달려라 죽음

박노해

책을 열심히 보느라 독서할 시간이 없다.
말을 많이 하느라 대화할 시간이 없다.
머리를 많이 쓰느라 생각할 틈이 없다.
인터넷과 트위터 하느라 소통할 시간이 없다.

갈수록 세상이 빨라진다.
지구의 회전은 그대로인데
갈수록 사람들이 바빠진다.
꽃이 피는 걸음은 그대로인데

지금 나는
달리고 싶을 때 달리는 게 아니다.
남들이 달리니까 달려가고 있다.

빨리 달려 행복해서가 아니라
오직 뒤처지지 않기 위해 빨리 달린다.

빨리 달려 얻을 것은 삶이 아닌 죽음인데
죽음의 냄새가 나는 '살아남기'일 뿐인데

내 마음이 꽉 차서

박재순

내 마음이 꽉 차서
말씀을 들을 틈이 없습니다.

내 마음이 너무 바빠서
벗들의 말에 귀를 기울이지 못합니다.

생각과 욕심, 상처와 노여움으로
속이 막혀서
생명의 님이 계실 자리가 없습니다.

그저 놓아버리면 자유롭고
그저 쉬면 편안하고
조금 뚫리면 하늘 바람이 불어오련만
나는 갈수록 작아지고 좁아집니다.

하나님, 내 속에 오셔서

내 마음을 비워 주셔요.
말씀이 살아 있고
벗이 살아 있게 하셔요.

지금의 자리와 모습에 감사하는 자세를 옛 사람들은 안분지족(安分
知足)이라고 했다. 이 말은 자기의 수준이나 능력을 잘 알아서 그 자
리에서 만족할 줄 알아야 편안하다는 뜻이다.
오늘날 우리의 경쟁과 욕망의 결과를 폭로하는 시샘이 있다.

동물

월트 휘트만

나는 모습을 바꾸어 동물들과 함께 살았으면 하고 생각한다.
그들은 평온하고 스스로 만족할 줄 안다.
나는 자리에 서서 오래도록 그들을 바라본다.
그들은 땀 흘려 손에 넣으려고 하지 않으며 자신들의 환경을 불평
하지 않는다.
그들은 밤늦도록 잠 못 이루지도 않고 죄를 용서해 달라고 빌지도
않는다.
그들은 하느님에 대한 의무 따위를 토론하느라 나를 괴롭히지도
않는다.
불만족해 하는 자도 없고, 소유욕에 눈이 먼 자도 없다.
다른 자에게, 또는 수천 년 전에 살았던 동료에게 무릎 꿇는 자도
없으며
세상 어디를 둘러봐도 잘난 체하거나 불행해 하는 자도 없다.

2. 사회정의의 실현으로서 노동

소통(疏通)은 '사물이 막힘이 없이 잘 통함' 또는 '의견이나 의사가 남에게 잘 통함'이라는 사전적 의미를 갖고 있다. 무관심과 이기주의로 인해 소통이 단절된 현대 사회에서 새삼 중요성이 부각되고 있는 소통의 토대를 기독교신앙 안에서 찾을 수 있다. 기독교의 절대자 하느님은 홀로 고독하게 존재하지 않는다. 대신에 하느님은 성삼위 간에 온전한 소통으로 하나 됨을 누리는 관계적 존재이다. 성삼위 하느님은 서로 간에 존경과 사랑과 우정으로 모든 것을 함께 나누고 사랑하며, 모든 일을 함께 하는 소통하는 존재이다. 이처럼 소통의 본질을 지닌 성삼위 하느님이 인간을 소통하는 존재로 창조하였다. 인간을 하느님과 소통하고, 또한 다른 사람들과 소통하며, 생태계의 만물과 소통하며 살도록 창조하였다. 인간의 타락으로 하느님과의 관계가 단절되었을 때, 하느님은 소통의 통로로 예수를 이 땅에 보냈다. 그리스도의 십자가 사건은 소통의 단절(불통)로 하느님과 소통하지 못하고, 다른 사람들과도 소통하지 못하고, 생태만물들을 위해 막혀 있는 통로를 뚫어 준 소통의 회복 사건이다.

기독교는 소통을 소중히 여기는 전통을 가지고 있다. 중세시대의 교회는 라틴어 성서만을 고집했으며 교회의 미사도 라틴어로 진행되었다. 그 결과 라틴어를 알지 못하는 일반 서민들은 라틴어 성서를 읽을 수 없었으며, 라틴어로 진행되는 미사의 내용도 이해할 수 없었다. 소통이 단절된 성서와 예배였던 것이다. 그러나 기독교개혁 운동은 일반 대중들을 위해 성서를 각국어로 번역하는 일에 앞장섰고, 그 결과 대중들도 성서를 읽을 수 있게 되었고 예배를 자신의 언어로 하게 되어 하느님과 소통하는 예배와 영성이 회복되었다. 소통은 단순한 의사전달을 넘어서서 마음과 마음이 통하고, 상호간에 진정성의 교류를 통해 울림을 체험하는 것이다.

하느님과 인간의 관계는 '사귐'(소통)이다. 하느님은 인간을 자신의 모습으로 창조하여 자신이 창조한 피조물을 함께 다스리려 하였다. 그러므로 하느님의 창조는 관계의 나눔을 향한 것이다. 이는 하느님의 창조가 결코 개인주의적일 수 없는 공동적 성격을 가짐을 일깨워 준다는 말이다. 분업화된 노동의 과정과 돈으로 환산되는 노동의 결과는 노동을 지극히 개인적이고 자기중심적이고 고립적인 것으로 만들고 만다. 하느님은 인간에게 관계 맺는 공동적이고, 연대적인 노동에 참여하도록 요청한다.

그러나 하느님과 인간의 사귐은 단절되고 말았다. 더욱이 현대 산업사회에서는 하느님과 인간의 관계가 단절된 상태로, 사귐이 형성하지 못하여 하느님과 관계없는 인간의 모습임을 볼 수 있다. 이러한 현상은 인간의 노동 현장에서 더욱 많이 일어나고 있다. 하느님의 축복으로 부여 받은 노동이 과학기술혁명과 산업화로 인하여 단순히 생계유지 차원에서 행해지고 있고, 노동의 목적과 의미가 상실되는 노동의 위기를 맞게 되었다. 인간은 이제 이러한 현실인식에 대한 깊은 성찰을 통해 다시금 하느님과 인간의 화해로서 노동을 통해, 하느님과의 관계를 회복할 뿐만 아니라 이웃을 향해 봉사해야 한다. 이러한 성찰의 근거로서 브루너는 화해와 공동체성을 하느님의 명령으로 제시하였다. "인간은 노동을 통해 인간과 인간 사이의 단절된 관계를 극복하여 공동으로 서로를 위해 봉사하고, 서로의 관계를 회복시켜 나갈 수 있다."15) 노정선은 일그러진 하느님의 나라를 회복하기 위한 노동의 실천윤리를 제시하였다.

> 힘 있는 자가 힘 없는 자를 힘으로 억압하고, 가진 자가 가지지 못
> 한 자를 착취하고, 식민지 세력에 속한 강대국들이 막강한 군사력
> 을 가지고 약소국을 탈취하여 제국을 이루고 그것을 오히려 세계
> 평화를 이루었다고 주장하는 역사적 현장에서 약자들을 위한 정치
> 적인 평화, 즉 가난한 자들과 군사력이 약한 나라들이 탈취 당하지
> 않고 식민지가 되지 않게 해야 한다.[16]

이러한 화해의 노동은 더 나아가서 평화를 지향해야 한다.[17] 제1세
계가 주장하는 화해와 평화가 아니라 제3세계의 억압과 눌림을 당하
는 자들에게 평화를 주는 것을 말하며, 이는 제1세계의 억압과 식민
지화와 포로에서부터 인간다운 인간, 자유인, 해방된 인간이 되게 하
는 것이다.[18] 이를 위해 파괴된 노동현장에서 노동자들의 정당한 권
리를 인정하고 인권을 착취하거나 유린해서는 안 되는 것이며, 다국
적 기업의 횡포를 막아 '정의'를 실현하고 '평화'를 유지하며 '창조질
서'를 보전해야 한다.[19] 이를 통해 하느님의 창조 질서의 회복도 이
룩해 나가야 한다.

오늘 우리의 세계는 창조질서의 파괴로 인한 생태계의 심각한 위

---

15) Emil Brunner, *The Divine Imperative* (Philadelphia: The Westminster Press, 1967), p.392.

16) 노정선, 『통일신학을 향하여』(서울: 한울출판사, 1988), p.123.

17) 신영복은 동양 사상의 중요한 특징으로 거론되는 화해(和諧)에 대해 두 가지 의미를 말했다. 화해(和諧), 평화(平和)라는 말에 공통으로 들어가는 한자로 '화'(和)는 왼쪽에 벼 화(禾)자가 씌어 있고, 오른쪽에는 입 구(口) 자가 있다. 이에 의미는 벼로 상징하는 먹을거리를 입으로 함께 나누는 것을 의미한다. 누가 더 먹고 덜 먹는 것이 없는 경제적 공평과 상생이 '화'(和)의 의미이다. 그리고 해(諧)는 모든 사람 개(皆)자에 말하는 말하다 언(言)자가 붙은 것으로 모든 사람이 자기 의견을 말하는 민주주의의 의미라고 말할 수 있다. 신영복, 『강의』, p.42.

18) op. cit., p.124.

19) 도로테 죌레, op. cit., p.172.

기에 직면해 있다. 물론 지역적인 상황에 따라 시급한 문제가 다르게 제기되기도 한다. 어떤 지역에서는 '정의'가 다른 지역에서는 '평화'가 또 다른 지역에서는 '창조질서의 보전'이 가장 시급한 문제일 수도 있다. 그러나 이와 같은 지역적 차이에도 세 개념이 결코 독자적인 것이 아니라는 점에서 JPIC(Justice, Peace and Integrity of Creation)를 향한 전 세계적인 연대가 가능하다. 이에 대해 두흐로와 리트케는 샬롬(שלום)을 제시하였다. "샬롬은 피조물 – 정의 – 평화의 순환과정으로 이해되며, 이것은 인간의 노동으로 가능하다."[20] '피조물'은 하느님의 창조질서의 관점에서 샬롬의 개념으로 '정의'는 모든 사람이 두루 잘 살고 서로 나누는 '평화'의 개념으로 이해할 수 있다.

히브리어로 '샬롬'은 포괄적인 내용을 함축하고 있다. 이 말은 '완전하게 하다', '온전하게 하다', '안전하게 하다', '끝마치다' 등의 여러 형태로 쓰인 '샬렘'으로부터 파생된 말이다. 샬롬의 기본적인 의미는 '완전성', '총체성', '온전함', '안전함' 등을 의미한다. 모든 인간, 그의 신체와 영혼, 공동체, 집단, 생태계 그리고 인간 주변의 모든 관계를 포괄하는 안녕의 표현이다. 그러므로 평화란 종교적인 의미와 심리적인 의미를 모두 포함하는 것으로 마음의 평안뿐 아니라 전쟁이 없는 상태, 사회 복지적 필요까지 모두 충족된 총체적인 평화를 의미한다. 학자들은 샬롬의 어원이 '충분히 가지고 있다(wholeness)'에서 출발했다고 이해한다. 구약성서의 평화사상은 샬롬은 야훼가 준다는 것이다.

---

20) 울리히 두흐로 · 게르하르트 리트케, 『샬롬』, 손규태 · 김윤옥 옮김(천안: 한국신학연구소, 1989), p.152.

그리하여 기드온은 거기에서 야훼께 제단을 쌓아 바치고는 그 제단을 "안심시켜 주시는 야훼"라 이름 지어 불렀다. 그 제단은 이날까지도 아비에젤의 성 오브라에 서 있다.[21]

야훼가 평화의 창시자이며 평화의 근원이다. 하느님이 샬롬을 주며 완성한다.

야훼께서 너희를 고이 보시어 평화를 주시기를 빈다.[22]

그가 다스리시는데 어찌 두렵지 않겠는가! 그는 하늘 높은 곳에서 평화를 펴시는 분,[23]

야훼의 천사가 아비에젤의 후손 요아스의 성 오브라에 있는 상수리나무 밑에 와서 앉았다. 마침 요아스의 아들 기드온이 미디안 사람들에게 들키지 않으려고 밀 이삭을 포도주 틀에서 떨고 있었는데,[24]

웃음과 환성은 나의 무죄를 기뻐하는 사람들의 것이 아니옵니까? "야훼는 높으시다, 그를 섬기는 자에게 평화 있으라." 늘 이렇게 노래하는 자들의 것이 아니옵니까?[25]

또한 샬롬은 정의와 평화가 거의 구별할 수 없을 정도로 얽혀 있는 상태를 의미한다.

사랑과 진실이 눈을 맞추고 정의와 평화가 입을 맞추리라. 땅에서는 진실이 돋아 나오고 하늘에선 정의가 굽어보리라. 야훼께서 복을 내리시리니 우리 땅이 열매를 맺어 주리라. 정의가 당신 앞을

---

21) 판관기 6장 24절.
22) 민수기 6장 26절.
23) 욥기 25편 2절.
24) 시편 29편 11절.
25) 시편 35편 27절.

걸어 나가고, 평화가 그 발자취를 따라가리라.[26]

이사야는 평화는 정의의 결과라고 하였다.

정의는 평화를 가져오고 법은 영원한 태평성대를 이루리라.[27]

평화는 강물처럼 넘쳐흐르고 정의가 바다물결처럼 넘실거린다.

네가 만일 나의 명령을 마음에 두었더라면 너의 평화는 강물처럼
넘쳐흐르고, 너의 정의는 바다 물결처럼 넘실거렸으리라.[28]

이처럼 샬롬은 인간에게 필요한 기본적인 물질적 욕구가 충족되는
것을 전제로, 빈곤과 불안에서 해방된 개인이 생명력 있는 공동체에
참여하는 것까지를 포함하는 긴 과정이다. 평화와 정의가 하나로 어
우러지는 것에 대해 바이체커의 명제는 되새겨 보아야 한다.[29]

평화 없이 정의 없고, 정의 없이 평화 없다.
정의 없이 자유 없고, 자유 없이 정의 없다.
인간들 사이에 평화 없이, 생태계와의 평화 없고
생태계와의 평화 없이, 인간들 사이에 평화 없다.

흔히 정의와 평화의 충돌을 어떻게 조화시킬 수 있는지가 논의되
곤 하지만, 진정한 샬롬을 이루기 위한 인간의 책임의 예를 성서에서
찾아볼 수 있다. 성서에 보면, 유명한 솔로몬의 재판 이야기가 나온

---

26) 시편 85편 10–13절.
27) 이사야 32장 17절.
28) 이사야 48장 18절.
29) C. F. V. 바이젝커, 『시간이 촉박하다』, 이정배 역(서울: 대한기독교서회, 1987) 참조.

다. 이 이야기는 지혜로운 왕으로서 솔로몬의 천재성이 잘 드러난다. 그러나 이 구절을 솔로몬의 천재성과 그의 치적을 드러내는 것으로 이해해서는 안 된다. 이 이야기를 보면, '한 나라의 왕이 한가하게 대단치 않은 신분의 그것도 창기들의 이야기를 듣고 있을까?' 하는 의문과 '솔로몬이 어떻게 누가 진정한 어머니인지를 가려낼 수 있었을까?' 하는 의문을 갖게 한다. 이러한 의문은 이 이야기의 배경인 그 앞 구절을 주의 깊게 살펴보게 한다. 솔로몬이 하느님에게 자신의 이기적인 욕망이 아닌 왕으로서 백성을 잘 다스릴 명석한 머리(지혜)를 구하였고, 이에 하느님이 슬기롭고 명석하게 해주고 그 외에 부귀와 명예도 주었다는 이야기이다.[30]

솔로몬은 하느님으로부터 명석한 머리를 받고 나서 재판장으로서 재판을 진행해 나간다. 여기서 보면 솔로몬은 천한 신분으로 더욱이 여성들의 이야기를 주의 깊게 듣고 있다. 그리고는 누가 진정한 어머니의 모습인지를 가려내어, 약자의 억울함이 없게 하였다.[31] 그러므로 솔로몬이 받은 하느님의 지혜는 인간을 그의 직업, 성별과 무관하게 존중하고, 그들의 이야기에 정성을 다해 귀를 기울이고, 약한 사람이 당할 억울함이 생기지 않도록 예방하는 것이었다. 이와 같이 하느님의 지혜는 개인의 욕망추구나 영달을 위한 것이 아니다. 모든 사람이 억울한 일을 당하지 않는 정의로운 세상을 만들어 가게 하는 하느님의 선물이다. 이러한 하느님의 지혜로서 하느님의 뜻이 하늘에서 이루어진 것처럼 땅에서도 이루어져야 한다.

왈키는 무엇이 올바른 행동인지를 규정한 하느님의 기준에 따라

---

30) 열왕기상 3장 3–15절 참조.
31) 열왕기상 3장 16–28절 참조.

사회적 관계에서 올바르게 행동하는 것이 정이라고 하였다.[32] 폰 라드는 구약성서적 의미에서 정의를 더욱 분명히 하였다.

> 이스라엘은 공동사회가 제시한 요구들을 사람이 얼마나 실천했는가에 의해 그를 평가했다. 즉 여기에 인간을 평가하는 규범이 있었던 것이다. 그가 당명한 일에서 공동체가 그에게 기대하는 것을 바르게 처리했다면 그는 의로움에 해당한다.[33]

정의는 다른 사람에게 구체적으로 유익을 끼치는 행동이다. 적이나 가난한 자에게 음식을 제공하는 것, 다른 사람의 명성을 지켜 주는 것 등이 정의로운 행동이다. 이런 점에서 구약성서 지혜서에서 말하는 정의는 모세 율법에서 말하는 이웃 사랑의 계명과 동일하다.[34]

> 동족에게 앙심을 품어 원수를 갚지 마라. 네 이웃을 네 몸처럼 아껴라. 나는 야훼이다.[35]

롤스는 참다운 정의를 논의하려면 근본적으로 평등한 상황에서 어떤 원칙에 동의해야 하는가를 묻는 작업을 진행해야 한다고 말했다.[36] 샌델은 전 세계적으로 정의가 보편적 인권을 존중하는 것이라는 생각이 갈수록 힘을 얻고 있음을 말했다.[37]

---

32) Bruce K. Waltke, "Righteousness in Proverbs", *Westminster Theological Journal* 70(2008), p.235를 하경택, "지혜서에 나타난 '그리스도인, 세상의 소금과 빛'", 『그리스도인, 세상의 소금과 빛』, p.77에서 재인용.

33) Gerhard von Rad, *Weisheit in Israel* (Neukirchen-Vluyn: Neukirchener Verlag, 1970), p.108을 하경택, "지혜서에 나타난 '그리스도인, 세상의 소금과 빛'", p.77에서 재인용.

34) Bruce K. Waltke, *Righteousness in Proverbs*, Westminster Theological Journal 70(2008), P.235를 하경택, "지혜서에 나타난 '그리스도인, 세상의 소금과 빛'", p.78에서 재인용.

35) 레위기 19장 18절.

36) 존 롤스, 『사회정의론』, 황경식 옮김(서울: 서광사, 1990) 참조.

성서의 기록은 하느님과 인간, 인간과 자연, 인간과 인간의 화해는
예수 그리스도의 십자가를 통해서 가능함을 일깨워주고 있다.

> 곧 하느님께서는 인간의 죄를 묻지 않으시고 그리스도를 내세워
> 인간과 화해하셨습니다. 그리고 그 화해의 이치를 우리에게 맡겨
> 전하게 하셨습니다.[38]
> 그리스도께서는 보이지 않는 하느님의 형상이시며 만물에 앞서 태
> 어나신 분이십니다. 그것은 하늘과 땅에 있는 만물, 곧 보이는 것
> 은 물론이고 왕권과 주권과 권세와 세력의 여러 천신들과 같은 보
> 이지 않는 것까지도 모두 그분을 통해서 창조되었기 때문입니다.
> 만물은 그분을 통해서 그리고 그분을 위해서 창조되었습니다. 그분
> 은 만물보다 앞서 계시고 만물은 그분으로 말미암아 존속합니다.
> 그리스도는 또한 당신의 몸인 교회의 머리이십니다. 그분은 모든
> 것의 시작이시고 죽은 자들 가운데서 살아나신 최초의 분이시며
> 만물의 으뜸이 되셨습니다. 하느님께서는 당신의 완전한 본질을 그
> 리스도에게 기꺼이 주시고 그리스도를 내세워 하늘과 땅의 만물을
> 당신과 화해시켜 주셨습니다. 곧 십자가에서 흘리신 예수의 피로써
> 평화를 이룩하셨습니다.[39]

이처럼 예수 그리스도의 십자가는 화해를 이루는 노동의 결정체였
다. 이는 JPIC 최종문서에서도 알 수 있다. JPIC라는 것은 정의(Justice),
평화(Peace), 창조보존(Integrity of Creation)의 약자로 세계교회협의회
(W.C.C)에 속한 회원교회들이 상호헌신을 통해 문제인식을 같이하고
그 해결점을 찾기 위하여 공동으로 대처해 가며 전개해 가고 있는 세
계적 기독교 운동을 말한다. JPIC 운동은 원래 세계개혁교회협의회
(WARC)에 의해 처음으로 제안되었으며, 그 후 1983년에 열린 세계교

---

37) 마이클 샌델, 『정의란 무엇인가』, 이창신 옮김(서울: 김영사, 2010), p.34.
38) 고린토인들에게 보낸 둘째 5장 19절.
39) 골로사이인들에게 보낸 편지 1장 15-20절 참조.

회협의회(WCC) 밴쿠버 총회에서 채택되어 계승되었다. 그 취지는 교회들이 서로 연합하여 정의, 평화, 창조질서 보전을 위해 헌신하자는 것이었다. 당시 여러 개의 주제를 분담하여 토론하던 수분과 그룹 중에서 "정의와 인간존엄"이라는 주제를 다루던 토의 그룹은 다음과 같은 주장을 제출하였다. 교회가 지교회나 교구, 노회나 기독교 그룹의 연락망이나 기초공동체 등 모든 단위에서 세계교회협의회와 함께 공교회의 협의 과정을 통해서 다음과 같은 일을 위한 계약(covenant)에 참여해야만 한다. 첫째, 세상의 생명이자 이 시대의 우상들까지도 지배하시는 주님 되시며 당신의 백성과 모든 피조물들을 위해 생명을 주시고 온전함으로 그 생명을 채워 주시는 선한 목자이신 그리스도를 고백하는 일. 둘째, 인종차별과 성차별, 특정계급의 지배, 신분제의 억압과 군사주의 등에 내재해 있는 죽음의 세력, 사탄의 세력에 항거하는 일이다.

총회는 이 제안을 받아들여 다음과 같이 선언하였다. "회원 교회들이 정의, 평화, 창조질서 보존을 위한 상호계약의 교회적 협의 과정에 참여하도록 돕는 것이 세계교회협의회의 프로그램의 우선적 순위를 차지해야 한다…… 이는 우리가 그리스도를 세상의 생명으로 고백하고 기독교 신앙은 죽음의 세력, 사탄의 세력에 저항하는 것이어야 하기 때문이다."

JPIC를 위한 첫 번째 세계 협의회는 1986년 스위스 글리온에서 개최되었으며, 1987년 제네바에서 개최된 세계교회협의회 중앙위원회는 1990년 서울에서 이 대회를 개최하기로 결의하게 되었으며 그 이후 계속해서 운동을 전개하고 있다. 정의, 평화, 창조질서의 보존이란 각각 분리된 세 가지의 주제인 듯하나 내실 상호 분리될 수 없는 연관된 주제이다. 이 세 가지 주제는 생명을 부정하는 '죽음의 세력'에 의해서 야기되었다는 것에서 불가분의 연관된 주제임이 분명해지며, 이 죽음의 세력에 대항하는 그리스도인의 노력이야말로 "생명의 세력"의 결집이며, 생명의 세력은 우리가 당면한 문제들을 총체적 시각에서 접근할 것을 원한다.

정의(Justice)란 오늘 우리가 세계가 겪고 있는 범세계적인 분배의 불균형, 인종차별, 성차별,[40] 신분제도에 따른 사회 계급적 차별, 인권의 문제, 정치적 민주화의 문제 등 제 영역을 포괄하는 개념이다. 이와 같은 부정의의 현상은 대체로 소위 제3세계라고 불리는 지역에서 흔히 발생하며 외채위기가 낳은 각종 불리한 상황 속에서 이들 지역의 교회와 그리스도인들은 정의의 문제를 가장 중대한 선교적 과제의 하나로 우선순위를 정하고 이문제의 해결을 위하여 자신들의 힘을 집중시키고 있다. 고문과 약탈, 억압과 살생 속에서 그리스도인이 선포해야만 하는 메시지는 정의를 세우는 일이며 살아남기 위하

---

40) 우리나라의 성별 임금격차가 경제협력개발기구(OECD) 회원국 가운데 가장 큰 것으로 나타났다. OECD 보고서에 따르면 정규직 기준으로 한국 여성들의 임금은 남성에 비해 38%나 적었다. OECD 평균 임금격차인 17.6%의 두 배를 웃도는 수준이다. 여성들이 비록 남성에 비해 저임금을 받는 직종에 많이 종사한다는 점을 감안하더라도, 고용 부문의 남녀 불평등이 이렇게 심각하다는 것은 부끄러운 일이다. 여성 고용사정은 갈수록 열악해지고 있다. 이는 글로벌 금융위기의 충격파가 여성에게 집중돼 온 영향이 크다. 지난해 여성의 경제활동 참가율은 49.2%로 2005년 이후 처음 50% 이하로 떨어졌다. 취업자 수도 전년에 비해 10만 명 이상 줄었다. 특히 20대와 30대 여성 취업자가 많이 감소했다. 기업들이 구조조정의 부담을 덜기 위해 주로 비정규직 여성들을 겨냥해 해고의 칼을 휘두른 탓이다. 대졸 여성실업자 역시 사상 최대 수준이다. 여성 고용환경의 개선은 단순히 양성평등 실현이라는 사회적 가치를 떠나 저출산·고령화에 대비하는 생존전략 차원에서도 시급히 해결해야 할 과제이다. 우리 사회는 세계에서 가장 빠른 속도로 고령화가 진행됨에 따라 생산가능인구(15~64세)가 매년 큰 폭으로 줄어들고 있다. 지금은 생산가능인구 7명이 노인 1명을 부양하지만, 2030년에는 2.7명이 1명을 부양하게 된다. 여성의 열악한 고용현실을 계속 방치할 경우 노동력 부족과 늘어나는 재정 부담으로 우리 경제는 심각한 위기에 처할 수밖에 없다. 우리 경제의 활력을 유지하기 위해서도 여성 고용률을 끌어올리는 작업을 서둘러야 한다. 이를 위해 여성이 일과 가정을 병행할 수 있도록 정책적 지원을 강화하는 노력이 무엇보다 중요하다. 여성 고용의 차별적 관행을 개선하고 보육시설 등 육아부담을 사회가 함께 지는 제도적 틀을 빨리 만들어야 한다. 파트타임 근무제, 재택근무제 등 고용시장의 유연성을 확대하는 노력도 병행해야 한다. 여성이 안심하고 일할 수 있는 여건이 조성되지 않는 한 저출산 해소도, 우리 경제의 밝은 미래도, 기약할 수 없다. "여성고용률 더 높여야 우리 미래 밝다", 〈한국일보〉(2010년 4월 5일).

여 몸부림치는 이들의 편에 서도록 결단하는 일이다.

평화(Peace)란 범세계적인 군비경쟁, 핵문제, 지역분쟁 등과 관련하여 이 개념을 주로 사용하고 있으며 특히 제1세계, 2세계 유럽권 나라들에 의해 주도되어 온 이 평화의 문제는 동구권의 변화와 유럽과 아시와 중남미에서의 군사적 충돌과 강대국의 무력개입 등으로 더 이상 그들만의 문제가 아니라 범세계적 차원에서 다루어지지 않으면 안 된다.

창조질서의 보존(Integrity of Creation)은 생태계의 문제, 환경의 문제, 과학기술의 오용에 의한 질서파괴의 문제 등을 지칭할 때 주로 사용한다. 그러나 이 주제는 앞의 두 가지 주제들의 범위를 초월하여 정의와 평화가 포함하는 여러 종류의 문제 영역들을 다 같이 포괄하는 하나의 통전적 문제의식을 대변하는 용어이다.

JPIC에 채택된 신학적 확언들 중 "확언 6-우리는 예수 그리스도의 평화를 확언한다"[41]에서 평화와 화해에 대한 내용을 살펴보면 다음과 같다. 여기서 예수 그리스도의 평화로서 제기되는 것이 영구적인 평화의 유일한 토대로서 정의이다.

> 정의는 평화를 가져오고 법은 영원한 태평성대를 이루리라[42]

> 하느님께서 민족 사이의 분쟁을 판가름해 주시고 강대국 사이의 시비를 가려주시리라. 그리 되면 나라마다 칼을 쳐서 보습을 만들고 창을 쳐서 낫을 만들리라. 나라와 나라 사이에 칼을 빼어드는 일이 없어 다시는 군사를 훈련하지 아니하리라. 사람마다 제가 가

---

41) 박창빈, "한국 교회와 사회선교", 유의웅 편, 『현대교회와 사회선교』(서울: 대한예수교장로회총회출판국, 1991), p.27.

42) 이사야 32장 17절.

꾼 포도나무 그늘, 무화과나무 아래 편히 앉아 쉬리라. 만군의 야
훼께서 친히 하신 말씀이다.[43]

이에 따라 인간은 화해의 역할로 부름 받은 평화의 일꾼이다. 성서
의 기록에 의하면, 인간의 화해의 중요성에 대해 제단에 예물을 드리
는 것보다 먼저 해야 한다.

> 그러므로 제단에 예물을 드리려 할 때에 너에게 원한을 품고 있는
> 형제가 생각나거든 그 예물을 제단 앞에 두고 먼저 그를 찾아가 화
> 해하고 나서 돌아와 예물을 드려라.[44]

성서에 의하면, 참된 평화는 모든 인간이 하느님과 이웃과 생태계
의 안정된 관계 속에서 사는 것을 의미하며, 하느님의 정의를 가장
상처 받기 쉬운 사람들,[45] "가장 보잘 것 없는 사람들"[46]을 보호하는
것이다. 그러므로 하느님은 사회적으로 약한 사람들과 가난한 사람들
의 옹호자이다.

> 그렇다고 하여 너희가 사는 땅에서 가난한 사람이 없어지지는 않
> 을 것이다. 너희가 사는 땅에는 너희 동족으로서 억눌리고 가난한
> 사람이 어차피 있을 것이다. 그러므로 이렇게 너희 손을 뻗어 도와
> 주라고 이르는 것이다.[47]

---

43) 미가 4장 3-4절.
44) 마태오의 복음서 5장 23-24절.
45) 신명기 24장에서는 "가난하기 때문에 품을 파는 사람"(14절), "떠돌이"와 "고아"와 "과부"(17절)에 대한
    인권과 보호를 명령한다.
46) 예수 자신을 보잘 것 없는 사람 하나와 동일시하여 자신을 사랑하는 것과 같이 사랑해야 함을 말한다. 이
    들은 "굶주리는 사람", "목마른 사람", "나그네", "헐벗은 사람", "병든 사람", "감옥에 갇힌 사람"을 말한
    다. 마태오의 복음서 25장 31-46절 참조.
47) 신명기 15장 11절.

언젠가 TV에서 사회심리학적인 실험을 한 적이 있다. 이 실험은 이른바 잘 사는 나라 백인과 경제수준이 낮은 동남아나 아프리카 사람이 지나다니는 사람들에게 길을 물어볼 때 지나가는 사람들이 취하는 태도를 파악해 보는 것이었다. 이 실험 결과는 참으로 안타까웠다. 대부분의 사람들이 백인들에게는 필요 이상의 친절함을 보였지만 다른 사람들에게는 대꾸도 하지 않았다. 이처럼 차별이 습관화 되어 있었다. 겉으로 보이는 것만으로, 경제력에 따라 사람을 차별하는 모습이었다. 이러한 모습은 강자에겐 약하고 약자에겐 강한 천박한 인간성을 보는 것만 같았다. 어떤 경우에도 사람을 차별하지 말아야 한다. 사람을 차별하는 것은 죄악이다.

그러나 예수가 보여 준 모습은 정반대였다. 구원 받아야 할 인간이 낯설어하고 불편해 할까봐 인간의 모습을 취하였다. 그것도 아주 가장 낮은 모습으로 이 땅에 왔다. 출생부터 인간과 차별적인 모습을 취하지 않은 예수는 이 땅의 삶 속에서도 모든 사람을 공평하게 대하고 누구도 제외되거나 소외되지 않도록 하였다. 어떤 사람의 말도 그냥 흘려듣지 않으셨다.

어느 날 예수는 사회적인 지위로 볼 때 고위층에 속한 회당장 야이로를 만난 적이 있다. 그는 전혀 살 가망이 없는 중병에 걸린 어린 딸을 두고 있었다. 그래서 체면 불구하고 예수에게 무릎을 꿇고 통 사정을 하면서 자신의 집으로 가서 딸을 살려 줄 것을 간청했다. 예수는 그의 간청을 받아들이고 그의 집으로 향하였다. 그러던 중에 12년 동안 혈우병으로 고생하는 신분이 천한 여인을 만났다. 낫기를 원하는 그 여인은 예수의 옷자락을 만지는 믿음으로 병을 고쳤다. 예수는 야이로의 집으로 향하던 발걸음을 멈추고 얼굴을 여자에게로 향했다.

그리고 그녀의 믿음을 칭찬하고 평안을 기원하였다. 그렇게 여자와 함께 지체하는 가운데 비보(悲報)가 전해졌다. 야이로의 어린 딸이 죽었다는 것이다.

예수는 매우 실망하여 슬퍼하는 야이로를 위로하면서 그의 딸을 일으켜 세우고 살렸다. 이 두 사람과의 만남 속에서 예수의 공평을 발견하게 된다. 사회적 위치로 보자면 야이로는 많이 가지고 누리는 사람이요, 그 혈우병에 걸린 여자는 무시해도 별로 문제가 되지 않을 사람이었다. 요즘 같으면 보통 사람들은 특권층이요, 권력을 손에 쥔 야이로에게만 집중하고 그 여자는 쳐다보지도 않았을 것이다. 아마 가난한 여자를 도와줄 마음이 있더라도 야이로가 비중이 큰 인물이기에 마음 불편해도 그냥 서둘러 야이로의 집으로 갔을 것이다. 그런데 예수는 고위층의 어린 자녀의 치료를 지체하시면서까지 혈우병으로 고생하는 여인에게 마음을 열었다. 예수는 남녀를 떠나서, 빈부를 떠나서, 노소를 떠나서 모두에게 공평하게 다가갔다. 아니, 지나칠 정도로 하찮은 사람들에게 더욱 애정을 쏟았다.[48]

예수는 사람의 형편과 처지를 따지지 않고 차별 없이 찾아가서 함께하였다. 이 예수를 따름은 그의 마음으로 그 어떤 치우침이 없이 공평을 실천해야 한다. 바오로는 이 세상의 존재하는 모든 것이 예수 안에서 하나라고 하였다.

> 유다인이나 그리스인이나 종이나 자유인이나 남자나 여자나 아무런 차별이 없습니다. 그리스도 예수 안에서 여러분은 모두 한 몸을 이루었기 때문입니다.[49]

---

48) 루가의 복음서 8장 41-56절 참조.

공평을 잃은 차별은 기독교인이 물리쳐야 할 가장 큰 적이다. 교회가 우리 사회의 한쪽 끝에서 이념의 칸막이, 신분의 칸막이, 문화의 칸막이와 같은 여러 칸막이를 세우고, 사람을 구분하고, 반대편에 선 사람들을 '적'으로 생각한다. 기독교 역사를 보면, 초월에 기대어 인간이 만든 이념, 인간이 만든 제도, 인간이 만든 관행을 지속적으로 맞서 허무는 기독교가 있었고, 이념·인종·문화·지역 안으로 하느님을 제한시켜 그 안에 있지 않는 이들을 척결해야 하는 이들로 구분 짓고 차별하는 기독교도 있었다. 오늘 우리 사회에도 무수한 칸막이가 설치되어 있는 것을 본다. 강남과 강북 사이에 놓인 경제 칸막이, 여당과 야당 사이에 놓인 정치 칸막이, 영남과 호남 사이에 놓인 지역 칸막이, 보수와 진보 사이에 놓인 이념 칸막이, 세대와 세대 사이에 놓인 문화 칸막이…… 이루 헤아릴 수 없이 많은 칸막이들이 민족, 인종, 성, 계급, 나이를 가로질러 우리 삶을 어지럽게 분열시킨다.

초월에 헌신하는 이들은 어떤 기독교를 지향하는가? 오늘의 한국 기독교는 어떤 기독교일까? 오늘의 우리 모습, 오늘의 우리 교회를 생각한다. 예수를 따르는 이들과 교회는 초월에 기대어 세상의 여러 칸막이를 허무는 삶을 지향해야 한다. 예수는 이 땅에 참된 평화로 왔다고 하였다.

> 그 근방 들에는 목자들이 밤을 새워가며 양떼를 지키고 있었다. 그런데 주님의 영광의 빛이 그들에게 두루 비치면서 주님의 천사가 나타났다. 목자들이 겁에 질려 떠는 것을 보고 천사는 "두려워하지 마라. 나는 너희에게 기쁜 소식을 전하러 왔다. 모든 백성들에게 큰 기쁨이 될 소식이다. 오늘 밤 너희의 구세주께서 다윗의 고을에

---

49) 갈라디아인들에게 보낸 편지 3장 28절.

나셨다. 그분은 바로 주님이신 그리스도이시다. 너희는 한 갓난아이가 포대기에 싸여 구유에 누워 있는 것을 보게 될 터인데 그것이 바로 그분을 알아보는 표이다." 하고 말하였다. 이때에 갑자기 수많은 하늘의 군대가 나타나 그 천사와 함께 하느님을 찬양하였다. "하늘 높은 곳에는 하느님께 영광, 땅에서는 그가 사랑하시는 사람들에게 평화!"[50]

그리고 해방을 주러 왔다고 하였다.

주님의 성령이 나에게 내리셨다. 주께서 나에게 기름을 부으시어 가난한 이들에게 복음을 전하게 하셨다. 주께서 나를 보내시어 묶인 사람들에게는 해방을 알려주고 눈먼 사람들은 보게 하고, 억눌린 사람들에게는 자유를 주며 주님의 은총의 해를 선포하게 하셨다.[51]

그런데 예수는 이 세상에 불을 지르러 왔고 사람들을 분열시키러 왔다고 하였다.

나는 이 세상에 불을 지르러 왔다. 이 불이 이미 타올랐다면 얼마나 좋았겠느냐? 내가 받아야 할 세례가 있다. 이 일을 다 겪어낼 때까지는 내 마음이 얼마나 괴로울지 모른다. 내가 이 세상을 평화롭게 하려고 온 줄로 아느냐? 아니다. 사실은 분열을 일으키러 왔다.[52]

예수의 말은 앞뒤가 안 맞는 내용이 아니다. 여기서 예수가 말하는 평화는 힘으로 침묵을 강요하는 '로마의 평화(Pax Romana)'가 아니라 참 사랑과 정의의 평화이다.[53] 루가의 복음서는 예수 출생의 소식을

---

50) 루가의 복음서 2장 8-14절.
51) 루가의 복음서 4장 18-19절.
52) 루가의 복음서 12장 49-51절.
53) 로마제국 지배하의 예수와 초대 기독교인들의 평화 인식과 경험을 면밀히 고찰한 독일 신학자의 저술로 다음을 참고하기 바람. 클라우스 벵스트, 『로마의 평화』, 정지련 옮김(천안: 한국신학연구소, 1994).

당시의 시대 상황에 따른 것으로 전했다.

> 그 무렵에 로마 황제 아우구스토가 온 천하에 호구 조사령을 내렸다.[54]

아우구스토는 아우구스투스 황제를 말한다. 아우구스투스는 시저의 양자로 시저를 이어 권력을 장악하여 최초로 로마의 황제가 되었던 사람이다. 1절에 그를 언급하고 있는 이유는 이 호적 명령 때문에 나자렛에서 살던 마리아와 요셉이 자기 고향으로 돌아갈 수밖에 없었고, 그 도중에 베들레헴에서 아기 예수를 출생하게 되었다는 역사적 배경을 밝히기 위해서이다. 당시 로마 제국은 가이사를 절대적인 존재로 신격화했다. 당시 발견된 주화들을 보면 로마 황제들이 스스로를 구주(소테르)와 주(퀴리오스)라 불렀다. 그러나 기독교인들은 예수만이 진정한 구주와 주가 되심을 고백한다. 로마 제국은 황제의 탄생을 기쁜 소식이라 불렀다. 당시 황제의 탄생이나 등극을 그들은 파발마를 통해 로마 전역에 전하며 기쁜 소식이라 외쳤다. 그러나 기독교인들은 구유에 태어난 아기 예수의 출생이 온 백성에게 미칠 큰 기쁨의 좋은 소식이라 전했다.

여기서 주목해 볼 점은 로마의 평화와 예수가 가져다 줄 평화의 분명한 차이이다. 예수가 태어날 때 수많은 천군천사들이 "하늘 높은 곳에는 하느님께 영광, 땅에서는 그가 사랑하시는 사람들에게 평화!"(14절)라는 찬양을 하였다. 아기 예수가 이 땅에 진정한 평화를 주러 왔다. 예수가 줄 평화와 대조적인 것이 바로 '팍스 로마나' 곧 '로마의 평화'이다. 로마의 평화는 아우구스투스 황제 때부터 시작된 대

---

54) 루가의 복음서 2장 1절.

략 200년의 기간을 말한다. 로마는 전쟁이 끊일 날이 없었다. 로마의 신전들 중에 야누스 신전이 있는데 이 신은 전쟁과 평화의 신이다. 그래서 전쟁 때는 이 신전의 문을 항상 열어놓았다. 전쟁터로 달려가기 위해서이다. 그런데 로마 역사에서 이 신전 문이 닫혔던 때가 있었는데 바로 이 아우구스투스 치세 기간이었다. 로마의 평화의 본질은 힘에 의한 평화이다. 로마의 강력한 힘에 의해서 제국이 안정을 취했던 때가 바로 이 팍스 로마나 시기였다.

그렇다면 이 시기가 정말 평화인가? 그렇지 않다. 힘에 의한 평화는 강자들만이 자유로운 평화이다. 약소민족들은 끊임없이 로마에 대항했고 로마는 이를 힘으로 눌렀다. 대표적으로 A. D 70년에 있었던 유대전쟁을 들 수 있다. 이 전쟁으로 예루살렘 성과 성전이 돌 위에 돌 하나도 남김없이 무너졌다. 유대 역사가 요세푸스의 기록에 의하면, 11만 명이 죽임을 당했고 9만여 명이 포로로 끌려갔다. 그 흘러나온 핏물로 타오르는 불길이 꺼질 정도였다. 요세푸스는 당시의 참상을 이렇게 전했다.

> 기근이 널리 확대되어 모든 집과 식구들에게 덮쳤다. 다락에는 굶주림으로 죽어가는 여자들과 어린 아이들로 가득 찼고, 거리의 길이란 길은 모두 늙은이의 시체로 채워져 있었으며, 어린 아이들도 젊은이들도 굶주림으로 퉁퉁 부어서 망령처럼 거리를 헤매다가 쓰러졌다. 이들은 땅에 묻으려 해도 병자에게는 힘이 없고, 튼튼한 사람들은 시체가 너무 많아 엄두도 내지 못했고, 그들 역시 언제 죽을지 몰랐다. 이런 재난에 대하여 슬퍼하는 사람도 없었고, 슬프게 우는 소리도 들리지 않았다.

힘에 의한 평화는 소수만이 자유로운 평화이다. 약한 자는 굴종을 당해야 한다. 약한 자가 무력으로 일어서려 하면 여지없이 철퇴가 가해진다. 만약 세력이 비슷하면 긴장감을 안고 살아야 한다. 급기야 그런 세력 간에 전쟁이 일어나면 수많은 사람들이 죽임을 당해야 한다. 어쩌면 이것이 인간의 역사이고 역사를 지배하는 당연한 법칙이 되었다. 마치 동물의 왕국 같다. 힘에 의해서 대장과 서열이 정해져야 찾아오는 그런 평화이다.

예수 당시에도 유대 사회에는 힘의 논리가 지배하고 있었다. 힘이 약한 유대 민족은 어떻게든 힘을 길러 로마의 지배로부터 벗어나려 하였다. 예수는 힘으로 힘을 대항하려는 유대 민족을 보며 안타까워하였다. 거기에는 참 평화가 없고 오히려 비참한 전쟁과 죽음만이 기다리고 있음을 잘 알았다. 예수는 예루살렘 성을 보며 울면서 통탄하였다.

> 예수께서 예루살렘 가까이 이르러 그 도시를 내려다보시고 눈물을 흘리시며 한탄하셨다. "오늘 네가 평화의 길을 알았더라면 얼마나 좋았을까! 그러나 너는 그 길을 보지 못하는구나. 이제 네 원수들이 돌아가며 진을 쳐서 너를 에워싸고 사방에서 쳐들어와 너를 쳐부수고 너의 성안에 사는 백성을 모조리 짓밟아버릴 것이다. 그리고 네 성안에 있는 돌은 어느 하나도 제자리에 얹혀 있지 못할 것이다. 너는 하느님께서 구원하러 오신 때를 알지 못하였기 때문이다."[55]

예수는 유대민족을 향하여 평화에 관한 일을, 평화의 길을 알지 못하다고 말했다. 평화는 힘으로 이루어지는 것이 아니다. 평화는 오히려 약함과 자기희생 속에 주어짐을 예수는 보여 주었다.

예수는 유대 민족을 비롯해서 온 인류가 진정한 평화를 얻고, 그런 평화의 길을 가기를 원하였다. 자기 힘을 강요하고 자기 권리를 주장

---

55) 루가의 복음서 19장 41-44절.

해서는 평화를 이룰 수 없다. 이렇게 이루어진 평화라면 소수만이 행복할 것이다. 예수는 모두가 행복하고 평화롭기를 원한다. 평화는 모두가 힘에 호소하지 않고 양보하고 희생할 때 주어진다. 유대인들은 힘의 길로 갔지만 그 결과는 패배요 비참함뿐이었다. 힘으로 섰던 로마 제국 또한 지금은 사라지고 없다. 그러나 예수의 길을 좇아서 자기희생과 십자가의 길을 갔던 기독교는 어떻게 되었을까? 그들은 결국 로마를 정복하였다. 로마의 황제 줄리앙이 죽음을 맞으며 최후로 고백했던 말은 "갈릴리인들이여, 그대들이 정복하였도다"이다.

『노자도덕경』(老子道德經)에 나오는 말로 '상선약수(上善若水)'라는 말이 있다. 최고의 선은 물과 같다는 뜻이다. 물이 최고의 선인 이유는 만물을 이롭게 하면서도 다투지 않기 때문이다. 세상에 물 없이는 살 수 없다. 그렇지만 물은 항상 낮은 곳으로 간다. 산이 있으면 멀리 돌아간다. 바위가 있으면 피해 간다. 웅덩이가 있으면 다 채워지기를 기다렸다 간다. 그 결과 그들은 바다에 이른다. 바다는 가장 낮은 곳에서 모든 물을 다 '받아'들인다. 그래서 이름이 '바다'인가 보다. 우리가 걸어야 할 평화의 길이 마치 물과 같다. 가장 낮은 곳으로 자기를 희생하며 나아갈 때 평화는 이루어진다.[56]

못이 되고 싶어

신경득

나는
망치보다는
못이 되고 싶어

---

56) 신영복, 『강의』, p.289.

얻어맞으면 맞을수록
깊게 깊게 박혀
어둠 속에 숨어서
짧게 또는 길게
받쳐 주는 힘이
한 개 못이 되어
더러는 걸려 주는 힘이거나
버티어 주는 힘이 되고 싶어.

신영복은 묵가사상에서 차별을 극복하는 평화의 지혜를 제시하였
다. 이것이 바로 '겸치별란(兼治別亂)'이라는 말이다. 즉, 겸애하면 평
화롭고(治) 차별하면 어지러워진다는 말이다. 세상을 어지럽히는 가
장 큰 해악이 바로 서로 차별하는 교별자(交別者)이다. 큰 나라가 작은
나라를 공격하고, 큰 집안이 작은 집안을 어지럽히고, 강자가 약자를
겁탈하고, 다수가 소수를 힘으로 억압하고, 간악한 사람이 부족한 사
람을 속이고, 신분이 높은 사람이 낮은 사람들에게 오만하게 대하는
것이 천하의 해로움이다.[57] 묵자는 이 문제를 개인적인 심정적인 차
원을 넘어서는 제도적 관점에서 접근하였다. 천하의 이익을 위해서
모든 사람들이 서로 사랑하고 모든 사람들이 서로 이롭게 되도록 법
과 제도를 개혁해야 한다.[58]

갈퉁(Johan Galtung)은 1969년의 "폭력, 평화, 평화연구"라는 논문에
서 폭력과 평화를 다시 정의했다. 그에 의하면, 폭력이란 "폭력으로
인해 인간존재가 어떤 영향을 받기 때문에, 현실적으로 신체적, 정신
적 실현이 잠재적 실현 이하에 있는 것과 같은 때이다." 즉, 인간의

---

57) Ibid., p.377.
58) Ibid., p.374.

생명, 건강, 행복, 지성 등에서 폭력으로 인해 자기실현이 방해 받는다. 그는 자아실현을 이루지 못하는 주원인이 폭력이라고 말했다. 그는 단지 전쟁이 없다는 의미의 평화를 '소극적 평화'(negative peace)라고 하고, 이에 반해 행복, 복지, 번영이 보장되어 있다는 의미의 평화를 '적극적 평화'(positive peace)라고 정의했다. 즉, 빈곤, 기아, 환경오염 등에서 벗어나고 사회정의를 실현하는 것이 적극적 평화라고 했다.

그는 적극적인 의미에서 평화란 사회정의(social justice)의 실현이며, 인권의 옹호와 확대이며, 고통과 궁핍으로부터의 해방이라고 말하며 폭력을 '직접적 폭력(direct violence)'과 '구조적 폭력(structural violence)'의 두 가지로 구분했다. 즉 폭력에는 신체에 직접 위해를 가해오는 개인적이고 직접적이며 현재적(顯在的)인 폭력이 있는가 하면, 간접적이고 구조적이고 잠재적인 폭력이 있다고 했다. 직접적 폭력에는 전쟁, 테러, 린치, 폭행 등을 예로 들 수 있다. 직접적 폭력을 행사하는 주체는 대체로 명백하다. 따라서 직접적 폭력에 대한 규제는 비교적 잘 되어 있고, 억제할 수 있다.

구조적 폭력은 빈곤, 억압, 인종차별, 사회적 불공정 나쁜 사회제도, 잘못된 관습, 불평등한 경제, 나쁜 정치나 법률을 예로 들었다. 또한 나쁜 개발(maldevelopment)에 따른 정신적 · 육체적 피해와 자연환경의 파괴 · 오염 등에 의한 피해도 구조적 폭력으로 볼 수 있다. 구조적 폭력은 많은 후진국들이 경제개발을 하면서 제3세계인들의 삶의 질과 환경의 파괴가 중요문제로 대두되고 있다. 현재는 세계화가 진행되면서 신자유주의 영향으로 세계의 불평등한 구조가 선진국의 자본이나 다국적기업으로 인해 발생하고 있다. 구조적 폭력을 행하는 주체는 직접적 폭력과 달리 대체로 불분명하다. 폭력의 주체를 특정할 수는 없으나 죽음이나 육체적, 심리적 고통 등이 사회체계에 구조화되어 있는 불평등의 책임으로 여겨지는 경우를 구조적, 간접적 폭력이라고 규정했다. 여기에서 불평등이라는 것은 자원의 배분에 관한 결정권이 불평등한 것을 가리키며, 제3세계의 빈곤, 기아, 억압, 소외가 국제적, 국내적인 구조적 폭력의 산물이며, 그 메커니즘을 제국주의적 지배라는 형태 속에서 찾았다. 구조적 폭력까지 없애는 것을 적극적 평화라고 말함으로써 현 사회에 대해 보다 넓은 인식구조와 실천의 방향성을 제공해 주고 있다.

구조적 폭력을 없애는 것은 평화에 있어서 매우 중요한 현실적인 목표가 된다. 사회구조적 평화의 문제는 현상에서 머물러 있는 것이 아니라 변혁을 위해 다른 영역에까지 확대시켜야 한다. 비판적 평화연구는 소극적 평화(Negative Peace)를 넘어 적극적 평화(Positive Peace)의 구현을 지향하고 있다. 그는 이러한 평화연구의 전통 위에서 평화를 '전쟁 없는 상태'를 넘어 모든 종류의 '폭력 없는 상태'로 정의하면서, 평화는 직접적·물리적 폭력뿐만 아니라 사회적 불평등이나 차별 등과 같은 간접적·구조적 폭력까지 극복된 상태로 이해되어야 함을 강조했다. 그는 적극적 평화란 구조적 폭력이 없는 상태라고 주장했다. 그는 인간의 자기실현을 저해하고 있는 원인이 특정 인간 또는 집단의 책임으로 인한 경우를 인위적, 직접적 폭력이라고 했다. 직접적 폭력은 행위자와 피해자와 존재를 전제한 것이라면, 간접적 폭력은 사회구조 자체에서 일어난다.

그가 말하는 폭력에 의하면, '한국형 구조적 폭력'으로서의 양극화 현상은 구조적 폭력이 한국 사회에 만연되고 있으며 '양극화 현상'이라는 용어가 한국형 구조적 폭력을 총괄한다. 그의 논법에 따라 구조적 폭력을 지양하는 것이 적극적 평화라면, 우리나라의 양극화 현상을 타파하는 것이 우리사회의 가장 적극적인 평화 활동이다. 양극화 현상을 타파하는 행동이 바로 평화 활동·평화운동이다. 우리는 전쟁 반대·반전반핵·군비축소만을 평화운동의 대상으로 보는 협소한 시각에서 벗어나, '양극화'라는 구조적 폭력을 없애는 평화운동으로까지 시야를 넓혀야 한다.

미국 역사를 보면 남부 백인 기독교인들은 노예제도를 하느님이 주신 제도라고 믿었고, 백인이 하느님께 선택 받은 우월한 인종이라고 믿었다. 북부 기독교인들은 노예제도는 인간이 만든 것, 그러므로 철폐되어야 하고 흑인이나 백인이나 모두 하나님의 자녀라고 믿었다. 노예제 철폐의 역사다. 아직도 인종차별이 존재하지만, 미국 기독교사는 끊임없이 인종 사이의 칸막이를 허물어가는 역사가 진행 중이다. 긴장과 갈등, 마찰과 다툼을 어떻게든 바람직한 방향으로 풀어보려고 몸부림친 무리들이 있기에 역사가 그나마 재앙과 파국으로 끝나지 않고 여기까지 이어져 온 것이다. 이들을 일컬어 토인비는 '창조적 소수'라 불렀다. 흑백갈등이 첨예하던 1960년대 미국 사회에서, 심지어 버스 안에도 흑인과 백인 사이에 보이지 않는 칸막이가 설치되어 있던 그 시대에 홀연히 그 칸막이를 걷어내자고 외친 마틴 루터 킹 목사 같은 이가 이에 해당한다. 더러는 그를 '빨갱이'라고, '공산주의자'라고, '체제질서를 어지럽히는 불순분자'라고 매도했다. 그러나 오늘의 역사는 그를 영웅이라 부른다.[59] 신영복은 이런 사람을 가리켜서 어리석은 사람이라고 하면서 이들에 의해 세상이 조금씩 변해

---

59) 박정신. "한국 교회, 가시관을 쓰자". 〈기독신문〉(2012년 1월 11일).

감을 말했다. 현명한 사람은 자기를 세상에 잘 맞추는 사람인 반면에 어리석은 사람은 그야말로 어리석게도 세상을 자기에게 맞추려고 하는 사람이다. 그러나 역설적이게도 세상은 이런 어리석은 사람들의 우직함으로 인하여 조금씩 나은 것으로 변화해 간다. 우직한 어리석음, 그것이 곧 지혜와 현명함의 바탕이고 내용이다.[60]

우리나라의 기독교 역사를 보아도 이 '칸막이 허무는 역사'를 읽게 된다. 19세기 말 예배처소인 '사랑방 교회'를 생각해 본다. 사랑방 교회는 좁은 공간으로 불편한 곳이었다. 그러나 이곳에서 남자와 여자 어른, 남자와 여자 아이, 양반과 상민이 함께 둘러앉아 한 하느님께 예배를 드렸다. 함께 같은 찬송을 부르고 같은 성서를 읽었다. 이 모습은 조선이라는 유교 사회의 가르침, 관습과 관행에 맞선 '혁명적인 사건'이었다. 사농공상(士農工商)이라는 신분사회를 만들어 사람들을 하는 일에 따라 구분하고, 남녀노소(男女老少)라는 성의 다름, 나이의 다름에 따라 구분하고 차별하는 조선에서 이 '사랑방 교회'는 신분의 칸막이가 없었고, 성과 나이의 칸막이가 없었다. 하느님은 남자의 하느님이자 여자의 하느님이고, 양반의 하느님이자 평민의 하느님이며, 어른의 하느님이자 아이들의 하느님이기 때문이다.

우리나라의 통일을 위해서, 정의를 위해서 평생을 살아온 백기완이 쓴 『사랑도 명예도 이름도 남김없이』[61]를 보면 그가 어떤 사람인지 알 수 있다. 그가 자주 쓰는 말 중에 순 우리말로 "노나메기"라는 말이 있다. 이 말은 "너도 일하고 나도 일하고, 너도 잘 살고 나도 잘 살고"라는 뜻이다. 그러니까 올바로 잘 사는 세상이란 노나메기 할

---

60) 신영복, 『나무야 나무야』, p.82.

61) 백기완, 『사랑도 명예도 이름도 남김없이』(서울: 한겨레출판사, 2009) 참조.

수 있어야 하는 것이다. 그는 이것이 진정한 통일이라고 말한다.

우리나라는 힘센 사람과 힘없는 사람, 배운 사람과 못 배운 사람, 돈 많은 사람과 가난한 사람, 예수 믿는 사람과 안 믿는 사람으로 갈라져 있다. 같은 핏줄끼리 어울리고, 학교끼리 어울리고, 같은 지역끼리 어울리는 패거리가 눈살을 찌푸리게 한다. 백기완의 말대로 진정한 통일은 남북한의 통일만이 아니라 갈라진 사람들 사이의 미움, 다툼, 시기, 질투가 없어지고 하나가 되는 것이다. 사람은 담을 만들었지만 하느님은 문을 만들었다. 담은 서로를 막지만 문은 서로 통하게 하는 통로가 된다. 사람들은 자꾸만 담을 만들었다. 피부 색깔이 다르다고, 생각이 다르다고 갈라져 있다. 우리나라는 남한과 북한이 갈라져서 살아가는 분단된 나라다. 우리나라는 한겨레인데 지금 두 나라로 갈라져 있다. 우리 남한 안에서도 지역감정으로 갈라져 있다. 이제는 이러한 담을 모두 허물고 너와 내가 하나가 되는 노나메기를 이루어가야 한다. 통일조국을 꿈꾸며 살았던 늦봄 문익환 목사가 자주 하던 말이다. "하나 되는 것은 더욱 커지는 것이다."

1960년대 미국 내의 흑인 차별에 대항하여 무저항운동을 펼치던 마틴 루터 킹((Martin Luther King Jr.) 목사는 1963년 8월 28일, 워싱턴 광장에 모인 수많은 사람들 앞에서 "I have a dream."(나에게는 꿈이 있습니다)라는 명연설을 남겼다.

> 나에게는 꿈이 있습니다. 어느 날, 조지아에서 미시시피와 앨라배마에 이르기까지 옛 노예의 아들들이 옛 주인의 아들들과 함께 형제처럼 살게 되는 꿈입니다. 나는 꿈을 꾸고 있습니다. 백인 어린이가 흑인 어린이와 형제자매처럼 손을 잡고, 피부색깔 대신에

인격을 기준으로 평가를 하며 평가를 받게 되는 꿈입니다. 나는 꿈을 지니고 있습니다. 이 땅에서 아모스의 예언이 실현되고, 정의가 강물처럼 흘러내리며, 진리가 거대한 분류(奔流)처럼 흐르게 되는 꿈입니다. 어느 날, 모든 사람이 평등하게 태어났고 창조주로부터 생명, 자유, 행복추구의 양도할 수 없는 권리를 부여받았다는 제퍼슨의 말을 인정하게 되는 꿈입니다. 나에게는 꿈이 있습니다. 모든 산골짜기가 솟아오르고, 언덕과 산들이 주저앉으며, 굽어진 곳이 곧게 펴지고, 신의 영광을 모든 인간이 함께 볼 수 있는 날이 오는 꿈입니다. 나는 꿈을 꾸고 있습니다. 인간이 모두 형제가 되는 꿈을 꾸고 있습니다. 하느님의 모든 아이들이 흑인이건 백인이든, 유태인이든 유태인이 아니든, 개신교도이든, 가톨릭신자이든, 모두 손을 잡고 "자유가 왔다! 자유가 왔다! 하느님, 감사합니다!"하고 영가(靈歌)를 부를 수 있는 날…… 나는 지금 그 날을 꿈꾸고 있습니다…….

한국 교회는 무엇보다도 서로를 향해 삿대질하기를 멈추고, 칸막이부터 허물어야 한다. 그러기 위해서는 예수의 머리에 덮어 씌운 '황금면류관'부터 벗길 일이다. 복음서의 예수는 '가시관'을 쓴 채 십자가에 달려 피를 철철 흘리는데, 어쩐 일인지 한국 교회 안에는 그 예수가 없다. 부디 가시관을 쓰신 예수로 돌아가야 한다. 성공과 출세를 '복음'으로 둔갑시키는 대신에 오롯이 순전한 하느님 나라를 몸으로 살아내야 한다. 그 길만이 한국 교회가 살 길이다.

나더러 주여 주여 하는 자마다 천국에 다 들어갈 것이 아니요 다만 하늘에 계신 내 아버지의 뜻대로 행하는 자라야 들어가리라[62]

---

62) 마태오의 복음서 7장 21절.

금관의 예수

김지하

얼어붙은 저 하늘
얼어붙은 저 벌판
태양도 빛을 잃어
아 캄캄한 가난의 거리
어디서 왔나
얼굴 여윈 사람들
무얼 찾아 헤매나
저 눈, 저 메마른 손길
고향도 없다네.
지쳐 몸 눕힐 무덤도 없이
겨울 한복판
버림받았네.
버림받았네.
아아, 거리여
외로운 거리
거절당한 손길들
얼어붙은 저 캄캄한 곤욕의 거리
어디 있을까
천국은 어디
죽음 저편에
사철 푸른 나무숲
거기 있을까
(…) 어디 계실까
주님은 어디
(…) 오, 주여 이제는 여기
우리와 함께, 주여 우리와 함께 하소서.

위의 시는 1973년 원주 가톨릭회관에서 초연(初演)된 김지하의 희
곡 「금관의 예수」 첫머리다. 1970년대의 캄캄한 겨울에 거리로 쫓겨
난 거지, 문둥이, 창녀들과 이들을 도우려는 수녀, 이들을 등쳐먹는

순경과 사장, 이들을 외면하는 대학생과 신부 그리고 시멘트의 감옥에 갇혀 금으로 된 관을 쓰고 있는 예수……

예수는 금관을 벗어 문둥이에게 주지만, 신부와 순경, 사장이 달려들어 도로 예수의 머리에 씌워 버리고 예수는 다시 시멘트로 굳어버린다. 이를 김민기가 곡을 붙여 양희은이 노래하기도 하였다.

안타깝게도 21세기를 지나고 선진한국을 말하는 오늘날에도 '금관의 예수'는 오늘의 현실에도 다시금 되뇌게 한다. '금관의 예수'는 이 땅의 교회들이 '가시면류관'을 쓰고 있어야할 예수에게 '황금면류관'을 씌워 섬기고 있다고 꼬집고 있다. 아니 이 땅의 교회는 '금관을 쓴 예수'가 없고 오히려 그 황금면류관을 교회 목사들이 쓰고 있는 지도 모른다. 예수의 가시 면류관은 사회적 약자들과 가난하고 병든 이들과 함께한 고난과 고통, 모욕과 박해로 가득 찬 예수의 삶을 드러내는 상징이다. 또한 출세와 부귀영화를 당연하고 중요하게 여기는 '세상'의 가르침과 반대되는 자기 비움과 검소, 겸손과 낮춤의 상징이다. 안타까운 현실은 오늘날의 이른바 대형 교회 목사들은 예수가 쓴 가시면류관을 쓰려고 하지 않는다. 황금면류관을 만들어 예수에게 씌우려고 하지도 않는다. 오히려 황금면류관을 만들어 자기네들이 쓰고 있다. 대형 교회 설교단에서 울려 퍼지는 목사의 설교 내용이 모두 이 세상의 출세와 성공에 관한 것이다. 그러다보니 그 설교단 아래의 교인들도 내 자식이 남보다 앞서 위에 앉을 수 있는 '길'이 되는 그런 대학에 들어갈 수 있도록 기도하고, 자신의 부귀와 출세만을 위한 '소원 헌금'을 하고 있다. 이런 교회에서는 '금관의 예수'의 내용처럼 가난하고 고통 받는 사람들을 위한 '하느님의 나라'를 가르친 그 예수는 없다.

나는 너희가 벌이는 절기 행사들이 싫다. 역겹다. 너희가 성회로 모여도 도무지 기쁘지 않다. 너희가 나에게 번제물이나 곡식제물을 바친다 해도 내가 그 제물을 받지 않겠다. 너희가 화목제로 바치는 살진 짐승도 거들떠보지 않겠다. 시끄러운 너의 노랫소리를 나의 앞에서 집어치워라! 너의 거문고 소리도 나는 듣지 않겠다. 너희는 다만 공의가 물처럼 흐르게 하고, 정의가 마르지 않는 강처럼 흐르게 하여라.[63]

다산 정약용이 작은 고을의 통치자인 목민관으로 있을 때의 일이다. 하루는 백성 천여 명을 이끌고 관아에 쳐들어가 항의한 일로, 당시의 실정법 위반으로 5군영(五營)에 걸쳐 수배령이 내려진 '이계심'이라는 사람이 붙잡혀 왔다. 그때 그는 "통치자가 밝은 정치를 펴지 못하는 이유는, 백성들이 제 몸의 편안함만 꾀하느라 백성들을 괴롭히는 통치자에게 항의하지 않기 때문이다"(官所以不明者 民工於謀身 不以 犯官也)라는 판결이유를 밝히고, **"시위를 주동하여 통치자의 잘못을 일깨워 준 그대 같은 사람은 통치자가 천금(千金)을 주고라도 사야할 사람이지 처벌할 대상이 아니다"**라는 설명을 하면서 무죄 석방하였다. 오늘날에도 반정부 시위를 주도하고 실정법을 위반한 사람을 무죄 판결하는 것이 쉬운 일이 아닌데 당시는 전근대의 전제군주제가 군림하던 시절이었다. 이러한 때에 이런 판결을 내렸다고 하는 것은 엄청난 사건이었다.

오늘날 한국 교회는 신자유주의 시대에서 힘겹게 살아가는 사람들을 위해 경제지상주의라는 우상의 정체를 드러내고 쇠잔해져가는 민주주의 참된 정신인 자유와 평등과 정의의 인권을 회복하고 경제보다 더 높은 가치인 참 사랑의 정신을 지켜가기 위해 그 사명을 감당

---

63) 아모스 5장 21-24절.

해나가야 한다. 오늘 우리는 배부른 돼지가 되어 등 따뜻하게 배따지를 두들기며 희희낙락(嬉戲樂樂)하기를 기도하고 추구하기보다는 조금은 덜 따뜻하고 덜 배부르더라도 아니 춥고 배고프더라도 사랑과 자유와 나눔을 노래할 줄 아는 참 인간이 되자고 소리 쳐야 할 때이다. 구약성서 시대에 수많은 예언자들이 성전 안이 아닌 성전 밖의 척박한 세상 속에서 하느님의 말씀을 선포했다. 세례 요한은 그의 아버지가 성전의 제사장으로 마땅히 누릴 보장되고 안정된 세습의 특권을 버리고 낙타털옷과 메뚜기와 석청으로 생활하면서 광야에서 회개를 촉구하는 소리가 되었다. 예수도 성전이나 회당에서 하느님의 말씀을 선포하기도 하였지만, 주로 성전 밖 거리에서 산과 들에서 식민지 치하에서 힘겹게 살아가는 사회적 약자들, 병자들, 농민과 어부 등의 노동자들이 있는 현장에서 하느님의 뜻을 증언하였다.

예수는 당신을 따르는 사람들이 성전 안에 머무는 신앙공동체로 머물지 않아야함을 분명히 하였다. 거기에서 얻어진 힘으로 성전 문을 열고 세상 속으로 나아가 그 속에서 살아 꿈틀대며 증언하는 신앙공동체를 원하였다. 기독교가 '개독교'라는 욕을 먹는 이유는 입만 살아 있지 몸이 움직이지 않기 때문이다. 오늘 우리 기독교는 실천하는 믿음, 행동하는 믿음이 요구되는 시대에 직면해 있다.

3. 사회공동체의식으로서 노동

인간은 "왜 노동하느냐?" 하는 문제, 즉 노동의 목적에 따라 노동은 저주 받은 곤욕이 되거나, 순전히 살기 위한 수단이 되거나 또는 하느님의 뜻을 따라 이웃과 함께하는 소명이 될 수 있다. 마틴 부버는 대화주의 입장에서 인간의 본성을 '나-너의 대화'에서 찾는다. 인간은 이웃과의 대화에서 '이웃됨'을 이룰 때 비로소 사람이 된다. 그는 인간은 나 아닌 것과 다른 '나'만으로서의 인간이 아니라, 나-너의 만남이 참 사람의 본성임을 강조하였다.[64] 이러한 노동의 의미는 노동을 통해 삶을 영위할 수밖에 없는 인간에게 매우 중요한 물음일 것이다. 스토트(John Stott)는 '인간이 왜 노동을 해야 하는가?' 에 대해 말했다.

> 노동이란 다른 인간을 위한 헌신으로 에너지를 소비하는 것으로 육체적이든 정신적이든 혹은 양쪽이든 노동자에겐 성취감을, 공동체에는 이익을, 하나님에게는 영광을 가져다 준다. 성취, 봉사, 영광은 마치 하나님과 인간, 인간과 인간들 또 인간자신에 대한 의무가 항상 그렇듯이 모두 뒤얽혀 있다. 그러므로 자기 성취가 헌신에서 동떨어질 수 없다. 왜냐하면 직업에 대한 만족감이 주로 적정임금, 좋은 조건, 안전과 참여도에 의해 결정되는 것은 아니기 때문이다. 비록 이런 것들이 중요하기는 하지만 그것은 노동 자체로부터 나오며 특히 붙잡기 어려운 것인 '의미'라는 데서 온다. 이러한 노동에 대한 의미는 노력에 의한 것이 아니라 노동을 통해 공동체와 하나님에게 봉사하고 있다는 인식이라고 말할 수 있을 것이다. 이것은 만족감을 주고 다른 사람을 위해서 일하고 있다는 것을 깨닫게 하는 봉사이기도 하다.[65]

브라이캘맨(Günter Brakelmann)은 하느님과 인간의 계약 관계성 속에서 말했다.

> 노동이란 신과 인간의 계약 관련 속에 있다. 즉 노동이란 피조물을 보호·유지하고 계속 형성시키는 과정을 떠맡는 수임자로서의 책

---

64) 이호범, 『끝없는 물음, 인간』(서울: 소나무, 2001), p.126.
65) 존 스토트, 『현대 사회의 기독교 답변』, 박영호 옮김(서울: 기독교문서선교회, 1995), p.208.

임 안에서 인간 자신을 위하여, 그에게 맡겨진 위탁으로 본다. 그는 노동의 권리는 사회적인 분업의 내부에서 한 구체적인 봉사의 할당을 의미한다고 보면서 사회에 대한 봉사의 의무를 토대로 노동의 필연성이 있으며, 자율적인 개인이 '자연법'으로서 소유하는 요구의 권리가 아니라 무엇보다도 공동권리를 위해서 조직된 노동협동체가 노동과정에 실제로 참여할 수 있도록 허락하는 노동의 권리가 있어야 한다.[66]

그러므로 기독교노동의 윤리관은 노동이 고통의 과정을 수반하더라도 하느님이 인간에게 부여한 특권으로 보는 것임을 알 수 있다. 인간의 공동성과 동등성은 목표 지향적인 제반활동의 행위를 통해서 자기 자신과 상대방을 보존할 필요성 안에 내포되어 있다. 그래서 노동은 상호연대성도 만들어 준다. 이효범은 남자와 여자의 창조에 대해 상호연대성의 의미로 강조하였다. "하느님이 인간을 그의 모습대로 지었는데 '남자와 여자를 지어냈다'는 것은 인간으로 하여금 함께 어울려 '공동체를 건설하라는 것이다."[67] 성서의 기록에 의하면, 이러한 공동성과 동등성에 대한 상호연대성을 함께 그리스도의 몸을 이루는 것이다.

한 지체가 고통을 당하면 다른 모든 지체도 함께 아파하지 않겠습니까? 또 한 지체가 영광스럽게 되면 다른 모든 지체도 함께 기뻐하지 않겠습니까? 여러분은 다 함께 그리스도의 몸을 이루고 있으며 한 사람 한 사람은 그 지체가 되어 있습니다.[68]

인간은 사회적인 분업에 의존하여 살 수밖에 없다. 그러므로 이러

---

66) 군터 브라이캘맨, "노동과 인권". 『신학사상』, 편집실 역(1977년 겨울호). p.87.
67) 이효범, 『끝없는 물음, 인간』. p.127.
68) 고린토인들에게 보낸 첫째 편지 12장 26~27절.

한 인간 실존의 기본사항은 상호의존적이라고 말할 수 있다.

> 하느님은 인간이 혼자서 하는 노동이 좋지 않은 것으로 보고, 협력
> 할 노동자로서 여자를 만든다. 그러므로 인간의 노동은 태초부터
> 협력해야 하는 공동체성을 갖는 것이었다. "아담이 혼자 있는 것이
> 좋지 않으니, 그의 일을 거들 짝을 만들어 주리라."[69]

이러한 상호의존성을 아는 사람은 자신의 노동을 그가 다른 사람
들 앞에서 공동체를 위한 의무적인 봉사로 이해해야 한다.

> 하느님을 사랑하는 사람들 곧 하느님의 계획에 따라 부르심을 받
> 은 사람들에게는 모든 일이 서로 작용해서 좋은 결과를 이룬다는
> 것을 우리는 압니다.[70]

이러한 이해를 통한 노동은 공동체를 향한 진정한 사랑의 실천이
되는 것이다. 이에 대해 예수는 실제적으로 공동체의식의 실현으로서
이웃을 돕는 것을 마태오의 복음서의 "양과 염소의 비유"를 통해 명
령한다. 이 비유에서 예수는 이웃을 돕지 않으면 구원도 받지 못한다
고 함으로써 이웃 섬김이 모든 신자의 의무임을 일깨워 주었다.[71] 이
어서 루가의 복음서에서도 예수는 어려운 사람을 도운 사람만이 하
느님의 보상을 받는다고 가르쳤다.[72] 심지어 가난한 신자도 이 의무
에서 면제 받지 못한다. 그 이유는 세상에는 그보다 더 가난한 사람
이 있기 때문이다.[73] 아울러 그 대상을 신자로 국한해서도 안 된다.[74]

---

69) 창세기 2장 18절.
70) 로마인들에게 보낸 편지 8장 28절.
71) 마태오의 복음서 25장 31-46절 참고.
72) 루가의 복음서 14장 12-14절.

이와 같이 노동은 모든 사람을 위한 공동체적인 인간적 의무로서 개인의 임의에 의해 좌우되지 않는다.[75] 노동을 게을리 하는 것[76]은 공동체적인 인간임을 스스로 거절하는 것을 뜻한다.

자기가 노동할 수 있는 경우에 다른 사람들의 노동에 의하여 먹고 살려고 하는 것은 자기 이웃의 착취를 의미한다. 노동은 인간을 서로 행동하는 인간으로 만드는 창조적이고 또한 활력을 방출하는 원리라고 볼 수 있다. 인간의 공동성과 평등은 노동행위를 통해서 자기 자신과 상대방을 보존해야 할 필연성에 놓여 있다. 성서의 기록은 이러한 평등의 영역에 대해, 외국인노동자의 인권도 보호되어야 함을 알려 준다.

> 너희는 너희에게 몸 붙여 사는 사람을 구박하거나 학대하지 마라.
> 너희도 이집트 땅에서 몸 붙여 살지 않았느냐?[77]

브루너는 개인과 사회를 각기 다른 개념으로 파악하지 않고 이를 하나로 파악하였다. 사람은 필연적으로 어떤 공동체의 구성원이기 때문에 그의 삶도 공동체를 떠나서는 있을 수 없으며 따라서 인간의 노동도 공동체를 떠나서는 있을 수 없다. 왜냐하면 개인의 생존은 공동

---

73) 루가의 복음서 3장 11절, 21장 1~4절, 고린토인들에게 보낸 둘째 편지 8장 2절, 고린토인들에게 보낸 둘째 편지 8장 19절 참조.

74) 마태오의 복음서 25장 31~46절 참조.

75) 이승환은 유학에서도 이기심을 극복하는 공동체의 도덕규범을 강조되었음을 말했다. "유학에서는 이기심의 극복을 통하여 자기가 속한 공동체의 도덕규범으로의 적극적인 일치와 동화를 중요시한다. 따라서 유학에서는 부정적(혹은 소극적) 자유보다는 적극적(혹은 긍정적) 자유가 중시되었고, 권리나 몫에 대한 주장보다는 보살핌과 화해를 중시하는 공동체 주의적 윤리관이 형성되었다." 이승환, 『유가철학의 사회철학적 재조명』(서울: 고려대학교 출판부, 1998), p.251.

76) 제 일을 게을리 하는 사람은 일을 망치는 사람과 사촌간이다(잠언 18장 9절).

77) 출애굽기 22장 20절.

체의 지속을 전제로 하기 때문이다[78] 브루너는 공동체의 삶의 조건을 협동과 교환으로 보면서 이에 대한 노동의 목적을 말한다. "교환은 대등관계에서 이루어지는 행위이며 협동은 보다 나은 사회를 지향하는 생활양태를 말하는 것이다. 그러므로 노동의 목적은 자신의 노동을 통해서 얼마나 이웃과 사회에 봉사할 것인가? 하는 것에 두어야 한다."[79]

노동은 착취의 수단으로 전락되거나 착취의 대상으로 등장되어서는 안 되며 어디까지나 노동의 구체적 표현으로서 협동과 교환정신에서 이루어져야 한다. 인간에게 주어진 각자의 재능과 역할은 주로 자기 증진을 위해서라기보다는 이웃의 요구를 성취하기 위해 사용되어야 하는 윤리적 의무가 있다.

> 각자가 받은 은총의 선물이 무엇이든지, 그것을 가지고 서로 남을 위해서 봉사하십시오. 그리하여 하느님께서 주신 갖가지 은총을 잘 관리하는 사람이 되십시오.[80]

여기에 노동의 권리와 함께 노동의 의무가 특별히 강조되는 이유가 있다. 이에 대해 성서의 기록은 고아와 과부 그리고 떠돌이의 인권을 알려 준다.

> 고아와 과부의 인권을 세워주시고 떠도는 사람을 사랑하여 그에게 먹을 것, 입을 것을 주시는 분이시다. 너희도 한때는 이집트 땅에서 떠돌이 신세였으니, 너희도 또한 떠도는 사람을 사랑해야 한다.[81]

---

78) Emil Brunner, *The Divine Imperative*, p.394.

79) Ibid., p.395.

80) 베드로의 첫째 편지 4장 10절.

그리고 가난한 이웃을 돌보는 것을 권면한다.

> 없는 사람에게 적선하는 것은 야훼께 빚을 주는 셈. 야훼께서 그
> 은혜를 갚아 주신다.[82]

> 가난한 자를 도와주는 사람은 아쉬운 것 없겠지만 가난한 자를 외
> 면하는 사람은 저주를 받는다.[83]

노동은 자기의 창조적 충동을 표현하기 위해서뿐만 아니라 최선을
다하여 사회공동체에 봉사하려는 동기에서 출발해야 한다. 다른 사람
을 섬김으로 인하여 하느님에게 봉사하는 노동이야말로 선하다.

> 무슨 일이나 사람을 섬긴다는 생각으로 하지 말고 주님을 섬기듯
> 이 정성껏 하십시오.[84]

성서의 기록에 의하면, 이웃을 사랑하지 않으면서 하느님을 사랑
하는 것은 위선의 고백이다.

> 어떤 형제나 자매가 헐벗고 그날 먹을 양식조차 떨어졌는데 여러
> 분 가운데 누가 그들의 몸에 필요한 것은 아무것도 주지 않으면서
> "평안히 가서 몸을 따뜻하게 녹이고 배부르게 먹어라." 하고 말만
> 한다면 무슨 소용이 있겠습니까? 믿음도 이와 같습니다. 믿음에 행
> 동이 따르지 않으면 그런 믿음은 죽은 것입니다.[85]

---

81) 신명기 10장 18-19절.
82) 잠언 19장 17절.
83) 잠언 28장 27절.
84) 골로사이인들에게 보낸 편지 3장 23절.
85) 야고보의 편지 2장 15-17절.

경제활동은 사회적 협동이 필요하다. 개인이 자신이 속한 사회 속에서 개인적 필요를 충족시키는 동안 일터는 개인을 사적인 삶에서 끌어내어 보다 넓은 사회적 세계로 연결시켜 주게 된다. 그리고 거기에서 개인은 다른 사람으로부터 자신의 존엄성을 인정 받으려 한다. 이처럼 경제활동은 개인 차원에서든 사회공동체 차원에서든 복합적인 관계를 맺고 있다. 경제활동은 사회적 삶의 중대한 국면을 반영하며 사회를 구성하는 다양한 규범과 규칙, 도덕률 등과 관습에 의해 그 틀이 쌓이게 된다. 이런 점에서 개인과 개인 그리고 사회공동체에는 서로를 존중하는 믿음의 관계가 중요하다.

후쿠야마는 국가의 사회적 신뢰도 차이에 주목하여 '신뢰'라는 사회의 문화가 경제적 번영에 미치는 영향력을 여러 사례를 통해 분석하였다. 특히 그가 강조하는 사회적 자본으로서 신뢰는 혈연 등의 개인적 연고(緣故)를 초월하여 사회적 범위에서 통용될 수 있는 '공적인 신뢰'임에 주목해야 한다. 사적인 연고를 뛰어넘는 공적인 신뢰가 형성되어 있을 때, 사람들은 타인을 신뢰하면서 활발한 경제행위를 할 수 있고, 이를 통해 경제 발전에 유리한 여건을 확보할 수 있다. 왜냐하면 사적인 연대에 대한 지나친 집착과 폐쇄적 배타주의는 자신과 무관한 다른 사람들과는 신뢰관계를 형성하기 어렵게 만들기 때문이다. 사회적 차원의 신뢰가 형성된 독일 미국, 일본과 같은 고신뢰 문화의 국가에서는 연고주의가 약하고 공적인 신뢰가 높은 반면 우리나라, 중국, 이탈리아, 인도와 같은 저신뢰 문화권에서는 가족이나 지인과는 잘 지내지만 오히려 공적인 신뢰도는 낮다는 예증을 통해 자신의 주장을 뒷받침했다.[86] 신뢰를 근간으로 한 자발적 사회성이 자유민주주의 시장경제체제를 살린다는 그의 시선은 참신하면서도 많은 것을 시사해준다.

우리 사회의 문제 중에서 고질적인 심각성을 더해가는 것이 양극화와 불평등이다. 국민 10명 중 6명은 가난의 원인을 사회구조에서 찾는다는 조사 결과가 나왔다. 한국보건사회연구원이 최근 발간한 '공정사회를 위한 친서민정책 개선방안' 보고서에 따르면 '공정성에 관한 국민의식 조사' 결과 응답자의 58.2%가 빈곤 문제의 원인으로 사회구조를 꼽았다. 나머지 41.8%는 노력 부족, 태만, 재능부족, 불운 등 개인에게 원인이 있다고 응답했다. 사회구조에서 가난의 원인을 찾는 사람의 특성은 '저연령, 고학력, 미혼'이라는 단어로 요약된다. 연령별로는 20~40대가 가난의 원인을 사회구조로 보는 응답 비율이 높았고 30대(70.2%), 40대(67.2%), 20대(64.8%) 순이었다. 반면 50대(48.7%), 60대(39.3%) 등 노년층으로 갈수록 떨어졌다. 학력별로는 대학원졸 이상 응답자의 67.7%가 사회구조를 지목했고 전문대졸(66.2%), 고졸(56.4%), 중졸 이하(37.4%)의 순으로 비중이 줄었다. 고용형태 및 경제활동 지위에 따라서도 차이가 나타났다. 상용직(68.2%)과 임시・일용직(63.5%)이 가난의 원인을 사회구조로 본 것에 비해 고용주는 47.6%만이 이같이 응답했다. 우리 사회의 공정성에 대해서는 부정적 시각이 우세했다. 사회가 공정하냐는 질문에 '매우 그렇지 않다'(10.6%), '어느 정도 그렇지 않다'(24.0%) 등 34.6%가 부정적으로 답했다. '매우 그렇다'(1.2%), '어느 정도 그렇다'(14.4%) 등 긍정적 응답은 15.6%에 그쳤다. 나머지 49.9%는 '그저 그렇다'고 했다.[87)

이러한 사회 양극화와 불평등은 대통령의 말에서도 드러난다. 지

---

86) 프랜시스 후쿠야마, 『트러스트』, 구승회 옮김(서울: 한국경제신문사, 1996), pp.202-208 참조.
87) "나의 가난은 사회구조 탓… 20~40대・고학력자일수록 심해", 〈국민일보〉(2012년 1월 12일).

난 2010년 8·15 광복절 경축사에서 이명박 대통령은 '공정한 사회'의 건설이 우리 사회의 매우 큰 과제임을 천명하였다.[88] 그런데 2011년 8·15 광복절 경축사에서도 대통령은 더불어 사는 사람들을 사랑하는 사회, 창조적 혁신이 흘러넘치는 사회, 책임을 공유하는 사회를 이루기 위해 지속적 성장과 포용적 성장을 포함하는 '공생발전'의 개념을 강조하였다.[89] 이러한 공정한 사회와 공생발전을 키워드로 내세우고 있는 대통령의 연속적인 말은 그만큼 우리 사회가 불공정한 사회로 공생 발전에 충실하지 못하다는 것을 인정하는 것이다.[90]

---

88) 이명박 대통령이 광복절 경축사에서 행한 연설을 잘 살펴보면 우리 사회의 문제들이 잘 드러난다. 문제가 심각하기에 대통령의 중점과제로 제시한 것이다. '공정한 사회'와 '통일세'를 화두로 던졌다. 공정한 사회는 이 대통령이 강조해 온 친서민 중도실용을 추구하기 위한 핵심 가치로서 양극화 심화 등을 해소하기 위한 방편으로 제시된 것으로 풀이된다. 이와 함께 남북문제와 관련해서는 통일에 대비하기 위해 장기적인 재원 마련 방안으로 통일세를 이날 제안함에 따라, 앞으로 국민적인 논란이 될 전망이다. "공정한 사회야말로 대한민국 선진화의 윤리적 실천적 인프라"라며 '공정한 사회'에 대해 강조했다. 승자가 독식하지 않고 패자에게도 또 다른 기회가 주어지는 공정한 사회가 산업화와 민주화를 넘어 선진일류국가로 나아가기 위한 조건이라는 설명이다. 특히 양극화가 심화되고 있는 상황에서 친서민 중도실용을 표방하는 현 정부의 기조를 이뤄나가기 위해서는 이 같은 공정한 사회가 필수적이라는 관점이다. 이 대통령은 자유민주주의와 시장경제라는 확고한 원칙을 위해 필요한 윤리로서 이 같은 공정한 사회를 강조했다. 또 개인의 자유와 개성. 근면과 창의를 통한 공정한 경쟁이 가능하도록 하고 이에 대한 결과에는 책임을 질 수 있어야 한다는 점도 언급했다. 이를 통해 지역의 공동 발전, 노사의 협력·발전, 대·중소기업의 상생이 가능하고, 서민과 약자가 불이익을 당하지 않게 될 것이라는 확신이다. "사회의 약자. 뒤처진 분들이 할 역량이 있다면 기회 확대를 해준다는 차원" 이 대통령은 '통일은 반드시 온다. 그 날을 대비해 이제 통일세 등 현실적인 방안도 준비할 때가 됐다고 생각한다"며 사회 각계의 폭넓은 논의를 당부했다. 언젠가는 통일이 이뤄지는 만큼 실질적으로 대비하기 위해 장기적인 관점에서 이 같은 논의가 필요하다는 점을 원칙적으로 제시한 것으로 풀이된다. 특히 재원문제가 가장 시급한 문제인 만큼 이 같은 통일세 등을 논의할 필요가 있다는 구상이다. "8·15 경축사. '공정사회·통일세' 화두로"〈서울 뉴시스〉(2010년 8월 15일).

89) 이명박 대통령은 광복절 경축사에서 행한 연설을 잘 살펴보면 우리사회의 불평등과 문제들이 잘 드러난다. 문제가 심각하기에 대통령의 중점과제로 제시되는 것이다. 연설 내용을 요약하면 다음과 같다. "기존의 시장경제가 새로운 단계로 진화해야 한다"며 향후 한국 사회가 나아가야 할 국정지표로 '공생발전'(Ecosystemic development)을 제시했다. 비정규직이 동일한 노동에서 차별받는 일을 최대한 줄이는데 초점을 둘 것이다. …… 탐욕경영에서 윤리경영으로, 자본의 자유에서 자본의 책임으로, 부익부 빈익빈에서 상생번영으로 진화하는 시장경제의 모델이 요구되고 있다. …… 지구 환경보전과 경제번영, 성장과 삶의 질 향상. 경제 발전과 사회통합. 국가의 발전과 개인의 발전이 가는 새로운 발전 체제를 만들어야 한다. 이것이 바로 공생발전이다. …… 공생발전을 위한 중요한 전략이 '동반성장'으로 우리의 기업 생태계를 튼튼히 구축해야 성장의 혜택이 골고루 돌아가게 할 수 있다. …… 골목상권을 보호하는 대책도 더욱 강화하겠다. … 앞으로도 내수 활성화 정책을 통해 자영업에 혜택이 더 돌아가게 하겠다. …… 전·월세시장의 안정과 서민의 주거비 경감을 위해 소형 임대주택 공급을 늘리겠다. …… 청년실업 문제와 관련. 고교 졸업생들에게 취업의 문을 여는 최근 움직임이 공기업. 금융기관. 민간 기업에 두루 확산될 수 있도록 하겠다…. "李대통령 '시장경제 새 단계로 진화…… 공생발전'". 〈서울 뉴시스〉(2011년 8월 15일).

우리 국민의 45.3%가 '나는 하층민(下層民)'이라는 낙오감에 시달리고 있다. 앞으로도 자신의 처지가 나아지지 않을 것으로 체념한 국민이 42.9%에 달한다. 사회의 허리인 30대의 65%가 하루하루 그런 절망감을 안고 살아가고 있다. 정규직과 똑같은 노동을 하면서도 정규직 급여의 56%의 임금밖에 받지 못하고 복지혜택 밖으로 밀려난 비정규직이 전체 근로자의 47%를 넘는 831만 명이다. 30대의 84.6%, 20대의 82.9%가 우리 사회 최대 문제로 양극화(兩極化)를 꼽고 전체 국민의 47.3%가 우리 사회의 공정성과 투명성을 의심하고 있다.[91] 그런데 문제는 앞으로도 불공정한 사회의 모습이 개선되지 않을 전망이다. 2011년 우리 사회의 질적 수준은 낮은 편이고 2020년에는 개선될 것으로 보이지만 공정성 부문에서는 여전히 '보통 이하' 수준에 머물 것으로 전망됐다.

기획재정부가 외부 전문가들에게 의뢰해 19일 내놓은 보고서 '2020년 한국 사회의 질적 수준 제고를 위한 미래연구'는 한국이 중진국 함정에서 벗어나 세계 일류국가로 도약하자면 사회의 질적 수준을 높여야 한다고 주장했다.

▶ 불공정 사회 개선 요원=2011년 현재 우리 사회는 양적으로는 '살 만한 사회'가 됐으나 국민들의 행복도는 높지 않다. 보고서는 그 원인으로 공정성, 포용성, 안전성, 창의성으로 구성되는 사회의 질적 수준이 낮다고 봤다. 0~10점을 기준으로 한 점수

---

90) 강성열, "율법서에 나타난 '그리스도인, 세상의 소금과 빛'", 『그리스도인, 세상의 소금과 빛』, pp.36-37 참조.

91) "사설, 공감·소통·희망으로 짓는 2012년의 역사", 〈조선일보〉(2011년 12월 30).

평가로 보면 2011년 공정성은 3.61점, 포용성 3.98점, 안전성 4.10점, 창의성 4.23점이다. 5점을 '보통'이라고 할 때 4개 부문 수준은 모두 '보통 이하'다. 2020년은 공정성 4.92점, 포용성 5.41점, 안전성 5.10점, 창의성 5.93점으로, 공정성을 뺀 나머지 3개 부문은 '보통 이상'으로 개선될 전망이다. 공정성도 2011년 보다 개선될 전망이나 지도층에 대한 신뢰, 기회의 공정성, 노블레스 오블리주 수준, 성차별 등에서 여전히 낮은 점수가 예상됐다. 특히 계층 간 이동가능성은 2011년 3.5점에서 2020년 4.05점으로 거의 변화가 없다. '개천에서 용 나는' 경우는 기대하기 어렵다는 뜻이다. 보고서는 사회 지도층이 솔선수범해서 타인을 배려하는 자세를 가지려는 인식의 전환이 필요하다고 지적했다.

▶ 경제 안전성 저하, 가정 해체 우려=포용성은 동남아인, 탈북자, 조선족에 대한 차별이 줄고 자원봉사자 비율이 2011년 19.30%에서 2020년 27.84%로 오르는 등 '보통 이상' 수준으로 개선될 전망이다. 다만 '약자·소외자 돌봄 수준'은 2020년에도 5점을 밑돌았다. 안정성 부문은 전체적으론 2020년에 5점 이상으로 개선되나 가정의 기능이 2011년 4.57점에서 3.71점으로 되레 떨어지는 등 가족 해체가 우려된다. 경제 안정성과 관련해 '경제위기 극복 능력' 역시 잠재성장률 저하, 대외의존도 심화 등으로 소폭 줄어들 전망이다. 창의성 부문은 가장 높은 점수를 얻는 것으로 나타났다. 한류 붐을 비롯해 창의성 교육기회 수준도 양호하게 될 것으로 나타났다. 재정부는 "(보고서를) 올 하반기 발간 예정인 정부 미래전략보고서의 기초 자료로 활용할 계획"이라고 밝혔다.[92]

공정사회는 출발과 과정에서 공평한 기회를 주되, 결과에 대해서는 스스로 책임을 지는 사회이며, 승자 독식의 폐단이 사라지고 지역과 지역이 함께 발전하며, 노사 간의 협력이 이루어지고 큰 기업과 작은 기업이 상생하며, 서민과 약자가 불이익을 당하지 않는 사회를 말한다. '1:99'로 표현되는 극심한 양극화가 전 지구인을 죽음으로 내모는 현실이다. 한 줌밖에 안 되는 극소수의 무리들이 교묘하게 부와 권력과 명예를 독차지하고 '99퍼센트'의 사람들을 비정규직 노동자로, 실업자로, 노숙자로 내몰고 있다. '독(獨)차지는 독(毒)차지'라는 말이 그럴 듯하다.

> 하늘 아래서 억울한 일 당하는 사람들을 다시 살펴보았더니, 그 억울한 사람들이 눈물을 흘리는데 위로해 주는 사람도 없더구나. 그래서 나는 아직 목숨이 붙어 살아 있는 사람보다 숨이 넘어가 이미 죽은 삶들이 복되다고 하고 싶어졌다. 그보다도 아예 태어나지 않아서 하늘 아래 벌어지는 악한 일을 보지 못한 것이 더 좋다고 생각되었다.[93]

착한 사람 망하고 못된 인간 잘되는 지금의 우리나라의 상황을 그대로 묘사해 놓은 것 같은 성서 구절이 있다. 이는 성서가 기록될 시기에도 이처럼 부정의한 사회상이 있었음을 말해주는 것이다. 착하게 살지 말라! 태어나지 않는 게 더 낫다!

> 착한 사람은 착하게 살다가 망하는데 나쁜 사람은 못되게 살면서도 고이 늙어가더구나. 그러니 너무 착하게 살지 마라.[94]

---

92) "2020년에도 한국은 '불공정 사회'… 재정부 미래연구 보고서 전망", 〈국민일보〉(2012년 1월 20일).
93) 전도서 4장 1-3절.
94) 전도서 7장 15절.

위르겐 몰트만은 이러한 불의가 횡횡하는 사회가 정의롭지 않은 체제이며 그 안에 사는 우리 역시 죄에 연루되어 있음을 고발한다. 우리는 부익부 빈익빈의 사회적 구조 속에 살고 있다. 우리는 인간을 승자와 패자로 양분하는 경쟁 사회 곳에서 일하고 있다. 우리는 강자와 약자를 분리해 놓은 정치적 체제에 참여하고 있다. 우리는 이 땅의 자연을 체계적으로 파괴하고 동식물의 다양한 종을 매년 감소시키고 있는 인간 사회 속에서 먹고 마시며 살고 있다. 우리는 미래 세대를 희생시켜 가면서 우리의 현재를 즐기고 있으며, 우리의 다음 세대는 우리 세대의 잘못 때문에 비싼 대가를 치루지 않으면 안 될 상황이다. 이러한 체제는 정의롭지 않은 체제이며, 그 체제 안에서 먹고 일하고 사는 우리를 죄인으로 만든다. 이 체제 안에서는 우리가 행하는 악이 아니라 우리가 행하지 않는 선이 우리를 고발한다.[95]

성서의 기록은 이들을 향해 냉엄한 경고를 전해 주고 있다. 그 밤에 하느님이 제 영혼을 도로 거두실 것도 모르고 여러 해 쓸 물건을 곳간에 가득 채워놓은 어리석은 부자의 비유를 보면 정말 그렇다.

> 비유를 들어 이렇게 말씀하셨다. "어떤 부자가 밭에서 많은 소출을 얻게 되어 '이 곡식을 쌓아둘 곳이 없으니 어떻게 할까?' 하며 혼자 궁리하다가 '옳지! 좋은 수가 있다. 내 창고를 헐고 더 큰 것을 지어 거기에다 내 모든 곡식과 재산을 넣어두어야지. 그리고 내 영혼에게 말하리라. 영혼아, 많은 재산을 쌓아두었으니 너는 이제 몇 년 동안 걱정할 것 없다. 그러니 실컷 쉬고 먹고 마시며 즐겨라.' 하고 말했다. 그러나 하느님께서는 '이 어리석은 자야, 바로 오늘 밤 네 영혼이 너에게서 떠나가리라. 그러니 네가 쌓아둔 것은 누구의 차지가 되겠느냐?' 하셨다. 이렇게 자기를 위해서는 재산을 모으면서도 하느님께 인색한 사람은 바로 이와 같이 될 것이다."[96]

95) 위르겐 몰트만,『세계 속에 있는 하느님』, 곽미숙 옮김 (서울: 동연, 2009) 참조.

사회적 약자라 분류되는 노숙자, 비정규직, 외국인노동자, 한미 FTA인준으로 인해 고통 받는 농축산가에 종사자, 장애인들과 함께해야 한다. 성서의 기록에 의하면, 하느님의 정의는 철저하게 약자들 편에 서서 세워져야 한다. 성서는 정당하게 인간대접을 받지 못하는 사회적 약자가 해방되는 사회를 지향해야 함을 일깨워 주고 있다.[97)

　　성서의 기록을 보면, 하느님은 사회적 약자를 보호하고, 그들의 인권을 보장해야 하는 종교적 당위의 근거를 제공하면서 관심 갖고, 돌볼 것을 명령했다. 성서가 말하는 하느님은 고아, 과부, 가난한 사람, 떠돌이(외국인 체류자), 불공정한 사회구조에 따른 결과로 억압되어 사는 사람, 장애인, 감옥에 갇힌 사람들에 대한 깊은 관심과 사랑으로 이들의 기본적인 생활을 책임져 주고 있다.

　　　　고아와 과부의 인권을 세워 주시고 떠도는 사람을 사랑하여 그에게
　　　　먹을 것, 입을 것을 주시는 분이시다. 너희도 한때는 에집트 땅에서
　　　　떠돌이 신세였으니, 너희도 또한 떠도는 사람을 사랑해야 한다.[98)

　　하느님은 억압당하는 사람을 공정하게 판단하며 배고픈 사람에게 먹을 것을 주며, 감옥에 갇힌 사람을 해방하며, 시각장애인을 고치고, 불쌍한 사람을 일으켜 세우며, 떠돌아다니는 사람을 보호하며, 고아와 과부를 붙들어준다.

---

96) 루가의 복음서 12장 12-21절.
97) 성서는 하느님을 '히브리의 하느님'으로 말한다. 여기서 '히브리'라는 말은 노예들, 떠돌이, 가난한 사람들, 병든 사람을 가리키는 용어이다. 허호익, 『성서의 앞선 생각 I』(서울: 한국장로교출판사, 1998), pp.167-173 참조.
98) 신명기 10장 18-19절.

하느님은 하늘과 땅, 바다와 거기에 있는 모든 것을 지으신 분, 언제나 신의를 지키시고 억눌린 자들의 권익을 보호하시며, 굶주린 자들에게 먹을 것을 주시고 야훼는, 묶인 자들을 풀어 주신다. 야훼, 앞 못 보는 자들을 눈뜨게 하시고 야훼, 거꾸러진 자들을 일으켜 주시며 야훼, 의인을 사랑하신다. 야훼, 나그네를 보살피고 고아와 과부들을 붙들어 주시나 악인들의 길은 멸망으로 이끄신다.[99]

하느님은 반드시 지켜야 할 율법으로 떠돌이나 고아의 재판을 억울하게 하지 말며, 가난한 과부가 옷을 빼앗기지 않게 할 것을 명령했다.

떠돌이와 고아의 인권을 짓밟지 말라. 과부의 옷을 저당잡지 말라.[100]

하느님은 섬세하게 약자들의 처지를 고려하여, 밭에서 곡식을 벨 때 그 한 묶음을 밭에 잊어버렸거든 다시 가서 가져오지 말고 떠돌이와 과부와 고아를 위해 버려둘 것을 명령했다.

에집트에서 종살이하던 일을 생각해 보아라. 그런 너희를 너희 하느님 야훼께서 건져내셨다는 것을 잊지 말라. 그래서 내가 너희에게 이렇게 명령하는 것이니, 너희는 반드시 이를 지켜야 한다. 밭에서 곡식을 거둘 때에 이삭을 밭에 남긴 채 잊고 왔거든 그 이삭을 집으러 되돌아가지 말라. 그것은 떠돌이나 고아나 과부에게 돌아갈 몫이다. 그래야 너희 하느님 야훼께서 너희가 손수 하는 모든 일에 복을 내려주실 것이다.[101]

또한 하느님은 이스라엘이 국가를 형성하는 단계부터 분명하게 사

---

99) 시편 146편 6-9절.

100) 신명기 24장 17절.

101) 신명기 24장 18-19절.

회적 약자를 보호할 것을 명령했다. 가난한 약자들을 위해 땅의 곡식을 추수할 때 밭모퉁이까지 다 거두지 말고 떨어진 이삭도 줍지 말라고 명령했다.

> 너희 땅의 수확을 거두어들일 때, 밭에서 모조리 거두어들이지 말라. 거두고 남은 이삭을 줍지 말라. 너희 포도를 속속들이 뒤져 따지 말고 따고 남은 과일을 거두지 말며 가난한 자와 몸 붙여 사는 외국인이 따 먹도록 남겨 놓아라. 나 야훼가 너희 하느님이다.[102]

> 너희가 사는 곳에서 추수할 때 곡식을 모조리 거두지 말고 거두고 남은 이삭도 줍지 말며 가난한 자와 외국인이 줍도록 남겨놓아야 한다. 나 야훼가 너희 하느님이다.[103]

> 밭에서 곡식을 거둘 때에 이삭을 밭에 남긴 채 잊고 왔거든 그 이삭을 집으러 되돌아가지 말라. 그것은 떠돌이나 고아나 과부에게 돌아갈 몫이다. 그래야 너희 하느님 야훼께서 너희가 손수 하는 모든 일에 복을 내려 주실 것이다. 올리브 나무 열매를 떨 때, 한 번 지나간 다음 되돌아가서 가지들을 샅샅이 뒤지지 말라. 그것은 떠돌이나 과부에게 돌아 갈 몫이다. 포도를 딸 때에도, 한 번 지나간 다음 되돌아가서 다시 뒤지지 말라. 그것은 떠돌이나 고아나 과부에게 돌아 갈 몫이다. 너희가 에집트 땅에서 종살이하던 일을 생각해 보아라. 그래서 내가 이렇게 명령하는 것이니, 너는 반드시 이를 지켜야 한다.[104]

이는 하느님이 인간의 탐욕과 인색한 자세를 버리고, 자기 주변의 가난한 사람과 떠돌아다니는 사회적 약자들에게 관대한 나눔으로써 그들의 생존권을 보장할 것을 말한 것이다. 하느님은 사적 소유에 집착하여 마지막 하나까지 철저히 챙기려는 악착스러운 인간의 마음을

---

102) 레위기 19장 9-10절.
103) 레위기 23장 22절.
104) 신명기 24장 19-22절.

경계하였다. 비록 그것이 자신의 합법적 소유라 할지라도 소유권을 다 주장하지 말고, 주위의 연약한 사람들과 그것을 나누라고 명령함으로써, 소유가 모두 자신의 것이 아닌, 나눔이 전제된 양이 있어야 함을 명령하고, 이 나눔을 통해 사회적 약자가 최소한의 생존권이 보장되어야 함을 일깨워 준 것이다.

하느님은 비인격적인 근무조건 아래에서 노동하는 피고용인의 품삯 지급 받는 날을 기다리는 심정까지 헤아리는 섬세한 관심을 보여 주었다.

> 가난하기 때문에 품을 파는 사람을 억울하게 다루어서는 안 된다. 너희 나라, 너희 성문 안에 사는 사람이면 같은 동족이나 외국인이나 구별 없이 날을 넘기지 않고 해지기 전에 품삯을 주어야 한다. 그는 가난한자라 그 품삯을 목마르게 바라고 있는 것이다. 너희를 원망하며 외치는 소리가 야훼께 들려 너희에게 죄가 돌아오지 않도록 해야 한다.[105]

이것은 별다른 이유 없이 임금의 지불을 늦추는 것이 얼마나 못할 짓인지를 지적하는 말이다. 가난한 사람들에 대한 하느님의 섬세한 관심은 끝이 없다. 그는 채권자들이 채무자에게 채무의 상환을 독촉하더라도 그의 생존을 위협하는 정도까지 해서는 안 된다고 명령했다.

> 만일 너희가 이웃에게서 겉옷을 담보로 잡거든 해가 지기 전에 반드시 돌려 주어야 한다. 덮을 것이라고는 그것밖에 없고, 몸을 가릴 것이라고는 그 겉옷뿐인데 무엇을 덮고 자겠느냐? 그가 나에게 호소하면 자애로운 나는 그 호소를 들어 주지 않을 수 없다.[106]

---

105) 신명기 24장 14-15절.
106) 출애굽기 22장 25-26절.

그러므로 사회적 약자를 괴롭히거나 그들의 인권을 유린하는 자들은 하느님의 진노를 초래하게 된다. 하느님은 과부나 고아를 해롭게 하여, 그들이 나에게 억울함을 호소하면 내가 반드시 그 억울한 사연을 듣고, 나의 진노가 맹렬하여 칼로 너희를 죽여 너희 아내는 과부가 되고 너희 자녀는 고아가 될 것이라고 경고했다.

> 너희는 너희에게 몸 붙여 사는 사람을 구박하거나 학대하지 말아라. 너희도 에집트 땅에서 몸 붙여 살지 않았느냐? 과부와 고아를 괴롭히지 말아라. 너희가 그들을 괴롭혀 그들이 나에게 울부짖어 호소하면, 나는 반드시 그 호소를 들어 주리라. 나는 분노를 터뜨려 너희를 맞아 죽게 하리라. 그리하면 너희 아내는 과부가 되고, 너희 아들은 고아가 될 것이다.[107]

그래서 성서의 기록은 하느님을 가리켜, 고아와 과부에 대한 특별한 관계로 말했다.

> 고아들의 아버지, 과부들의 보호자, 거룩한 곳에 계시는 하느님이시다.[108]

예언자 이사야는 이스라엘에게 회개의 구체적 목록을 제시할 때, 제일 먼저 바로 학대 받는 사람을 도와주며 고아를 위하여 돌보며, 과부를 위하여 변호해 주라고 말했다.

> 착한 길을 익히고 바른 삶을 찾아라. 억눌린 자를 풀어 주고, 고아의 인권을 찾아 주며 과부를 두둔해 주어라.[109]

---

107) 출애굽기 22장 20-23절.
108) 시편 68편 5절.

예언자 예레미야는 가난한 사람을 돕는 것이 하느님을 아는 것과 같다고 말했다.

가난한 자의 인권을 세워 주면서도 잘 살기만 하지 않았느냐? 그것이 바로 나를 안다는 것이다. 내가 똑똑히 말한다.[110]

사회적 약자에 대한 관심과 보호는 구약성서 예언서뿐만 아니라 시편에서도 핵심적 주제로 강조된다. 하느님은 불의한 권력자들을 향해 질책했다.

하느님께서 신들을 모으시고 그 가운데 서시어 재판하신다. "언제까지 너희는 불공평한 재판을 하려는가? 언제까지 악인에게 편들려는가? 약한 자와 고아를 보살펴 주고 없는 이와 구차한 이들에게 권리 찾아 주며 가난한 자와 약자들을 풀어 주어라. 악인의 손에서 구해 주어라."[111]

잠언은 남편이 없는 과부를 얕보고 그녀의 밭에 인접한 땅의 주인이 그 경계를 표시하는 돌을 옮겨 자기 땅을 넓히는 일을 하지 말 것과 외로운 자식의 밭을 침범하지 말 것을 명령했다.

옛날에 세운 밭 경계선 말뚝을 옮기지 말고 고아들의 밭을 침범하지 말아라.[112]

그리고 하느님은 말을 하지 못하는 장애인과 외로운 사람이 재판

---

109) 이사야 1장 17절.
110) 예레미야 22장 16절.
111) 시편 82편 1~4절.
112) 잠언 23장 10절.

을 받을 때, 이들을 위해 입을 열라고 명령했다.

> 너는 할 말 못하는 사람과 버림 받은 사람의 송사를 위해 입을 열어라.[113]

이처럼 성서에는 하느님이 사회적 약자의 생존권과 권리를 옹호하는 구절이 많다. 진정한 의미의 경건도 고아와 과부를 그 어려움 속에서 돌아보는 것으로 말했다.

> 하느님 아버지 앞에 떳떳하고 순수한 신앙생활을 하는 사람은 어려움을 당하고 있는 고아들과 과부들을 돌보아주며 자기 자신을 지켜 세속에 물들지 않게 하는 사람입니다.[114]

이는 사회적인 약자에 대한 관심과 보호가 바로 경건의 진정성을 측정하는 잣대가 된다는 의미이다. 예수도 사회적 약자에게 특별한 관심을 갖고, 동정을 베푼다. 그는 하나밖에 없는 오빠를 잃은 두 자매를 보고 울었다.

> 예수께서는 눈물을 흘리셨다.[115]

남편이 없이 하나밖에 없는 아들을 잃은 과부를 보고 위로하면서, 그 아들을 살려 주었다.

> 주께서는 그 과부를 보시고 측은한 마음이 드시어 "울지 말라" 하고

---

113) 잠언 31장 8절.
114) 야고보의 편지 1장 27절.
115) 요한의 복음서 11장 35절.

위로하시며 앞으로 다가서서 상여에 손을 대시자 메고 가던 사람들이 걸음을 멈추었다. 그때에 예수께서 "젊은이여, 일어나라" 하고 명령하셨다. 그랬더니 죽었던 젊은이가 벌떡 일어나 앉으며 말을 하기 시작하였다. 예수께서는 그를 그 어머니에게 돌려 주셨다.[116]

그는 가난한 무리를 목자 잃은 양 같다고 애처롭게 바라보고, 굶주린 사람들을 불쌍히 여겨, 그들을 다 배부르게 한 오병이어의 기적을 베풀었다.[117] 이어서 그는 예레미야서에 나오는 하느님의 정의가 실현되어야 함을 말했다.

이 야훼가 말하지 않더냐? 법과 정의를 실천하고, 억울하게 착취당하는 사람들을 건져 주며, 더부살이와 고아와 과부를 괴롭히거나 학대하지 말고 이곳에서 죄 없는 사람을 죽여 피를 흘리지 말라고.[118]

유랑인과 고아와 과부를 억누르지 말라. 이곳에서 죄 없는 사람을 죽여 피를 흘리지 말라. 다른 신을 따라가 재앙을 불러들이지 말라.[119]

예수가 죽은 후 그 운동을 펼쳐나가는 사도들이 바오로의 진정성을 인정하는 것으로 당부하는 것도 가난한 사람들을 생각하라는 것이었다.

한 가지 그들이 우리에게 요구한 것은 가난한 사람들을 기억해 달라는 것이었는데 그것은 바로 내가 전부터 열심히 해오던 일이었습니다.[120]

---

116) 루가의 복음서 7장 13-15절.
117) 마르코의 복음서 6장 30-44절 참조.
118) 예레미야 22장 3절.
119) 예레미야 7장 6절.
120) 갈라디아인들에게 보낸 편지 2장 10절.

이처럼 성서는 사회적 약자들에 대한 인권적 차원에서 보호하고 도와야 함을 일깨워 주고 있다. 그러나 우리나라에서는 자기 이익 앞에서는 약자들이 보이지 않는다. 대기업 중심의 경제 정책으로 인한 우리 사회의 소득격차는 더욱 심화되고 있다. 그야말로 대기업은 호황을 누리는데 중소기업은 불황을 넘어서 폐업으로 치닫고 있다. 대기업들의 문어발식 확장이 중소기업의 영역을 잠식해 들어가는 것이 더욱 심해지고 있다. 이미 대형마트들의 입점으로 전통시장의 상권이 무너졌고, 이제는 동네 빵집마저 생존권의 위협을 받고 있다. '동네 빵집'이 사라지고 있다. 파리바게뜨, 뚜레주르 등 기업형 프랜차이즈들이 시장을 잠식한 영향이 큰데다 재벌가의 베이커리 사업 진출로 동네 빵집들의 설 자리가 갈수록 사라진다는 지적도 끊이지 않고 있다.

2012년 1월 16일 중소기업 중앙회에 따르면, 자영업자 제과점 수는 2003년 초 전국 약 1만 8,000개에서 지난해 말 4,000여 개로 8년만에 무려 77.8%가 감소했다. 제과업계 1위인 프랜차이즈 파리바게뜨가 지난해 점포수 3,000개를 돌파하는 등 무섭게 성장한 것과 대비된다. 파리바게뜨는 지난해에만 매장 300여 개를 여는 등 1986년 출점 이후 연평균 120개씩 점포를 늘리고 있다. 파리바게뜨는 "우리는 제빵업을 중심으로 중소기업부터 차근차근 성장을 해왔다"며 "다른 대기업들이 주력 사업과 무관한 분야로 사업 확장을 하는 것과는 상황이 다르다"고 설명했다. 중기중앙회는 재벌가 딸들이 커피전문점과 제과점을 결합한 형태의 럭셔리 베이커리 사업에 진출한 것도 동네 빵집들을 폐업 위기로 내모는 데 한몫하고 있다고 지적했다. 이건희 삼성전자 회장의 맏딸인 이부진 호텔신라 사장은 계열사 보나비를 통해 커피전문점 '아티제'를 운영하고 있으며 이명희 신세계 회장의 딸인 정유경 신세계 부사장은 베이커리 '달로와요'와 '베키아 에 누보' 지분을 보유하고 있다. 신격호 롯데그룹 회장의 외손녀인 장선윤 사장은 '포숑'이라는 브랜드를 달고 베이커리 사업을 하고 있다. 재벌가 딸들의 무분별한 빵집 진출은 국정감사에서도 자주 도마에 올랐다. 진념 전 경제부총리도 지난 11일 "경쟁력 강화를 위해 규제를 풀었더니 대기업이 커피숍이나 입시학원을 경영한다"고 꼬집기도 했다. 일반 대기업들의 '서민음식' 사업 진출도 늘고 있다. CJ는 비빔밥 등 한식사업에 진출했고 대명그룹은 계열사 베거백을 앞세워 떡볶이 사업에 뛰어들었다. 중기중앙회 관계자는 "골목 상인들의 위기감이 갈수록 커지고 있다"며 "유통・서비스 분야 적합업종 선정에 신속히 착수하는 등 대책이 필요하다"고 말했다.[121]

동네 빵집은 한 집안의 생계를 지탱해 주었던 곳이자 만남의 장소로 정겨운 추억이 깃든 곳이다. 부유하지는 않았지만 단란했던 이들의 삶의 수단이었던 동네 빵집들이 언제부터인가 하나둘 사라지고 그 자리에는 프랜차이즈 점포들이 들어섰다. 동네 곳곳에 있었던 구멍가게도 비슷하다. '골목상권'의 모습이 많이 변했다. 그 이면에는 어쩔 수 없이 문을 닫거나 대기업 프랜차이즈에 편입되어야 했던 이들의 '아픔'이 있다. 동네 빵집의 몰락은 삼성의 아티제나 현대차그룹의 오젠 그리고 대형 프랜차이즈 업체들 때문이다.

이들 대기업들은 이익만 되면 중소기업이든 생존형 소상인들의 영역에 아무 거리낌 없이 치고 들어간다. 이런 골리앗 앞에서 속수무책 무너지는 것이 오늘의 중소기업과 소상인들이다. 전국의 전통시장이

---

121) "재벌가 공세에… 동네빵집 사라진다". 〈국민일보〉(2012년 1월 16일).

지난 7년 사이 178개 문을 닫은 것으로 나타났다. 25일 시장진흥원과 한국체인스토어협회에 따르면 2003년 1,695곳이던 전통시장은 2010년 1,517곳으로 줄었다. 이 기간 대기업이 운영하는 SSM(기업형 수퍼마켓)[122]은 234개에서 929개로 3배 가까이 늘었다. 대형마트 사업체 수 역시 2003년 265개에서 2010년 437개로 증가했다. 점포수의 차이는 매출 역전으로도 이어졌다. 전통시장 매출은 2003년 36조 원에서 2010년 24조 원으로 줄었다. 반면 신세계·롯데·현대 등 전국 백화점 매출은 2003년 17조 5,000억 원에서 2010년 24조 3,000억 원으로 증가했으며, 이마트·롯데마트 등 대형마트 매출도 같은 기간 19조 6,000억 원에서 33조 7,000억 원으로 늘어나며 전통시장을 따돌렸다. SSM 매출도 이 기간 2조6,000억 원에서 5조 원으로 2배로 늘었다.[123]

우리나라 대기업은 그에 걸맞은 사회적 책임과 강자로서의 배려와 도덕성이 부족하다. 대기업들의 횡포로 중소기업이 도산하고 소상인들이 폐업을 하면 대량실업을 초래하게 된다. 혹자는 그래도 대기업들의 활성화로 경제성장이 이루어지고 신규고용이 늘어나게 되니 크

---

122) 기업형 슈퍼마켓(Super Supermarket)이라는 말은 대규모 유통업체에서 체인 형식으로 운영하는 슈퍼마켓을 가리키는 용어이다. 대형 슈퍼마켓, '슈퍼 슈퍼마켓'이라고도 부르며 약자로 SSM이라고 한다. 평균 매장면적이 3,000㎡ 규모로 대형 할인점에 비해 부지 소요면적이 작고, 출점 비용이 적게 들며, 소규모 상권에도 입지가 가능한 지역밀착형 슈퍼마켓이다. 대형할인점 시장이 포화상태에 이르고 부지 확보 및 출점이 어렵게 되자 틈새시장 공략의 하나로 시작되었다. 미국의 대형할인점 월마트는 네이버후드 마켓을 1998년부터 운영했으며, 영국의 테스코는 테스코 메트로, 프랑스의 까르푸는 까르푸익스프레스 등의 기업형 슈퍼마켓을 두고 있다. 우리나라에서는 1,500~2,500㎡(500~800평) 정도 규모로 대형할인점과 기존의 소규모 슈퍼마켓의 중간 크기이다. 주거지 중심의 근린상권에 입지하여 접근성이 뛰어나다. 또한 대규모 유통업체의 유통망을 이용하여 농축수산물의 신선식품을 내세울 수 있으며, 다양한 물품취급이 가능하여 소규모 슈퍼마켓과 차별성을 이룬다. 따라서 기존의 소규모 중소상인들은 기업형 슈퍼마켓의 무분별한 진출로 경영에 어려움을 호소하고 있다. 독일, 프랑스, 영국 등 주요 EU회원국들은 지역상인들을 보호하기 위해 기업형 슈퍼마켓의 진입을 허가제로 규제하고 있으며, 한국도 중소상인들이 사업조정제도를 활용해 기업형 슈퍼마켓의 무차별 출점에 제동을 걸고 있다. 그러나 유통 대기업들이 기업형 슈퍼마켓을 가맹점으로 전환한다든지 '슈퍼형 편의점'과 같은 새로운 업태로 위장하여 출점하면서 논란의 대상이 되고 있다.

123) "2003년 이후 7년 사이… 전통시장 178곳 문 닫고 기업형 수퍼 695개 늘어", 〈조선일보〉(2012년 1월 25일).

게 문제가 안 된다고 말할지 모른다. 그러나 이들 대기업들의 고용은 대부분이 비정규직으로 바람직한 고용구조로 보기 어렵다. 대기업의 도덕성은 동반성장에도 관심을 보이지 않고 있다.

이익공유제 도입을 둘러싼 대기업과 동반성장위원회의 갈등이 계속되고 있다. 2012년 1월 8일 17일 서울 팔레스호텔에서 열린 동반위 전체회의는 대기업 측 대표들이 참석하지 않은 채 반쪽짜리 회의로 진행됐다. 전체 위원 25명 가운데 이익공유제를 반대하는 대기업 측 위원 9명이 모두 불참하고 나머지 16명만 참석했다. 동반위는 결국 이익공유제 도입방안에 대한 결론을 내지 못하고 다음 달 초까지 다시 한 번 유보했다. 앞서 지난달 13일 열린 전체회의에서도 이익공유제 안건이 올라왔으나 대기업 측의 불참으로 미뤄진 바 있다. 대기업의 계속된 논의 불참에 대해 정운찬 위원장은 "이익공유제는 의무나 강제가 아닌 선택사항이라는 점을 무수히 밝혔는데도 대기업은 검토조차 거부하고 있다"며 "사회적 책임을 방기하고 있다"고 비판했다. 정 위원장은 "그동안 재계가 보여 준 태도는 진지하고 생산적인 것과는 거리가 멀었다"며 "사회가 재벌개혁 목소리를 내는데, 문제 회피로 책임을 모면할 수 있다는 착각은 버려야 한다. 경제개혁의 대상으로 전락하지 않기를 바란다"고 강도 높게 비판했다. 하지만 전국경제인연합회 등 대기업 측은 "이익공유제를 제도화한 나라는 하나도 없다. 이익공유제와 관련해 충분히 합의가 되지 않은 상황에서 위원회가 일방적으로 이익공유제를 추진하고 있다"며 제도 도입 자체를 반대하고 있다. 중소기업 적합업종 선정 여부를 놓고 논란을 빚어온 데스크톱 PC도 사실상 선정이 무산됐다. 동반위는 1년 뒤 다시 선정 여부를 논의하기로 했으나 1년 뒤에 논의가 이뤄질지는 미지수다. 동반위는 "지난 회의에서 소위원회를 구성해 재검토키로 했으나 소위원회가 구성되지 않았고 시장 상황을 좀 더 살펴볼 필요가 있어 반려를 권고하고 앞으로 1년간 공공시장 변화를 모니터링한 뒤 재심의하기로 했다"고 밝혔다.[124]

대기업과 중소기업은 그동안 데스크톱 PC 공공 조달시장 배분 비율을 놓고 첨예하게 대립해 왔다. 여야 의원들은 '대기업의 사회적 책임강화 공청회'에서 대기업의 횡포를 지적하며 동반성장을 위한 대기업의 역할 강화를 주문했다. 국회 지식경제위원회 주관으로 열린 오늘 공청회에는 허창수 전경련 회장과 손경식 대한상의 회장 등 주요경제단체 회장단이 대거 참석했다. 이 자리에서는 여야를 막론하고 상생에는 관심 없는 대기업의 행태를 비판했다. 민주당 조정식 의원은 대기업이 부도덕한 탐욕자로 비춰지고 있다며 대기업의 7가지 횡포를 조목조목 설명했다. 그동안 정치권의 대기업 때리기에 불편한 심기를 그대로 드러내 공청회에서도 의원들과 격론을 벌일 것으로 예상됐던 허창수 회장은 한발 물러서는 모양새를 취했다. 허 회장은 특히 정치권의 반값 등록금을 비판한 부분에 대해서 오해를 샀다며 포퓰리즘의 의미는 아니었다고 해명했다. 내일은 대규모 해직사태를 빚은 한진중공업 청문회가 예정돼 있는 등 '상생'을 화두로 한 정치권의 대기업 압박이 이어질 것으로 보인다.[125] 옛 인도 설화에 두 개의 머리를 가진 새에 대한 이야기가 있다. 두 머리가 서로 싸우기 시작했다. 머리 하나가 한눈을 파는 사이 다른 머리가 음식에 독을 떨

---

124) "'동반 성장' 관심 없는 대기업… 위원회에 대표들 불참, 이익공유제 방안 결론 못내", 〈국민일보〉(2012년 1월 18일).

125) "[TV] 여야 '대기업 사회적 책임 강화 촉구'", 〈CBS노컷〉(2011년 8월 17일).

어뜨렸고, 그 사실을 알 리 없는 머리는 음식을 먹었다. 독을 떨어뜨린 머리가 낄낄거리며 조용히 웃기 시작했다. 그러나 그 웃음은 오래 가지 못하고 잠시 후 그쳐 버렸다. 독이 퍼진 위는 두 머리의 공통된 몸의 일부였기 때문이다. 이들 대기업이 되새겨 볼 만한 노래이다.

작은 연못

김민기

깊은 산 오솔길 옆 자그마한 연못엔
지금은 더러운 물만 고이고 아무 것도 살지 않지만
먼 옛날 이 연못엔 예쁜 붕어 두 마리
살고 있었다고 전해지지요 깊은 산 작은 연못

어느 맑은 여름날 연못 속에 붕어 두 마리
서로 싸워 한 마리는 물 위에 떠오르고
여린 살이 썩어 들어가 물도 따라 썩어 들어가
연못 속에선 아무 것도 살 수 없게 되었죠
깊은 산 오솔길 옆 자그마한 연못엔
지금은 더러운 물만 고이고 아무 것도 살지 않죠

푸르던 나뭇잎이 한 잎 두 잎 떨어져
연못 위에 작은 배 띄우다가
물속 깊이 가라앉으면
집 잃은 꽃사슴이 산속을 헤매다가
연못을 찾아와 물을 마시고 살며시 잠들게 되죠

해는 서산에 지고 저녁 산은 고요한데
산허리로 무당벌레 하나 휘익 지나간 후에
검은 물만 고인 채 한없는 세월 속을
말없이 몸짓으로 헤매다 수많은 계절을 맞죠
깊은 산 오솔길 옆 자그마한 연못엔
지금은 더러운 물만 고이고 아무 것도 살지 않죠

이 노래는 발표 당시 대학생들이 부르면서 반정부노래로 지목되어 금지곡으로 지정되는 아픔을 감내한 노래이다. 그런데 이 노래는 금지곡으로 방송도 음반판매도 할 수 없는 데도 입에서 입으로 전해져서 불렸다. 왜냐하면 이 노래에는 촌철살인(寸鐵殺人)과 같은 강한 힘이 느끼지는 저항의 힘이 담겨 있고 강자들의 간담을 서늘하게 하는 그들을 향한 외침이 가녀린 듯하지만 강하게 드러나기 때문이다.[126) 대기업과 같은 강자가 당장의 이익으로 약자인 중소기업과 소상인들을 죽음으로 내몰 때 결국 자기도 죽을 수밖에 없다.

오늘날 대기업이 새겨볼 동양고전의 지혜이다. 공자의 어록을 모은 『논어』(論語) 「이인」(里仁) 편에 이런 말이 있다. "군자는 의에 밝고 소인은 이에 밝다(君子喩於義 小人喩於利)." 「옹야」(雍也) 편에는 이런 말이 있다. "인자(仁者)는 자기가 서고자 할 때에는 남부터 세워 주고, 자기가 이루고자 할 때에는 남부터 이루게 한다(夫仁者 己欲立而立人 己欲達而達人)", "인한 사람은 어려움에는 남에 앞서고, 이득은 남에 뒤지려 한다. 그러면 인하다 할 수 있을 것이다(仁者先難後獲 可謂仁矣)." 『맹자』(孟子) 「양혜왕 상」(梁惠王 上)에도 이런 말이 있다. "측은히 여기는 마음은 인의 발단이다(惻隱之心 仁之端也)." "위와 아래가 서로 이익만을 취하면 나라는 위태로울 것이다(上下交征利而國危矣)"에서는 '이(利)'를 위난(危亂)의 원인으로 보고 있다.

사회의 양극화 문제가 심해지면서 앞으로 '기업의 사회적 책임'을 강조하는 상황은 계속될 것이다. 이러한 대기업들이 잊지 말아야 할 것은 기업은 사회가 있기 때문에 존재할 수 있다는 사실이다. 사회가

---

126) 여기서 강자는 불의한 정권, 대기업, 학교권력, 대형교회의 교권, 제3세계를 괴롭히는 제1세계, 생태계를 파괴하는 생태계 정복주의자들인 인간 등으로 다양하게 은유적 해석이 가능하다.

피폐해지고 붕괴해 분노만이 남게 되면, 기업도 시장도 존재 자체가 불가능해질 것이다. 조선후기 실학자 박지원은 상생의 경제를 위한 기업가의 도덕적 각성을 강조하였다.

> 조선이라는 나라는 삼면이 바다요. 한쪽이 겨우 대륙에 붙어 있는 조그만 나라에 지나지 않소. 이런 식으로 물건을 독점한다든지 올렸다 내렸다 할 수 있단 말이오. 그러나 이러한 장사수법은 조심하지 않으면 아니 되오. 왜냐하면, 돈의 이익만 생각하는 것이지 백성이나 나라를 생각하는 것이 아니기 때문이오. 말하자면 소인의 상술이요 망국의 상술이란 말이오. 그러니까 결론적으로 장사에도 높은 도덕적 각성(道德的 覺性)이 있어야 한다는 말이오. 이러한 각성을 하고 장사를 한다면 사람뿐만 아니라 국가에도 커다란 도움이 될 것이오. 문제는 돈을 얼마나 벌었느냐가 아니라 도덕적 각성이 얼마나 있느냐에 있겠지요.[127]

또한 우리나라 노동자들의 양극화도 심화되고 있다. 우리나라 노동자들의 임금격차가 점점 더 심해지고 있다. 지난해 최상위와 최하위 계층 간 임금격차는 관련 통계를 발표하기 시작한 2002년 이후 가장 많이 벌어진 것으로 나타났다.

한국노동연구원이 15일 통계청의 경제활동인구조사 자료를 분석해 내놓은 '2011년 9대1 분위배율'은 5.4였다. 2002년 통계청이 경제활동인구조사를 시작한 이래 2009년에 이어 다시 최고치를 기록한 것이다. 우리나라의 임금격차는 국제적으로도 매우 심각한 수준이다. 경제협력개발기구(OECD) 회원국의 2009년 기준 9대1 분위배율에 따르면 우리나라는 4.69로 이스라엘 5.19, 미국 4.98에 이어 세 번째로 격차가 심한 것으로 나타났다. OECD 평균인 3.34를 훨씬 웃돌 뿐 아

---

127) 한국국민윤리학회 편저, 『현대 사회와 직업윤리』, p.215.

니라 9대1 분위배율이 2.23으로 가장 낮은 벨기에에 비하면 한국의 임금격차 수준은 배 이상 나쁘다. 임금격차 확대는 임금근로자들의 불평등 정도가 악화되고 있음을 말한다. 불평등 정도의 악화는 계층 간 갈등요인이 될 수밖에 없고 양극화 문제를 심화시킬 뿐이다. 1%에 대한 99%의 불만으로 시작된 '월가를 점령하라(Occupy Wall Street)' 등의 움직임도 격차 심화에서 비롯된 것임을 감안할 때 임금격차 완화책 마련이 시급하다.[128]

이러다 보니 중산층은 더욱 엷어지는 현상이 나타나고 있다. 이러한 사회적 빈부격차의 심화로 인한 사회적 갈등을 해소해 나가는 일을 통해 가진 사람이나 못 가진 사람이 평등하게 살아갈 수 있는 세상을 만들어 가는 일에 모두가 함께해야 한다.

평화를 단순하게 이해하면 전쟁이나 갈등이 없는 평온한 상태를 뜻한다. 지난 2011년 12월 17일 북한에서 김정일 국방위원장의 사망으로 인해 한반도 상황에 큰 관심이 모아지고 있다. 건강한 사회는 극우이념이나 극좌 이념에 의하여 주도되는 사회가 아니다. 건강한 우파와 합리적 좌파가 서로 존중하고 절충하고, 협력하는 상생의 모습이 요구된다. 남북관계 개선을 위해 우리 교회와 정부, 시민단체가 함께 지혜를 모아야 할 때이다. 더 나아가 교회가 통일한국을 준비하는 일을 함께함으로서 한반도 통일의 매체가 되어야 한다. 오늘날 북한 사회는 이념적으로 경제적으로 파탄한 폐쇄된 사회다. 오늘날 아랍권까지 절대왕조가 무너지는 시대에 3대 세습하고 국제적으로 가장 폐쇄적 사회를 이루는 나라는 국제사회에서 인정 받지 못한다. 우

---

128) "임금격차 사상 최대… 5.4배 벌어져", 〈국민일보〉(2012년 1월 15일).

리는 단지 우리 동포인 북한 주민의 인권과 생존권을 보존하는 책임을 다해야 한다. 2010년 북한의 GDP는 1,074달러로 2만 795달러인 한국의 5%에 지나지 않는다.[129] 한국 교회는 이러한 중요한 역사적 전환의 시기에 민족통일을 위하여 간절히 기도하고 북한 체제와 남한 체제를 넘어서는 화해의 사도의 역할을 다해야 한다.

오늘 우리 사회는 전반적인 경기침체에 빠진 상황이다. 너도 나도 허리띠를 졸라매고 살아야만 하는 현실이다. 이러한 현실에서 예수가 말하는 고통분담과 나눔의 정신을 되새겨본다. 최근 유럽 경제위기를 맞아 한때 코스피 지수가 900대까지 떨어지면서 극단적인 위기감이 고조되자 이른바 도덕적인 슈퍼 리치(super rich)들이 재산의 상당수를 사회에 환원했다. 이러한 노블리스 오블리제 의식이 부유층 전반에 퍼져 수많은 사람들이 사회 빈곤층을 위해 자신의 재산을 기부했다. 이와 함께 지속가능한 발전에 대한 인식도 새롭게 하면서 중소기업과 영세 상인을 보호하자는 목소리가 높아져 급기야는 이들을 보호하는 특별법이 만들어져 상생의 모델이 만들어졌다. 앞으로도 이러한 모습들이 확산될수록 우리 사회의 경제정의실현지수도 높아질 것이다.

밥이 하늘이다

김지하

밥은 하늘입니다
하늘을 혼자 못 가지듯이
밥은 서로 나눠 먹는 것
밥은 하늘입니다

---

129) "사설. 공감. 소통. 희망으로 짓는 2012년의 역사", 〈조선일보〉(2011년 12월 30일).

하늘의 별을 함께 보듯이
밥은 여럿이 같이 먹는 것
밥이 입으로 들어갈 때에
하늘을 몸속에 모시는 것
밥은 하늘입니다
아아 밥은 서로 나눠 먹는 것

극심한 경제난에 따른 구조조정과 그에 따른 실업을 어쩔 수 없는 일로, 무능한 사람들의 탓으로 돌리는 것이 아니라 상생의 해결책으로 실제적인 일자리 나눔이 이루어져야 한다. 밥을 나눠 먹듯 일자리를 나눠 함께 사는 세상을 이루어 가야 한다. 이것이 때로는 기득권층에, 겨우겨우 살아가는 소시민층에 고통을 주더라도 생존권이 위협받는 사람들을 가슴으로 품는 마음으로 고통 분담 차원에서 이루어 나가야 할 일이다. 이러한 움직임이 개별 사업장이나 개인의 차원에서 이루어 나가야 하지만 이것만으로는 한계가 있다. 이는 개인의 도덕성과 신앙심만으로는 안 되고 근본적인 해결책이 될 수도 없다. 우리가 IMF체제의 국난을 맞아 금 모으기 운동과 일자리 나누기 운동을 한 것처럼 범시민운동으로, 국가정책으로 일자리 나눔과 창출이 연결되어야 한다.

예수는 구체적인 방식으로 사회정의를 실현하는 방안을 제시하였다. 이것은 오늘의 시각에서 보면 일종의 소득재분배(Redistribution of wealth)와 같다. 우리 사회의 불공정과 양극화를 해결하는 방안이 소득재분배이다. 이를 간략하게 정리하면 다음과 같다.

정치의 주체는 하나(시민)지만 경제활동의 주체는 가계, 기업, 국가 등 다양하다. 분배정의[130]를 이해하기 위해서는 적어도 이 3영역을 살펴봐야 하고 노동(운동)의 중요성도 무시할 수 없다. 먼저, 분명히 짚고 넘어가야 할 것은 아직 우리나라에서는 분배문제, 경제정의가 무엇인지 국민이 합의한 정답이 없다는 것이다. 근대 이후 민주사회는 모든 사회적 가치와 정의를 일반 시민의 동의로 결정한다. 전근대처럼 종교나 국가가 정의를 독점할 수 없다. 그런데 우리나라는 과거 50년간 강력한 독재국가였다. 모든 가치와 정의를 국민의 의사에 반해 대통령과 정부가 결정하고 집행하고 강요했다. 그나마 김대중, 노무현 정권 시기에 민주화 도정이 있었지만 이런 잘못을 바로 잡지 못했다. 더욱이 오늘날 이명박 정권에서는 분배보다는 성장에 초점을 두는 경제정책으로 분배에 대한 사회적 논의가 퇴행한 시점이다.

그런데 우리나라와 달리 성숙한 민주주의를 완성한 여러 선진국은 정의와 분배정의의 원칙이 확고하게 서 있다. 정의는 철저하게 평등원리를 준용한다. 사회 전체적으로 빈부격차가 없고 기업에서의 분배도 '동일노동에 동일임금'은 기본이고 정신과 육체노동 간의 임금차이도 거의 없다. 서구 선진국의 경우는 대학 교수와 벽돌공과 같은 노동자의 봉급 차이가 없다. 또한 실업자에게도 충분한 생활보장이 이루어진다.

반면 우리나라는 법에 의해 동일노동에 동일임금 원칙을 규정해 놓고 있지만 정부가 법을 제대로 집행하지 않아 지금 900만 비정규 노동자들이 정규직의 절반의 임금으로 불공정하게 살아간다. 선진국처럼 모든 노동에 동일임금을 지급하지 못하더라도 선진국을 넘어 일류국가를 부르짖는 마당에, 최소한 세계인권선언 23조[131]에도 각

---

130) 분배정의에 관련하여 자유주의적 입장, 신자유주의 입장, 수정자유주의적 입장, 마르크스주의의 입장을 잘 대비시켜 정리한 논문으로는 설형영, "정와 평등", 한국철학사상연구회 엮음, 『삶, 사회, 그리고 과학』(서울: 동녘, 1991) 참조 바람.

131) 23조 내용은 다음과 같다. 모든 사람은 일할 권리, 자유롭게 직업을 선택할 권리, 공정하고 유리한 조건

인돼 있는 동일노동에는 동일임금을 국가가 보장 해야 한다. 동시에 동일노동, 동일임금이라는 민주주의 정의 원칙을 모든 시민이 이제 인정하고 폭넓은 공감대를 형성해 다함께 이의 실현을 위한 노력이 절실하다.

'가정'에서 분배는 문제가 없다. 모든 가정이 사회주의 식으로 공동분배, 공동소유하고 있고 약자에게 더 많은 배려와 사랑을 베푼다. 국가의 작동메커니즘도 가정과 원칙적으로 유사하다. 근대국가 구성 자체가 구성 주체인 개개인들이 자신의 복지와 안녕을 보장하기 위한 것을 목적으로 한 만큼 가족처럼 누구나 평등대우와 행복을 누릴 수 있도록 해야 한다. 현실은 1년에 300조 원이 넘는 예산을 집행하지만 사회적 약자와 가난한 사람과 장애인 등을 위해 쓰지 않고 부자들을 위하거나 쓸데없는 곳에 예산 낭비를 집행해 왔다. 4대강사업은 말할 것도 없고 주변의 멀쩡한 도로가 수시로 파헤쳐지는 것을 본다.

기업의 분배문제는 복잡하다. 기업이 사익추구집단이라 하지만 오늘날 세계 자본주의는 사익도 공익과 조화를 이루는 사익이다. 기업도 가정과 사회의 분배원칙과 시스템을 상당부분 따르지 않을 수 없는 것이다. 기업주가 노동자의 복지와 평등을 고려 않고 일방적으로 이익을 독차지 한다면 기업의 몰락을 재촉할 뿐이다. 기업이 생존을 보장받기 위해서도 노·사간의 정의로운 분배는 필연적이다. 사람들은 노동자와 기업자가 몇 대 몇으로 이익을 분배해야 옳은지 잘 모른다. 국민적 합의도 없고 법적으로 정해진 것도 없다. 노동운동이 벌어지고 노사갈등이 끊이지 않는 이유다. 정부는 자율에 맡긴다고 말하

으로 일할 권리, 실업상태에서 보호 받을 권리가 있다. 모든 사람은 차별 없이 동일한 노동에 대해 동일한 보수를 받을 권리가 있다.

면서도 언제나 자본가편에 서서 약자인 노동자만을 탄압한다. 유럽사회는 노동자와 자본자의 분배비율이 80:20 정도는 될 것이다. 복지라는 재분배의 정의까지 이루어지고 있으니 90:10이 될 수도 있다(99:1이 될지도 모른다).

그런데 우리나라는 삼성그룹의 이건희 1인의 1년 수입이 수조 원을 넘는다. 20만 삼성노동자의 임금도 이와 비슷하다. 50:50이다. 다른 기업도 이와 같다면 우리나라에서 경제정의, 분배정의는 불가능하다. 세상에 이렇게 불평등한 나라는 G20국[132] 중에는 없다. 이에 대해 신영복은 정치경제학의 개념으로 지적하였다. 상부구조보다는 하부구조를 튼튼히 해야 한다. 한 사회의 물적 토대를 튼튼히 하는 것, 이것이 정치의 근간이다. 우리가 겪은 IMF의 아픔도 자립적 토대가 허약하기 때문에 겪은 환란이었다.[133]

예수는 빵 7개와 물고기 몇마리를 들고 감사 기도를 드린 후, 떼어서 제자들에게 주었고, 제자들은 시키는 대로 4천 명에게 골고루 재

---

132) 우리나라는 이른바 G - 20 의장국이 될 정도로 경제 강국이 되었다. G20의 'G'는 그룹(Group)의 약자로 '모임'을 뜻한다. '주요 20개국 모임'으로 번역되는 G20은 기존의 선진국 중심의 G7에다가 신흥국 12개국, EU를 포함하여 1999년에 만들어졌다. 우리나라는 G20정상회의 의장국가로서, 2010년 11월 11 ~12일 제5차 G20정상회의를 서울에서 개최하였다. 2008년 미국발 금융위기를 계기로 결성된 G20정상회의는 비유하자면 지구촌 유지 모임이라고 할 수 있다. 선진경제국인 미국, 일본, 독일, 영국, 프랑스, 이탈리아, 캐나다와 신흥경제국을 대표하는 우리나라, 러시아, 중국, 인도, 인도네시아, 아르헨티나, 브라질, 멕시코, 호주, 남아프리카공화국, 터키, 사우디아라비아 등 19개 국가, 그리고 유럽연합(EU)이 G20의 구성원이다. G20정상회의는 처음에는 경제위기 극복을 위한 한시적 협의기구라는 성격이 강했다. 그러나 2009년 9월 제3차 피츠버그 정상회의 이후 세계경제 문제를 다루는 최상위 포럼으로 격상되었다. 말 그대로 세계경제의 주요 이슈를 협의하는 '주된 논의의 장'이며 실천적인 행동 전략까지 논의되는 세계경제의 핵심 논의기구이다. G20정상회의는 세계경제 질서를 관리하고 규칙을 만드는 최상위 협의체이다. 단순한 권고가 아니라 재정 공조, 금융 규제 등 문제에서 구속력을 갖는 협의를 이끌어내는 기구로 전환하고 있다. 지금까지 우리나라는 글로벌 규칙을 만드는 과정에 주체로서 참여해 본 적이 거의 없다. 선진국이 만든 규칙을 받아들이고 지키는 입장이었으나 이제는 세계경제를 규율하는 운영그룹에 진입하게 된 것이다. '규칙 준수자(Rule Taker)'에서 '규칙 제정자(Rule Setter)'로 도약한 것이다. 우리나라는 일제 강점기와 한국전쟁의 아픔을 딛고 세계경제 10위권의 강국을 일궈냈다. G20정상회의 유치와 의장국이 된 것은 우리나라가 국가역량에 걸맞게 국제사회에서 새로운 역할과 의무를 부과 받은 것을 의미한다.

133) 신영복, 『강의』, p.280.

분배하여 주었다.

> 그 무렵 사람들이 또 많이 모여들었는데 먹을 것이 없어서 예수께
> 서는 제자들을 불러 "이 많은 사람들이 벌써 사흘이나 나와 함께
> 지냈는데 이제 먹을 것이 없으니 참 보기에 안 됐다. 그들을 굶겨
> 서 집으로 돌려보낸다면 길에서 쓰러질 것이다. 더구나 그 중에는
> 먼 데서 온 사람들도 있다." 하고 말씀하셨다. 제자들이 "여기는 외
> 딴 곳인데 이 많은 사람들을 배불리 먹일 빵을 어디서 구해 오겠습
> 니까?" 하고 반문하자 예수께서 "빵이 몇 개나 있느냐?" 하고 물으
> 셨다. 그들이 "일곱 개가 있습니다." 하니까 예수께서는 사람들을
> 땅에 앉게 하시고 빵 일곱 개를 손에 들고 감사의 기도를 드리신
> 다음 떼어서 제자들에게 주시며 나누어 주라고 하셨다. 제자들은
> 시키시는 대로 나누어주었다. 또 작은 물고기도 몇 마리 있었는데
> 예수께서는 그것도 축복하신 뒤에 나누어 주라고 하였다.[134]

또한 그는 5천 명의 군중을 바라보며 빵 5개와 물고기 2마리를 들
고 감사 기도를 드린 후 그것을 떼어 제자들에게 주며 무리에게 나누
어 주게 하여 모든 사람이 배불리 먹고 남은 것이 12광주리에 가득
차게 하였다.

> 예수께서 이 말을 들으시고 거기를 떠나 배를 타고 따로 한적한 곳
> 으로 가셨다. 그러나 여러 동네에서 사람들이 이 소문을 듣고 육로
> 로 따라왔다. 예수께서 배에서 내려 거기 모여든 많은 군중을 보시
> 자 측은한 마음이 들어 그들이 데리고 온 병자들을 고쳐주셨다. 저
> 녁때가 되자 제자들이 예수께 와서 "여기는 외딴 곳이고 시간도 이
> 미 늦었습니다. 그러니 군중들을 헤쳐 제각기 음식을 사먹도록 마
> 을로 보내시는 것이 좋겠습니다." 하고 말하였다. 그러나 예수께서
> 는 "그들을 보낼 것 없이 너희가 먹을 것을 주어라." 하고 이르셨
> 다. 제자들이 "우리에게 지금 있는 것이라고는 빵 다섯 개와 물고
> 기 두 마리뿐입니다." 하고 말하자 예수께서는 "그것을 이리 가져

---

134) 마르코의 복음서 8장 1~7절.

오너라." 하시고는 군중을 풀 위에 앉게 하셨다. 그리고 빵 다섯 개
와 물고기 두 마리를 손에 들고 하늘을 우러러 감사의 기도를 드리
신 다음, 빵을 떼어 제자들에게 주셨다. 제자들은 그것을 사람들에
게 나누어주었다. 사람들은 모두 배불리 먹었다. 그리고 남은 조각
을 주워 모으니 열두 광주리에 가득 찼다. 먹은 사람은 여자와 어
린이들 외에 남자만도 오천 명가량 되었다.[135]

이처럼 그는 균등, 공평 분배론을 제시하였고, 실천하였다.[136] 법적
으로나 상식적 양심에서 부자가 되었더라도 재분배하지 않고 소유하
고 있다는 것만으로도 그의 비판대상이 되었다. 헐벗고 굶주린 사람
이 있는데 물질적 풍요로 사치와 방탕이 존속하는 것은 죄악이다. 그
래서 그는 재분배하지 않고 가진 사람들에게 무서운 경고를 하였다.
소득의 평등과 축적의 공유화가 이루어져야 한다. 최대 다수의 평등
분배정책을 수립하고 추진해야 하며 분배의 간격을 좁히고 재분배의
정의를 세워야 한다.[137]

감리교의 창시자 웨슬리는 안일하고 편리하게 그리고 사치하게 살
도록 돈을 써서는 안 되고 꼭 필요하고 필수적인 것을 위해서만 돈을
써야 함을 강조하였다. 그는 또한 돈은 하느님이 기회가 있는 대로
성서 말씀대로 굶주린 사람을 먹이고, 헐벗은 사람을 입히며, 떠돌아
다니는 사람을 돌보며, 과부와 고아를 돌아보며, 그리고 모든 인류의
필요를 해결하기 위해 사용하도록 맡기신 것이라고 말했다. 그런데
이것 이외에 다른 목적을 위해서 돈을 사용하는 것은 하느님을 속여
빼앗는 것이다. 그는 만약 어떤 사람이 은행에 수백만 원을 저금하고

---

135) 마태오의 복음서 14장 13-21절.
136) 윤승은, 『교회경제는 어떻게 운영할 것인가?』(서울: 성광문화사, 1983), p.184.
137) 맹용길, "분배의 정의에 따른 기독교윤리적 조명", 『기독교사상』(제30권, 9호, 1986년 9월호), p.132.

도 가난한 사람에게 그것을 나눠 주지 않는다면 그는 아직도 가난한 사람이다. 인간 중에 가장 가난한 사람이다. 가장 많은 소유를 가진 사람들은 가장 많은 액수를 나눠 주어야 한다.[138]

　　개인의 구원이나 믿음을 넘어서는 공동체(사회, 나라)에 대한 뜨거운 사랑과 열정 그리고 자기를 넘어서는 종교적 자세를 성서에서 되새겨본다. 모세는 자기를 넘어서는 위대한 기도를 하였다. 그가 시나이 산 광야에서 하느님에게 나아갔을 때의 일이다. 그는 40일 동안 시나이 산에 있으면서 하느님으로부터 십계명을 받았다. 그런데 그가 시나이 산에 있는 동안 산 아래에서 문제가 발생하였다. 이스라엘 백성들이 눈에 보이는 하느님을 요구한 것이다. 언제나 그를 통하여 하느님의 임재를 경험하던 그들이 40일 동안 모세가 보이지 않자 불안해진 것이다. 그들은 모세와 함께하던 모세의 형인 제사장 아론에게 하느님을 보여 줄 것을 요청하였다. 이에 아론은 그들의 필요에 맞게 금으로 송아지를 만들고 야훼 하느님이라고 선포하였다.

　　　　아론이 그들의 손에서 그것을 받아 수송아지 신상을 부어 만들자 모두들 외쳤다. "이스라엘아, 이 신이 우리를 이집트에서 데려 내온 우리의 신이다." 아론은 이것을 보고 그 신상 앞에 제단을 만들고 "내일 야훼 앞에서 축제를 올리자." 하고 선포하였다. 이튿날 그들은 일찍 일어나 번제를 드리고 친교제물을 바쳤다. 그리고 나서 백성은 앉아서 먹고 마시다가 일어나서 정신없이 뛰놀았다.[139]

　　이 같은 이스라엘의 행동을 보면서 하느님은 극도로 진노하였다.

138) 김홍기, "존 웨슬리 희년신학의 조명에서 본 한국 교회의 통일희년 나눔 운동", 신학연구위원회 편, 『희년신학연구』(서울: 한국기독교교회협의회, 1997), pp.107-108 참조.
139) 출애굽기 32장 4-6절.

하느님은 그에게 이스라엘을 전멸시키고 그를 중심으로 새로운 나라를 일으키겠다고 하였다.

> 야훼께서 계속하여 모세에게 이르셨다. "나는 이 백성을 잘 안다. 보아라, 얼마나 고집이 센 백성이냐? 나를 말리지 마라. 내가 진노를 내려 저들을 모조리 쓸어버리리라. 그리고 너에게서 큰 백성을 일으키리라."[140]

이때 그 유명한 그의 민족을 위한 기도가 나온다.

> 모세는 그의 하느님 야훼의 노기를 풀어드리려고 애원하였다. "야훼여, 당신께서는 그 강하신 팔을 휘두르시어 놀라운 힘으로 당신의 백성을 이집트 땅에서 데려 내오시지 않으셨습니까? 그런데 어찌하여 이 백성에게 이토록 화를 내시옵니까? 어찌하여 '아하, 그가 화를 내어 그 백성을 데려내다가 산골짜기에서 죽여 없애버리고 땅에 씨도 남기지 않았구나.' 하는 말을 이집트인들에게서 들으시려 하십니까? 제발 화를 내지 마시고 당신 백성에게 내리시려던 재앙을 거두어주십시오. 당신의 명예를 걸고 '너의 후손을 하늘의 별처럼 많게 하고, 내가 약속한 이 땅을 다 너의 후손에게 주어 길이 유산으로 차지하게 하겠다.' 하고 맹세해 주셨던 당신의 종 아브라함과 이사악과 이스라엘을 기억해 주십시오."[141]

모세의 기도가 절정을 이룬 것은 바로 이 구절이다.

> 모세가 야훼께 되돌아가서 아뢰었다. "비옵니다. 이 백성이 금으로 신상을 만들어 큰 잘못을 저질렀습니다. 하지만 이제 그들의 죄를 용서해 주셔야 하겠습니다. 만일 용서해 주지 않으시려거든 당신께서 손수 쓰신 기록에서 제 이름을 지워 주십시오."[142]

---

140) 출애굽기 32장 9-10절.
141) 출애굽기 32장 11-13절.

이렇듯 자신을 넘어서는 기도와 애원에 귀 기울이고 재앙을 거두었다.

> 하느님은 야훼께서는 당신의 백성에게 내리겠다 하시던 재앙을 거두셨다.[143]

이렇듯 자기를 넘어서는 사회공동체에 대한 사랑의 기도는 아브라함에게서도 보인다. 그는 하느님이 타락한 도시인 소돔과 고모라를 멸망시키려 할 때, 이에 대해 간곡히 만류하였다. 당시 아브라함은 그곳에 사는 조카 롯의 가족 이외엔 아무 상관없는 사람들 그것도 타락으로 치달은 이들을 위해 간청한 것이다. 그는 의로운 사람 50명, 40명, 30명, 20명이 있다면? 심지어는 10명이라도 있다면 멸망함이 옳지 않다고 하느님과 흥정을 하였다. 그럼에도 하느님은 그의 이야기를 귀 기울여 듣고는 그의 흥정에 따라 주었다.[144]

이러한 모습은 바오로에게서도 찾아볼 수 있다.

> 나는 그리스도의 사람으로서 진실을 말하고 거짓을 말하지 않습니다. 성령으로 움직이는 내 양심도 그것이 사실이라고 말해 줍니다. 나에게는 큰 슬픔이 있습니다. 그리고 마음으로 끊임없이 번민하고 있습니다. 나는 혈육을 같이하는 내 동족을 위해서라면 나 자신이 저주를 받아 그리스도에게서 떨어져 나갈지라도 조금도 한이 없겠습니다.[145]

---

142) 출애굽기 32장 31-32절.
143) 출애굽기 32장 14절.
144) 창세기 18장 1-33절 참조.
145) 로마인들에게 보낸 편지 9장 1-3절.

예수는 당신을 따르는 사람들이 교회 안에 머무는 신앙공동체로 머물지 말고 거기에서 얻어진 힘으로 교회 문을 열고 세상 속으로 나아가 그 속에서 살아 꿈틀대며 증언하는 신앙공동체를 원했다. 기독교가 '개독교'라는 욕을 먹는 이유는 입만 살아 있지 몸이 움직이지 않기 때문이다. 오늘날은 그 어떤 시대보다도 실천하는 믿음 행동하는 신앙이 요구되는 시대이다. 참된 실천을 위해서는 먼저 뼈를 깎는 자기반성과 자기 성찰이 있어야 한다. 하느님의 뜻대로 살지 못했음을 고백해야 한다.

> 하느님 우리는 당신께 거역하기만 했습니다. 우리는 하느님을 외면하고 따르지 않았습니다. 우리는 비꼬는 말, 반항하는 말만 하였고 거짓말이나 토해 놓고 있었습니다. 공평은 뒤로 제쳐 놓았고 정의는 얼씬도 못하게 하였습니다.[146]

그렇다. 경제적 공평은 자유경쟁의 이름으로 짓밟혔다. 분배는 우선 성장을 해야 한다는 '개발'과 '경제 살리기'라는 이름으로 뒤로 제켜졌다. 사회적 정의는 짓밟히고 있다. 사회적 약자들의 소리, 민족화해와 평화통일을 외치는 사람들과 참 교육을 위해 정성을 다하는 사람들을 외면하였다.

우리는 "성실이 종적을 감추고 악에서 발을 뺀 자가 도리어 약탈당하는 세상"[147]이 된 것이 우리의 죄임을 고백해야 한다. 그래서 세상은 "이다지도 공평하지 못하여 야훼께서 눈을 찌푸리시지 않을 수 없는 세상"[148] 아니 야훼가 아니더라도 양심이 조금이라도 남아 있는

---

146) 이사야 59장 12-14절.
147) 이사야 59장 15절.

그리고 지성이 조금이라도 있는 사람이라면 누구라도 눈을 찌푸리지 않을 수 없는 세상이 되었음을 고백해야 한다.

> 그의 눈엔 사람다운 사람 하나 보이지 아니하고, 중재하는 사람 하
> 나 보이지 않으니 기막힐 수밖에[149]

누군가가 나서서 세상을 바꾸지는 못하더라도 중재하는 사람이 있어야 한다. 우리 기독인들이 일어서서 사회적 약자와 가난한 사람들의 억울함을 대변하는 중재의 역할을 해야 한다. 사람과 사람 사이 하느님과 사람 사이에 중재자의 역할을 하는 사람, 이 사람이 바로 '하느님의 부르심을 받은 제사장'이다. 하느님은 우리를 모두 왕 같은 제사장으로 부르셨다. 야훼 하느님은 우리로 하여금 '일어나 비추어라.'고 명령한다.[150]

그 사람을 가졌는가

함석헌

만리길 나서는 길
처자를 내맡기며
맘 놓고 갈 만한 사람
그 사람을 그대는 가졌는가.

온 세상 다 나를 버려
마음이 외로울 때에도
'저 맘이야'하고 믿어지는

---

148) 이사야 59장 15절.
149) 이사야 59장 16절.
150) 이사야 60장 1절.

그 사람을 그대는 가졌는가.

탔던 배 꺼지는 시간
구명대 서로 사양하며
'너만은 제발 살아다오' 할
그 사람을 그대는 가졌는가.

불의의 사형장에서
'다 죽여도 너희 세상 빛을 위해
저만은 살려 두거라' 일러줄
그 사람을 그대는 가졌는가.

잊지 못할 이 세상을 놓고 떠나려 할 때
'저 하나 있으니' 하며
빙긋이 웃고 눈을 감을
그 사람을 그대는 가졌는가.

온 세상의 찬성보다도
'아니' 하고 가만히 머리 흔들 그 한 얼굴 생각에
알뜰한 유혹을 물리치게 되는
그 사람을 그대는 가졌는가.

이천 여 년 전 헤롯왕은 예루살렘 성전을 지었을 뿐만 아니라 자신의 왕궁과 별궁, 산 위에 2중 3중의 요새까지 지은 토목공사의 왕이었다. 예수는 바로 이러한 때에 출생하였다. 그리고는 이 성전을 허물라고 말했다. 백성들의 피와 땀으로 이루어진 이 성전은 하느님의 뜻이 아님을 분명히 하였다. 헤로데 왕 때에 예수는 출생했다. 오늘 이 사회는 작은 예수들의 출현을 기다리고 있다. 교회는 영원한 생명을 믿는 사람들이 모인 공동체이다. 예수의 삶과 부활 속에 영원한 생명이 있음을 고백하는 공동체이다. 바로 여기에 우리 교회가 하느님의 부름 받은 역사적 사명이 있다. 예수 그리스도의 몸된 교회로서 책임

적인 자세이며 사명이다. 오늘날의 교회는 상처 입은 사람들에게 함
석헌이 말하는 그 사람이 되어 주어야한다. 이것이 교회의 사명이요
존재이유이다.

4. 노동에 대한 교회실천윤리

오늘날 한국 교회가 여러 도덕적 해이와 스캔들로 한국 사회에서
신뢰를 잃고 있는 이러한 맥락에서 다시금 교회가 대사회적 신뢰성
을 회복하고 대사회적 공공성을 구축하기 위해서도 안으로의 교회가
아닌 밖으로의 교회론의 이해가 시급하다. 한국 교회는 그 자체의 성
곽에 머물러서는 안 된다. 이 세상의 소금과 빛으로서 이 세속 한가
운데 존재해야 한다. 그리고 소금으로서 이 세상 가운데서 녹아듦으
로써 맛을 내고 방부제의 역할을 해야 한다. 그리고 교회는 세속의
어두움을 빛으로 밝혀야 한다. 교회는 세속주의에 감염되어서는 안
되며, 세속 한 가운데서 세속주의를 이겨내고 참된 가치와 진리의 빛
을 어두운 세상을 향하여 밝혀 주어야 한다.

한국 교회는 오늘날의 위기를 기회로 삼아 외부 사회적 강요에 의
한 것이 아니라 스스로의 변혁으로 교회다움을 회복함으로써 다시금
세상의 신뢰를 회복하고 나아가 세상을 일깨우는 대안공동체가 될
수 있도록 해야 한다. 이에 따라 앞서 살펴본 대로 본회퍼나 하우어
워스가 말하는 교회론에 대한 이해야말로 오늘날 한국 교회가 가장
주목해야 할 윤리학적 성찰이다. 본회퍼는 오래전부터 소개되고 그에
대한 전집도 출간될 정도로 알려졌다. 그에 반해 하우어워스(Stanley

Hauerwas)는 상대적으로 덜 알려져 있다. 그는 교회가 사회전략이요, 사회윤리의 담지체임을 분명히 하였다. 그에 의하면, 주기도문의 주어가 '우리'라는 사실에서 두 가지 통찰을 이끌어낸다. 첫째는 기도의 주체가 '나'가 아니고 '우리'라는 사실이다. 주기도문은 개인경건을 위한 기도문이 아니고 공동체적 삶을 위한 기도문이다. 둘째로 '우리'는 주기도문으로 기도하는 공동체인 '교회'를 뜻한다는 사실이다. 그러므로 주기도문으로 기도하고 주기도문의 윤리적 함의대로 살아야 할 책임은 교회에 있지 세상에 있는 것이 아니다. 교회가 주기도문으로 기도하고 그것대로 살 때, 그것은 세상을 향한 증언이 된다.[151] 십계명을 이루는 중심사상도 동일하다. 십계명은 하느님의 백성에게 주어진 것으로 십계명에 순종하는 백성으로서 교회는 세상과 차별성을 가진 독특한 존재로서 세상적 가치와는 다른 평등공동체를 이루고 약자를 보호해야 한다.[152]

그는 교회가 사회윤리에 충실한 기능을 수행할 때, 그것은 세상에 기독교정신의 진정성과 기독교사회윤리의 가치를 보여 주는 모델이 될 수 있다고 주장한다. 이것은 교회가 세상에 대한 대안공동체(alternative community)가 됨을 의미한다. 이것은 교회가 세상보다 우월한 도덕적 능력을 보여 주기 위해 세상과 경쟁해야 한다는 것을 뜻하는 것이 아니다. 그보다는 세상이 스스로의 힘으로는 결코 도달할 수 없는 삶의

---

151) 스탠리 하우어워스 · 윌리엄 윌리몬, 『주여, 기도를 가르쳐주소서』, 이종태 옮김(서울: 복있는 사람, 2006) 참조: 이 책은 예수님이 제자들에게 직접 가르쳐 준 '주기도문'의 의미를 복원해내는 것은 물론, 그것이 개인주의와 자본주의가 만연한 21세기 현실에서 지니는 함의를 밀도 있게 탐색하고 있다. 또한 우리가 '주기도문'을 통해 하나님 나라에 편입되고, 그리스도인이 되어간다는 것을 알려주면서, '주기도문'이 땅의 현실로 침투해 들어오는 하나님 나라의 실체를 선포하고 있으며, 이 땅에서 하나님 나라의 백성으로 살아가겠다는 담대한 선언임을 증명한다.

152) 스탠리 하우어워스 · 윌리엄 윌리몬, 『십계명』, 강봉재 옮김(서울: 복있는 사람, 2006) 참조.

방식을 교회가 보여 줄 때, 세상이 교회에 비추어 자신의 존재를 깨닫게 된다는 의미이다. 예를 들어 교회가 평화를 이루는 공동체로 살아갈 때, 세상은 이러한 교회에 비추어 자신의 폭력성을 깨닫게 된다. 교회가 인간을 존중하는 공동체로 살아갈 때, 세상은 교회에 비추어 자신의 비인격성을 깨닫게 된다. 이를 위해 교회는 단지 기독교사회윤리를 수행하는 기관이 아니라 기독교사회윤리로 자신의 존재가 형성된 사람을 만들어내야 한다. 그의 말대로 교회가 교회다워야 한다. 시민사회가 본받고 따라올 수 있는 교회다움의 회복이 필요하다.[153] 그는 이것을 '덕(virtue)의 윤리'라고 표현한다.

그에게 중요한 윤리적 의제는 "내가 무엇을 실행해야 하는가?"가 아니라 "나는 무엇이 되어야 하는가?"이다. 이러한 덕의 윤리를 형성하는 데 중요한 수단이 되는 것이 바로 이야기(narrative)이다. 이야기는 그 이야기대로 살아가는 백성들을 만들어낸다. 일차적으로 성서의 이야기가 중요하고, 이차적으로는 그 성서의 이야기대로 살아가는 사람들의 이야기가 새롭게 그러한 사람을 형성해낸다. 한국 교회가 수행할 대사회적 노동을 제시하면 다음과 같다.

1) 양극화 해소운동

오늘날 우리 사회는 유럽의 불경기와 미국의 불경기 때문에 세계 경제가 침체하는 데도 한국 경제는 대기업 주도의 제조업에 의거한 수출증가세에 힘입어 그런 대로는 국제적인 침체의 늪에서 벗어나고

---

153) 문시영, "섬김과 나눔, 교회의 윤리로!", p.98.

있다. 이에 따라 대기업과 중소기업의 격차 또한 더욱더 커지고 있고, 우리 사회의 더 가진 자와 덜 가진 자의 격차 또한 더욱더 커져 중산층이 엷어지는 현상이 나타나고 있다. 이러한 사회적 빈부격차의 심화에 대하여 한국 교회는 정부정책으로 하여금 대기업 중심의 정책에서 전환하여 중소기업을 살리는 방향으로 나가도록 권면해야 한다. 교회는 경제적으로 취약한 중소기업이 대기업의 횡포에서 벗어날 수 있도록 이들의 권익을 대변해 주어야 한다. 정부의 경제정책이 성장 일변도에서 성장과 분배의 균형을 맞추어 나가도록 권면해야 한다. 교회는 사회적 약자들에 대한 사회적 안전망이 제대로 구축되도록 정부의 손에 미치지 못하는 틈새를 메우는 역할을 해야 한다. 한국 교회는 십일조와 각종 절기헌금으로 바쳐지는 막대한 주일헌금을 교회 자체만을 위하여 사용하지 말고 일정부분을 사회적 약자를 위하여 사용해야 한다.

교회는 신자유주의에 따른 치열한 생존 경쟁으로 개인이나 사회가 이타심이나 상생의 질서와 배려가 미약해진 오늘날 이웃을 섬기고 함께 하는 자세를 보여 주어야 한다. 이것이 바로 세상 속에서 소금과 빛의 역할을 수행하는 교회의 모습이다. 교회가 세상적 가치인 신자유주의의 일등지상주의, 물질만능주의, 번영주의, 이기적인 기복주의, 구원이기주의에 매몰되면 존재가치를 상실하게 된다. 그렇기에 교회는 끊임없이 자기변혁성을 잃지 말아야 한다. 물질만능의 욕심에서 벗어나고, 번영 추구에서 벗어나고, 복을 쌓아놓기보다는 복을 나누어주고, 나만이 아니라 우리가 함께 구원을 받고 잘 살자는 삶의 태도를 보여주어야 한다.

2) 사회적 기업운동

만약 기독교인이 자본에 투자하는 기업인이 된다면 물질이나 돈을 자본으로 삼지 말고 생명과 사랑을 자본으로 삼아 그것을 증식시키고 번져나가게 해야 할 것이다. 이것이 바로 '생명자본주의'다. 우리말에 '살림살이'라는 말이 있다. 말 그대로 살림을 해서 살게 한다는 의미다. 최근 사회적 기업이라는 형태로 몇 가지 살림의 기업체가 생겨나고 있다. 이것은 '생산'이 아닌 '생식'에 기반을 둔 자본주의형태이다. 이것이야말로 예수가 말하는 포도의 수확을 위해 고용되었던 품팔이 노동자의 이야기를 현실화한 사례일 것이다.

최근 높은뜻연합교회 산하 열매나눔재단은 여러 가지 사회적 기업들이 있다. 이들 기업들은 많이 벌어서 5,000명분을 한 명이 모두 먹는 기업모델이 아니라 한 기업이 사회적 약자 5,000명을 먹여 살리자는 목적으로 설립되었다.[154] 이러한 형태를 사회적 기업이라고 한다.

사회적 기업(Social enterprise)의 의미는 'social venture', 'community business'를 내포하고 있으며 그 시작으로 공공부분의 복지 정책이 축소되는 1970년대 후반 미국 사회에서부터 시작했다. 우리나라에 도입된 사회적 기업은 서유럽의 맥락과 유사한 것으로 평가되고 있다. 1997년 외환위기로 인한 사회변동이 사회적 기업이 태동하는 원인의 시발점이 되었기 때문이다. 우리나라의 경제구조에 대해 전문가들은 경제성장 정도에 비해 실업과 빈곤문제에 취약한 복지국가 시스템이 개선되어

---

154) 이 재단은 '최고의 자선은 자립을 돕는 것'이라는 말과 같이 이 땅의 저소득 빈곤층이 교육과 일자리를 통해 미래에 대한 희망을 갖고 사회에 기여하는 당당한 일원으로 성장할 수 있도록 돕기 위해 사회복지 법인으로 설립되어 운영되고 있다. 이에 대해서는 다음의 책을 참조바람. 김동호, 『미션 임파서블』(서울: 열매나눔재단, 2009).

야 함이 대두되고 있음을 지적한다. 그리고 외환위기 이후 사회정책 측면에서 공공부조 제도, 일자리 창출 정책 등의 확대가 지속적으로 이루어져 왔으나 정부의 사회정책 확대에도 사회 양극화, 비정규직 확대, 일하는데도 빈곤함 등의 확산이 풀어야 할 과제로 남게 되었다.

우리나라 사회적 기업의 유형은 크게 네 가지로 유형화할 수 있다. 첫째는 정신질환이나 신체장애를 가지고 있는 장애인에 대한 보호된 고용을 제공하는 사회적 기업으로 우리나라의 경우 장애인 보호 작업장을 꼽을 수 있다. 둘째는 취업취약집단에게 안정적이고 자립적인 안정된 일자리를 일정기간 동안 제공하는 사회적 기업으로 자활공동체에서 발전한 사회적 기업들에서 발견된다. 셋째는 생산적 활동을 통해 심리적 사회적으로 문제를 안고 있는 사람들을 재사회화하는 유형의 사회적 기업이며, 넷째는 이행적 일자리 또는 훈련기회를 제공하는 사회적 기업으로 보건복지부의 업그레이드형 자활사업이나 노동부의 사회적 일자리 사업에서 부분적으로 나타난다.

사회적 기업은 일단 공공부조에 근거하고 있다. 그러나 일반기업이 가지고 있는 이윤추구와는 구분된 공공의 이익, 즉 취약계층을 상대로 기업이 운영된다는 점에서 사회시민단체와 함께 교회나 기독교 선교단체에서 관심을 가질 수 있을 것으로 기대된다. 교회와 선교단체는 이미 취약계층을 대상으로 사회복지 서비스를 제공해 왔다. 특히 저소득층 가정을 위한 지원 사업들을 전개해 왔으며, 장애인이나 노인 등을 대상으로 선교적인 차원에서 복지사업을 진행했다. 그러나 특수목회로 분리되는 이러한 선교활동에 대한 한계가 경제적인 문제로 드러나고 있어 새로운 돌파구를 찾아야 할 시기에 놓이게 됐다. 즉 재정적인 자립이 이루어져야 안정적으로 선교활동을 지속화할 수 있다. 이런 측면에서 국가 차원에서 진행하고 있는 사회적 기업에 대한 관심을 가져볼 수 있다. 그러나 이 사업이 개인의 영리 목적으로 악용되거나, 교세를 확장하기 위한 전도의 도구로만 접근한다면 지속하기가 쉽지 않다.

우리 사회는 1990년대 후반에 불어 닥친 경제위기로 급격한 변화를 겪기 시작했다. 기업들은 부도 위기에 놓이고 직원들은 원치 않는 퇴직을 할 수밖에 없었으며, 가장의 갑작스런 실직으로 인해 가정은 경제적 위기와 함께 해체의 위기에 놓이기도 했다. 실질적으로 기업을 경영하던 경영자와 실직으로 일자리를 잃어 경제적 위기에 처한 가정의 가장들이 이를 감당하지 못해 누울 자리조차 없이 거리에 나앉을 수밖에 없었다. 이러한 위기 속에서 교회를 포함한 시민 사회단체들은 사회 안정망 확보라는 측면에서 다양한 사회복지 서비스를 제공했다. 이 복지 서비스 중에는 일자리 창출과 함께 재활을 위한 프로그램이 포함되어 있었다. 또한 경제 위기 이전부터 교회와 시민단체들은 농촌에 관심을 가지면서 지역사회에서 생산된 농산물을 도시와 연결해 판매망을 확보하는 일을 해왔다. 특히 이들 단체에는 교회 중심의 공동체의 역할이 컸으며, 개 교회나 개인의 영리 목적이 아니라 지역사회의 공익이라는 목적으로 진행됐다. 이러한 배경에서 최근 교회를 포함한 시민단체들은 정부가 내어 놓은 '사회적 기업'에 대한 관심을 갖게 됐다.

우리나라의 사회적 기업은 정부의 정책으로 2007년 사회적 기업 육성법이 시행되면서 제도화 됐다. 이 법에 따르면 사회적 기업이란 "취약계층에게 사회서비스 또는 일자리를 제공하여 지역주민의 삶의 질을 높이는 등의 사회적 목적을 추구하면서 재화 및 서비스의 생산·판매 등 영업활동을 수행하는 기업"(2010년 6월 8일 사회적 기업 육성법 법률 제10360호 일부개정)을 말한다. 이의 내용은 다음과 같다.

제1조 (목적) 이 법은 사회적 기업의 설립·운영을 지원하고 사회적 기업을 육성하여 우리 사회에서 충분하게 공급되지 못하는 사회서비스를 확충하고 새로운 일자리를 창출함으로써 사회통합과 국민의 삶의 질 향상에 이바지함을 목적으로 한다.

제2조 (정의) 이 법에서 사용하는 용어의 뜻은 다음과 같다.

1. "사회적 기업"이란 취약계층에게 사회서비스 또는 일자리를 제공하거나 지역사회에 공헌함으로써 지역주민의 삶의 질을 높이는 등의 사회적 목적을 추구하면서 재화 및 서비스의 생산·판매 등 영업활동을 하는 기업으로서 제7조에 따라 인증 받은 자를 말한다.
2. "취약계층"이란 자신에게 필요한 사회서비스를 시장가격으로 구매하는 데에 어려움이 있거나 노동시장의 통상적인 조건에서 취업이 특히 곤란한 계층을 말하며, 그 구체적인 기준은 대통령령으로 정한다.
3. "사회서비스"란 교육, 보건, 사회복지, 환경 및 문화 분야의 서비스, 그 밖에 이에 준하는 서비스로서 대통령령으로 정하는 분야의 서비스를 말한다.
4. "연계기업"이란 특정한 사회적 기업에 대하여 재정 지원, 경영 자문 등 다양한 지원을 하는 기업으로서 그 사회적 기업과 인적·물적·법적으로 독립되어 있는 자를 말한다.
5. "연계지방자치단체"란 지역주민을 위한 사회서비스 확충 및 일자리 창출을 위하여 특정한 사회적 기업을 행정적·재정적으로 지원하는 지방자치단체를 말한다. 이하 생략.

"자신에게 필요한 사회서비스를 시장가격으로 구매하는 데 어려움이 있는 계층"으로 구분되는 취약계층에게 사회서비스와 일자리를 제공하는 것을 목적으로 하는 사회적 기업에 교회가 참여할 수 있는 적극적인 자세가 필요하다.

교회가 영리를 목적으로 기업을 운영한다는 것은 현실적으로 받아들이기 어려운 문제이다. 그러나 취약계층에 대한 선교적인 차원에서 사회적 기업에 접근을 한다면 긍정적인 측면에서 접근할 수 있다. 특히 장애인, 외국인노동자, 극빈자가정, 독거노인 또 차상위계층의 저소득층 가정 등을 대상으로 선교 사업을 전개해 온 선교단체들이 지속적이고 안정적인 재정확보를 위해서는 구체적으로 관심을 가져 볼 수 있다.

오늘날 한국 교회가 사회와 함께해야 함을 일깨워주는 되새겨보게 하는 시이다. 이 시는 히틀러와 나치의 횡포에 침묵하는 사람들을 비판한 것이다.

처음 그들이 왔을 때

마르틴 니묄러

나치가 공산주의자를 잡아갔을 때
나는 아무 말도 하지 않았다.
나는 공산주의자가 아니었으니까
그들이 사회민주의자들을 가두었을 때
나는 침묵했다.
나는 사회민주의자가 아니었으니까

그들이 노동조합원을 체포했을 때
나는 항의하지 않았다.
나는 노동조합원이 아니었으니까

그들이 유대인을 잡아갔을 때
나는 방관했다.

나는 유대인이 아니었으니까
그들이 나를 잡아갔을 때
항의해 줄 누구도 남아있지 않았다.

9장

나오는 글

아리스토텔레스는 인간을 정치적 동물이라고 말했다. 이는 인간이 단순히 우연적인 결과가 아니라 태어날 때부터 죽을 때까지 인간과 인간, 수많은 공동체와 교유(交遊)하면서 살아가는 과정이라는 뜻이다. 이러한 인간은 정치적, 사회적인 동물인 동시에 윤리적인 존재이다. 사회 속에서 이웃과 더불어 살아가는 것이 인간이지만, 윤리와 도덕이 없이는 살아갈 수 없는 것이 또한 인간이다. 이런 점에서 오늘 우리에게는 개인의 도덕성에 따른 윤리보다는 사회윤리적인 의식이 필요하다. 사회윤리란 사회의 윤리적 문제가 단순히 개인의 도덕적 양심이나 행위에만 관련되는 것이 아니라, 사회적 구조나 제도와 밀접한 관계를 맺고 있어 그 문제의 발생 및 해결이 개인도덕으로 환원될 수 없는 자체의 고유한 논리 위에서 이루어진다고 보는 입장이다. 다시 말해서 특정한 문제 상황에서 발생하는 행위의 원인을 개인에게서 찾기보다는 사회적 구조, 제도, 정책에서 찾을 수 있을 때 혹은 특정한 행위의 파장이 사회공동체라 불릴 만큼 큰 공동체에 미칠 수 있는 행위와 관련이 될 때 우리는 그와 같은 행위에 관련되는 윤리를 사회윤리로 분류한다.

그러나 개인윤리와 사회윤리는 상호 배타적인 관계에 있는 것이 아니라, 상호 보완적인 관계에 있다. 왜냐하면 사회윤리에서 개인윤리를 배제할 수 없음은 사회윤리학의 이상을 실현하려면 도덕적인 인간의 의식과 선택과 결단이 중요하기 때문이다. 개인윤리에서 사회윤리를 무시할 수 없음은 아무리 바람직한 인간도 사회구조적 모순과 틀에서는 자유로울 수 없기 때문이다. 이처럼 사회윤리는 개인윤리의 연장선에서 논의를 이어가야 한다.

　브루너에 의하면, 기독교 신앙에 있어서 개인은 공동체를 떠나서는 상상할 수 없고 공동체도 개인 없이는 상상할 수 없다. "인간은 공동체를 배제한 개인만으로는 결코 존재할 수 없다. 그래서 '개인'이라는 개념은 '공동체'의 개념을 포함하고 함축하고 있다."[1] 현대 사회는 사회가 극도로 분업화되고 다원화되어 수많은 공동체들이 현존하고 있다. 그래서 현대인은 어디를 가나 단독자로서 있을 수 없고, 타인과 또는 공동체와 더불어 함께하는 시간이 많아지게 되었다. 현대인은 공동체의 삶을 벗어나고 싶어도 벗어날 수 없는 그런 입장에 처하게 된 것이다. 브루너는 공존의 삶을 다음과 같이 말한다. "외적인 상황 변화만이 개인을 공동체적으로 몰아넣는 것이 아니라 인간 실존자체가 책임성 가운데의 실존, 즉 공동체 속의 삶이다."[2]

　이와 같이 기독교사회윤리학에 따른 인간학은 인간을 공동체 속의 존재로 보고, 그가 하는 노동으로 이웃에게 봉사하도록 부름 받은 자로서 인간을 보고 있다. 논자는 브루너의 말대로 모든 노동은 공동체화 되어야 한다는 주장에 동의하면서, 죌레가 말하는 노동의 의미에도

---

1) Emil Brunner, *The Divine Imperative*, p.294.
2) Ibid., p.295.

주의를 기울여야 한다고 생각한다. "노동은 인간이 사회적으로 결합되는 양태와 방식을 규정하고 우리 모두가 행하는 노동을 통해서 상호 의존하면서 살아간다. 그러므로 노동 안에서 서로 관계를 맺어간다."³⁾ 이러한 죌레의 말에서 알 수 있는 바와 같이, 우리는 노동의 상호의존성에 참된 가치를 두어야 한다고 생각한다. 또한 키스(Friedrich Kiss)도 노동의 공동적, 사회적 참된 관계의 필요성을 밝히고 있다. "노동에서 인간은 어떤 경우에도 독보적 존재가 아니고 공동적 성격, 사회적 성격이 노동의 성공조건만이 되는 것은 아니며, 노동은 일차적으로 공동적 성격을 통해서 이루어진다."⁴⁾

노동은 개인의 독립된 행위가 아니라 사회적인 몸의 부분을 이루는 공동체적 행위이다. 이런 노동행위는 공동체 형성을 필연적으로 이루게 한다. 그러므로 인간은 노동을 통해서 삶의 근본적인 자기정체성을 형성할 수 있고, 자기를 표현할 수 있다. 이러한 노동은 더 나아가 자기와 이웃 그리고 공동체를 향한 폭넓은 관계 속에서 형성해 나가야 할 것이다. 즉, 노동의 이해는 하나의 육체적 행위로서만이 아니라, 신이 부여한 신성한 행위로서 창조적 작업에 참여하는 자로 그리고 자신의 능력개발을 위한 삶의 터전으로서, 자연과 이웃을 향한 공동체적 삶의 관계적 행위로서 함께하는 수단이 되어야 한다. 또한 노동의 참된 가치는 힘써 노동한 이후의 휴식을 통하여 인간의 삶 전체에 있어서 그가 가지는 위치를 확보함으로써 보람을 느끼게 될 것이다.

노동과 노동의 문제에서 가장 중요한 논제는 인간이다. 과학과 기술이 발달한 이 시대에도 인간 자체의 본질은 바뀐 것이 아니다. 우

---

3) 도로테 죌레, op. cit., p.158.
4) 프리드리히 키스, "신학의 주제로서의 인간의 노동(I)", 『기독교사상』(제 389권, 1991년 5월), p.127.

리가 오늘의 이 시대를 진단하고 관심을 가지는 것도 그 중심에는 인간이 있기 때문이다. 기술의 발전은 인간에게 엄청난 영향력을 미쳤다. 전통적 가치관의 변화와 인간의 정체성에 대한 새로운 관점이 논의되고 있다. 그러나 이것은 인간 자체가 변화되었다고 하는 것이 아니라 인간에 대한 관점의 확장일 뿐이다. 기독교노동의 윤리적 고찰은 노동하는 인간존재의 인간성에 대해 분명한 입장을 표명하고 있다. 노동하는 인간은 하느님의 모습으로 창조된 존재, 하느님의 소명에 따른 책임적 존재, 공동체의 관계지향적인 존재, 사회와 생태계와 화해하는 존재이다.

노동의 기독교 윤리적 이해는 노동세계의 위기를 바라보면서 노동이 인간의 자존감을 높여 주고, 사회적 연대감을 가지게 하고, 생태친화적인 방향으로 형성될 수 있는 방안을 통해, 노동하는 인간이 자기를 실현하는, 보다 근원적인 의미와 해석의 틀을 제공해 준다. 논자가 생각하는 노동은 새로운 생명을 잉태하는 창조행위이다. 노동은 자기생명을 살리는 것이며, 이웃생명을 살리는 생명활동이다. 생명을 살리는 일이야말로 인간이 할 수 있는 가장 아름다운 일이요, 예술이다.

참고문헌

국내단행물

『공동번역 성서』(서울: 대한기독교서회, 1997).
『논어』(論語).
『맹자』(孟子).

강성영, 『생명・문화・윤리』(오산: 한신대학교 출판부, 2006).
강원돈, 『인간과 노동』(서울: 민들레책방, 2005).
_____, 『지구화 시대의 사회윤리』(서울: 한울아카데미, 2005).
강희천, 『종교심리와 기독교교육』(서울: 대한기독교서회, 2000).
고병익, 『동아시아 전통과 변용』(서울: 문학과 지성사, 1996).
권규식, 『종교와 사회변동』(서울: 형설출판사, 1985).
권수영, 『거울부모』(서울: 울림사, 2007).
금장태, 『한국현대의 유교문화』(서울: 서울대학교출판부, 1999).
김근, 『여씨춘추』(서울: 살림, 2005).
김동호, 『생사를 건 교회개혁』(서울: 규장문화사, 1999).
김동호, 『미션 임파서블』(서울: 열매나눔재단, 2009).
김승연, 『예배가 살아야 교회가 산다』(서울: 생명의 말씀사, 2009).
김승욱, "새로운 자본주의 세계관", 목회와 신학 엮음, 『기독교윤리』(서울: 두란노아카데미, 2010).
김영선, 『잃어버린 10일』(서울: 이학사, 2011).
김종서, 『종교사회학』(서울: 서울대학교 출판부, 2005).
김철영, 『믿음과 삶의 윤리학』(서울: 장로회신학대학교 출판부, 1994).
김태길, 『윤리문제의 이론과 사회 현실』(서울: 철학과 현실사, 2004).
김홍기, "존 웨슬리 희년신학의 조명에서 본 한국 교회의 통일희년 나눔 운동", 신학연구위원회 편, 『희년신학연구』(서울: 한국기독교교회협의회, 1997).

나학진, 『기독교윤리학개설』(서울: 대한예수교장로회총회교육부, 1979).

노정선, 『통일신학을 향하여』(서울: 한울출판사, 1988).

대한예수교장로회총회교육부, 『기독교대백과사전』(서울: 기독교문사, 1979).

대한예수교장로회총회교육자원부 편, 『그리스도인, 세상의 소금과 빛』(서울: 한국장로교출판사, 2011).

맹용길, 『기독교윤리학입문』(서울: 대한기독교출판사, 1976).

민경배, 『역사와 신앙』(서울: 연세대학교 출판부, 2011).

문시영, "섬김과 나눔, 교회의 윤리로!", 목회와 신학 엮음, 『기독교윤리』(서울: 두란노아카데미, 2010).

박경미, 『마몬의 시대, 생명의 논리』(서울: 녹색평론사, 2010).

박영호, 『기독교사회복지』(서울: 기독교문서선교회, 2001).

박용성 엮음, 『이야기해 주세요』(서울: 참, 1992).

박완서, 『꼴찌에게 보내는 갈채』(서울: 한양출판, 1998).

박준서, "구약성서", 종교교재편찬위원회 편, 『성서와 기독교』(서울: 연세대학교 출판부, 1985).

박창빈, "한국 교회와 사회선교", 유의웅 편, 『현대교회와 사회선교』(서울: 대한예수교장로회총회출판국, 1991).

박충구, 『현대사회와 기독교윤리』(서울: 대한기독교서회, 1999).

백기완, 『사랑도 명예도 이름도 남김없이』(서울: 한겨레출판사, 2009).

손규태, 『세계화 시대 기독교의 두 얼굴』(서울: 한울아카데미, 2007).

신광은, 『메가 처치 논박』(서울: 정연사, 2009).

신기철·신용철, 『새우리말 큰 사전』(서울: 삼성출판사, 1986).

신영복, 『나무야 나무야』(서울: 돌베개, 1996).

_____, 『처음처럼』(서울: 랜덤하우스, 2007).

_____, 『강의』(서울: 돌베개, 2006).

설형영, "정와와 평등", 한국철학사상연구회 엮음, 『삶, 사회, 그리고 과학』(서울: 동녘, 1991).

유택화, 『중국정치사상사 – 선진편(上)』, 장현근 옮김(서울: 동과서, 2008).

윤승은, 『교회경제는 어떻게 운영할 것인가?』(서울: 성광문화사, 1983).

옥성호, 『심리학에 물든 부족한 기독교』(서울: 부흥과 개혁사, 2007).

_____, 『마케팅에 물든 부족한 기독교』(서울: 부흥과 개혁사, 2007).

_____, 『내가 꿈꾸는 교회』(서울: 부흥과 개혁사, 2008).

_____, 『엔터테인먼트에 물든 부족한 기독교』(서울: 부흥과 개혁사, 2010).

우석훈·박권일, 『88만원 세대』(서울: 레디앙, 2007).

이계선, 『대형교회가 망해야 한국 교회가 산다』(서울: 들소리, 2009).

이달순, 『세계 백과 대사전』(서울: 교육출판공사, 1975).

이시형, 『품격』(서울: 중앙북스, 2011).

이승환, 『유가철학의 사회철학적 재조명』(서울: 고려대학교 출판부, 1998).

이어령, "정보시대와 인의 문화", 아산사회복지재단 편, 『21세기의 도전, 동양 윤리의 응답』(서울: 아산사회복지재단, 1998).

_____, 『빵만으로는 살 수 없다』(서울: 열림원, 2011).

이원규, 『힘내라 한국 교회』(서울: 동연, 2010).

이재철, 『회복의 목회』(서울: 홍성사, 1998).

_____, 『요한과 더불어, 네 번째 산책』(서울: 홍성사, 2002).

이효범, 『새로운 효』(대전: 공주대학교 출판부, 2004).

_____, 『끝없는 물음, 인간』(서울: 소나무, 2001).

임홍빈, 『세계화의 철학적 담론』(서울: 문예출판사, 2002).

장진호, 『현대 사회와 인간교육』(서울: 범영사, 1983).

장하준 외, 『불량사회와 그 적들』(서울: 알렙, 2011).

조영래, 『전태일평전』(서울: 사단법인 전태일기념사업회, 2009).

정지원 지음, 김재홍 그림, 『태양의 딸, 평강』(서울: 한겨레아이들, 2008).

정진일, 『유교윤리』(서울: 청암미디어, 2002).

정재걸, 『삶의 완성을 위한 죽음교육』(서울: 지식의 날개, 2010).

조휘각 외 2인, 『삶과 직업윤리』(서울: 양서원, 2006).

천주교 사회문제연구소, 『노동의 복음』(서울: 일과놀이, 1991).

한국개혁주의신행협회 편집부, 『신학사전』(서울: 한국개혁주의신행협회, 1978).

한국국민윤리학회 편, 『사상과 윤리』(서울: 형설출판사, 1992).

한국국민윤리학회 편저, 『현대 사회와 직업윤리』(서울: 형설출판사, 2002).

한승진, 『참교육 참사랑의 학교』(파주: 이담북스, 2010).

_____, 『고령화 사회의 현실과 효윤리』(파주: 한국학술정보, 2011).

_____, 『함께 읽는 기독교윤리』(파주: 한국학술정보, 2012).

허호익, 『성서의 앞선 생각 I』(서울: 한국장로교출판사, 1998).

국내 학술서, 논문, 잡지

강원돈, "사회적이고 생태학적인 경제민주주의를 향하여," 『신학사상』(105집, 1999년 여름).

강창희, "신약에서의 노동", 『성서마당』(24호, 1997년 5월).

강흔성, "노동과 안식에 대한 기독교윤리학적 고찰"(장로회신학대학교 신학대
　　학원 석사학위논문, 1992).

국민호, "동아시아 경제 발전과 유교", 『한국사회학』(제31집, 1997년 봄호).

기독교환경연대, "하루 한 번씩 신음하는 피조물을 생각하며 행동합니다", 『하
　　나님 · 사람 · 자연이 숨쉬는 샘』(8호, 2003).

김이곤, "하나님의 심장에 박힌 십자가", 『신학논단』(1997).

_____, "구약성서에 나타난 영성", 『기독교사상』(2000년 12월호).

김의환, "칼빈의 사회관", 『신학지남』(제38권, 1971년).

김영동, "말과 일, 그리고 살림", 『하나님 · 사람 · 자연이 숨쉬는 샘』(8호, 2003).

김영한, "민족과 사회의 시대적 과제를 짊어지는 교회"(미간행자료집, 제 18회
　　기독교학술원 월례발표회자료집, 2012년 1월 6일).

김판임, "자살 없는 사회, 타살 없는 세상을 향하여", 『GOOD CHURCH REPORT』
　　(2010년 9월호).

김흥호, "일과 사람", 『하나님 · 사람 · 자연이 숨쉬는 샘』(8호, 2003).

류태수, "유교문화권에 있어서 효와 경제발전: 한 · 일 기업경영의 공통적 성
　　격 모색을 중심으로", 한국정신문화연구원 연구협력실 편, 『효사상과
　　미래사회』(성남: 한국정신문화연구원, 1995).

맹용길, "분배의 정의에 따른 기독교윤리적 조명", 『기독교사상』(제30권, 9호,
　　1986년 9월호).

박창환, "성서적 노동관", 『기독교사상』(1977년 11월호).

배영기, "직업윤리에 관한 교육학적 연구"(단국대 대학원 박사학위논문, 1990).

신복윤, "칼빈의 윤리관", 『신학지남』(제36권, 1969년).

"이리신광교회와 새로운 건축 프로그램의 시도" 『목회와 신학』(2008년 11월호).

이수영, "네 가지 '오직'", 『말씀과 교회』(제26권, 2000년).

이정구, "현대 한국고층교회의 공간위계 풍경 비판", 『신학사상』(2011년 겨울호).

유석춘 · 최우영 · 왕혜숙, "유교윤리와 한국 자본주의 정신", 『한국사회학』(39권
　　6호, 2005).

정주채, "무엇이 한국 교회를 이 지경에 이르게 한 것일까?", 『GOOD CHURCH
　　REPORT』(2012년 1월호).

최승기, "성공주의와 하나님의 영광", 『신학이해』(31집, 2006년).

_____, "생명목회 장애물들: 교회성장학과 성공주의", 부산장신대학교 생명목
　　회위원회 편, 『생명목회와 생명선교 I』(고양: 올리브나무, 2011).

채희동, "일과 구원", 『하나님 · 사람 · 자연이 숨쉬는 샘』(8호, 2003).

"한국 교회, 예수 버리고 권력 탐하다", 『사사IN』(제104호, 2009년 9월 12일).

국내번역 학술지, 단행본

가도쿠라 다카시,『워킹 푸어』, 이동화 옮김(서울: 상상예찬, 2008).

놀런, 앨버트,『오늘의 예수』, 유정원 옮김(왜관: 분도출판사).

다울링, 콜레트,『신데렐라 콤플렉스』, 최영숙 옮김(서울: 문학과현실사, 2004).

두호로, 울리히 · 리트케, 게르하르트,『샬롬』, 손규태 · 김윤옥 옮김(천안: 한국
신학연구소, 1989).

드라우트, 타마라,『빈털터리 세대』, 에밀리 문 옮김(서울: 오픈 마인드, 2006).

라크니스, 조지아,『기독교윤리학』, 김재준 역(서울: 대한기독교서회, 1992).

리처드슨, 알랜. · J. H. 올드햄,『성서의 노동관』, 강근환 · 조만공 공역(서울:
대한기독교서회, 1981).

리처드슨, 알랜, "성서의 노동관",『기독교사상』(1958년 4월).

리프킨, 제레미,『노동의 종말』, 이영호 역(서울: 민음사, 1996).

롤스, 존,『사회정의론』, 황경식 옮김(서울: 서광사, 1990).

마르크스, 칼,『경제철학소고』, 김태경 역(서울: 이론과 실천, 1985).

마틴, 한스 피터 · 슈맨, 헤럴드,『세계화의 덫』, 강수돌 역(서울: 영림 카디널,
1997).

멜로, 앤소니 드,『종교박람회, 정한교 옮김(왜관: 분도출판사, 1983).

미우라 아츠시,『하류사회』, 이화성 옮김(서울: 씨앗을 뿌리는 사람, 2006).

밀즈, C. W.,『마르크스주의자들』, 김홍명 역(서울: 한길사, 1982).

몰트만, 위르겐,『세계 속의 하느님』, 곽미숙 옮김(서울: 동연, 2009).

바이젝커, C .F. V.,『시간이 촉박하다』, 이정배 역(서울: 대한기독교서회, 1987).

바클레이, 윌리엄,『기독교윤리평해』, 서기산 역(서울: 기독교교문사, 1973).

뱅그렌, 구스타브,『크리스천의 소명』, 맹용길 역(서울: 컨콜디아사, 1991).

버거, P. L.,『자본주의 혁명』, 이원희 역(서울: 지문사, 1987).

베버, 막스,『프로테스탄티즘의 윤리와 자본주의 정신』, 박성주 역(서울: 문예
출판사, 1994).

베거, 짐,『내가 틀렸다』, 김재일 옮김(서울: 지혜의 일곱기둥, 2009).

벨라, 로버트 N.,『도쿠가와 종교』, 박영식 역(서울: 현상과 인식, 1994).

벵스트, 클라우스,『로마의 평화』, 정지련 옮김(천안: 한국신학연구소, 1994).

부라보이, 마이클,『생산의 정치』(서울: 박종철 출판사, 1999).

브라이캘맨, 군터, "노동과 인권",『신학사상』, 편집실 역(1977년 겨울호).

브룩만, 존,『디지털 시대의 파워 엘리트』, 김원희 · 임세윤 역(서울: 황금가지,
1999).

샌델, 마이클,『정의란 무엇인가』, 이창신 옮김(서울: 김영사, 2010).

슈나페르, 도미니크, 『노동의 종말에 반하여』, 김교신 역(서울: 동문선, 2001).
슈만, 마이클, 『더 미러클』, 김필규 옮김(서울: 한국방송대학교 출판부, 2010).
스토트, 존, 『현대 사회의 기독교 답변』, 박영호 옮김(서울: 기독교문서선교회, 1995).
야사코 유코, 『아름다운 분노』, 김활란 옮김(서울: 지식의 날개, 2010).
에런라이크, 바버라, 『긍정의 배신』, 전미영 옮김(서울: 부키, 2011).
인코르바이아, 안토니오·리마싸, 알레산드로, 『1000유로 세대』, 김효진 옮김 (서울: 예담, 2006).
오스틴, 조엘, 『긍정의 힘』, 정성묵 옮김(서울: 긍정의 힘, 2009).
죌레, 도로테, 『사랑과 노동』, 박재순 옮김(천안: 한국신학연구소, 1993).
초스도프스키, 미셸, 『빈곤의 세계화』, 이대훈 옮김(서울: 당대, 1998).
포스퍼, 리처드, 『영적 훈련과 성장』, 권달천 옮김(서울: 생명의 말씀사, 2009).
터커, R.·샤프, A. 외, 『현대소외론』, 조희연 옮김(서울: 들풀마당, 1983).
토저, 에이든, 『내 자아를 버려라』, 이용복 옮김(서울: 규장, 2008).
틸리히, 폴, "그리스도교와 맑시즘의 인간관", 『신학사상』(제19집, 1977).
프롬, 에리히, 『사랑의 기술』, 황문찬 옮김(서울: 문예출판사, 2006).
커, 후 T., 『루터신학개요』, 김영한 역(서울: 한국장로교출판사, 1991).
케이스, 켄트, 『그래도 Anyway』, 문채원 옮김(서울: 더난출판사, 2003).
켈러, 헬렌, 『사흘만 볼 수 있다면』, 이창식·박에스터 옮김(서울: 산해, 2008).
키스, 프리드리히, "신학의 주제로서의 인간의 노동(I)", 『기독교사상』(제389권, 1991년 5월).
하우어워스, 스탠리·윌리몬, 윌리엄, 『주여, 기도를 가르쳐주소서』, 이종태 옮 김(서울: 복있는 사람, 2006).
_____, 『십계명』, 강봉재 옮김(서울: 복있는 사 람, 2006).
헌, 매트 엮음, 『학교를 버려라』, 기영화·김선주 옮김(서울: 나무를 심는 사람, 2004).
헌터, 제임스 C., 『서번트 리더십』(2권), 김광수 옮김(서울: 시대의창, 2002).
후쿠야마, 프랜시스, 『역사의 종말』이상훈 옮김(서울: 한마음사, 1992).
_____, 『트러스트』, 구승희 옮김(서울: 한국경제신문사, 1996).

국외물

Beach, Waldoand Niebuhr, H. Richard, *Christian Ethics* (New York: The Ronald Press

Company, 1955).

Brunner, Emil, *Christianity and Civilization*, Vol.II (London: Nisbet Co, 1949).

_____, *The Divine Imperative* (Philadelphia: The Westminster Press, 1967).

McClelland, David C., *The Achievement Motive* (New York: Appleton Century Crofts, 1970).

Morgan, Campbell, *Handbook for Bible Teachers and Preachers* (New York: Baker Book House, 1970).

Peal, Norman Vincent, *The Power of Positive Thinking* (New York: Fawcett Crest, 1952).

Thurow, Lester C., *Building Wealth* (New York: Harpercollins, 1996).

방송, 신문 자료

<동아일보>(2003년 3월 8일).

"할렐루야교회, 800억 예배당의 '허와 실'", <뉴스앤조이>(2004년 8월 6일).

<한겨레신문>(2005년 5월 9일).

"MBC 뉴스 후 이어 PD수첩이 교회 비판, 투기 실태 고발… 한기총 '전체적인 문제냐'",<크리스천 투데이>(2007년 6월 13일).

"잭 웰치 부부의 성공 어드바이스, 'MBA학위는 성공의 보증수표인가'", <중앙SUNDAY>(2009년 8월 16일).

"사랑의 교회 새 성전 윤곽… 부지매입·건축 등 2000억 원을 들여 2012년 완공", <국민일보>(2009년 11월 23일).

홍성태의 세상읽기, "스스로 '신'이 되려는 '장로' 대통령", <프레시안>(2010년 2월 10일).

"경영구루와의 대화, 박용만 두산 회장", <중앙SUNDAY>(2010년 10월 3일).

"여성고용률 더 높여야 우리 미래 밝다", <한국일보>(2010년 4월 5일).

"8·15 경축사, '공정사회·통일세' 화두로", <서울 뉴시스>(2010년 8월 15일).

"이태형 칼럼 – 교회 파산의 시대", <국민일보>(2010년 10월 22일).

"서희건설, 명성교회 새 성전 준공", <서울경제신문>(2011년 1월 2일).

"교사 10명 중 8명 '학생 게임중독 때문에 수업지장'", <서울 뉴시스>(2011년 03월 31일).

"해마다 200~300명 자살 내몰리는 대학생", <포커스>(2011년 3월 31일).

"KAIST 학생 또 자살… 올해 4번째", <인천 뉴시스>(2011년 4월 08일).

"카이스트교수 자살 '서남표개혁 희생' 주장 속 휴교, '폭풍전야'", <뉴스엔>(2011년 4월 11일).

"서울대 졸업생 취업 실패 비관 자살", <연합뉴스>(2011년 4월 15일).

"KAIST 경쟁자는 지금도 뛰고 있다", <동아일보>(2011년 4월 18일).

"다시 빛과 소금으로, <1> 전주안디옥교회", <동아일보>(2011년 7월 22일).

"李대통령 '시장경제 새 단계로 진화'… '공생발전'", <서울 뉴시스>(2011년 8월 15일).

"[TV] 여야 '대기업 사회적 책임 강화 촉구'" <CBS노컷>(2011년 8월 17일).

김수행, "[특별기고] 세계대공황 속의 한국 경제", <한겨레 신문>(2011년 9월 18일).

<한국교직원신문>(2011년 12월 26일).

"사설, 공감·소통·희망으로 짓는 2012년의 역사", <조선일보>(2011년 12월 30).

"경찰, '학교 폭력과의 전쟁' 선포", <TV조선>(2012년 1월 1일).

"대구중학생 자살 사건을 계기로 돌아보는 교육현실", <크리스챤신문>(2012년 1월 8일).

"자살한 대구 중학생 추모관, 발길 이어져", <매일경제신문>(2012년 1월 9일).

박정신, "한국 교회, 가시관을 쓰자", <기독신문>(2012년 1월 11일).

"인터넷 게임 중독, 마약·알코올과 비슷… 뇌신경에 심각한 손상", <국민일보>(2012년 1월 12일).

"나의 가난은 사회구조 탓… 20~40대·고학력자 일수록 심해", <국민일보>(2012년 1월 12일).

김도형, "최빈국 쿠바에 사는 사람들은 왜 행복한가", <한겨레신문>(2012년 1월 13일).

"임금격차 사상 최대… 5.4배 벌어져",<국민일보>(2012년 1월 15일).

이가연, "'책임적 주체'의 기독교인으로 거듭나야", <기독교연합신문>(2012년 1월 15일).

"재벌가 공세에… 동네빵집 사라진다", <국민일보>(2012년 1월 16일).

"'동반 성장' 관심 없는 대기업… 위원회에 대표들 불참, 이익공유제 방안 결론 못내", <국민일보>(2012년 1월 18일).

"알바로 겨우 생활비… 기술 배워도 취업 못해", <한겨레신문>(2012년 1월 18일).

"인터넷 게임에 푹빠진 청소년", <세계일보>(2012년 1월 19일).

"'존재감 없는 아빠'… 청소년 2명 중 1명 하루 대화 30분도 안 해", <국민일보>(2012년 1월 20일).

"2020년에도 한국은 '불공정 사회'… 재정부 미래연구 보고서 전망", <국민일보>(2012년 1월 20일).

"2003년 이후 7년 사이… 전통시장 178곳 문 닫고 기업형 수퍼 695개 늘어", <조선일보>(2012년 1월 25일).

인터넷 자료

대한예수교장로회(통합) 총회교육자원부 교육주제 해설,
(http://www.edupck.net/edu_course/subject_12.asp).
신영복 홈페이지(http://www.shinyoungbok.pe.kr/)

한승진

서울 구로고등학교 졸업

성공회대학교 신학과(신학사), 상명대학교 국어교육과(문학사), 한국방송대학교 국문과(문학사)·교육과(교육학사)·가정학과(가정학사), 학점은행제 사회복지학(행정학사)·아동학(문학사) 학사학위 취득

한신대학교 신학대학원 기독교윤리학(신학석사), 고려대학교 교육대학원 도덕윤리교육(교육학석사), 중부대학교 원격대학원 교육상담심리학과(교육학석사)·인문산업대학원 교육학과(교육학석사)

장로회신학대학교 교육전도사 교육과정, 서울대학교 종교교사 양성과정, 원광대학교 전문상담교사 양성과정, 한국기독교장로회 총회교육원 선교대학원(교단인정 목회학석사), 강남총회 신학연구원 대학원(교단인정 목회학석사) 졸업

공주대학교 대학원 윤리교육학과(교육학박사)

현) 익산 황등중학교 교목(학교목사)과 교사이면서 황등교회 아동부 목사

    한국방송대학교 청소년교육학과 4학년

    월간 『기독교교육』에 '어느 농촌중학교 목사가 띄우는 편지' 연재

    주간 <크리스챤신문>에 '한승진 목사가 꿈꾸는 교육이야기' 연재

『사랑한다 내 딸 사랑아』

『아빠와 함께 읽는 성경이야기』

『사람은 잇대어 살아야 해요』

『사랑하며 살래요』

『참교육 참사랑의 학교』

『쉽게 읽는 기독교윤리』

『고령화사회의 현실과 효 윤리』

『함께 읽는 기독교 윤리』

esea-@hanmail.net

노동의 현실과
사회윤리

The Realities of Labor and Social Ethics

초 판 인 쇄 ┃ 2012년 4월 30일
초 판 발 행 ┃ 2012년 4월 30일

지 은 이 ┃ 한승진
펴 낸 이 ┃ 채종준
펴 낸 곳 ┃ 한국학술정보㈜
주 소 ┃ 경기도 파주시 문발동 파주출판문화정보산업단지 513-5
전 화 ┃ 031) 908-3181(대표)
팩 스 ┃ 031) 908-3189
홈 페 이 지 ┃ http://ebook.kstudy.com
E - m a i l ┃ 출판사업부 publish@kstudy.com
등 록 ┃ 제일산-115호(2000. 6. 19)

ISBN   978-89-268-3309-4 93230 (Paper Book)
        978-89-268-3310-0 98230 (e-Book)

내일을여는지식 ▮ 은 시대와 시대의 지식을 이어 갑니다.